DICTIONNAIRE

DU

DÉPARTEMENT DE LA CHARENTE.

ANGOULÊME, IMP. LEFRAISE ET Cᵉ,
Rue du Marché, 6.

DICTIONNAIRE

DES

COMMUNES, BOURGS, VILLAGES

HAMEAUX, CHATEAUX, FERMES, MOULINS, USINES

ET AUTRES LIEUX HABITÉS

DU DÉPARTEMENT DE LA CHARENTE

INDIQUANT

1° Les communes pourvues de cures, succursales, écoles, etc., le canton
et l'arrondissement auxquels elles appartiennent, le bureau
de poste qui les dessert, leur distance du chef-lieu de
canton, de celui de l'arrondissement et de la ville
d'Angoulême; 2° le nombre des maisons
et des habitants de chaque localité
et le nom de la commune
dont elle dépend

PAR

J.-B.-A. BASQUE

CHEF DE BUREAU A LA PRÉFECTURE

ANGOULÊME

TH. CHABOT, ÉDITEUR, RUE DU MARCHÉ, 9

ET CHEZ TOUS LES LIBRAIRES

—

1857

Tout Exemplaire doit être revêtu de la signature de l'auteur.

NOTIONS GÉNÉRALES

DÉPARTEMENT DE LA CHARENTE.

Le département de la Charente prend son nom de la principale rivière qui l'arrose et le parcourt du nord à l'ouest, en passant par son chef-lieu.

Il est formé de l'ancienne province de l'*Angoumois* et de quelques communes du *Limousin*, du *Poitou*, de la *Saintonge* et du *Périgord*.

Il est borné, au nord, par les départements des *Deux-Sèvres* et de la *Vienne*; à l'est, par celui de la *Haute-Vienne*; au sud, par ceux de la *Charente-Infé-rieure* et de la *Dordogne*; et à l'ouest, par celui de la *Charente-Inférieure*.

Sa plus grande longueur, du *nord-est* au *sud-ouest*, de l'extrémité de la com-mune d'*Oradour-Fanais* à l'extrémité de celle de *Médillac*, est de 118,820 mètres.

Sa plus grande largeur, de l'*est* à l'*ouest*, en passant par la ville de *Montbron* et celle de *Cognac*, est de 78,950 mètres.

Le département de la Charente est divisé en cinq arrondissements ou sous-préfectures, comprenant ensemble 29 cantons et 433 communes, savoir :

	Cantons.	Communes.
Arrondissement d'Angoulême..	9	137
— de Barbezieux.	6	80
— de Cognac......	4	68
— de Confolens..	6	66
— de Ruffec.......	4	82

Sa population, d'après le dénombrement de 1856, est de 378,721 habitants, qui se subdivisent par arrondissement, ainsi qu'il suit :

	Hommes.	Femmes.	Totaux.
Arrondissement d'Angoulême...	68,652	67,026	135,678
— de Barbezieux..	27,699	28,267	56,166
— de Cognac.......	31,444	28,660	60,114
— de Confolens....	34,367	35,292	69,659
— de Ruffec........	28,483	28,631	57,114
TOTAUX............	190,645	188,076	378,721

La superficie du département est de 594,543 hectares 46 ares, qui se répartissent par arrondissement, savoir :

Arrondissement d'Angoulême....	195,461 hectares	24	ares.
— de Barbezieux...	98,878	04	
— de Cognac........	71,515	88	
— de Confolens....	141,508	72	
— de Ruffec.........	87,179	58	

Il est divisé en trois circonscriptions électorales, qui envoient chacune un député au Corps législatif.

	Nombre d'Électeurs.
1re circonscription, composée de l'arrondt d'Angoulême.........	41,576
2e circonscription, composée des arrondts de { Barbezieux........	16,305
Cognac............	18,075
3e circonscription, composée des arrondts de { Confolens..........	18,334
Ruffec.............	17,531
Total......................	111,821

Le département paie, en 1857, pour les quatre contributions, par arrondissement, savoir :

Arrondissement d'Angoulême..............................	1,716,645	f.	10 c.
— de Barbezieux........................	639,203	63	
— de Cognac.............................	879,689	34	
— de Confolens.........................	643,172	57	
— de Ruffec.............................	611,885	36	
Total......................	4,490,596	»	

Le département forme la circonscription du diocèse d'Angoulême, dont l'évêché, érigé dans le IVe siècle, est suffragant de l'archevêché de Bordeaux.

Il existe, en ce moment, dans le diocèse d'Angoulême, 30 cures et 303 succursales. Il y a 312 ecclésiastiques; on compte aussi 40 établissements de religieuses.

Le culte protestant, dont l'église consistoriale est à Jarnac, compte 9 temples et 2 oratoires dans le département, lesquels sont desservis par 9 pasteurs.

La justice est rendue, dans le département de la Charente, qui est compris dans le ressort de la cour impériale de Bordeaux, par une cour d'assises, cinq tribunaux de première instance, situés dans les chefs-lieux d'arrondissements, 2 tribunaux de simple police, 29 justices de paix, 2 tribunaux consulaires de commerce et un conseil de prud'hommes.

La 14e division militaire, dont le quartier général est à Bordeaux, comprend, dans sa circonscription, la Charente.

Ce département forme la 3e subdivision militaire, qui est commandée par un général de brigade.

Les administrations financières sont dirigées par un receveur général, un payeur, un directeur de l'enregistrement et des domaines, un directeur des contributions directes, un directeur des contributions indirectes, un inspecteur des postes et un inspecteur des eaux et forêts.

Le département est traversé par le chemin de fer de Paris à Bordeaux, par 5 routes impériales ayant, dans la Charente, une longueur de 350 kilomètres, par 8 routes départementales d'une longueur de 280 kilomètres, par 32 chemins de grande communication, d'un parcours total de plus de 1,289 kilomètres, et par 52 chemins de moyenne communication, d'une longueur totale de plus de 781 kilomètres.

Le département est compris dans la circonscription de l'académie de Poitiers.

Le service de l'instruction est dirigé, dans la Charente, par un inspecteur d'académie, assisté de quatre inspecteurs primaires.

Il existe dans le département 1 lycée impérial, 2 collèges communaux et 608 écoles diverses pourvues de 28,912 élèves.

L'assistance publique est opérée par 10 hôpitaux, 59 bureaux de bienfaisance, 1 dépôt de mendicité, 1 asile de vieillards et plusieurs sociétés de charité.

OBSERVATIONS UTILES POUR CHERCHER LES MOTS.

Tout lieu qui sera précédé de l'un des articles *le*, *la*, *les*, ou de l'un des mots *Chez*, *Saint*, *Sainte*, *Château de*, *Logis de*, *Moulin de*, *bas*, *haut*, *grand*, *petit*, devra être cherché à l'ordre alphabétique de son initiale.

Exemples :

L'Abbaye,	cherchez	Abbaye (L').
Le Ballet,	id.	Ballet (Le).
La Bastille,	id.	Bastille (La).
Les Chambres,	id.	Chambres (Les).
Chez-Ferrand,	id.	Ferrand (Chez-).
Saint-Georges,	id.	Georges (St-).
Sainte-Radégonde,	id.	Radégonde (Ste-).
Le Château-d'Ars,	id.	Ars (Le Château-d').
Le Logis-de-Chamberlanne,	id.	Chamberlanne (Le Logis-de-)
Le Moulin-de-la-Guerche,	id.	Guerche (Le Moulin-de-la-).
Le Grand-Lac,	id.	Lac (Le Grand-).
Le Petit-Lac,	id.	Lac (Le Petit-).
Les Basses-Renonfles,	id.	Renonfles (Les Basses-).
Les Hautes-Renonfles,	id.	Renonfles (Les Hautes-).

ABRÉVIATIONS.

arr.	Arrondissement.
bg.	Bourg.
✉.	Bureau de poste.
cant.	Canton.
chât.	Château.
ch.-l.	Chef-lieu.
c.	Commune.
consist. prot.	Consistoire protestant.
✝.	Cure.
éc.	École.
☞ F.	Foire.
h.	Habitant.
j. d. p.	Justice de paix.
k.	Kilomètre.
🚉.	Gare ou station.
m.	Maison.
☞ M.	Marché.
non. h.	Non habité.
orat. prot.	Oratoire protestant.
🐎.	Poste aux chevaux.
✝.	Succursale.
temp. prot.	Temple protestant.
us.	Usine.
v.	Ville.
voy.	Voyez.

DICTIONNAIRE

DES

LIEUX HABITÉS

DU

DÉPARTEMENT DE LA CHARENTE.

———❦———

A

Abbatiale (L'), c. de Charras, 3 m., 17 h.

Abbaye (L'), c. de Charras, 1 m., 5 h.

Abbaye (L'), c. de La Couronne, 8 m., 32 h.

Abbaye (L'), us., c. de La Couronne, 5 m., 35 h.

Abbaye (L'), c. de La Rochefoucauld, 3 m., 10 h.

Abbaye (L'), c. de Mainxe, 25 m., 65 h.

Abbaye (L'), us., c. de Péreuil, 4 m. 6 h.

Abels (Les), c. de Lignères, 24 m. 103 h.

Abrau (Chez-), c. de Challignac, 6 m., 20 h.

Abras (Les), c. d'Angoulême, 15 m., 44 h.

Abrègement (L'), c. de Bioussac, 1 m., 26 h.

Abri (Chez-), c. de Ste-Colombe, 1 m., 8 h.

Abrieux (Les), ou Chez-Brie, c. des Pins, 18 m., 57 h.

Abzac, c., arr. de Confolens, cant. de Confolens (sud), †, éc., ⊠ Confolens, 284 m., 1,238 h.

Abzac, bg., ch.-l., c. d'Abzac, 44 m., 402 h., 11 k. de Confolens, 74 k. d'Angoulême.

Achard (Les), c. de Vieux-Cérier, 6 m., 20 h.

Acquittière (St-), c. de Chadurie, 2 m., 6 h.

Adam (Chez-), c. de Lignères, 1 m., 7 h.

Adjots (Les), c., arr. et cant. de Ruffec, †, éc., ⊠ Ruffec, 252 m., 879 h.

Adjots (Les), bg., ch.-l., c. des Adjots, 36 m., 81 h., 6 k. de Ruffec, 48 k. d'Angoulême.

Adjutory (St-), c., arr. de Confolens, cant. de Montembœuf, †, éc., ⊠ Montembœuf, 168 m., 757 h.

Adjutory (St-), bg., ch.-l., c. de St-Adjutory, 83 m., 340 h., 7 k. de Montembœuf, 39 k. de Confolens, 30 k. d'Angoulême.

Affi (Le Grand-), c. de St-Laurent-de-Céris, 1 m., 4 h.

Age (L'), château, c. d'Alloue, 1 m., 7 h.

Age (L'), c. de Balzac, 1 m., 5 h.

Age (L'), c. de Chasseneuil, 5 m., 20 h.

Age (L'), c. d'Esse, 1 m., 6 h.

Age (L'), c. d'Étagnac, 27 m., 98 h.

Age (L'), c. de Jauldes, 17 m., 65 h.

Age (L'), c. de Ladiville, 2 m., 5 h.

Age (L'), c. de Massignac, 1 m., 12 h.

Age (L'), c. de Pérignac, 10 m., 38 h.

Age (L'), c. de Puyréaux, 20 m., 98 h.

Age (L'), c. de Rouzède, 4 m., 17 h.

Age (L'), c. de St-Claud, 20 m., 72 h.

Age (L'), c. de St-Coutant, 6 m., 24 h.

Age (L'), c. de Sers, 6 m., 20 h.

Age (L'), c. de Suaux, 28 m., 86 h.

Age (Château-de-l'), c. de Chirac, 4 m., 34 h.

Age (Moulin-de-l'), c. de Chasseneuil, 4 m., 12 h.

Age (Moulin-de-l'), c. de Chirac, 1 m., 6 h.

Age (Moulin-de-l'), c. de St-Mary, 1 m., 6 h.

Age (L'Usine-de-l'), c. de Chirac, 12 m., 57 h.

Agé (Chez-), c. de St-Palais-du-Né, 8 m., 31 h.

Agé (Moulin-d'), c. de St-Palais-du-Né, 5 m., 30 h.

Age-Bac (L'), c. de Manot, 1 m., 11 h.

Age-Balot (L'), c. de Ste-Colombe, 13 m., 47 h.

Age-Bâton (L'), c. de St-Projet-St-Constant, 5 m., 25 h.

Age-Boisset (L'), c. de Montembœuf, 18 m., 77 h.

Age-Bonnaud (L'), c. de Mouzon, 9 m., 28 h.

Age-Chrignoux (L'), c. de Benest, 4 m., 13 h.

Age-Clanchaud (L'), c. de Benest, 9 m., 45 h.

Age-Diot (L'), c. d'Alloue, 1 m., 7 h.

Age-Dupuy (L'), c. de Brillac, 6 m., 20 h.

Age-en-Blanc (L'), c. d'Esse, 1 m., 6 h.

Agegny (L'), c. de Ste-Colombe, 8 m., 32 h.

Age-Maranche (L'), c. d'Épenède, 1 m., 3 h.

Age-Martin (L'), c. de Chazelles, 33 m., 115 h.

Age-Paris (L'), c. d'Oradour-Fanais, 5 m., 19 h.

Agerie (L'), c. de La Rochette, 7 m., 40 h.

Ages (Les), c. de Cellefrouin, 13 m., 57 h.

Age-Vieille (L'), c. d'Hiesse, 3 m., 12 h.

Agnas, c. d'Exideuil, 32 m., 108 h.

Agneau (L'), c. de Vouzan, 14 m., 49 h.

Agrières (Les), c. de St-Quentin-en-Chalais, 1 m., 1 h.

Agris, c., arr. d'Angoulême, cant. de La Rochefoucauld, †, éc., ☒ La Rochefoucauld, 394 m., 1,350 h.

Agris, bg., ch.-l., c. d'Agris, 56 m., 187 h., 8 k. de La Rochefoucauld, 22 k. d'Angoulême.

Aignes, bg., ch.-l., c. d'Aignes-et-Puypéroux, 16 m., 75 h., 11 k. de Blanzac, 25 k. d'Angoulême.

Aignes (Le Moulin-d'), c. d'Aignes-et-Puypéroux, 1 m., 2 h.

Aignes-et-Puypéroux, c., arr. d'Angoulême, cant. de Blanzac, †, éc., ☒ Blanzac, 170 m., 653 h.

Aigre, cant., arr. de Ruffec, 16 c., 12,741 h.

Aigre, c., arr. de Ruffec, cant. d'Aigre, †, éc., ☒ Aigre, ☞ F. M., 380 m., 1,699 h.

Aigre, v., ch.-l., c. d'Aigre, j. d. p., 380 m., 1,423 h., 22 k. de Ruffec, 33 k. d'Angoulême, ⚓.

Aiguependant, c. de Barro, 13 m., 68 h.

Aiguille (L'), c. de Coulgens, 5 m., 25 h.

Aiguille (L'), c. de Jauldes, 1 m., 2 h.

Aillards (Les), c. de La Rochette, 4 m., 21 h.

Aireaux (Les), c. de Graves, 16 m., 71 h.

Aireaux (Les), c. de Plassac, 12 m., 62 h.

Aireaux (Les), c. de St-Genis-d'Hiersac, 11 m., 46 h.

Aireaux (Les), c. d'Yviers, 6 m., 33 h.

Aizec, c. de Marcillac-Lanville, 73 m., 201 h.

Aizecq, c., arr. et cant. de Ruffec, †, éc., ☒ Ruffec, 146 m., 501 h.

Aizecq, bg., ch.-l., c. d'Aizecq, 30 m., 110 h., 8 k. de Ruffec, 41 k. d'Angoulême.

Aizie, c. de Taizé-Aizie, 33 m., 111 h.

Albert (Chez-), c. de Claix, 2 m., 9 h.

Albert (Chez-), c. de St-Cybard, 1 m., 3 h.

Alberts (Les), c. de Fléac, 1 m., 5 h.

Alexandries (Les), ou Les Essandries, c. de Confolens, 1 m., 11 h.

Allaignes (Les), c. de Cherves, 1 m., 3 h.

Allais (Les), c. de Lamérac, 6 m., 20 h.

Allard (Chez-), c. de Criteuil, 1 m. 4 h.

Allard (Chez-), c. de St-Bonnet, 1 m., 4 h.

Allard (Chez-), c. de St-Sulpice-de-Cognac, 7 m., 15 h.

Allard (Chez-), c. de Segonzac, 14 m., 44 h.

Allards (Les), c. de Payzay-Naudouin, 17 m., 58 h.

Allards (Les), c. de Péreuil, 7 m., 24 h.

Allards (Les), c. de St-Léger, 4 m., 14 h.

Allée (L'), c. de Lézignac-Durand, 3 m., 17 h.

Allegrets (Les), c. de Torsac, 2 m., 11 h.

Allemandie (L'), c. d'Ambernac, 14 m., 66 h.

Alleuils (Les), c. de Dignac, 1 m., 5 h.

Alleville, c. de Verrières, 3 m., 16 h.

Alliers (Les), c. d'Angoulême, 38 m., 147 h.

Allins (Les), c. de Trois-Palis, 10 m., 32 h.

Alloue, c., arr. de Confolens, cant. de Champagne-Mouton, †, éc., ☒ Alloue, ☞ F., 381 m., 1,601 h.

Alloue, bg., ch.-l., c. d'Alloue, 47 m., 214 h., 10 k. de Champagne-Mouton, 13 k. de Confolens, 58 k. d'Angoulême.

Alouettes (Les), ou l'Ouillette, c. de Confolens, 1 m., 5 h.

Amant (St-), c., arr. de Barbezieux, cant. de Montmoreau, †, éc., ☒ Montmoreau, 276 m., 1,065 h.

Amant (St-), bg., ch.-l., c. de St-Amant, 19 m., 71 h., 3 k. de Montmoreau, 30 k. de Barbezieux, 31 k. d'Angoulême.

Amant-de-Boixe (St-), cant., arr. d'Angoulême, 17 c., 11,619 h.

Amant-de-Boixe (St-), c., arr. d'Angoulême, cant. de St-Amant-de-Boixe, †, éc., ☒ St-Amant-de-Boixe, ☞ F. M., 484 m., 1,617 h.

Amant-de-Boixe (St-), v., ch.-l., c. de St-Amant-de-Boixe, j. d. p., 298 m., 914 h., 19 k. d'Angoulême.

Amant-de-Bonnieure (St-), c., arr. de Ruffec, cant. de Mansle, †, éc., ☒Mansle, 217 m., 860 h.

Amant-de-Bonnieure (St-), bg., ch.-l., c. de St-Amant-de-Bonnieure, 4 m., 11 h., 11 k. de Mansle, 24 k. de Ruffec, 31 k. d'Angoulême.

Amant-de-Graves (St-), c., arr. de Cognac, cant. de Châteauneuf, †, éc., ☒ Châteauneuf, 82 m., 332 h.

Amant-de-Graves (St-), bg., ch.-l., c. de St-Amant-de-Graves, 24 m., 99 h., 6 k. de Châteauneuf, 21 k. de Cognac, 26 k. d'Angoulême.

Amant-de-Nouère (St-), c., arr. d'Angoulême, cant. d'Hiersac, †, éc., ☒ Rouillac, 171 m., 634 h.

Amant-de-Nouère (St-), bg., ch.-l., c. de St-Amant-de-Nouère, 21 m., 82 h., 10 k. d'Hiersac, 18 k. d'Angoulême.

Ambérac, c., arr. d'Angoulême, cant. de St-Amant-de-Boixe, †, éc., ☒ Aigre, 204 m., 618 h.

Ambérac, bg. ch.-l., c. d'Ambérac, 99 m., 266 h., 10 k. de St-Amant-de-Boixe, 29 k. d'Angoulême.

Ambernac, c., arr. de Confolens, cant. de Confolens (nord), †, éc., ☒ Confolens, 240 m., 1,073 h.

Ambernac, bg., ch.-l., c. d'Ambernac, 24 m., 92 h., 12 k. de Confolens, 53 k. d'Angoulême.

Amblard (Chez-), c. de Touzac, 3 m., 12 h.

Ambleville, c., arr. de Cognac, cant. de Segonzac, éc., ☒ Segonzac, ☞ F. M., 106 m., 458 h.

Ambleville, bg., ch.-l., c. d'Ambleville, 3 m., 13 h., 8 k. de Segonzac, 21 k. de Cognac, 35 k. d'Angoulême.

Ambournet, c. de Champagne-Mouton, 2 m., 10 h.

Amiaux (Les), c. de Juillé, 8 m., 31 h.

Amion (Chez-), c. de Guimps, 1 m. 4 h.

Amiraux (Les), c. de Champniers, 13 m., 85 h.

Amon (Chez-), c. de Chillac, 3 m., 11 h.

Ampanneau, c. de Marcillac-Lanville, 32 m., 83 h.

Anais, c., arr. d'Angoulême, cant. de St-Amant-de-Boixe, †, éc., ☒ St-Amant-de-Boixe, 177 m., 677 h.

Anais, bg., ch.-l., c. d'Anais, 67 m., 215 h., 8 k. de St-Amant-de-Boixe, 27 k. d'Angoulême.

Ancelin (Chez-), c. de Chillac, 5 m., 13 h.

Ancouriat, c. d'Hiesse, 2 m., 14 h.

Andèle (La Grande-), c. de Torsac, 1 m., 24 h.

Andèle (La Petite-), c. de Torsac, 7 m., 26 h.

Andourchapt, c. de St-Laurent de-Céris, 2 m., 12 h.

André (St-), c., arr. et cant. de Cognac, ☒ Cognac, 103 m., 316 h.

André (St-), bg., ch.-l., c. de St-André, 15 m., 47 h., 8 k. de Cognac, 50 k. d'Angoulême.

Andreaux (Les), c. de St-Estèphe, 1 m., 8 h.

Andreville, c. de St-Cybardeaux, 2 m., 13 h.

Androu (Chez-), c. de Lignères, 6 m., 24 h.

Angeac-Champagne, c., arr. de Cognac, cant. de Segonzac, éc., ☒ Segonzac, 108 m., 429 h.

Angeac-Champagne, bg., ch.-l., c. d'Angeac-Champagne, 31 m., 120 h., 7 k. de Segonzac, 11 k. de Cognac, 40 k. d'Angoulême.

Angeac-Charente, c., arr. de Cognac, cant. de Châteauneuf, †, éc., ☒ Châteauneuf, 169 m., 609 h.

Angeac-Charente, bg., ch.-l., c. d'Angeac-Charente, 13 m., 53 h., 4 k. de Châteauneuf, 23 k. de Cognac, 22 k. d'Angoulême.

Angeau (St-), c., arr. de Ruffec, cant. de Mansle, †, éc., ☒ Mansle, ☞ F. M., 258 m., 846 h.

Angeau (St-), bg., ch.-l., c. de St-Angeau, 101 m., 366 h., 10 k. de Mansle, 25 k. de Ruffec, 29 k. d'Angoulême.

Angeduc, c., arr. et cant. de Barbezieux, éc., ☒ Barbezieux, 52 m., 220 h.

Angeduc, bg., ch.-l., c. d'Angeduc, 16 m., 57 h., 9 k. de Barbezieux, 28 k. d'Angoulême.

Angeliers (Les), c. de Javrezac, 8 m., 21 h.

Anglade (L'), c. de Bonnes, 2 m. 8 h.

Anglade (L'), c. de Gimeux, 2 m., 3 h.

Anglade (L'), c. de St-Laurent-de-Céris, 8 m., 44 h.

Anglard, c. de Brigueuil, 9 m., 49 h.

Anglée (L'), c. de Marcillac-Lanville, 1 m., 4 h.

Angles, c., arr. de Cognac, cant. de Segonzac, éc., ☒ Segonzac, 56 m., 201 h.

Angles, bg., ch.-l., c. d'Angles, 8 m., 25 h., 10 k. de Segonzac, 12 k. de Cognac, 43 k. d'Angoulême.

Angoulême, arr., 9 cant., 137 c., 135,678 h.

Angoulême (1re partie), cant., arr. d'Angoulême, 9 c., 20,422 h.

Angoulême (2e partie), cant., arr. d'Angoulême, 13 c., 25,498 h.

Angoulême, c., arr. d'Angoulême, cant. d'Angoulême (1re et 2e parties), ✝ et †, éc., ✉ Angoulême, ☞ F. M., 3,942 m., 22,811 h.

Angoulême, v., ch.-l. de la c. d'Angoulême, des cant. d'Angoulême (1re et 2e parties), de l'arr. d'Angoulême, du dép. de la Charente, préfecture, évêché, lycée, subdivision militaire, cour d'assises, tribunal civil, tribunal de commerce. j. d. p., temp. prot. ☎, 461 k. de Paris (voie de terre), 449 k. (voie de fer), 3,805 m., 22,246 h., ⚓.

Anguinlais, c. de St-Front, 6 m., 29 h.

Annereau, c. de St-Sulpice-de-Cognac, 5 m., 12 h.

Ansac, c., arr. de Confolens, cant. de Confolens (nord), †, éc., ✉ Confolens, ☞ F., 248 m.; 986 h.

Ansac, bg., ch.-l., c. d'Ansac, 78 m., 274 h., 3 k. de Confolens, 60 k. d'Angoulême.

Anthieux, c. de Bunzac, 5 m., 34 h.

Antournat, c. de Soyaux, 48 m., 135 h.

Antreroche, c. de Magnac-sur-Touvre, 6 m., 25 h.

Anveau, c. de Brigueuil, 5 m., 18 h.

Anville, c., arr. d'Angoulême, cant. de Rouillac, †, éc., ✉ Rouillac, ☞ F., 122 m., 443 h.

Anville, bg., ch.-l., c. d'Anville, 26 m., 103 h., 8 k. de Rouillac, 32 k. d'Angoulême.

Anville (Moulin-d'), c. d'Anville, 2 m., 5 h.

Apremont, c. de Chavenac, 7 m., 32 h.

Arbre (L'), c. de Mazerolles. 7 m., 21 h.

Arbrepin (L'), c. de St-Severin, 3 m., 9 h.

Arche (L'), c. d'Angoulême, 3 m., 15 h.

Arche (L'), c. de Fouquebrune, 1 m., 6 h.

Ardillier (L'), c. d'Angoulême, 1 m., 9 h.

Ardouins (Les), c. de Poursac, 5 m., 24 h.

Arènes, c. de Chasseneuil, 42 m., 53 h.

Argence, c. de Champniers, 87 m., 340 h.

Argentière (L'), c. d'Angoulême, 4 m., 48 h.

Argonlions (Les), c. de St-Cybard, 3 m., 12 h.

Ariat, c. de Chantillac, 3 m., 8 h.

Arlins (Les), c. de St-Gourson, 8 m., 32 h.

Arlot (Chez-), c. de Condéon, 3 m., 12 h.

Armelle, c. de Bouteville, 7 m., 24 h.

Arnauds (Les), c. de Bors-de-Baignes, 4 m., 6 h.

Arnauds (Les), c. de Mareuil, 22 m., 84 h.

Arnauds (Les), c. de Rouillet, 3 m., 14 h.

Arnauds (Les), c. de Ruelle, 6 m., 13 h.

Arnaux (Les), c. de Nieuil, 9 m., 23 h.

Arpins (Les), c. de Vignolles, 3 m., 11 h.

Ars, c., arr. et cant. de Cognac, †, éc., ✉ Cognac, 198 m., 727 h.

Ars, bg., ch.-l., c. d'Ars, 26 m., 92 h., 8 k. de Cognac, 50 k. d'Angoulême.

Ars (Le Château-d'), c. d'Ars, 1 m., 2 h.

Arsac (Le Bas-), c. de Bouex, 3 m., 11 h.

Arsac (Le Bas-), c. de Garat, 1 m., 4 h.

Arsac (Le Grand-), c. de Bouex, 3 m., 13 h.

Arsac (Le Grand-), c. de Garat, 11 m., 60 h.

Arsicaud (Chez-), c. de Challignac, 12 m., 39 h.

Arteaux (Les), c. de St-Ciers, 2 m., 18 h.

Artenac, c. de St-Mary, 62 m., 217 h.

Arterie (b'), c. de St-Maurice, 44 m., 41 h.

Arvals (L'), c. de Lézignac-Durand, 2 m., 14 h.

Asnières, c., arr. d'Angoulême, cant. d'Hiersac, †, éc., ✉ Hiersac, 291 m., 4,111 h.

Asnières, bg., ch.-l., c. d'Asnières, 40 m., 456 h., 9 k. d'Hiersac, 13 k. d'Angoulême.

Asnières, c. de Barret, 1 m., 7 h.

Assesseur (L'), c. de La Rochefoucauld, 3 m., 16 h.

Assieux (Les), c. de Montrollet, 4 m., 24 h.

Assis, c. de Manot, 26 m., 111 h.

Aterie (L'), c. de Cognac, 2 m., 7 h.

Ates (Les), c. de Couture, 18 m., 93 h.

Auban (Chez-), c. de Touvérac, 10 m., 35 h.

Aubarderie (L'), c. de Challignac, 4 m., 17 h.

Aubaresses (Les), c. d'Ansac, 1 m., 7 h.

Aubépin (Moulin-de-l'), c. d'Aubeville, 1 m., 4 h.

Aubépin (Moulin-de-l'), c. de St-Cybard-le-Peyrat, 1 m., 2 h.

Auberge-des-Quatre-Chemins (L'), c. de Brillac, 2 m., 10 h.

Auberge-du-Pont (L'), c. de St-Amant-de-Bonnieure, 1 m., 12 h.

Aubeterre, cant., arr. de Barbezieux, 11 c., 8,191 h.

Aubeterre, c., arr. de Barbezieux, cant. d'Aubeterre, ✝, éc., ✉ d'Aubeterre, ☞ F. M., 187 m., 723 h.

Aubeterre, v., ch.-l., de la c. et du cant. d'Aubeterre, j. d. p., 160 m., 601 h., 39 k. de Barbezieux, 47 k. d'Angoulême.

Aubeville, c., arr. d'Angoulême, cant. de Blanzac, éc., ✉ Blanzac, 92 m., 383 h.

Aubeville, bg., ch.-l., c. d'Aubeville, 13 m., 42 h., 6 k. de Blanzac, 26 k. d'Angoulême.

Aubeville (Le Moulin-d'), c. d'Aubeville, 4 m., 4 h.

Aubicherie (L'), c. de Chirac, 1 m., 8 h.

Aubier (L'), c. de Barret, 3 m., 13 h.

Aubier (L'), c. de St-Saturnin, 1 m., 4 h.

Aubier (Moulin-de-l'), c. des Gours 1 m., 3 h.

Aubin (Chez-), c. de Berneuil, 2 m., 4 h.

Aubin (St-), c. de Montmoreau, 1 m., 7 h.

Aubin (St-), c. de Villejésus, 23 m., 59 h.

Aubinaux (Les), c. de Condéon, 3 m., 15 h.

Aubuges (Les), c. de Villejésus, 1 m., 2 h.

Aucher, c. de Lesterps, 7 m., 21 h.

Auchez, c. de Garat, 2 m., 12 h.

Audebert (Chez-), c. de Bessac, 4 m., 19 h.

Audebert (Chez-), c. de Bric-sous-Barbezieux, 4 m., 15 h.

Audebert (L'), c. d'Aubeville, 2 m., 7 h.

Audebert (L'), c. de Pérignac, 5 m., 16 h.

Audebertie (L'), c. de Nieuil, 9 m., 23 h.

Audet (Chez-), c. de Challignac, 3 m., 16 h.

Audeville, c. de Malaville, 7 m., 26 h.

Audigier (Chez-), c. de Montboyer, 7 m., 36 h.

Audinet (Chez-), c. de Péreuil, 3 m., 12 h.

Audinières (Les), c. de Barbezieux, 1 m. non habitée.

Audonnie (L'), c. de Montembœuf, 3 m., 12 h.

Audouins (Les), c. de Châtignac, 2 m., 12 h.

Auge, c., arr. d'Angoulème, cant. de Rouillac, †, ⊠ Rouillac, 190 m., 702 h.

Auge, bg., ch.-l., c. d'Auge, 59 m., 195 h., 11 k. de Rouillac, 36 k. d'Angoulème.

Augeais (Chez-), c. de Berneuil, 7 m., 30 h.

Auger (Chez-), c. de Chillac, 16 m., 48 h.

Auger (Chez-), c. d'Oriolles, 4 m., 22 h.

Augeraud (Les), c. de St-Yrieix, 7 m., 36 h.

Augereaux (Les), c. de La Faye, 1 m., 12 h.

Augerie (L'), c. de La Vallette, 1 m., 5 h.

Augerie (L'), c. de Lignères, 1 m., 6 h.

Augerie (L'), c. de Suris, 8 m., 40 h.

Auges (L'), c. de Barret, 2 m., 8 h.

Augiers (L'), c. de St-Gourson, 34 m., 95 h.

Aulagne, c. de Bessac, 3 m., 12 h.

Aulais-de-la-Chapelle-Conzac (St-), c., arr. et cant. de Barbezieux, éc., ⊠ Barbezieux, 163 m., 629 h.

Aulais (St-), bg., ch.-l., c. de St-Aulais-de-la-Chapelle-Conzac, 21 m., 69 h., 10 k. de Barbezieux, 30 k. d'Angoulème.

Aumônerie (L'), c. de Barret, 1 m., 2 h.

Aumônerie (L'), c. de Châtignac, 3 m., 15 h.

Aumônerie (L'), c. de Chirac, 11 m., 52 h.

Aumônerie (L'), c. de Longré, 4 m., 14 h.

Aumônerie (L'), c. de Magnac-la-Vallette, 3 m., 10 h.

Aumônerie (L'), c. de Pérignac, 5 m., 14 h.

Aumônerie (L'), c. de St-Christophe-de-Confolens, 23 m., 88 h.

Aunac, c. de Brillac, 1 m., 7 h.

Aunac, c., arr. de Ruffec, cant. de Mansle, †, éc., ⊠ Mansle, ☞ F., 135 m., 537 h.

Aunac, bg., ch.-l., c. d'Aunac, 4 m., 188 h., 8 k. de Mansle, 14 k. de Ruffec, 35 k. d'Angoulème.

Aunac (Le Vieux-), c. d'Aunac, 64 m., 239 h.

Aunais (Les Grands-), c. de Cressac, 5 m., 25 h.

Aunais (Les Petits-), c. de Cressac, 5 m., 23 h.

Aurerie (L'), c. de St-Maurice, 4 m., 12 h.

Aurigie (L'), c. de Roumazières, 1 m., 7 h.

Aurue (L'), ou Le Rhut, c. de St-Maurice, 3 m., 23 h.

Aussac, c., arr. d'Angoulème, cant. de St-Amant-de-Boixe, †, éc., ⊠ St-Amant-de-Boixe, 227 m., 840 h.

Aussac, bg., ch.-l., c. d'Aussac, 49 m., 187 h., 7 k. de St-Amant-de-Boixe, 21 k. d'Angoulème.

Aussaigne (L'), c. de Vouzan, 4 m., 12 h.

Anteclère, éc. de St-Severin, 2 m., 6 h.

Autrusseau (Chez-), c. de Baignes-Ste-Radégonde, 2 m., 4 h.

Auvigerie (L'), c. de Massignac, 6 m., 32 h.

Auzinc, c. de St-Quentin-en-Chalais, 1 m., 5 h.

Auzonne (L'), c., de Nabinaud, 3 m., 12 h.

Avenants (Les), c. de St-Genis-d'Hiersac, 8 m., 34 h.

Avenaux (Les), c. de Baignes-Ste-Radégonde, 4 m, 19 h.

Avit (St-), c, arr. de Barbezieux, cant. de Chalais, ⊠ Chalais, 78 m., 320 h.

Avit (St-), bg., ch.-l., c. de St-Avit, 11 m., 43 h., 4 k. de Chalais, 32 k. de Barbezieux, 50 k. d'Angoulème.

Avril (Chez-), c. de Segonzac, 1 m., 10 h.

B

Babaud (Chez-), c. de Charmant, 1 m., 7 h.

Babelot (Chez-), c. d'Ars, 1 m., 4 h.

Babelot (Chez-), c. de Passirac, 1 m., 4 h.

Babelot (Chez-), c. de Ste-Souline, 2 m., 7 h.

Babins (Les), c. de Salles-de-Segonzac, 9 m., 30 h.

Babœuf (Chez-), c. de Barret, 10 m., 44 h.

Babonnaux (Les), c. de Gimeux, 7 m., 36 h.

Babot (Chez-), c. de Plassac, 4 m., 16 h.

Baccou (Chez-), c. de Mainxe, 2 m., 8 h.

Bac-de-Chèvre, c. de Nercillac, 7 m., 36 h.

Bachelerie, c. de Saulgond, 7 m., 27 h.

Bacheliers (Les), c. de St-Saturnin, 6 m., 21 h.

Bachellerie (La), ou La Folie, c. de Cellefrouin, 1 m., 3 h.

Bacherat (Moulin-de-), c. de St-Amant-de-Bonnieure, 1 m., 6 h.

Bâcle (Chez), c. de Marcillac-Lanville, 1 m., 10 h.

Bâcle (Chez-), c. de St-Palais-du-Né, 14 m., 39 h.

Bâcle (Chez-), c. de Taponnat-Fleurignac, 1 m., 5 h.

Badet (Chez-), c. d'Abzac, 4 m., 13 h.

Baffoux, c. de Bors-de-Montmoreau, 7 m., 30 h.

Bagot, c. de La Chaise, 5 m., 13 h.

Bagot, c. de St-Palais-du-Né, 7 m., 24 h.

Bagot (La Métairie-de-), c. de St-Palais-du-Né, 1 m., 4 h.

Bagnollet, c. de Cherves, 2 m., 2 h.

Baguenard (Chez-), c. de Richemont, 5 m., 9 h.

Bahuet (Chez-), c. d'Alloue, 1 m., 6 h.

Bahuets (Les), c. de St-Sulpice-de-Ruffec, 11 m., 34 h.

Baiges (Chez-), c. de St-Angeau, 20 m., 65 h.

Baignes, c. de Touvérac, 21 m., 60 h.

Baignes, cant., arr. de Barbezieux, 8 c., 7,927 h.

Baignes-Ste-Radégonde, c., arr. de Barbezieux, cant. de Baignes, ✝ et †, éc., ☞ F. M., Baignes, 588 m., 2,541 h.

Baignes-Ste-Radégonde, v., ch.-l., c de Baignes-Ste-Radégonde, j. d. p., 185 m., 717 h., 14 k. de Barbezieux, 48 k. d'Angoulême.

Ballan (Chez-), c. de Berneuil, 2 m., 10 h.

Ballan (Chez-), c. de Passirac, 6 m., 20 h.

Baillant (Le), c. de Rouzède, 4 m., 22 h.

Baillarge (Le Moulin-de-), c. de Garat, 1 m., 6 h.

Baillargeon (Chez-), c. de Londigny, 20 m., 60 h.

Baillargie (La), c. de St-Romain, 4 m., 21 h.

Baillou (Chez-), c. de Montboyer, 1 m., 5 h.

Baillou (Chez-), c. d'Yviers, 1 m., 5 h.

Baillou (Moulin-de-), c. d'Yviers, 1 m., 5 h.

Bailly, c. de Sireuil, 5 m., 26 h.

Bains (Les), c. d'Écuras, 21 m., 82 h.

Baisevigne, c. d'Aubeterre, 2 m., 11 h.

Baisses (Les), c. de Confolens, 1 m., 5 h.

Bajot, c. de Verrières, 1 m., 7 h.

Bajot (Chez-), c. d'Angeac-Charente, 4 m., 16 h.

Bajot (Chez-), c. de St-André, 6 m., 15 h.

Balais (Chez-), c. de St-Vallier, 1 m., 2 h.

Baland (Chez-), c. de Courgeac, 3 m., 12 h.

Baland (Chez-), c. de Sauvagnac, 8 m., 29 h.

Baland (Le), c. de Mornac, 4 m., 27 h.

Balanger (Chez-), c. de St-Martial, 3 m., 10 h.

Balangerie, c. de St-Médard-de-Barbezieux, 3 m., 16 h.

Balatries (Les), c. de Chadurie, 15 m., 47 h.

Balauge (Chez-), c. de St-Léger, 3 m., 12 h.

Balauge (Moulin-de-), c. de Dirac, 1 m., 3 h.

Balerie, ou Puybalerie, c. d'Étagnac, 2 m., 8 h.

Balissoirs (Les), c. de Torsac, 1 m., 3 h.

Balland (Chez-), c. de Bonneuil, 7 m., 31 h.

Ballet (Chez-), c. d'Angeac-Charente, 4 m., 14 h.

Ballet (Chez-), c. de Lignères, 4 m., 20 h.

Ballet (Le), c. de Nercillac, 3 m., 11 h.

Ballon, c. de Condac, 1 m., 12 h.

Ballons (Les), c. de Couture, 8 m., 32 h.

Balotteries (Les), c. de Souffrignac, 11 m., 53 h.

Balluet (Chez-), c. de Vouzan, 6 m., 22 h.

Ballut (Chez-), c. de Roullet, 2 m., 10 h.

Balluteau, c. de Ste-Colombe, 1 m., 6 h.

Balzac, c., arr. d'Angoulême, cant. d'Angoulême (2e partie), †, éc., ✉ Angoulême, 218 m., 918 h.

Balzac, bg., ch.-l., c. de Balzac, 4 m., 21 h., 10 k. d'Angoulême.

Balzac, c. de Nonaville, 1 m., 10 h.

Balzac (Le Château-de-), c. de Balzac, 3 m., 16 h.

Banal (Château-), c. de Pressignac, 1 m., 4 h.

Banchareau (Chez-), c. de St-Coutant, 10 m., 38 h.

Banchereau (Chez-), c. du Tâtre, 6 m., 20 h.

Banchereau (Le), c. de Feuillade, 2 m., 14 h.

Bande (Chez-), c. de Pressignac, 4 m., 23 h.

Bandiat, c. de Berneuil, 2 m., 7 h.

Bange (Chez-), c. de Reignac, 1 m., 4 h.

Banliat (Chez-), c. de Chantrezac, 3 m., 6 h.

Bannière, c. de Montjean, 20 m., 79 h.

Barabeau, c. de Berneuil, 6 m., 17 b.

Baracoux, c. de Lesterps, 2 m., 49 h

Baraille (Chez-), c. d'Ars, 3 m., 16 h.

Baraque (La), c. de Fouquebrune, 1 m., 3 h.

Baraque (La), c. de Grassac, 1 m., 2 h.

Baraque (La), c. de St-Maurice, 1 m., 4 h.

Baraques (Les), c. d'Oradour-Fanais, 2 m., 7 h.

Barat, c. de Ronsenac, 2 m., 8 h.

Barbaris (Les), c. de Champniers, 1 m., 9 h.

Barbary, c. de La Couronne, 2 m., 11 h.

Barbayou, c. de Rougnac, 1 m., 5 h.

Barbe, c. de Criteuil, 5 m., 21 h.

Barbe (La), voy. La Cour.

Barbe (Ste-), c. de Fléac, 2 m., 4 h.

Barbe-Blanche, c. de Roullet, 3 m., 11 h.

Barbedorge, c. de St-Quentin-en-Chalais, 9 m., 31 h.

Barberaux (Les), c. de St-Estèphe, 3 m., 16 h.

Barbery, c. de Palluaud, 8 m., 31 h.

Barbezières, c., arr. de Ruffec, cant. d'Aigre, †, éc., ✉ Aigre, 119 m., 428 h.

Barbezières, bg., ch.-l., c. de Barbezières, 9 m., 27 h., 10 k. d'Aigre, 32 k. de Ruffec, 41 k. d'Angoulême.

Barbezieux, arr., 6 cant., 80 c., 56,166 h.

Barbezieux, cant., arr. de Barbezieux, 18 c., 11,692 h.

Barbezieux, c., arr. de Barbezieux, cant. de Barbezieux, ⚔, éc., ✉ Barbezieux, ☞ F. M., 812 m., 3,700 h.

Barbezieux, v., ch.-l., de la c. de Barbezieux, du cant., de l'arr., sous-préfecture, tribunal, j. d. p., temp. prot., 572 m., 2,646 h., 34 k. d'Angoulême.

Barbier (Le), c. de Touzac, 1 m., 1 h.

Barbiers (Les), c. de St-Germain, cant. de Montbron, 4 m., 22 h.

Barbiers (Les), c. de St-Gourson, 3 m., 15 h.

Barbot (Chez-), c. de St-Bonnet, 3 m., 6 h.

Barbot (Chez-), c. de Roullet, 38 m., 132 h.

Barboterie (La), ou Maine-Michaud, c. de St-Bonnet, 1 m., 3 h.

Barbotière, c. de Chavenac, 9 m., 28 h.

Barbottin (Chez-), c. de Chantilliac, 10 m., 42 h.

Barbottins (Les), c. de Gensac, 9 m., 45 h.

Barbuts (Les), c. de Lignères, 3 m., 13 h.

Barde (Chez-), c. de St-Martial, 2 m., 5 h.

Barde (La), c. de Barbezieux, 3 m., 12 h.

Barde (La), c. de Chantilliac, 3 m., 13 h.

Barde (La), c. de Condéon, 7 m., 22 h.

Barde (La), c. de Gondeville, 13 m., 31 h.

Barde (La), c. de Julienne, 4 m., 27 h.

Barde (La), c. de Montchaude, 16 m., 56 h.

Barde (La), c de Pérignac, 3 m., 10 h.

Barde (La), château, c. de St-Même, 1 m., 39 h.

Barde (La), c. de St-Quentin-en-Chalais, 1 m., 5 h.

Barde (La), us., c. de St-Severin, 1 m., 8 h.

Barde (La), c. de Vaux-la-Vallette, 6 m., 42 h.

Bardenac, c., arr. de Barbezieux, cant. de Chalais, éc., ✉ Chalais, 105 m., 450 h.

Bardenac, bg., ch.-l., c. de Bardenac, 31 m., 161 h., 6 k. de Chalais, 27 k. de Barbezieux, 45 k. d'Angoulême.

Bardes (Les), c. de Nonac, 6 m., 12 h.

Bardet (Chez-), c. de St-Palais-du-Né, 8 m., 29 h.

Bardine (La), c. de Chantrezac, 1 m., 6 h.

Bardines, c. de St-Yrieix, 26 m., 114 h.

Bardis (Le), c. de Brossac, 1 m., 5 h.

Bardon (Chez-), c. de Brossac, 7 m., 32 b.

Bardon (Chez-), c. de Châlignac, 3 m., 11 h.

Bardon (Chez-), c. de Passirac, 2 m., 14 h.

Bardonnaud, c. de Balzac, 2 m., 16 h.

Bardonnaud, c. de St-Médard-de-Rouillac, 3 m., 15 h.

Bardonnin, ou La Grange-Bardonnin, c. de Petit-Lessac, 4 m., 21 h.

Bardoux (Le), c. de St-Quentin-en-Chalais, 6 m., 21 h.

Barilleau, c. de Salles-la-Vallette, 2 m., 7 h.

Barillon, us., c. de La Couronne, 1 m., 18 h.

Barlot (Chez-), c. de Rioux-Martin, 14 m., 55 h.
Barlot (Chez-), c. d'Yviers, 9 m., 28 h.
Barlou (Le, c. de Brossac. 3 m., 16 h.
Baron (Chez-), c. de Baignes-Ste-Radégonde, 2 m., 7 h.
Baron (Chez-), c. de Barbezieux, 9 m., 30 h.
Baron (Chez-), c. de Chadurie, 9 m., 37 h.
Baron (Chez-), c. d'Oriolles, 8 m., 42 h.
Baron (Chez-), c. de Viville, 5 m., 21 h.
Baronnie (La), c. de Torsac, 1 m., 13 h.
Baronnière (La), c. des Pins, 1 m., 6 h.
Baronnière (Moulin-de-la-), c. des Pins, 4 m., 6 h.
Barque (La), c. de Sérignac, 1 m., 13 h.
Barrat (Chez-), c. de Salles-de-Segonzac, 4 m., 18 h.
Barrateau, c. d'Ambérac, 3 m., 7 h.
Barraud, c. de Criteuil, 2 m., 11 h.
Barraud (Chez-), c. d'Angeac-Charente, 6 m., 18 h.
Barraud (Chez-), c. de Bécheresse, 1 m., 5 h.
Barraud (Chez-), c. de Lignères, 2 m., 6 h.
Barraud (Le Moulin-), c. de Bessac, 1 m., 8 h.
Barraudies (Les), c. de Massignac, 2 m., 14 h.
Barre (La), c. de Genouillac, 7 m., 30 h.
Barre (La), c. des Gours, 1 m., 3 h.
Barre (La), c. du Bouchage, 1 m., 8 h.
Barre (La), c. de Juillac-le-Coq, 4 m., 28 h.
Barre (La), c. de Loubert, 1 m., 10 h.
Barre (La), c. de Massignac, 3 m., 42 h.
Barre (La), c. de Moulidars, 6 m, 25 h.
Barre (La), c. de Ronsenac, 3 m., 14 h.
Barre (La), c. de Villejoubert, 1 m., 6 h.
Barré (Chez-), c. de Malaville, 2 m., 12 h.
Barré (Chez-), c. de Plassac, 5 m., 48 h.
Barreau, c. de Nabinaud, 8 m., 22 h.
Barreau, c. de Segonzac, 38 m., 138 h.
Barreau (Chez-), c. de Baignes-Ste-Radégonde, 8 m., 11 h.
Barreau (Chez-), c. de Charras, 1 m., 3 h.
Barreau (Chez-), c. de Cressac, 1 m., 9 h.
Barreau (Chez-), c. de Nonaville, 2 m., 12 h.
Barreau (Chez-), c. de Porcheresse, 5 m., 19 h.
Barreau (Le Moulin-de-), c. de Challignac, 1 m., 4 h.
Barreaux (Les), c. de Dirac, 2 m., 4 h.
Barreaux (Le Moulin-de-), c. de Pérignac, 2 m., 6 h.
Barrecogne, c. de Chantrezac, 1 m., 5 h.
Barrérie (La Grande-), c. des Essards, 14 m., 37 h

Barrérie (La Petite-), c. des Essards, 4 m., 18 h.
Barret, c., arr. et cant. de Barbezieux, †, éc., ⊠ Barbezieux, 327 m., 1,302 h.
Barret, bg., ch.-l., c. de Barret, 6 m., 29 h., 5 k. de Barbezieux, 37 k. d'Angoulême.
Barret (Chez-), c. de Bardenac, 1 m., 6 h.
Barret (Chez-), c. d'Édon, 1 m., 6 h.
Barret (Chez-), c. de La Couronne, 19 m., 42 h.
Barret (Chez-), c. de Malaville, 2 m., 12 h.
Barret (Le Moulin-de-), c. de Dirac, 2 m., 4 h.
Barret (Le Moulin-de-), c. de Garat, 1 m., 3 h.
Barrian (Le), c. de St-Amant-de-Boixe, 1 m., 7 h.
Barriat, c. de Nonac, 5 m., 22 h.
Barrière, c. de St-Hilaire, 1 m., 9 h.
Barrière (La), c. de Criteuil, 2 m., 5 h.
Barrière (La), c. de Mosnac, 1 m., 7 h.
Barrière (La), c. de St-Quentin-de-Chabanais, 12 m., 69 h.
Barrières (Les), c. d'Agris, 2 m., 4 h.
Barrières (Les), c. de Cherves, 2 m. 5 h.
Barrières (Les), c. de Mainfonds, 1 m., 8 h.
Barrières (Les, c. de St-Germain-sur-Vienne, 1 m., 5 h.
Barrières (Les), c. de St-Laurent-de-Belzagot, 1 m., 5 h.
Barillaud (Chez-), c. de Salles-la-Vallette, 2 m., 7 h.
Barro, c., arr. et cant. de Ruffec, †, éc., ⊠ Ruffec, 145 m., 535 h.
Barro, bg., ch.-l., c. de Barro, 38 m., 106 h., 5 k. de Ruffec, 41 k. d'Angoulême.
Barry (Le), c. de Cherves-Châtelars, 5 m., 5 h.
Barry (Le), c. de Palluaud, 1 m., 6 h.
Barthélemy (St-), c. de St-Amant-de-Montmoreau, 6 m., 24 h.
Barufaud (Chez-), c. de Cherves-Châtelars, 15 m., 66 h.
Barusseau (Chez-), c. de St-Maurice, 6 m., 34 h.
Barussies (Les), c. de Chirac, 14 m., 55 h.
Baruteau (Chez-), c. de Champniers, 2 m., 8 h.
Baschaloup (Le), c. de Montbron, 1 m., 8 h.
Bas-de-La-Prée, c. de Nonaville, 1 m., 2 h.
Basleville, c. de Villejésus, 7 m., 17 h.
Basnier, c. d'Épenède, 2 m., 19 h.
Basque (Le), c. de Sérignac, 9 m., 31 h.
Bassac, c., arr. de Cognac, cant. de Jarnac, †, éc., ⊠ Jarnac, 217 m., 717 h.

Bassac, bg., ch.-l., c. de Bassac, 126 m., 430 h., 8 k. de Jarnac, 22 k. de Cognac, 25 k. d'Angoulême.

Bassat, c. de Garat, 2 m., 7 h.

Basse, c. de St-Genis-d'Hiersac, 28 m., 110 h.

Basseau, c. de Fléac, 16 m., 60 h.

Basseau, c. de St-Michel, 1 m., 3 h.

Basse-Cour (La), c. de Lamérac, 1 m., 2 h.

Basset, c. de Juignac, 5 m., 5 h.

Basset (Chez-), c. de Chassieeq, 9 m., 33 h.

Basset (Moulin-de-), c. de Champagne-Mouton, 1 m, 6 h.

Bassigeau, c. de Bassac, 20 m., 76 h.

Bassinaud, c. de Juignac, 1 m., 5 h.

Bastard (Chez-), c. de St-Laurent-de-Belzagot, 6 m., 23 h.

Bastier (Chez-), c. d'Épenède, 4 m., 5 h.

Bastille (La), c. de Palluaud, 2 m., 9 h.

Bastraud (Moulin-), c. de Charmant, 4 m., 5 h.

Bataillé (Chez-), c. de St-Hilaire, 11 m., 39 h.

Bataillon (Chez-), c. de St-Sulpice-de-Cognac, 2 m., 3 h.

Bâtarderie (La), c. des Adjots, 4 m., 7 h.

Bâtardière, c. de Salles-la-Vallette, 3 m., 9 h.

Bathelottes (Les), c. de Montignac-le-Coq, 1 m., 6 h.

Bâtiment (Le), c. de Moutardon, 4 m., 2 h.

Bâtisse (Chez-), c. de Chazelles, 5 m., 30 h.

Bâtisse (La), c. de St-Amant-de-Montmoreau, 4 m., 9 h.

Batout (Chez-), c. de Garat, 1 m., 7 h.

Baty (Chez-), c. de Mouthiers, 1 m., 14 h.

Bauchais, c. de St-Même, 1 m., 5 h.

Bauche (La), c. de Nieuil, 8 m., 28 h.

Bauche (La), c. de St-André, 1 m., 5 h.

Bauchère (Chez-), c. de St-Même, 6 m., 33 h.

Bauchet (Le), c. d'Esse, 2 m., 10 h.

Baud (Chez-le-), c. de Baignes-Ste-Radégonde, 3 m., 11 h.

Baudant, c. de Fontclaireau, 3 m., 10 h.

Baudet, c. de Brie-sous-Barbezieux, 12 m., 35 h.

Baudet (Chez-), c. de Condéon, 1 m., 4 h.

Baudet (Chez-), c. de Crouin, 2 m., 8 h.

Baudet (Chez-), c. de Guimps, 3 m., 16 h.

Baudet (Chez-), c. de Porcheresse, 2 m., 8 h.

Baudet (Chez-), c. de St-Severin, 3 m., 14 h.

Baudin (Chez-), c. de Passirac, 4 m., 6 h.

Baudriers (Les), c. de Barret, 4 m., 2 h.

Baudry (Chez-), c. de Lagarde-sur-le-Né, 4 m., 15 h.

Baudry (Chez-), c. de Lamérac, 3 m., 10 h.

Baudry (Chez-), c. de Roullet, 2 m., 6 h.

Baudry (Chez-), c. de St-Sulpice-de-Cognac, 8 m., 35 h.

Baudut (Chez-), ou la Maison-Neuve, c. de Nonac, 3 m., 6 h.

Baudut (Chez-), c. d'Oriolles, 8 m., 29 h.

Baudut (Chez-), c. de Pérignac, 5 m., 21 h.

Beaugis (Chez-), c. de Chasseneuil, 5 m., 14 h.

Baunnac, c. d'Ébréon, 33 m., 114 h.

Baurie (La), c. de St-Christophe, 1 m., 5 h.

Baurie (La), c. de Dignac, 7 m., 28 h.

Baurie (La), c. de Vaux-la-Vallette, 3 m., 15 h.

Baurie (La Grande-), c. de Bellon, 4 m., 14 h.

Baurie (La Petite-), c. de Bellon, 2 m., 9 h.

Baurie (Le), c. de Marthon, 1 m., 6 h.

Baurie (Les), c. de Birac, 7 m., 49 h.

Bauve (La), c. de St-Surin, 1 m., 2 h.

Baux (Les), c. de Vitrac, 4 m., 16 h.

Bavé, c. de Vaux-Rouillac, 4 m., 13 h.

Bayard (Chez-), c. de Guimps, 2 m., 11 h.

Baye (Chez-le-), c. de Salles-la-Vallette, 3 m., 10 h.

Baye (La), c. de Guimps, 1 m., 4 h.

Baye (La Grande-), c. de Barret, 3 m., 13 h.

Baye (La Petite-), c. de Barret, 1 m., 4 h.

Bayers, c., arr. de Ruffec, cant. de Mansle. †, éc., ✉ Mansle, 118 m., 382 h.

Bayers, bg., ch.-l., c. de Bayers, 72 m., 213 h., 7 k. de Mansle, 13 k. de Ruffec, 34 k. d'Angoulême.

Bayers (Moulin-de-), c. de Bayers, 1 m., 7 h.

Bayette (La), c. de Bioussac, 22 m., 74 h.

Bayoux (Chez-), c. de St-Mary, 14 m., 54 h.

Bazac, c., arr. de Barbezieux, cant. de Chalais, †, éc., ✉ Chalais, 98 m., 427 h.

Bazac, bg., ch.-l., c. de Bazac, 29 m., 115 h., 6 k. de Chalais, 34 k. de Barbezieux, 52 k. d'Angoulême.

Bazoin (Chez-), c. de Condéon, 2 m., 8 h.

Bazou (Chez-), c. de St-Maurice, 3 m., 7 h.

Béard (Chez-), c. de St-Claud, 4 m., 6 h.

Beau (Chez-), c. de Challignac, 3 m., 9 h.

Beau (Chez-), c. d'Oriolles, 1 m., 4 h.

Beau (Le), c. d'Alloue, 5 m., 27 h.

Beau (Le), c. de Chantrezac, 1 m., 11 h.

Beau (Le Petit-), c. de Mazerolles, 6 m., 24 h.

Beaubelle (La), c. de Chantrezac, 3 m., 13 h.

Beaubost, c. de Montrollet, 22 m., 94 h.

Beaubrenier, c. de Vars, 11 m., 45 h.

Beaucaire (Château), c. de St-Amant-de-Nouère, 1 m., 2 h.

Beaucée, c. de Souvignac, 1 m., 6 h.
Beauchaix, c. de Douzat, 2 m., 8 h.
Beauchamp, c. de Courlac, 2 m., 10 h.
Beauchamp, c. de Plassac, 3 m., 11 h.
Beauchêne, c. d'Alloue, 2 m., 17 h.
Beauclin, c. d'Alloue, 1 m., 7 h.
Beaud (Chez-), c. d'Oriolles, 11 m., 45 h.
Beaudaud (Chez-), c. de Dirac, 4 m., 12 h.
Beau-de-la-Grange (Le), c. d'Ambernac, 1 m., 6 h.
Beaudin, c. de Bazac, 3 m., 16 h.
Beaudin-du-Pont (Chez-), c. de Claix, 4 m., 19 h.
Beaudouin (Chez-), c. de St-Palais-du-Né, 1 m., 4 h.
Beaudouin (Chez-), c. de St-Preuil, 3 m., 19 h.
Beaudrie (La), c. de Pleuville, 2 m., 15 h.
Beauferon (Chez-), c. de La Chaise, 4 m., 18 h.
Beauffreton, c. de Mainxe, 4 m., 22 h.
Beaugaulis, c. de Villejésus, 1 m., 2 h.
Beaugueffier (Le), c. d'Esse, 6 m., 24 h.
Beaulieu, c., arr. de Confolens, cant. de St-Claud, †, éc., ⊠ St-Claud, ℱ F., 231 m., 763 h.
Beaulieu, bg., ch.-l., c. de Beaulieu, 128 m., 388 h., 9 k. de St-Claud, 27 k. de Confolens, 41 k. d'Angoulême.
Beaulieu, c. de Brillac, 4 m., 26 h.
Beaulieu, c. de Dignac, 46 m., 151 h.
Beaulieu, c. d'Étagnac, 12 m., 72 h.
Beaulieu, c. d'Eymouliers, 3 m., 7 h.
Beaulieu, c. de Feuillade, 1 m. 6 h.
Beaulieu, c. de Grassac, 4 m., 22 h.
Beaulieu, c. de Lamérac, 1 m., 5 h.
Beaulieu, c. d'Oriolles, 4 m., 23 h.
Beaulieu, c. de Pillac, 2 m., 9 h.
Beaulieu, c. de Poullignac, 1 m., 6 h.
Beaulieu, c. de Reignac, 4 m., 16 h.
Beaulieu, c. de St-Laurent-de-Belzagot, 6 m., 31 h.
Beaulieu, c. de Salles-la-Vallette, 1 m., 4 h.
Beaulieu (Chez-), c. de Loubert, 1 m., 7 h.
Beaulieu (Le Grand-), c. de Montrollet, 1 m., 5 h.
Beaulieu (Le Petit-), c. de Montrollet, 2 m., 3 h.
Beaumont, c. d'Alloue, 14 m., 47 h.
Beaumont, c. d'Angoulême, 1 m., 1° h.
Beaumont, c. de Criteuil, 17 m., 69 h.
Beaumont, c. d'Orival, 7 m., 34 h.
Beaumont, c. de Vars, 9 m., 29 h.
Beaumont, c. d'Yvrac-et-Malléran, 29 m., 96 h.
Beaumont (Chez-), c. de Brie-sous-la-Rochefoucauld, 5 m., 21 h.

Beaunom (Chez-), c. de Lamérac, 1 m., 5 h.
Beaupuy, c. de Lesterps, 5 m., 23 h.
Beaupuy (Le), c. de Chantillac, 4 m., 18 h.
Beauquet (Le), c. de Chasseneuil, 2 m., 6 h.
Beauquet (Le), c. de Chassiecq, 2 m., 8 h.
Beauquet (Le), c. de Vars, 16 m., 69 h.
Beauregard, c. d'Alloue, 2 m., 10 h.
Beauregard, c. d'Angoulême, 109 m., 428 h.
Beauregard, c. de Claix, 2 m., 8 h.
Beauregard, c. d'Édon, 5 m., 24 h.
Beauregard, c. de Genouillac, 2 m., 8 h.
Beauregard, c. de Juillac-le-Coq, 1 m., 7 h.
Beauregard, c. de Longré, 2 m. non h.
Beauregard, c. de St-Martin-Château-Bernard, 1 m., 9 h.
Beauregard, c. de St-Saturnin, 10 m., 47 h.
Beauregard, c. de Taponnat-Fleurignac, 1 m., 7 h.
Beauregard, c. de Touvre, 8 m., 32 h.
Beauregard, c. de Vars, 3 m., 10 h.
Beauregard, c. de Vouzan, 1 m., 6 h.
Beauregard (Château), c. de Bernac, 1 m., 21 h.
Beauregard (Le Petit-), c. d'Angoulême, 3 m., 20 h.
Beauregard, voy. St-Michel.
Beauressort (Chez-), c. de Vouthon, 1 m. non h.
Beaurie (La), c. de Roufflac-St-Martial-Lamenècle, 3 m., 18 h.
Beauséjour, c. de Lésignac-Durand, 1 m., 6 h.
Beauséjour, c. de Péreuil, 2 m., 5 h.
Beauséjour, c. de Rivières, voy. Buffevent.
Beauséjour, c. d'Yvrac-et-Malléran, 1 m., 6 h.
Beau-Séjour (Le), c. de Chadurie, 2 m., 9 h.
Beausoleil, c. de Rouzède, 2 m., 5 h.
Beaussat, c. de Montembœuf, 30 m., 107 h.
Beausseau, c. de St-Christophe-de-Chalais, 10 m., 44 h.
Beausseau (Moulin-de-), c. de St-Christophe-de-Chalais, 2 m., 9 h.
Beauvais, c. de St-Laurent-de-Belzagot, 5 m., 11 h.
Beauvais (Le Petit-), c. d'Auge, 28 m., 95 h.
Beauvais (Le Petit-), c. de Courbillac, 39 m., 148 h.
Beauvais (Les), us., c. de La Couronne, 7 m., 29 h.

Beauvent, c. d'Exideuil, 1 m., 8 h.
Beauvoir, c. de Genouillac, 2 m., 3 h.
Bécasse (La), c. de St-Projet-St-Constant, 1 m., 9 h.
Bécasses (Les), c. de Genté, 16 m., 45 h.
Bec-de-Grole, c. de Condac, 6 m., 27 h.
Bécheline, c. de St-Yrieix, 1 m., 5 h.
Béchemore, c. de Pranzac, 2 m., 14 h.
Bécheresse, c., arr. d'Angoulême, cant. de Blanzac, †, éc., ⊠ Blanzac, 140 m., 492 h.
Bécheresse, bg., ch.-l., c. de Bécheresse, 8 m., 30 h., 5 k. de Blanzac, 21 k. d'Angoulême.
Bécoiseau, c. de Juillé, 12 m., 51 h.
Bedeau (Chez-), c. de Berneuil, 3 m., 12 h.
Bedie (Le), c. de Bréville, 11 m., 47 h.
Bedon (Chez-), c. de Ste-Souline, 3 m., 18 h.
Bedoux, c. de Lignères, 4 m., 17 h.
Begasse (La), c. des Pins, 5 m., 18 h.
Begaud (Chez-), c. de Baignes-Ste-Radégonde, 9 m., 33 h.
Begaud (Chez-), c. de St-Sulpice-de-Cognac, 1 m. non h.
Begot, c. de Guizengeard, 2 m., 12 h.
Begoux, c. de Lignères, 2 m., 7 h.
Beguillières (Les), c. de St-Sulpice-de-Cognac, 28 m., 87 h.
Beillard (Chez-), c. de Bécheresse, 1 m., 7 h.
Beillard (Chez-), c. de Jurignac, 1 m., 29 h.
Beillard (Chez-), c. de Sonneville, 11 m., 40 h.
Beitour (La), ou La Belletour, c. de Magnac-la-Vallette, 6 m., 20 h.
Belair, c. d'Aubeville, 1 m., 4 h.
Belair, c. de Barbezieux, 1 m. non h.
Belair, c. de Bioussac, 1 m., 2 h.
Belair, c. de Boutiers, 3 m., 7 h.
Belair, c. de Brie-sous-Barbezieux, 1 m., 3 h.
Belair, c. de Brossac, 1 m., 7 h.
Belair, c. de Chazelles, 1 m., 3 h.
Belair, c. de Courbillac, 6 m., 25 h.
Belair, c. de Courlac, 1 m., 4 h.
Belair, c. d'Étagnac, 2 m., 8 h.
Belair, c. d'Exideuil, 1 m., 11 h.
Belair, c. de Gimeux, 1 m., 2 h.
Belair, c. de Jarnac, 11 m., 38 h.
Belair, c. de Javrezac, 1 m., 5 h.
Belair, c. de Lamérac, 1 m., 5 h.
Belair, c. de La Rochefoucauld, 2 m., 10 h.
Belair, c. du Lindois, 1 m., 7 h.
Belair, c. de Magnac-sur-Touvre, 1 m., 3 h.
Belair, c. de Mainxe, 1 m., 3 h.

Belair, c. de Manot, 3 m., 14 h.
Belair, c. de Poullignac, 1 m., 4 h.
Belair, c. de Roumazières, 3 m., 10 h.
Belair, c. de Rouzède, 5 m., 15 h.
Belair, c. de St-Bonnet, 1 m., 3 h.
Belair, c. de St-Brice, 1 m., 14 h.
Belair, c. de St-Sulpice-de-Cognac, 2 m., 6 h.
Belair, c. de Sauvignac, 2 m., 8 h.
Belair, c. de Sigogne, 1 m., 1 h.
Belair, c. de Taizé-Aizie, 1 m., 4 h.
Belair, ou La Trappe, c. de Vitrac, 1 m., 5 h.
Belair (Château), c. de La Tâche, 1 m., 5 h.
Belair (Chez-), c. de Bonneuil, 1 m., 2 h.
Belair (Chez-), c. de Combiers, 1 m., 5 h.
Belair (Chez-), c. de Palluaud, 1 m., 4 h.
Belair (Chez-), c. de St-Cybard, 2 m., 9 h.
Belair (Le Grand-), c. de Baignes-Ste-Radégonde, 1 m., 2 h.
Belair (Le Grand-), c. de Montchaude, 2 m., 8 h.
Belair (Le Petit-), c. de Baignes-Ste-Radégonde, 4 m., 14 h.
Belair (Le Petit-), c. de Montchaude, 3 m., 13 h.
Belair (Le Petit-), c. de Palluaud, 1 m., 3 h.
Belair (Le Petit-), c. de Poullignac, 1 m., 4 h.
Belair-du-Parc, c. de Cherves, 1 m., 4 h.
Belair-Pays-Bas, c. de Cherves, 2 m., 9 h.
Belazard, c. de L'Houmeau-Pontouvre, 1 m., 5 h.
Bellac, c. de Nonac, 12 m., 41 h.
Bellac, c. de Roussines, 2 m., 13 h.
Bellac (Moulin-de-), c. de Nonac, 1 m., 9 h.
Bellangerie (La), c. de La Péruze, 1 m., 10 h.
Bellavaud, c. de Longré, 9 m., 34 h.
Belle (Chez-la-), c. de St-Mary, 2 m., 12 h.
Belle-Eau (La), c. de Rioux-Martin, 8 m., 18 h.
Belle-Étoile (La), c. de Cherves, 1 m., 4 h.
Bellefont, c. de Rouzède, 2 m., 16 h.
Bellefontaine, c. de Vignolles, 7 m., 8 h.
Bellegaye, c. de Guimps, 3 m., 5 h.
Bellejoie, c. de Boutiers, 2 m., 6 h.
Bellejoie, c. de Chassors, 1 m., 9 h.
Bellejoie, c. de Dignac, 12 m., 33 h.
Bellejoie, c. de Dirac, 3 m., 8 h.
Bellejoie, c. de Fléac, 1 m., 4 h.
Bellejoie, c. de Julienne, 7 m., 25 h.
Bellejoie, c. des Pins, 5 m., 17 h.
Bellejoie (Moulin-de-), c. de Nonac, 1 m., 3 h.
Belle-Maison (La), c. d'Ansac, 3 m., 20 h.

Belle-Perche, ou la Maison-Seule, c. de La Chaise, 1 m., 3 h.

Bellerive, c. de Criteuil, 1 m., 7 h.

Belle-Roche, c. de Puymoyen, 2 m., 8 h.

Belle-Tour (La), voy. La Beitour.

Bellevaud, c. de Sers, 2 m., 18 h.

Bellevue, c. d'Abzac, 1 m., 2 h.

Bellevue, c. d'Angoulême, 17 m., 66 h.

Bellevue, c. de Birac, 1 m., 3 h

Bellevue, c. de Bors-de-Baignes, 1 m., 8 h.

Bellevue, c. de Brie-sous-Chalais, 3 m., 20 h.

Bellevue, c. de Brossac, 2 m., 5 h.

Bellevue, c. de Cellefrouin, 1 m. non h.

Bellevue, c. de Chabanais, 1 m., 5 h.

Bellevue, c. de Champagne-Mouton, 1 m., 7 h.

Bellevue, c. de Champmillon, 1 m., 3 h.

Bellevue, c. de Condéon, 1 m., 3 h.

Bellevue, c. de Curac, 4 m., 16 h.

Bellevue, c. d'Empuré, 4 m., 15 h.

Bellevue, c. de La Rochefoucauld, 2 m., 8 h.

Bellevue, c. de Lignères, 1 m., 7 h.

Bellevue, c. de Magnac-sur-Touvre, 39 m., 139 h.

Bellevue, c. de Merpins, 10 m., 40 h.

Bellevue, c. de Mons, 1 m., 3 h.

Bellevue, c. de Palluaud, 1 m., 3 h.

Bellevue, c. de Porcheresse, 6 m., 25 h.

Bellevue, c. de St-Amant-de-Boixe, 2 m., 7 h.

Bellevue, c. de St-Avit, 2 m., 12 h.

Bellevue, c. de St-Brice, 1 m., 6 h.

Bellevue, c. de St-Claud, 1 m., 5 h.

Bellevue, c. de St-Laurent-de-Céris, 1 m., 5 h.

Bellevue, c. de St-Palais-du-Né, 4 m., 12 h.

Bellevue, c. de Sireuil, 4 m., 38 h.

Bellevue, c. de Vars, 1 m., 3 h.

Bellevue, c. d'Yviers, 1 m., 3 h.

Bellevue, c. d'Yvrac-et-Malléran, 1 m., 4 h.

Bellevue, ou Chez-Terrier, c. d'Oradour-Fanals, 1 m., 8 h.

Bellevue, ou La Champagne, c. de Salles-de-Segonzac, 1 m., 4 h.

Bellevue (Le Moulin-de-), c. de Barbezieux, 1 m., 5 h.

Bellevue, ou Maine-Boucherie, c. de Barbezieux, 1 m., 7 h.

Bellevue-de-Crage, c. d'Angoulême, 1 m., 5 h.

Bellevue-des-Courres, c. de La Rochefoucauld, 1 m., 4 h.

Bellitard, c. de Criteuil, 2 m., 9 h.

Bellicour, c. de Charmé, 2 m., 9 h.

Bellivier (Chez-), c. de Saulgond, 6 m., 21 h.

Bellivière (La), c. d'Ambernac, 13 m., 48 h.

Bellon, c., arr. de Barbezieux, cant. d'Aubeterre, †, éc., ✉ Aubeterre, 135 m., 510 h.

Bellon, bg., ch.-l., c. de Bellon, 10 m., 47 h., 6 k. d'Aubeterre, 33 k. de Barbezieux, 43 k. d'Angoulême.

Bellot (Chez-), c. de St-Palais-du-Né, 3 m., 16 h.

Belly (Chez-), c. de Ronsenac, 1 m., 4 h.

Bélonie (La), c. de Bunzac, 2 m., 11 h.

Belugeats (Les), c. de Genté, 15 m., 51 h.

Belvau, c. de Passirac, 3 m., 15 h.

Belvau (Moulin-de-), c. de Passirac, 1 m., 5 h.

Belvéder, c. de Bignac, 2 m., 4 h.

Belvéder (Le), c. de Boutiers, 1 m., 3 h.

Benage, c. de Montchaude, 3 m., 7 h.

Benéchères (Les), c. de St-Saturnin, 1 m., 10 h.

Benest, c., arr. de Confolens, cant. de Champagne-Mouton, †, éc., ✉ Champagne-Mouton, ☞ F., 396 m., 1,578 h.

Benest, bg., ch.-l., c. de Benest, 92 m., 343 h., 7 k. de Champagne-Mouton, 20 k. de Confolens, 57 k. d'Angoulême.

Benest (Chez-), c. d'Alloue, 1 m., 8 h.

Benétaud (Chez-), c. d'Ars, 4 m., 15 h.

Benétaux (Les), c. de St-Palais-du-Né, 4 m., 14 h.

Benéteix, c. de Saulgond, 11 m., 63 h.

Bequet (Chez-), c. de Condéon, 5 m., 20 h.

Beraudeix, c. de Suris, 1 m., 6 h.

Bercerie (La), c. de Péreuil, 8 m., 27 h.

Berche (La), c. de Chadurie, 9 m., 31 h.

Berche, c. de Gardes, 3 m., 3 h.

Berche (Moulin-de-La-), c. de Chadurie, 1 m., 6 h.

Berches (Les), c. de la Forêt-de-Tessé, 1 m., 3 h.

Bergemont, c. de Barbezieux, 2 m., 9 h.

Bergère (La), c. de Bonneuil, 4 m., 12 h.

Bergère (La), c. d'Exideuil, 1 m., 5 h.

Bergère (La), c. de Ronsenac, 1 m., 10 h.

Bergère (La), c. de Salles-la-Vallette, 3 m., 12 h.

Bergère (La Petite-), c. de Salles-la-Vallette, 1 m., 8 h.

Bergères (Les), c. d'Angeac-Charente, 20 m., 57 h.

Bergères (Les), c. de St-Quentin-en-Chalais, 1 m., 4 h.

Bergerie (Chez-), c. d'Édon, 3 m., 13 h.

Bergerie (La), c. de Chasseneuil, 1 m., 7 h.

Bergerie (La), c. de Feuillade, 7 m., 35 h.

Bergerie (La), c. de La Couronne, 1 m., 7 h.

Bergerie (La), c. de Marcillac, 4 m., 16 h.

Bergerie (La), c. de St-Cybardeaux, 15 m., 72 h.

Bergerons (Les), c. de Roullet, 2 m., 14 h.

Berguille, c. de Roullet, 1 m., 12 h.

Berlan (Le), c. de Sireuil, 1 m., 5 h.

Berland, c. de Bourg-Charente, 1 m., 4 h.

Berlerie (La), c. de Dignac, 6 m., 20 h.

Berlinguand, c. de Charmé, 1 m., 6 h.

Bernac, bg., ch.-l., voy. Les Montées.

Bernac, c. de Ronsenac, 1 m., 9 h.

Bernac, us., c. de Ronsenac, 1 m., 4 h.

Bernac, c., arr. de Ruffec, cant. de Villefagnan, †, éc., ⊠ Ruffec, 132 m., 544 h.

Bernac, c. de Criteuil, 10 m., 46 h.

Bernac (Le Logis-de-), c. de Ronsenac, 2 m., 11 h.

Bernard, c. de Combiers, 20 m., 70 h.

Bernard (Chez-), c. d'Angeac-Charente, 6 m., 15 h.

Bernard (Chez-), c. du Bouchage, 5 m., 24 h.

Bernard (Chez-), c. de Brossac, 3 m., 19 h.

Bernard (Chez-), c. de Pranzac, 4 m., 21 h.

Bernard (Chez-), c. de St-Martial, 2 m., 7 h.

Bernard (Les), c. de Taponnat-Fleurignac, 6 m., 24 h.

Bernarde (La), c. de St-Amant-de-Boixe, 12 m., 51 h.

Bernardin (Chez-), c. de Challignac, 1 m., 4 h.

Bernaud (Chez-), c. d'Aignes-et-Puypéroux, 2 m., 10 h.

Bernet (Chez-), c. de Passirac, 1 m., 6 h.

Bernet (Chez-), c. de St-Brice, 1 m., 5 h.

Bernet (Chez-), c. de Sérignac, 4 m., 11 h.

Berneuil, c., arr. de Barbezieux, cant. de Barbezieux, †, éc., ⊠ Barbezieux, ☞ F., 117 m., 961 h.

Berneuil, bg., ch.-l., c. de Berneuil, 28 m., 99 h., 12 k. de Barbezieux, 37 k. d'Angoulême.

Berniers (Les), c. de Nersac, 14 m., 47 h.

Berniquets (Les), c. de Bourg-Charente, 7 m., 28 h.

Bernollet, c. de Mainxe, 9 m., 23 h.

Bernot (Chez-), c. de Brossac, 1 m., 5 h.

Bernoulles (Les), c. de Combiers, 2 m., 12 h.

Bernoux (Le), c. de Pillac, 22 m., 62 h.

Berrin (Chez-), c. de Bioussac, 4 m., 15 h.

Berry (Chez-), c. de Chazelles, 1 m., 4 h.

Berry (Chez-), c. de St-Laurent-de-Céris, 7 m., 38 h.

Bert (Chez-), c. des Adjots, 7 m., 24 h.

Bertandières (Les), c. de St-Romain, 6 m., 22 h.

Bertaud (Chez-), c. d'Aubeville, 4 m., 18 h.

Bertaud, c. de Barret, 7 m., 33 h.

Berteau, c. d'Yviers, 2 m., 7 h.

Berteau (Chez), c. de Challignac, 3 m., 19 h.

Berteau (Chez-), c. de Chillac, 1 m., 3 h.

Berteau (Chez-), c. de Juillac-le-Coq, 6 m., 26 h.

Berteau (Chez-), c. de St-Bonnet, 1 m., 6 h.

Berteau (Le), c. de St-Avit, 20 m., 78 h.

Berteau (Moulin-), c. de Châtignac, 3 m., 18 h.

Bertelottes (Les), c. de Montignac-le-Coq, 2 m., 9 h.

Bertereau (Le), c. de Condéon, 4 m., 16 h.

Berthaud (Quartier-Bas-de-Chez-), c. de St-Amant-de-Montmoreau, 11 m., 32 h.

Berthaud (Quartier-Haut-de-Chez-), c. de Saint-Amant-de-Montmoreau, 3 m., 12 h.

Berthelat, c. de Parzac, 6 m., 22 h.

Berthelot (Chez-), c. de Montboyer, 3 m., 15 h.

Berthommé (Chez-), c. de St-Amant-de-Montmoreau, 2 m., 7 h.

Bertier (Chez-), c. de Guimps, 3 m., 7 h.

Bertière (La), c. de St-Angeau, 24 m., 56 h.

Bertillière (La), c. d'Ambleville, 14 m., 44 h.

Bertin (Chez-), c. de Châtignac, 8 m., 28 h.

Bertin (Chez-), c. de Guimps, 5 m., 20 h.

Bertin (Chez-), c. de Jurignac, 7 m., 26 h.

Bertinière (La), c. d'Aignes-et-Puypéroux, 1 m., 5 h.

Bertins (Les), c. de Poursac, 16 m., 61 h.

Bertonnerie (La), c. de Nonac, 2 m., 13 h.

Bertonnerie (La), ou La Bertonnie, c. de Turgon, 6 m., 26 h.

Bertonnie (La), voy. La Bertonnerie.

Bertonnière (La), c. de Sireuil, 5 m., 16 h.

Bertons (Les), c. de Lagarde-sur-le-Né, 2 m., 12 h.

Bertou (Chez-), c. de Chasseneuil, 2 m., 4 h.

Bertrand (Chez-), c. de la Forêt-de-Tessé, 26 m., 93 h.

Bertrand (Chez-), c. d'Oradour-Fanais, 2 m., 11 h.

Bertrandie (La), c. de Chabrac, 1 m., 8 h.

Bertrandière (La), c. de Taponnat-Fleurignac, 1 m., 7 h.

Bertrands (Les), c. d'Aizecq, 12 m., 36 h.

Besoche, c. de Charras, 3 m., 23 h.

Bessac, c., arr. de Barbezieux, cant. de Montmoreau, †, éc., ⊠ Montmoreau, 119 m., 502 h.

Bessac, bg., ch.-l., c. de Bessac, 2 m., 6 h., 15 k. de Montmoreau, 43 k. de Barbezieux, 30 k. d'Angoulême.

Bessat, c. de La Tâche, 6 m., 13 h.

Bessé, c., arr. de Ruffec, cant. d'Aigre, éc., ⊠ Tusson, 120 m., 413 h.

Bessé, bg., ch.-l., c. de Bessé, 92 m., 321 h., 10 k. d'Aigre, 14 k. de Ruffec, 43 d'Angoulême.

Bessine (Chez-), c. de St-Mary, 1 m., 7 h.

Besson (Chez-), c. de Brie-sous-Chalais, 1 m., 3 h.

Besson (Chez), c. de Condéon, 2 m., 8 h.

Besson (Chez-), c. de St-Bonnet, 6 m., 15 h.

Besson (Chez-), c. de St-Sulpice-de-Cognac, 3 m., 17 h.

Bessons (Les), c. de Roullet, 8 m., 26 h.

Beteloue (La), voy. La Betoulie.

Betoule (La), c. de Bioussac, 5 m., 15 h.

Betoule (La), c. du Bouchage, 3 m., 19 h.

Betoule (La), c. d'Oradour-Fanais, 12 m., 57 h.

Betoule (La), c. de St-Claud, 2 m., 12 h.

Betoule (La), c. de Vieux-Ruffec, 6 m., 13 h.

Betoulie (La), ou Beteloue, c. de Massignac, 1 m., 12 h.

Betoulie (Chez-), c. de Nonac, 2 m., 8 h.

Beurac, c. de Foussignac, 4 m., 17 h.

Beurac, c. de Jarnac, 14 m., 35 h.

Beurac, c. des Métairies, 1 m., 6 h.

Beurquet, c. de Bréville, 2 m., 10 h.

Beytour (La), c. de Souffrignac, 2 m., 13 h.

Bezie (Chez-), c. de Montchaude, 4 m., 21 h.

Bezil, c. de St-Gervais, 1 m., 9 h.

Bezocherie (La), c. d'Abzac, 11 m., 38 h.

Biagne, c. de St-Angeau, 16 m., 51 h.

Biais (Les), c. de Fleurac, 10 m., 89 h.

Biais, c. de St-Maurice, 2 m., 12 h.

Biard, c. de Segonzac, 34 m., 140 h.

Biard (Chez-), c. de Bouex, 4 m., 13 h.

Biard (Chez-), c. de Juillaguet, 4 m., 18 h.

Biardes, c. de St-Cybard, 1 m., 6 h.

Biarge, c. de St-Fraigne, 1 m., 8 h.

Biarges, c. de Chassiecq, 27 m., 147 h.

Biarnais (Chez-), c. de Ronsenac, 2 m., 9 h.

Biarnais (Le Grand-), c. de St-Cybard, 2 m., 8 h.

Biarnais (Le Petit-), c. de St-Cybard, 3 m., 16 h.

Bibaud (Chez-), c. de Sers, 2 m., 13 h.

Bieaud (Les), c. de La Couronne, 1 m., 11 h.

Bichonnette (La), c. de Brie-sous-Chalais, 1 m., 3 h.

Bideau (Chez-), c. de Nabinaud, 4 m., 13 h.

Bidet (Chez-), c. de Chillac, 1 m., 2 h.

Biée, c. de Souffrignac, 15 m., 74 h.

Biée (Moulin-de-), c. de Souffrignac, 1 m., 7 h.

Bief, c. de Juignac, 2 m., 16 h.

Bierre, c. de Chabrac, 3 m., 17 h.

Bienvenant (Chez-) c. de Touvérac, 1 m., 4 h.

Bigogne, c. de Gurat, 1 m., 6 h.

Bigot (Chez-), c. de Challignac, 6 m., 22 h.

Bignac, c., arr. d'Angoulême, cant. de Rouillac, éc., ⊠ Rouillac, 136 m., 510 h.

Bignac, bg., ch.-l., c. de Bignac, 56 m., 214 h., 11 k. de Rouillac, 23 k. d'Angoulême.

Bignac (Le), c. de Chantillac, 1 m., 9 h.

Bignon (Chez-), c. de Chadurie, 17 m., 52 h.

Bignon (Chez-), c. de Ronsenac, 1 m., 5 h.

Bignon (Le Moulin-de-), c. de Chadurie, 4 m., 12 h.

Biguerie (La), c. de Bouex, 1 m., 8 h.

Biguerie (La), c. de Garat, 1 m., 5 h.

Bilhouet (Chez-), c. de Segonzac, 4 m., 23 h.

Billard (Chez-), c. de Mainxe, 3 m., 11 h.

Billard (Chez-), c. de Montboyer, 3 m., 11 h.

Billard (Chez-), c. de St-Sulpice-de-Cognac, 5 m., 27 h.

Billard-de-Coulonge (Chez-), c. de St-Sulpice-de-Cognac, 17 m., 54 h.

Billarderie (La), château, c. de Richemont, 1 m., 5 h.

Billat (Chez-), c. de Feuillade, 3 m., 14 h.

Billaudeaux (Les), c. de Bonneuil, 4 m., 12 h.

Billauderie (La), ou La Billaudière, c. de La Magdeleine-de-Villefagnan, 13 m., 43 h.

Billaudière (La), voy. La Billauderie.

Bille (Chez-la-), c de Salles-la-Vallette, 1 m., 4 h.

Billette (Le), c. de Ladiville, 1 m., 4 h.

Billette (La), c. de St-Vallier, 4 m., 9 h.

Billon (Chez-), c. des Essards, 3 m., 12 h.

Billot (Chez-), c. de Bioussac, 9 m., 20 h.

Billou (Chez-), c. de Chadurie, 2 m., 11 h.

Billou (Chez-), c. de St-Amant-de-Bonnieure, 1 m., 4 h.

Billoux (Chez-), c. de Mouthiers, 1 m., 6 h.

Binauderie (La), c. de Souvigné, 9 m., 33 h.

Binet (Chez-), c. de Chadurie, 1 m., 7 h.

Binet (Chez-), c. de La Chaise, 2 m., 4 h.

Binet (Chez-), c. de St-Quentin-en-Chalais, 3 m., 15 h.

Binette (La), c. de Fouquebrune, 1 m., 1 h.

Bioussac, c., arr. de Ruffec, cant. de Ruffec, †, éc., ⊠ Ruffec, 147 m., 658 h.

Bioussac, bg., ch.-l., c. de Bioussac, 24 m., 82 h., 7 k. de Ruffec, 46 k. d'Angoulême.

Bioux (Chez-), c. de St-Laurent-de-Céris, 4 m., 20 h.

Bique (Chez-), c. de Chavenac, 1 m., 4 h.

Birac, c., arr. de Cognac, cant. de Châteauneuf, éc., ⊠ Châteauneuf, 94 m., 378 h.

Birac, bg., ch.-l., c. de Birac, 19 m., 73 h., 5 k., de Châteauneuf, 30 k. de Cognac, 23 k. d'Angoulême.

Birac, c. de St-Germain, 22 m., 87 h.

Birard (Chez-), c. de Chadurie, 4 m. non h.

Bireau (Chez-), c. de La Magdeleine, 1 m., 4 h.

Biret (Chez-), c. de Juignac, 1 m., 11 h.

Biroche, c. de St-Quentin-en-Chalais, 12 m., 38 h.

Biron (Chez-), c. de Pérignac, 4 m., 17 h.

Biron (Chez-), c. de Porcheresse, 2 m., 8 h.

Biron (Chez-), c. de Richemont, 8 m., 24 h.

Birot (Chez-), c. de Poullignac, 3 m., 6 h.

Birot (Chez-), c. de Rioux-Martin, 1 m., 5 h.

Birot (Les), c. de St-Sulpice-de-Ruffec, 4 m., 8 h.

Biroterie (La), c. de Brossac, 2 m., 2 h.

Biron (Chez-), ou La Métairie, c. de Champniers, 2 m., 20 h.

Birret (Chez-), c. de Bonneuil, 6 m., 18 h.

Bis (Chez-le-), c. de Loubert, 5 m., 17 h.

Bise (La), c. d'Édon, 1 m., 3 h.

Bises (Les Basses-), c. de Bors-de-Baignes, 5 m., 18 h.

Bises (Les-Moyennes-), c. de Bors-de-Baignes, 5 m., 18 h.

Bisgris, c. de Rouillac, 1 m., 4 h.

Bissac, c. de Gurat, 2 m., 13 h.

Bissac (Moulin-de-), c. de La Chapelle, 1 m., 6 h.

Bissirieix, c. de Chabanais, 6 m., 19 h.

Bistrat (Chez-), c. de Pérignac, 2 m., 2 h.

Bit (Chez-le-), c. de Lessac, 3 m., 14 h.

Bita, c. d'Aizecq, 38 m., 104 h.

Bitarières, c. de St-Saturnin, 8 m., 14 h.

Bitaud (Chez-), c. du Tâtre, 7 m., 27 h.

Biteaudeau (Chez-), c. de Péreuil, 2 m., 5 h.

Biteaudeau (Chez-), c. de St-Aulais-de-la-Chapelle-Conzac, 7 m., 42 h.

Biton (Chez-), c. de Péreuil, 1 m., 5 h.

Bizet (Chez-), c. de Cressac, 1 m. non h.

Blais (Chez-), c. de Chadurie, 1 m., 7 h.

Blais (Chez-), c. de Chavenac, 1 m., 15 h.

Blais (Chez-le-), ou Le Maine-des-Brandes, c. de Deviat, 3 m., 12 h.

Blais (Chez-le-), c. de St-Martial, 5 m., 14 h.

Blais (Le), c. de Montboyer, 1 m., 7 h.

Blaive (Chez-), c. d'Allouc, 1 m., 5 h.

Blanc (Chez-le-), c. de St-André, 6 m., 16 h.

Blanc (Chez-le-), c. de Villiers-le-Roux, 9 m., 29 h.

Blanchard (Chez-), c. de Charmant, 1 m., 1 h.

Blanchard (Chez-), c. de Pérignac, 1 m., 5 h.

Blanchard (Chez-), c. de Ventouse, 21 m., 78 h.

Blanchards (Les), c. de L'Houmeau-Pontouvre, 33 m., 99 h.

Blanchas-Chambas (Moulin-de-), c. d'Exideuil, 1 m., 7 h.

Blanchefleur, c. de Mosnac, 1 m., 5 h.

Blanchet (Chez-), c. de Berneuil, 4 m., 19 h.

Blanchet (Chez-), c. de Chillac, 1 m., 6 h.

Blanchet (Chez-), c. de Courlac, 26 m., 120 h.

Blanchet (Chez-), c. d'Yviers, 6 m., 20 h.

Blancheteaux (Les), c. de Champniers, 32 m., 117 h.

Blanchetière (La), c. de Londigny, 1 m., 4 h.

Blanchettes (Les), c. d'Angoulême, 6 m., 29 h.

Blanchie (La), c. de Suris, 4 m., 11 h.

Blanchon (Chez-), c. de Baignes-Ste-Radégonde, 10 m., 54 h.

Blanchon (Chez-), c. de Juillac-le-Coq, 2 m., 10 h.

Blanchou, c. de St-Quentin-en-Chalais, 11 m., 36 h.

Blanchou (Chez-), c. de St-Bonnet, 1 m., 5 h.

Blanc (Le Moulin-), c. de Courgeac, 1 m., 7 h.

Blanchine (La), c. de Chantillac, 5 m., 23 h.

Blancs (Les), c. de Chantrezac, 4 m., 17 h.

Blanleuil (Chez-), c. de Champagne-de-Blanzac, 1 m., 6 h.

Blanlœil (Chez-), c. de Gardes, 3 m., 12 h.

Blanquets (Les), c. d'Édon, 11 m., 38 h.

Blanzac, cant., arr. d'Angoulême, 19 c., 10,984 h.

Blanzac, c., arr. d'Angoulême, cant. de Blanzac, ✠, éc., ⊠ Blanzac, ☞ F. M., 210 m., 842 h.

Blanzac, v., ch.-l. de la c. et du cant. de Blanzac, j. d. p., 145 m., 567 h., 26 k. d'Angoulême.

Blanzaguet, c., arr. d'Angoulême, cant. de La Vallette, ⊠ La Vallette, 83 m., 346 h.

Blanzaguet, bg., ch.-l., c. de Blanzaguet, 28 m., 82 h., 4 k. de La Vallette, 29 k. d'Angoulême.

Bléute (La), c. du Bouchage, 2 m., 9 h.
Blesme, c. de Reignac, 6 m., 25 h.
Bléteau (Chez-), c. de Brossac, 5 m., 25 h.
Blézou (Le), c. de St-Projet-St-Constant, 1 m. non h.
Blondeaux (Les), c. de St-Amant-de-Bonnieure, 28 m., 107 h.
Blondin (Chez-), c. de Champagne-Mouton, 1 m., 5 h.
Bobe (Chez-), c. de Berneuil, 1 m., 3 h.
Bobe (Chez-), c. de Ste-Souline, 8 m., 39 h.
Bobinaud (Chez-), c. de Pérignac, 5 m., 25 h.
Bobinaud (Le Moulin-de-), c. de Pérignac, 1 m., 4 h.
Bocage (Le), c. de Crouin, 2 m., 10 h.
Bocavit, c. de Benest, 1 m., 6 h.
Bochefaud, c. d'Étagnac, 18 m., 66 h.
Bocq (Le), c. de Segonzac, 16 m., 51 h.
Bodet (Chez-), c. de St-Sulpice-de-Cognac; 5 m., 45 h.
Bodille (Chez-), c. de Reignac, 4 m., 15 h.
Bodin (Chez-), c. de Montchaude, 6 m., 14 h.
Bodinot, c. de Rioux-Martin, 12 m., 39 h.
Bodit (Chez-), c. de St-Vallier, 2 m., 14 h.
Boëme (La), c. de La Couronne, 7 m., 26 h.
Boëme (La), c. de Roullet, 4 m., 25 h.
Bœuve (La), c. de St-Surin, 1 m., 2 h.
Boige (Chez-), c. de Lézignac-Durand, 6 m., 33 h.
Boigeplatte, c. de Brillac, 1 m., 5 h.
Boilevins (Les), c. de Fléac, 29 m., 113 h.
Boilevins (Les), c. de St-Michel, 3 m., 11 h.
Boin (Le), c. de Roussines, 13 m., 75 h.
Boinard (Chez-), c. de Cherves, 4 m., 17 h.
Boiriche (Moulin-de-), c. de Suaux, 1 m., 6 h.
Bois (Le), c. d'Angeac-Charente, 10 m., 64 h.
Bois (Le), c. de Bessac, 1 m., 4 h.
Bois (Le), c. de Boisbreteau, 3 m., 10 h.
Bois (Le), c. de Champagne-Mouton, 1 m., 5 h.
Bois (Le), c. de Criteuil, 1 m., 3 h.
Bois (Le), c. de Fouquebrune, 1 m., 5 h.
Bois (Le), c. de Foussignac, 3 m., 13 h.
Bois (Le), c. de Jauldes, 15 m., 53 h.
Bois (Le), c. de Montmoreau, 1 m., 7 h.
Bois (Le), c. de Péreuil, 1 m., 7 h.
Bois (Le), c. de St-Estèphe, 2 m., 11 h.
Bois (Le Grand-), c. d'Angeduc, 3 m., 10 h.
Bois (Le Grand-), c. de Chantillac, 1 m., 8 h.
Bois (Le Grand-), c. de Reignac, 2 m., 9 h.

Bois (Le Grand-), c. de St-Aulais-de-la-Chapelle-Couzac, 1 m., 5 h.
Bois (Le Moulin-du-), c. de Bassac, 1 m., 4 h.
Bois (Le Petit-), c. de Baignes-Ste-Radégonde, 2 m., 8 h.
Bois (Le Petit-), c. de Dignac, 1 m., 5 h.
Bois-au-Roux (Le), c. de Rouillac, 7 m., 25 h.
Bois-aux-Geais, c. de Pougné, 8 m., 25 h.
Bois-aux-Geais, c. de St-Gervais, 9 m., 31 h.
Boisbajot, c. de Verrières, 6 m., 32 h.
Boisbaudran, c. de St-Fraigne, 37 m., 99 h.
Boisbedeuil, c. de Nersac, 1 m., 22 h.
Boisbelaud, c. de Condéon, 1 m., 1 h.
Boisbelet, us., c. de Montrollet, 1 m., 3 h.
Boisbelet, c. de Mouthiers, 2 m., 12 h.
Boisbernardant, c. de Valence, 16 m., 58 h.
Boisblanc, c. de Curac, 2 m., 13 h.
Boisblanc, c. de Verrières, 1 m., 8 h.
Boisbordeaux, c. d'Aignes-et-Puypéroux, 13 m., 49 h.
Boisbouquart, c. de Bioussac, 2 m., 8 h.
Boisbouquet, c. de St-Léger, 1 m., 3 h.
Boisbourraud, c. de Rougnac, 1 m., 6 h.
Boisbreteau, c., arr. de Barbezieux, cant. de Brossac, †, éc., ⊠ Brossac, 83 m., 337 h.
Boisbreteau, bg., ch.-l., c. de Boisbreteau, 10 m., 42 h., 10 k. de Brossac, 19 k. de Barbezieux, 48 k. d'Angoulême.
Boisbreteau, c. de Rouillac, 4 m., 21 h.
Boisbrignon, c. de Rouillac, 1 m., 4 h.
Boisbrouillard, c. d'Éraville, 1 m., 10 h.
Boisbrun, c. de Pougné, 9 m., 33 h.
Boisbuchet, c. de Petit-Lessac, 3 m., 15 h.
Boischabot (Le), c. de St-Cybardeaux, 1 m., 7 h.
Boischabot (Le), c. de St-Martial, 1 m., 4 h.
Boischadène, c. d'Aubeville, 2 m., 4 h.
Bois-Charente, c. de Graves, 1 m., 8 h.
Bois-Chauminet (Le), c. de Vieux-Cérier, 1 m., 9 h.
Boischavant, c. de Passirac, 1 m., 3 h.
Boisclair, c. de St-Brice, 3 m., 14 h.
Boisclavaud, c. de Segonzac, 6 m., 23 h.
Boiscorillaud (Le), c. de Javrezac, 2 m., 7 h.
Boisdamon, c. de Brillac, 2 m., 12 h.
Bois-de-Bain (Le), c. de St-Estèphe, 1 m., 4 h.
Bois-de-Godard, c. de Chillac, 2 m., 5 h.
Bois-de-la-Coudre (Le), c. de Touzac, 1 m., 2 h.

Bois-de-Lafond (Le), c. d'Écuras, 9 m., 23 h.

Bois-de-l'Age (Le), c. de Chillac, 4 m., 18 h.

Bois-de-l'Age (Le Grand-), c. de Passirac, 5 m., 15 h.

Bois-de-l'Age (Le Petit-), c. de Passirac, 2 m., 4 h.

Bois-de-la-Grange (Le), c. de Balzac, 11 m., 43 h.

Bois-de-la-Grange (Le), c. de St-Aulais-de-la-Chapelle-Conzac, 2 m., 10 h.

Bois-de-la-Motte (Le), c. de Chillac, 5 m., 14 h.

Bois-de-la-Rivière (Le), c. de Malaville, 1 m., 5 h.

Bois-de-la-Roche, c. de Sireuil, 1 m., 2 h.

Bois-de-la-Roux, c. de La Prade, 1 m., 5 h.

Bois-de-Lascaud, c. d'Ansac, 1 m., 14 h.

Bois-de-l'Église (Le), c. de Villiers-le-Roux, 3 m., 10 h.

Bois-de-Maure (Le), c. de Berneuil, 2 m., 5 h.

Bois-de-Maure (Le), c. de Condéon, 2 m., 15 h.

Bois-de-Meux (Le), c. de Montchaude, 4 m., 18 h.

Bois-Denis, c. de Reignac, 3 m., 6 h.

Bois-de-Pommeau (Le), c. de Confolens, 1 m., 4 h.

Bois-de-Pressac, c. de Verrières, 2 m., 13 h.

Bois-de-Ret (Le), c. de Moulidars, 7 m., 28 h.

Bois-de-Vaux (Le), c. de Vaux-Rouillac, 9 m., 39 h.

Bois-des-Fosses (Le), c. de Ruffec, 6 m., 45 h.

Bois-des-Pinces (Le), c. d'Orival, 1 m., 4 h.

Bois-des-Vignes (Le), c. de Bioussac, 1 m., 9 h.

Boisdévot, c. de St-Simeux, 5 m., 27 h.

Boisdimier, c. de Gensac, 10 m., 34 h.

Boisdon (Chez-), c. de St-Même, 13 m., 53 h.

Boisdons (Les), c. de Linars, 4 m., 18 h.

Boisdorit, c. de Roullet, 1 m., 8 h.

Boisdoucet, c. de Jarnac, 5 m., 15 h.

Boisdron (Chez-), c. de Bonnes, 2 m., 4 h.

Bois-Drouillard (Le), c. de Cherves, 3 m., 8 h.

Bois-du-Pavé (Le), c. de Boutiers, 1 m., 4 h.

Bois-du-Pont (Le), ou Bois-Allard, c. de St-Bonnet, 1 m., 10 h.

Bois-du-Prieur (Le), c. de St-Laurent-de-Cognac, 2 m., 8 h.

Bois-Durand (Le Grand-), c. de Châteauneuf, 7 m., 22 h.

Bois-Durand (Le Petit-), c. de Châteauneuf, 11 m., 45 h.

Boisfaucon, c. de Foussignac, 3 m., 10 h.

Boisfaucon, c. de Sigogne, 20 m., 100 h.

Boisferon, c. de St-Genis-d'Hiersac, 1 m., 4 h.

Boisfouquet, c. de Boutiers, 1 m., 9 h.

Boisgimond, c. de Mouthiers, 3 m., 11 h.

Boisgrillé, c. de Mainxe, 1 m., 4 h.

Boisguidon (Le), c. de Lamérac, 1 m., 3 h.

Boisjarry, c. de Juignac, 5 m., 46 h.

Boisjarzeau (Le), c. de Bellon, 5 m., 25 h.

Boisjencier (Chez-), c. de Montchaude, 4 m., 16 h.

Boisjoli, c. de St-Laurent-de-Cognac, 2 m., 6 h.

Boisjoli (Le), c. de Moutardon, 1 m., 10 h.

Boisjoly, c. d'Angoulême, 1 m., 10 h.

Boisjurat, c. de Pleuville, 4 m., 31 h.

Boismarsaud, c. de Mornac, 11 m., 58 h.

Boismartin, c. de Richemont, 4 m., 18 h.

Bois-Menu, c. de Boisbreteau, 1 m., 3 h.

Boismenu, c. de l'Isle-d'Espagnac, 1 m., 10 h.

Bois-Menu, c. de St-Laurent-de-Cognac, 1 m., 2 h.

Boismoraud, c. de Chantrezac, 16 m., 52 h.

Boismorin, c. de Villefagnan, 7 m., 31 h.

Boismorin (Les Métairies-de-), c. de Villefagnan, 4 m., 21 h.

Boismouroux, c. de Brossac, 2 m., 6 h.

Boismulet (Le), c. de Fontenille, 6 m., 23 h.

Boismuset, c. de Champniers, 1 m., 7 h.

Boisnard (Chez-), c. de Châtignac, 3 m., 9 h.

Boisnégrier, c. de St-Front, 3 m., 14 h.

Boisneuf, c. de Montboyer, 1 m., 19 h.

Boisnoble, c. de Foussignac, 1 m., 8 h.

Boisnoir, c. de Jurignac, 2 m., 6 h.

Boisnoir (Le), c. de Sérignac, 1 m., 7 h.

Boisnoir (Le Grand-), c. de St-Bonnet, 3 m., 13 h.

Boisnoir (Le Petit-), c. de St-Bonnet, 7 m., 20 h.

Boispesant, c. du Bouchage, 1 m., 4 h.

Boispetit (Chez-), c. de St-Gourson, 7 m., 20 h.

Boisragon, c. de Châteauneuf, 1 m., 4 h.

Boisraymond (Le), c. de St-Amant-de-Nouère, 28 m., 109 h.

Boisraymond (Le), c. de St-Cybardeaux, 5 m., 33 h.

3

Boisredon, c. de St-Quentin-en-Chalais, 1 m., 10 h.

Boisregnier, c. de Bioussac, 16 m., 56 h.

Boisrenard, c. de Mérignac, 25 m., 102 h.

Boisrenaud, c. de Fléac, 1 m., 6 h.

Bois-Biclaud, c. de St-Preuil, 1 m. non h.

Bois-Bideau, c. de Challignac, 1 m., 5 h.

Boiries (Les), c. de Couture, 16 m., 62 h.

Boisrivière, c. de Malaville, 1 m., 6 h.

Bois-Roche, c. de Cherves, 2 m., 7 h.

Boisrocher, c. de Richemont, 2 m., 11 h.

Boisrond, c. d'Angeac-Charente, 1 m., 3 h.

Boisrond, c. de Baignes-Ste-Radégonde, 1 m., 5 h.

Boisrond, ou Maine-Tétouin, c. de Boisbreteau, 1 m., 7 h.

Bois-Rond, c. de Chadurie, 1 m., 4 h.

Bois-Rond, c. de Cherves, 2 m., 9 h.

Boisrond, c. de Lignères, 2 m., 8 h.

Bois-Rond, c. de Reignac, 1 m., 5 h.

Boisrond, c. de St-Saturnin, 1 m., 5 h.

Boisrond, c. de Touvérac, 4 m., 22 h.

Boisrond (Le), c. de Courbillac, 1 m., 4 h.

Boironnette (La), c. de Pérignac, 1 m., 4 h.

Boisrouffier, c. de St-Genis-d'Hiersac, 30 m., 108 h.

Bois-Roux, c. d'Éraville, 3 m., 19 h.

Bois-Roux (Les), c. de Ruffec, 5 m., 12 h.

Boisard (Chez-), c. de Torsac, 3 m., 16 h.

Boisse (Chez-), c. de Montbron, 2 m., 13 h.

Boisse (La), c. de Montboyer, 1 m., 4 h.

Boisseau (Chez-), c. de Rioux-Martin, 1 m., 8 h.

Boisseau (Le), c. de Dirac, 38 m., 97 h.

Boisseau (Le), moulin, c. de Torsac, 2 m., 5 h.

Boisseaux (Les), c. de St-Romain, 6 m., 28 h.

Boissée, c. de Lussac, 1 m., 10 h.

Boisselier (Le), c. de Bonnes, 4 m., 26 h.

Bois-Sennat, c. de Vieux-Cérier, 4 m., 16 h.

Boisset, c. de St-Palais-du-Né, 5 m., 20 h.

Boisset, c. de St-Romain, 2 m., 13 h.

Boissette (La), c. de Brossac, 1 m., 8 h.

Boissière, c. de Baignes-Ste-Radégonde, 2 m., 14 h.

Boissière (La), c. d'Alloue, 1 m., 7 h.

Boissière (La), c. de Champagne-Mouton, 1 m., 5 h.

Boissière (La), c. de Dirac, 4 m., 16 h.

Boissière (La), c. de Puyréaux, 1 m., 8 h.

Boissière (La), c. de Rancogne, 10 m., 35 h.

Boissière (La), c. de Taizé-Aizie, 1 m., 6 h.

Boissière (La), c. de Torsac, 10 m., 29 h.

Boissière (Moulin-de-la-), c. de Champagne-Mouton, 1 m., 6 h.

Boissière (Moulin-de-la-), c. de Dirac, 1 m., 10 h.

Boissières (Les), c. de Souffrignac, 1 m., 6 h.

Boissonneaud, c. de Lézignac-Durand, 8 m., 37 h.

Boissonnie (La), c. d'Esse, 4 m., 24 h.

Boissonnot (Chez-), c. de Manot, 1 m., 9 h.

Boistestaud, c. de Challignac, 2 m., 7 h.

Boistillet, c. de Taizé-Aizie, 1 m., 8 h.

Boistizon, c. de Lussac, 32 m., 130 h.

Boisvert, c. de Challignac, 3 m., 8 h.

Boisvert, c. d'Étriac, 11 m., 57 h.

Boisvert, c. de Lamérac, 7 m., 35 h.

Boisvert, c. de Ste-Marie, 6 m., 29 h.

Boisvert, c. de Taizé-Aizie, 1 m., 5 h.

Boisvert, c. de Touvérac, 7 m., 25 h.

Bois-Vert-d'Eau, c. de Dignac, 4 m., 8 h.

Boit (Chez-), c. de St-Même, 10 m., 30 h.

Boite (La), c. de Puymoyen, 1 m. non h.

Boiteau (Le), c. de Pillac, 16 m., 54 h.

Boiteaud (Chez-), c. de St-Cybardeaux, 5 m., 30 h.

Boiteaux (Les), c. de Montignac-Charente, 11 m., 48 h.

Boitoux (Le), c. de Rouillac, 13 m., 57 h.

Boivin (Chez-), c. de Châtignac, 5 m., 27 h.

Boizon (Chez-), c. de Salles-de-Barbezieux, 2 m., 40 h.

Bompart, c. de Vœuil-et-Giget, 4 m., 27 h.

Bompart (Chez-), c. de Champniers, 18 m., 70 h.

Bonair, c. de Vitrac-et-St-Vincent, 2 m., 42 h.

Bonami (Chez-), c. de Chadurie, 3 m., 40 h.

Bonbonnet, c. d'Ars, 7 m., 23 h.

Bonde (La), c. de Lamérac, 2 m., 8 h.

Bonde (La), c. de St-Estèphe, 6 m., 17 h.

Bonde-de-l'Étang (La), c. de St-Estèphe, voy. l'Étang.

Bondillou (Chez-), c. de Pérignac, 2 m., 7 h.

Bonnamy, c. de St-Bonnet, 1 m., 4 h.

Bonnarme, c. d'Yviers, 5 m., 20 h.

Bonnaud (Chez-), c. de Chantillac, 3 m., 40 h.

Bonnauron (Chez-), c. de Charmant, 2 m., 10 h.

Bonnavent (Chez-), c. des Pins, 6 m., 22 h.

Bonneau, c. de Nabinaud, 3 m., 19 h.

Bonneau (Chez-), c. de Cherves-Châtelars, 8 m., 43 h.

Bonneau (Chez-), c. de St-Preuil , 3 m., 14 h.

Bonneaud (Chez-), c. d'Angeac-Charente, 5 m., 16 h.

Bonneaudet (Chez-), c. de Chantillac, 7 m., 33 h.

Bonneaux (Les), c. de Bourg-Charente, 1 m., 5 h.

Bonnemains, c. de Fontenille, 3 m., 12 h.

Bonnes, c., arr. de Barbezieux, cant. d'Aubeterre , †, éc., ⊠ Aubeterre, ☞ F., 227 m., 895 h.

Bonnes, bg., ch.-l., c. de Bonnes, 64 m., 207 h., 4 k. d'Aubeterre , 40 k. de Barbezieux , 51 k. d'Angoulême.

Bonnet (Chez-), c. d'Ambernac, 1 m., 7 h.

Bonnet (Chez-), c. d'Ars, 1 m., 9 h.

Bonnet (Moulin-), c. de St-Bonnet, 1 m., 10 h.

Bonnet (St-), c., arr. et cant. de Barbezieux, †, éc., ⊠ Barbezieux, 236 m., 869 h.

Bonnet (St-), bg., ch.-l., c. de St-Bonnet, 5 m., 26 h., 6 k. de Barbezieux , 30 k. d'Angoulême.

Bonnethève (Le), c. de Pressignac, 3 m., 27 h.

Bonnets (Chez-les-), c. de St-Bonnet, 10 m., 33 h.

Bonneuil, c., arr. de Cognac , cant. de Châteauneuf , †, éc., ⊠ Châteauneuf, 163 m., 597 h.

Bonneuil, bg., ch.-l., c. de Bonneuil, 11 m., 41 h., 8 k. de Châteauneuf, 26 k. de Cognac, 28 k. d'Angoulême.

Bonneuil (Le Petit-), c. de Nouaville, 1 m., 10 h.

Bonneville, arr. d'Angoulême , cant. de Rouillac, éc., ⊠ Aigre, 134 m., 493 h.

Bonneville, bg., ch.-l., c. de Bonneville, 17 m., 60 h., 8 k. de Rouillac, 30 k. d'Angoulême.

Bonnezac, c. d'Épenède , 2 m., 24 h.

Bonnin (Chez-), c. de Barret, 13 m., 47 h.

Bonnin (Chez-), c. de Condéon, 2 m., 9 h.

Bonnin (Chez-), c. de Ranville-Breuillaud, 8 m., 20 h.

Bonnin (Chez-), c. de St-Léger, 3 m., 9 h.

Bonnin (Chez-), c. de Sérignac, 3 m., 20 h.

Bonnins (Les), c. d'Angles, 17 m., 58 h.

Bonniot (Chez-), c. d'Écuras, 2 m., 12 h.

Bonny (Chez-), c. de St-Maurice, 3 m., 20 h.

Bons-Amis (Les), c. d'Angoulême, 7 m., 30 h.

Bons-Enfants (Les), c. de St-Front, 16 m., 51 h.

Bonvent, ou Maison-Vert, c. d'Ansac, 1 m., 6 h.

Boraud (Chez-), c. de Bourg-Charente, 2 m., 5 h.

Borbudeau, c. de Champmillon, 7 m., 26 h.

Borbudeau, c. de Hiersac, 4 m., 22 h.

Bord, c. de Suaux, 10 m., 47 h.

Bord (Le Grand-), c. de Chasseneuil, 3 m., 13 h.

Bord (Le Moulin-), c. d'Yvrac-et-Malleyrand, 1 m., 5 h.

Bordas, c. de Suris, 20 m., 91 h.

Borde (Chez-), c. de Bardenac, 4 m., 14 h.

Borde (La), c. de Confolens, 2 m., 8 h.

Borde (La), c. de Gurat, 8 m., 28 h.

Borde (La), c. de St-Amant-de-Bonnieure, 25 m., 103 h.

Borde (La), c. de Torsac, 9 m., 28 h.

Borde (La Grande-), c. d'Alloue, 2 m., 18 h.

Borde (La Petite-), c. d'Alloue, 1 m., 7 h.

Bordeaux (Chez-), c. d'Oradour-Fanais, 2 m., 3 h.

Bordeaux (Le Petit-), c. de Sonneville, 2 m., 17 h.

Bordeaux (Les), c. de Guimps, 6 m., 21 h.

Borde-la-Pepine (Chez-), c. de Ronsenac, 2 m., 4 h.

Borderie (Chez-), c. de St-Sulpice-de-Cognac, 2 m., 7 h.

Borderie (La), c. de Benest, 2 m., 12 h.

Borderie (La), c. de Bors-de-Montmoreau, 1 m., 3 h.

Borderie (La), c. de Brillac, 3 m., 10 h.

Borderie (La), c. de Chabanais, 4 m., 26 h.

Borderie (La), c. d'Écuras, 60 m., 221 h.

Borderie (La), c. d'Étagnac, 3 m., 18 h.

Borderie (La), c. de Larochette, 4 m., 15 h.

Borderie (La), c. de Marthon, 1 m., 6 h.

Borderie (La), c. de Montrollet, 12 m., 50 h.

Borderie (La), c. de St-Estèphe, 3 m., 10 h.

Borderie (La), c. de St-Maurice, 3 m., 19 h.

Borderie (La), c. de Sigogne, 2 m., 7 h.

Borderie (La Petite-), c. de St-Laurent-de-Cognac, 2 m., 10 h.

Borderiebasse (La), c. de St-Trojean, 2 m., 10 h.

Borderie-de-Bricolne (La), c. de Cherves, 3 m., 11 h.

Borderies (Les), c. de Montbron, 4 m., 24 h.

Borderies (Les), c. de St-Maurice, 1 m., 12 h.

Borderies (Les), c. de Saulgond, 6 m., 26 h.

Bordes (Chez-), c. de Ronsenac, 6 m., 24 h.
Bordes (Les), c. d'Alloue, 5 m., 16 h.
Bordes (Les), c. de Chabrac, 12 m., 34 h.
Bordeville, c. de Rouillac, 23 m., 81 h.
Bordin (Chez-), c. de Segonzac, 8 m., 36 h.
Borgnet (Chez-), c. de Moulidars, 4 m., 23 h.
Bors, c. de Pressignac, 21 m., 107 h.
Bors, ch.-l., c. de Bors-de-Baignes, 8 k. de Baignes, 20 k. de Barbezieux, 50 k. d'Angoulême.
Bors, bg., ch.-l., c. de Bors-de-Montmoreau, 47 m., 178 h., 8 k. de Montmoreau, 33 k. de Barbezieux, 38 k. d'Angoulême.
Bors-de-Baignes, c., arr. de Barbezieux, cant. de Baignes, éc., ⊠ Baignes, 55 m., 235 h.
Bors-de-Montmoreau, c., arr. de Barbezieux, cant. de Montmoreau, †, éc., ⊠ Montmoreau, ⚓ F., 176 m., 682 h.
Bos (Le Petit-), c. de Mouzon, 1 m., 3 h.
Bos-de-l'Arce (Le), c. de Pressignac, 1 m., 4 h.
Bosquet (Le), c. de St-Christophe-de-Chalais, 7 m., 20 h.
Bosse (La), c. de Vieux-Cérier, 10 m., 43 h.
Bossu (Chez-le-), c. de St-Mary, 7 m., 14 h.
Bost (Le), c. de Bonnes, 1 m., 4 h.
Bost (Le), c. de Confolens, 3 m., 12 h.
Bost (Le), c. des Essards, 7 m., 24 h.
Bost (Le), c. d'Esse, 2 m., 18 h.
Bost-du-Genêt (Le), c. de Roumazières, 1 m., 6 h.
Bost-la-Ville (Le), c. de Confolens, 1 m., 4 h.
Botte (Chez-la-), c. de Massignac, 5 m., 27 h.
Bottines (Les), c. de Dirac, 1 m., 4 h.
Boubas (Le), c. de Ronsenac, 9 m., 25 h.
Bouchage (Le), c., arr. de Confolens, cant. de Champagne-Mouton, †, éc., ⊠ Champagne-Mouton, 146 m., 530 h.
Bouchage (Le), bg., ch.-l., c. du Bouchage, 4 m. non h., 7 k. de Champagne-Mouton, 26 k. de Confolens, 55 k. d'Angoulême.
Bouchard (Chez-), c. de Charmant, 1 m., 2 h.
Bouchard (Chez-), c. de La Chaise, 13 m., 39 h.
Bouchard (Chez-), c. de Loubert, 7 m., 20 h.
Bouchard (Chez-), c. de Pérignac, 1 m., 5 h.
Boucharderie (La), c. de l'Isle-d'Espagnac, voy. Le Poteau.
Boucharderie (La), c. de St-Estèphe, 3 m., 20 h.

Bouchardière (La), c. de St-Aulais-de-la-Chapelle-Conzac, 5 m., 22 h.
Bouchaud (Chez-), c. de Brie-sous-Chalais, 1 m., 6 h.
Bouchaud (Chez-), c. de Péreuil, 1 m., 10 h.
Bouchaud (Le), c. de Barbezières, 2 m., 10 h.
Bouchaud (Le), c. de Chabanais, 1 m., 3 h.
Bouchaud (Le), c. de Chassiecq, 4 m., 7 h.
Bouchaud (Le), c. de Nonac, 4 m., 17 h.
Bouchaud (Le), c. de Plassac, 8 m., 25 h.
Bouchaud (Le), c. de Salles-la-Vallette, 6 m., 15 h.
Bouchaud (Le), c. d'Yviers, 2 m., 8 h.
Bouchaud (Le Petit-), c. de Salles-la-Vallette, 2 m., 4 h.
Bouchaud (Les), c. de St-Cybardeaux, 48 m., 176 b.
Boucher (Chez-), c. de Poullignac, 9 m., 49 h.
Boucherie (Chez-), c. de Curac, 1 m., 3 h.
Boucherie (Chez-), c. de Passirac, 2 m., 13 h.
Boucherie (Chez-), c. de St-Félix, 7 m., 34 h.
Boucherie (Chez-), c. de St-Martial, 14 m., 37 h.
Boucherie (Chez-), c. de Ste-Souline, 2 m., 5 h.
Boucherie (Chez-), c. de St-Vallier, 3 m., 8 h.
Boucherie (Chez-), c. de Sauvignac, 2 m., 18 h.
Boucherie (La), c. de Bouex, 3 m., 16 h.
Boucherie (La), c. de Brie-sous-Chalais, 1 m., 4 h.
Boucherie (Moulin-de-), c. de Sauvignac, 1 m., 2 h.
Boucheries (Les), c. de Courgeac, 2 m., 11 h.
Boucheries (Les), c. de Lesterps, 15 m., 64 b.
Boucheron (Le), c. de Charras, 5 m., 22 h.
Boucheron (Le), c. d'Esse, 2 m., 16 h.
Bouchet, c. de Guizengeard, 1 m., 3 h.
Bouchet, c. de Montboyer, 2 m., 9 h.
Bouchet, c. de Segonzac, 10 m., 35 h.
Bouchet (Chez-), c. d'Aignes-et-Puypéroux, 14 m., 52 h.
Bouchet (Chez-), c. de Barbezieux, 40 m., 27 h.
Bouchet (Chez-), c. de Montboyer, 4 m., 13 h.
Bouchet (Chez-), c. de Moulidars, 12 m., 51 h.
Bouchet (Chez-), c. de Ste-Souline, 46 m., 64 h.

Bouchet (Chez-), c. de St-Vallier, 10 m., 38 h.
Bouchet (Le), c. de Lupsault, 69 m., 213 h.
Bouchet (Le), c. de Pressignac, 4 m., 25 h.
Bouchet (Le), c. de Pérignac, 4 m., 16 h.
Bouchets (Les), c. de Nanteuil, 9 m., 47 h.
Bouchier (Le), c. de Montboyer, 6 m., 34 h.
Boucqs (Les), c. de Bourg-Charente, 4 m., 11 h.
Boucus (Chez), c. de Montbron, 5 m., 29 h.
Boude (La), c. de Charmant, 1 m., 4 h.
Boudeau (Chez-), c. de Boisbreteau, 4 m., 14 h.
Boudeau (Chez-), c. de Juillac-le-Coq, 1 m., 4 h.
Boudeau (Chez-), c. de St-Palais-du-Né, 3 m., 9 h.
Boudicourtie (La), c. de Chabanais, 2 m., 14 h.
Boudillons (Les), c. d'Ansac, 1 m. non h.
Boudoire (Chez-), c. de Montbron, 3 m., 17 h.
Boudut (Chez-), c. des Adjots, 1 m., 7 h.
Bouëges (Les), c. de Lesterps, 14 m., 39 h.
Bouëges (Les), c. de Ronsenac, 2 m., 9 h.
Bouërat, c. d'Abzac, 1 m., 8 h.
Bouère (Chez-), c. de St-Cybard, 3 m., 9 h.
Bouet (Chez-), c. de Douzat, 4 m., 23 h.
Bouet (Chez-), c. de Mainxe, 2 m., 7 h.
Bouet (Le), c. d'Aignes-et-Puypéroux, 10 m., 49 h.
Bouex, c. arr. d'Angoulême, cant. d'Angoulême (2e partie), †, éc., ⊠ Angoulême, 241 m., 897 h.
Bouex, bg., ch.-l., c. de Bouex, 17 m., 69 h., 14 k. d'Angoulême.
Bouffanais, c. de Tourriers, 19 m., 179 h.
Bouffanaud (Les), c. de Fleurac, 7 m., 27 h.
Bouffard (Chez-), c. d'Angeduc, 4 m., 14 h.
Bouffard (Chez-), c. de Bessac, 3 m., 11 h.
Boufferents (Les), c. de Reignac, 1 m., 5 h.
Boufferie (La), c. de Chantrezac, 1 m., 6 h.
Bouffrie (La), c. de la Forêt-de-Tessé, 5 m., 24 h.
Bougatière (La), c. de La Magdeleine, 28 m., 97 h.
Bouillard, c. de St-Sulpice de Cognac, 2 m., 3 h.
Bouillas, c. de St-Maurice, 1 m., 6 h.
Bouillaud (Chez-), c. de Ste-Colombe, 20 m., 57 h.
Bouillaud, c. de Sauvignac, 1 m., 5 h.
Bouillons (Les), c. de Champniers, 21 m., 82 h.

Boujut (Chez-), c. de Mainxe, 21 m., 69 h.
Boulardie (La), c. du Lindois, 1 m., 7 h.
Boulaud (Chez-), c. d'Aignes-et-Puypéroux, 1 m., 5 h.
Boule-d'Or (La), c. de Brillac, 2 m., 11 h.
Boule-d'Or (La), c. de St-Martial, 1 m., 5 h.
Boulettes (Les), c. d'Angoulême, 32 m., 127 h.
Boullet (Chez-), c. de Bioussac, 2 m., 10 h.
Boulloux (Chez-), c. de Chabanais, 1 m., 12 h.
Boulogne (La), c. de Montbron, 1 m., 3 h.
Boulonie (La), c. de Brigueuil, 1 m., 4 h.
Boulonie (La), c. de Loubert, 1 m., 7 h.
Boulot, c. de Lignères, 1 m., 4 h.
Bounit (Chez-), c. de Pranzac, 6 m., 23 h.
Bounivet (Chez-), c. de Rivières, 1 m., 6 h.
Bouquet (Chez-), c. d'Empuré, 4 m., 9 h.
Bouquet (Chez-), c. de Moutardon, 18 m., 54 h.
Bouquet (Chez-), c. de Verrières, 18 m., 35 h.
Bouquet (Le), c. de Javrezac, 1 m., 6 h.
Bouquet (Le), c. de Roumazières, 1 m., 11 h.
Bouqueville, c. de Juillac-le-Coq, 32 m., 113 h.
Bouquinet, c. de Palluaud, 5 m., 21 h.
Bouquiron (Chez-), c. de Baignes-Ste-Radégonde, 1 m., 4 h.
Bourabier, c. de Champniers, 4 m., 19 h.
Bouraud (Chez-), c. de Salles-de-Segonzac, 11 m., 42 h.
Bourbière (La), c. de Moulidars, 1 m., 3 h.
Bourdache (Chez-), c. de Confolens, 1 m., 9 h.
Bourdagé (Chez-), c. de Torsac, 2 m., 11 h.
Bourdageau (Le), c. de Vœuil-et-Giget, 3 m., 14 h.
Bourdareaux (Les), c. de Couture, 10 m., 40 h.
Bourdeau (Chez-), c. de St-Palais-du-Né, 3 m., 15 h.
Bourdeau (Le), c. de Chirac, 31 m., 125 h.
Bourdeau (Le), c. de Ste-Marie, 5 m., 21 h.
Bourdeille, c. de Courlac, 4 m., 21 h.
Bourdeix (Les), c. de Balzac, 14 m., 74 h.
Bourdelais, c. de Mouton, 2 m., 8 h.
Bourdelais, c. de St-Front, 2 m., 15 h.
Bourdelais (Chez-), c. de St-Martial, 9 m., 34 h.
Bourdelais (Chez-), c. de Salles-la-Vallette, 1 m., 6 h.
Bourdelières, c. de Taponnat-Fleurignac, 5 m., 27 h.

Bourdieaud, c. d'Étagnac, 18 m., 75 h.

Bourdier (Chez-), c. de Brossac, 2 m., 7 h.

Bourdillons (Les), c. d'Ansac, 1 m.; 2 h.

Bourdonnerie (La), c. de St-Sulpice de Cognac, 1 m., 9 h.

Bourdonnerie (La), c. du Tâtre, 4 m., 10 h.

Bourg (Le Petit-), c. de Montchaude. 7 m., 14 h.

Bourgade (La), c. de Sigogne, 54 m., 197 h.

Bourg-Charente, c., arr., de Cognac, cant. de Segonzac, †, éc., ✉ Jarnac, ☞ F., 208 m., 957 h.

Bourg-Charente, bg., ch.-l., c. de Bourg-Charente, 7 m., 42 h., 7 k. de Segonzac, 10 k. de Cognac, 32 k. d'Angoulême.

Bourg-de-l'Oume, c. de Taizé-Aizie, 4 m., 10 h.

Bourg-des-Dames (Le), c. de Courbillac, 81 m., 292 h.

Bourgeade (La), c. de St-Hilaire, 3 m., 24 h.

Bourgeadon (Chez-), c. de Montboyer, 4 m., 17 h.

Bourgeoisie (La), c. d'Anville, 13 m., 58 h.

Bourgetterie (La), c. de St-Laurent-de-Cognac, 2 m., 7 h.

Bourgloin (Le), c. de Brossac, 1 m., 3 h.

Bourgloux (Le Grand-), c. de Châteauneuf, 23 m., 65 h.

Bourgloux (Le Petit-), c. de Châteauneuf, 30 m., 123 h.

Bourgoin (Le), c. de Brossac, 1 m., 5 h.

Bourgon, c. de Valence, 2 m., 10 h.

Bourgon (Moulin-de-), c. de Valence, 1 m., 6 h.

Bourgnaud (Chez-), c. de St-Maurice, 2 m., 13 h.

Bourgne (La), c. de Charmant, 1 m., 5 h.

Bourgnet (Chez-), c. de Mouthiers, 2 m., 12 h.

Bourgneuf, c. de Chasseneuil, 10 m., 47 h.

Bourgneuf, c. de Palluaud, 3 m., 8 h.

Bourgneuf, c. de Richemont, 1 m., 4 h.

Bourgneuf, c. de Taizé-Aizie, 2 m., 10 h.

Bourg-Neuf (Le), c. de Ronsenac, 3 m., 5 h.

Bourgnouveau, c. de St-Laurent-de-Cognac, 1 m., 8 h.

Bourguet (Le), c. de L'Houmeau-Pontouvre, 37 m., 109 h.

Bourianne, c. d'Ambernac, 1 m., 4 h.

Bouriaud, c. de Lesterps, 2 m., 14 h.

Bourisson, us., c. de Vœuil-et-Giget, 15 m., 62 h.

Bourisson, c. de Salles-la-Vallette, 5 m., 19 h.

Bourjet, c. de Pougné, 1 m., 18 h.

Bourlerie (La), c. de Vindelle, 2 m., 8 h.

Bourlie (La), c. de Bouex, 32 m., 108 h.

Bourlion, c. de L'Houmeau-Pontouvre, 11 m., 33 h.

Bournaud (Chez-), c. de Bécheresse, 6 m., 19 h.

Bournazeau, c. d'Abzac, 4 m., 18 h.

Bourneaux (Les), c. de Montbron, 1 m., 4 h.

Bournerie (La), c. de Baignes-Ste-Radégonde, 4 m., 14 h.

Bournet, c. de Courgeac, 7 m., 30 h.

Bournet, c. de Nonac, 5 m., 19 h.

Bournet, c. de Pressignac, 1 m., 12 h.

Bournet (Chez-), c. de Montbron, 6 m., 52 h.

Bournet (Le), c. de St-Romain, 5 m., 19 h.

Bournetie (La), c. de Blanzaguet, 2 m., 8 h.

Bournets (Les), c. de Mouthiers, 2 m., 8 h.

Bourni (Le), c. d'Yvrac-et-Malleyrand, 1 m., 9 h.

Bournier (Le), c. de Villars, 4 m., 6 h.

Bournillon (Chez-), c. de Barbezieux, 1 m., 4 h.

Bournis (Les), c. de Garat, 2 m., 12 h.

Bourny (Le), c. de Montbron, 1 m., 3 h.

Bouroux, c. de Louzac, 6 m., 18 h.

Bouroux (Le Petit-), c. de Louzac, 2 m., 8 h.

Bourras (Le Grand-), c. de Mérignac, 20 m., 86 h.

Bourras (Le Petit-), c. de Mérignac, 25 m., 109 h.

Bourraud (Chez-), c. du Tâtre, 5 m., 42 h.

Bourreau (Chez-), c. de Barret, 13 m., 46 h.

Bourreau (Chez-), c. d'Esse, 5 m., 21 h.

Bourrier (Chez-), c. d'Aussac, 17 m., 69 h.

Bourrut (Chez-), c. d'Ars, 3 m., 9 h.

Bourrut (Chez-), c. de Vignolles, 2 m., 12 h.

Boursac (Chez-), c. d'Ars, 18 m., 58 h.

Boursandreau, c. d'Asnières, 31 m., 143 h.

Boursandreau, c. de St-Genis-d'Hiersac, 23 m., 122 h.

Boursaud (Chez-), c. de Reignac, 8 m., 26 h.

Bourserol, c. de Bignac, 7 m., 31 h.

Bourseroy, c. de Bignac, 8 m., 32 h.

Bourseroy, c. de St-Genis-d'Hiersac, 3 m., 13 h.

Bousine (La), c. de Soyaux, 2 m., 15 h.

Bousinière (La), c. de Fontenille, 12 m., 34 h.

Bousquet, c. de Laprade, 1 m., 7 h.

Boussac, c. de Cherves, 1 m., 5 h.

Boussac, c. de Richemont, 3 m., 15 h.

Boussac (Le Petit-), c. de Cherves, 2 m., 9 h.

Boussardie, c. de St-Claud, 1 m., 9 h.

Boussardie (La), c. de Fouquebrune, 6 m., 26 h.

Boussats (Les), c. de Brie-la-Rochefoucauld, 9 m., 40 h.

Boussetoux (Les), c. de Vouthon, 5 m., 17 h.

Bousseuil, c. de Brossac, 2 m., 10 h.

Bousson (Le Bas-), c. de Bardenac, 3 m., 21 h.

Bousson (Le Haut-), c. de Bardenac, 6 m., 31 h.

Boutant (Chez-), c. de Marillac, 4 m., 23 h.

Boutant (Chez-), c. de St-Maurice, 3 m., 23 h.

Boutaudie (La), c. de Brillac, 5 m., 18 h.

Bout-des-Ponts (Le), ou l'Ile-Neuve, c. de Gondeville, 7 m., 13 h.

Bout-des-Ponts (Le), c. de Mainxe, 5 m., 12 h.

Bout-du-Bois (Le), c. de Mainfonds, 2 m., 10 h.

Bout-du-Pont, c. de St-Christophe-de-Chalais, 6 m., 27 h.

Bouteau (Chez-), c. de Cressac, 2 m., 8 h.

Bouteau (Chez-), c. de Reignac, 8 m., 26 h.

Bouteaux (Les), c. de St-Simeux, 7 m., 29 h.

Bouteries (Les), c. d'Ansac, 1 m., 11 h.

Bouteroux (Les), c. de St-Même, 18 m., 80 h.

Bouteville, c., arr. de Cognac, cant. de Châteauneuf, †, éc., ✉ Châteauneuf, ✆ F., 220 m., 800 h.

Bouteville, bg., ch.-l., c. de Bouteville, 51 m., 150 h., 7 k. de Châteauneuf, 23 k. de Cognac, 27 k. d'Angoulême.

Boutiers, c., arr. et cant. de Cognac, ✉ Cognac, 141 m., 509 h.

Boutiers, bg., ch.-l., c. de Boutiers, 100 m., 391 h., 5 k. de Cognac, 39 k. d'Angoulême.

Boutillé, c. de Montigné, 4 m., 15 h.

Boutillier (Le Moulin-de-), c. de Cressac, 1 m., 4 h.

Boutillier (Chez-), c. d'Oriolles, 3 m., 10 h.

Boutin (Chez-), c. de Baignes-Ste-Radégonde, 11 m., 39 h.

Boutin (Chez-), c. de St-Saturnin, 7 m., 31 h.

Boutin (Chez-), c. de St-Simeux, 1 m., 5 h.

Boutiné (La), c. de St-Amant-de-Montmoreau, 1 m., 5 h.

Boutinie (La), c. de Nieuil, 8 m., 19 h.

Boutins (Les), c. de Fléac, 4 m., 21 h.

Boutins (Les), c. de Palluaud, 10 m., 43 h.

Bouton (Chez-), c. d'Yviers, 4 m., 20 h.

Boutrit (Chez-), c. de Bécheresse, 12 m., 44 h.

Bouty (Chez-), c. de Palluaud, 9 m., 35 h.

Bouty (Chez-), c. de St-Front, 5 m., 26 h.

Bouvier, c. de Nabinaud, voy. Boyer.

Bouvier (Chez-), c. de Ronsenac, 4 m., 16 h.

Boux (Le), c. des Adjots, 3 m., 7 h.

Bouyer, c. de Nabinaud, voy. Boyer.

Bouyer (Chez-), c. d'Ambleville, 1 m., 6 h.

Bouyer (Chez-), c. de Chillac, 2 m., 5 h.

Bouyer (Chez-), c. d'Yviers, 1 m., 9 h.

Bouzatière (La), c. de La Magdeleine-de-Villefagnan, 28 m., 97 h.

Boyat (Le Grand-), c. de Brigueuil, 8 m., 38 h.

Boyat (Le Petit-), c. de Brigueuil, 5 m., 28 h.

Boye (Chez-), c. d'Aizecq, 3 m., 7 h.

Boye (Chez-), c. de Nanteuil, 3 m., 17 h.

Boye (Chez-), c. de Vieux-Ruffec, 8 m., 40 h.

Boye (La Basse-), c. de Challignac, 2 m., 9 h.

Boye (La Haute-), c. de Challignac, 2 m., 7 h.

Boyer, ou Bouyer, ou Bouvier, c. de Nabinaud, 8 m., 31 h.

Brac, c. de St-Christophe-de-Confolens, 9 m., 30 h.

Bracherie (La), c. de Saulgon, 9 m., 45 h.

Braconne (La), c. d'Yvrac-et-Malleyrand, 17 m., 64 h.

Braconneau, c. de Puymoyen, 2 m., 7 h.

Brallicq, c. de Moutardon, 31 m., 103 h.

Brallièche (La), c. de Moutardon, 22 m., 80 h.

Brammefan, c. de Payzay-Naudouin, 14 m., 51 h.

Branchut (Chez-), c. de La Chaise, 7 m., 23 h.

Brandard (Le), c. de Mainxe, 1 m., 4 h.

Brandard (Le), c. de Poullignac, 2 m., 7 h.

Brande (Chez-), c. de Pleuville, 1 m., 10 h.

Brande (La), c. de Benest, 2 m., 9 h.

Brande (La), c. de Bunzac, 1 m., 3 h.

Brande (La), c. de Chasseneuil, 1 m., 8 h.

Brande (La), c. de Dignac , 6 m., 28 h.

Brande (La), c. de Dirac , 1 m., 13 h.

Brande (La), c. de Lignères, 1 m., 6 h.

Brande (La), c. de Linars , 2 m., 10 h.

Brande (La), c. de Rancogne, 1 m., 3 h.

Brande (La), c. de Roumazières, 1 m., 9 h.

Brande (La), c. de St-Germain-de-Montbron, 2 m., 14 h.

Brande (La), c. de St-Gourson, 1 m., 6 h.

Brande (La), c. de Touzac , 3 m., 15 h.

Brande (La), c. de Vitrac-et-St-Vincent, 8 m., 28 h.

Brande (Moulin-de-la-), c. de Lignères, 2 m., 7 h.

Brandeau (Chez-), c. de Charmant, 1 m. non h.

Brandeau (Le), c. des Essards, 10 m., 36 h.

Brandeau (Le), c. de Marsac, 1 m., 4 h.

Brandeau (Le), c. de Montignac-le-Coq, 8 m., 29 h.

Brandeau (Le), c. de St-Severin, 6 m., 17 h.

Brandes (Chez-), c. de Montboyer, 7 m., 31 h.

Brandes (Les), c. d'Ambleville, 4 m., 22 h.

Brandes (Les), c. de Baignes-Ste-Radégonde, 3 m., 10 h.

Brandes (Les), c. de Chavenac, 2 m., 9 h.

Brandes (Les), c. d'Échallat, 2 m., 11 h.

Brandes (Les), c. de La Vallette, 1 m., 4 h.

Brandes (Les), c. de St-Michel, 2 m., 9 h.

Brandes (Les), c. de Nercillac, 5 m., 18 h.

Brandes (Les), c. de Rougnac, 1 m., 3 h.

Brandes (Les), c. de St-Amant-de-Nouère, 5 m., 20 h.

Brandes (Les), c. de St-Palais-du-Né, 1 m., 4 h.

Brandes (Les), c. de Sireuil, 8 m., 30 h.

Brandes (Les), c. de Vaux - Rouillac, 10 m., 40 h.

Brandes (Les Grandes-), c. de Londigny, 1 m., 7 h.

Brandes (Les Petites-), c. de Londigny, 13 m., 43 h.

Brandet (Chez-), c. de Champagne-de-Blanzac, 1 m., 5 h.

Brandier (Le), c. de St-Romain, 1 m. non h.

Brandille (La), c. de Palluaud, 2 m., 6 h.

Brandilleau (Le Petit-), c. de St-Severin, 1 m., 4 h.

Brandon (Chez-), c. de St-Sulpice-de-Cognac, 1 m., 4 h.

Brandonnière, c. de La Prade, 2 m., 12 h.

Brandy (Le), c. de St-Christophe-de-Chalais, 4 m., 27 h.

Brandy (Le Petit-), c. de St-Christophe-de-Chalais, 2 m., 8 h.

Brangé (Chez-), c. de Reignac, 1 m., non h.

Branger (Chez-), c. des Adjots, 30 m., 120 h.

Branger (Chez-), c. de Juillac-le-Coq, 1 m., 5 h.

Braquet (Chez-), c. de Genouillac, 3 m., 18 h.

Brard, c. de Lamérac, 2 m., 4 h.

Brard (Chez-), c. de Cellefrouin, 5 m., 19 h.

Brard (Chez-), c. de Chantillac, 5 m., 14 h.

Brard (Chez-), c. de Vars, 14 m., 60 h.

Brassac , bg., ch.-l., c. des Métairies, 45 m., 158 h., 3 k. de Jarnac, 17 k. de Cognac, 31 k. d'Angoulême.

Brassac, c. de Suaux, 2 m., 12 h.

Brassac (Moulin-de-), c. de Suaux, 1 m., 8 h.

Brasserie (La), c. d'Ansac, 1 m., 12 h.

Braud (Chez-), c. de Juignac, 2 m., 9 h.

Braud (Chez-), c. d'Oriolles, 1 m., 3 h.

Braud (Chez-), c. de St-Amant-de-Montmoreau, 1 m., 4 h.

Braud (Chez-), c. de St-Cybard, 4 m., 12 h.

Braud (Chez-), c. de St-Palais-du-Né, 2 m., 4 h.

Braudie (Moulin-), c. de Lesterps, 2 m., 18 h.

Bréas (Chez-), c. de Brossac, 1 m., 5 h.

Breau (Chez-), c. de Brossac, 2 m., 7 h.

Breau (Chez-), c. de Condéon, 5 m., 15 h.

Breau (Chez-), c. de St-Vallier, 1 m., 3 h.

Breblon (Chez-), c. de Jurignac, 7 m., 21 h.

Breblons (Les), c. de Bourg-Charente, 1 m., 5 h.

Breblons (Les), c. de Brie, 19 m., 84 h.

Breblons (Les), c. de Julienne, 3 m., 12 h.

Brebonzac , c. de L'Houmeau-Pontouvre, 1 m., 6 h.

Brechenie (La), c. de Grassac, 3 m., 25 h.

Brechet (Chez-), c. de Palluaud, 8 m., 31 h.

Brechevaux (Les), c. d'Alloue, 15 m., 44 h.

Brechignac, c. de Vouharte, 1 m., 5 h.

Brechoire (La), c. de St-Médard-de-Rouillac, 34 m., 123 h.

Bredin (Le), c. de Chabanais, 1 m., 13 h.

Bregeasse (La), c. de St-Gervais, 1 m., 2 h.

Bregedus, c. de Ronsenac, 4 m., 18 h.

Bregère (La), c. de Montrollet, 17 m., 69 h.

Bregier (Chez-), c. d'Édon, 17 m., 61 h.

Bregier (Chez-Petit-), c. d'Édon, 1 m., 5 h.

Brejade (La), c. de St-Coutant, 6 m., 24 h.

Brejou (Chez-), c. de St-Claud, 4 m., 16 h.

Brelières (Les), c. de Courcôme, 1 m., 5 h.

Brelinge, c. de St-Cybardeaux , 12 m., 48 h.

Brenanchie (La), c. de St-Claud, 2 m., 15 h.

Brenauchles (Les), c. de Roumazières, 3 m., 22 h.

Brenne, c. de Moutardon, 2 m., 9 h.

Bresauge (La), c. de Porcheresse, 4 m., 15 h.

Bresauge (La Petite-), c. de Porcheresse, 2 m., 4 h.

Bretagne, c. de Guimps, 12 m., 36 h.

Bretenoux, c. de Chassenon, 14 m., 60 h.

Brettgnolles (Les), c. de Salles-de-Segonzac, 3 m., 11 h.

Bretonnières (Les), c. de Roullet, 1 m., 6 h.

Bretons (Les), c. de Fléac, 10 m., 34 h.

Brettes, c., arr. de Ruffec, cant. de Villefagnan, 4, éc., ✉ Villefagnan, 161 m., 600 h.

Brettes, bg., ch.-l., c. de Brettes, 88 m., 339 h., 3 k. de Villefagnan, 43 k. de Ruffec, 46 k. d'Angoulême.

Brety (Chez-), c. de Marsac, 11 m., 37 h.

Breuil (Le), c. d'Allouc, 12 m., 37 h.

Breuil (Le), c. d'Ambernac, 15 m., 71 h.

Breuil (Le), c. d'Anais, 32 m., 129 h.

Breuil (Le), c. de Baignes-Ste-Radégonde, 11 m., 37 h.

Breuil (Le), c. de Barro, 3 m., 16 h.

Breuil (Le), c. de Beaulieu, 1 m., 15 h.

Breuil (Le), château, c. de Berneuil, 2 m., 17 h.

Breuil (Le), c. de Bonnes, 7 m., 28 h.

Breuil (Le), c. de Brie-sous-Chalais, 1 m., 6 h.

Breuil (Le), c. de Chabanais, 14 m., 64 h.

Breuil (Le), c. de Champniers, 14 m., 47 h.

Breuil (Le), c. de Chasseneuil, 4 m., 23 h.

Breuil (Le), c. de Courgeac, 2 m., 10 h.

Breuil (Le), château, c. de Dignac, 5 m., 19 h.

Breuil (Le), c. d'Empuré, 1 m., 4 h.

Breuil (Le), c. d'Épenède, 17 m., 55 h.

Breuil (Le), c. de Fouquebrune, 1 m., 3 h.

Breuil (Le), c. de Gourville, 27 m., 93 h.

Breuil (Le), c. de Londigny, 2 m., 14 h.

Breuil (Le), c. de Mainzac, 4 m., 20 h.

Breuil (Le), c. de Malaville, 2 m., 13 h.

Breuil (Le), c. de Montrollet, 18 m., 75 h.

Breuil (Le), c. de Pérignac, 7 m., 23 h.

Breuil (Le), c. des Pins, 5 m., 19 h.

Breuil (Le), c. de Rouillac, 39 m., 161 h.

Breuil (Le), c. de St-Ciers, 16 m., 73 h.

Breuil (Le), c. de St-Estèphe, 1 m., 6 h.

Breuil (Le), c. de St-Martin-Château-Bernard, 1 m., 4 h.

Breuil (Le), c. de St-Même, 8 m., 28 h.

Breuil (Le), c. de St-Severin, 12 m., 60 h.

Breuil (Le), c. de Salles-la-Vallette, 6 m., 24 h.

Breuil (Le), c. de Segonzac, 7 m., 29 h.

Breuil (Le), c. de Verdille, 89 m., 288 h.

Breuil (Le), c. de Vindelle, 1 m., 7 h.

Breuil (Le), c. de Vitrac-et-St-Vincent, 16 m., 76 h.

Breuil (Le), c. de Vouharte, 42 m., 464 h.

Breuil (Le Grand-), c. de Marthon, 2 m., 15 h.

Breuil (Le Grand-), c. de St-Palais-du-Né, 14 m., 46 h.

Breuil (Le Grand-), c. de Palluaud, 8 m., 23 h.

Breuil (Le Moulin-du-), c. d'Ambernac, 1 m., 5 h.

Breuil (Le Moulin-du-), c. de Charmant, 1 m., 4 h.

Breuil (Le Moulin-du-), c. de St-Palais-du-Né, 5 m., 21 h.

Breuil (Le Petit-), c. de Malaville, 2 m., 12 h.

Breuil (Le Petit-), c. de Marthon, 6 m., 35 h.

Breuil (Le Petit-), c. de Palluaud, 2 m., 6 h.

Breuil-aux-Vigiers (Le), c. de Bernac, 13 m., 62 h.

Breuil-Bernac (Le), c. de Bernac, 2 m., 15 h.

Breuil-de-la-Faux (Le), c. de Cherves-Châtelars, 7 m., 39 h.

Breuillac (Le), c. de Reignac, 1 m., 5 h.

Breuillaud, c. de Ranville-Breuillaud, 50 m., 178 h.

Breuille (La), c. de Mainzac, 2 m., 9 h.

Breuille (La), c. de Montignac-le-Coq, 6 m., 29 h.

Breuille (La), c. des Pins, 36 m., 146 h.

Breuille (La), c. de St-Maurice, 1 m., 15 h.

Breuille (La Grande-), c. de St-Cybard, 1 m., 6 h.

Breuillé (La Petite-), c. de Chasseneuil, 1 m., 3 h.

Breuille (La Petite-), c. de Montignac-le-Coq, 1 m., 3 h.

Breuille (La Petite-), c. de St-Cybard, 1 m., 3 h.

Breuille (La Vieille-), c. de Chasseneuil, 2 m., 9 h.

Breuillerie (La), c. de Trois-Palis, 2 m., 11 h.

Brenilles (Les), c. de Mainzac, 3 m., 14 h.

Breuil-Pinaud (Le), c. de Champniers, 21 m., 74 h.

Breuils (Les), c. de St-Bonnet, 12 m., 34 h.

Breuil-Seguin (Le), c. de St-Fraigne, 17 m., 59 h.

Breuil-Tison (Le), c. de Payzay-Naudouin, 3 m., 16 h.

Breuty, us., c. de La Couronne. 1 m., 5 h.

Breuty, c. de La Couronne, 26 m., 151 h.

Bréville, c., arr. de Cognac, cant. de Cognac, †, éc., ✉ Bréville, 197 m., 769 h.

Bréville, bg., ch.-l., c. de Bréville, 30 m., 423 h., 14 k. de Cognac, 45 k. d'Angoulême.

Bréville (Moulin-de-), c. de Bréville, 6 h.

Brez (Chez-), c. de Montchaude, 8 m., 33 h.

Briand (Chez-), c. des Essards, 5 m., 21 h.

Briand (Chez-), c. de Ladiville, 2 m., 12 h.

Briand (Chez-), c. de Poursac, 3 m., 28 h.

Briand (Le), c. de Bouteville, 4 m., 14 h.

Briant (Chez-), c. de Jurignac, 5 m., 16 h.

Briasse (La), c. de Boisbreteau, 1 m., 4 h.

Briasse (La Petite-), c. de Bors-de-Baignes, 4 m., 6 h.

Briaud (Chez-), c. de Ste-Marie, 1 m., 9 h.

Brice (St-), c., arr. et cant. de Cognac, †, ✉ Cognac, 201 m., 714 h.

Brice (St-), bg., ch.-l., c. de St-Brice, 42 m., 431 h., 5 k. de Cognac, 36 k. d'Angoulême.

Brices (Les), c. de Petit-Lessac, 1 m., 6 h.

Bricoine, c. de Cherves-de-Cognac, 2 m., 7 h.

Brie, bg., ch.-l., c. de Brie-sous-Barbezieux, 12 m., 41 h., 12 k. de Barbezieux, 32 k. d'Angoulême.

Brie, bg., ch.-l., c. de Brie-sous-Chalais, 6 m., 22 h., 6 k. de Chalais, 26 k. de Barbezieux, 42 k. d'Angoulême.

Brie, bg., ch.-l., c. de Brie-sous-la-Rochefoucauld, 87 m., 306 h., 13 k. de La Rochefoucauld, 13 k. d'Angoulême.

Brie, c. de Mazerolles, 21 m., 78 h.

Brie, voy. Les Abrieux.

Brie-sous-Barbezieux, c., arr. et cant. de Barbezieux, †, éc., ✉ Barbezieux, 78 m., 302 h.

Brie-sous-Chalais, c., arr. de Barbezieux, cant. de Chalais, †, éc., ✉ Chalais, 124 m., 530 h.

Brie-sous-la-Rochefoucauld, c., arr. d'Angoulême, cant. de La Rochefoucauld, †, éc., ✉ La Rochefoucauld, 519 m., 1,952 h.

Briet (Chez-), c. d'Étriac, 10 m., 39 h.

Brigaudie (La), c. de Lapéruze, 4 m., 24 h.

Brigeaud (Chez-), c. de Montboyer, 4 m., 24 h.

Brigonnet (Le), c. de Marsac, 4 m., 8 h.

Brigueuil, c., arr. de Confolens, cant. de Confolens (Sud), †, éc., hosp., St-Junien, ☞ F., 450 m., 1,986 h.

Brigueuil, bg., ch.-l., c. de Brigueuil, 448 m., 450 h., 19 k. de Confolens, 73 k. d'Angoulême.

Brigueuil (Le Moulin-), c. de Brigueuil, 1 m., 14 h.

Brilhouet (Chez-), c. du Tâtre, 2 m., 11 h.

Brilhouet (Chez-), c. de Touvérac, 9 m., 30 h.

Brillac, c., arr. de Confolens, cant. de Confolens (Sud), †, éc., ✉ Confolens, ☞ F., 396 m., 1,638 h.

Brillac, bg., ch.-l., c. de Brillac, 455 m., 455 h., 11 k. de Confolens, 74 k. d'Angoulême.

Brillac, c. de Foussignac, 14 m., 52 h.

Brillac (Moulin-de-), c. de Brillac, 4 m., 6 h.

Brillaux (Les), c. de Gimeux, 21 m., 72 h.

Brinat, c. de Fléac, 20 m., 70 h.

Brioleau, c. de St-Vallier, 5 m., 26 h.

Briquebois, c. d'Yvrac-et-Malleyrand, 4 m., 3 h.

Briquet (Chez-), c. de Montbron, 1 m., 9 h.

Brisac, c. de Cherves, 4 m., 5 h.

Brisebois, c. de Rouzède, 3 m., 10 h.

Brissaud (Chez-), c. de Mouthiers, 3 m., 12 h.

Brissaud (Chez-), c. de Plassac, 2 m., 12 h.

Brissaux (Les), c. de Champniers, 10 m., 41 h.

Brisset (Chez-), c. de Mouthiers, 6 m., 24 h.

Brisset (Chez-), c. de St-Amant-de-Montmoreau, 1 m., 4 h.

Brisset (Chez-), c. de Voulgézac, 2 m., 12 h.

Brisson (Chez-), c. de St-Amant-de-Graves, 13 m., 49 h.

Brissonneau (Le), c. de Bréville, 10 m., 47 h.

Brissonnerie (La), c. de Nercillac, 6 m., 22 h.

Brissonnerie (La Petite-), c. de Nercillac, 1 m., 5 h.

Brissons (Les), c. de St-Estèphe, 3 m., 13 h.

Brissons (Les), c. de St-Fort, 3 m., 8 h.

Brivet (Chez-), c. de Reignac, 2 m., 9 h.

Brizard (Chez-), c. de Bioussac, 2 m., 9 h.

Broc (Chez-), c. de Loubert, 2 m. 11 h.

Broche (Chez-), c. de Mazerolles, 3 m., 11 h.

Brochetterie (La), c. de Juillé, 6 m., 15 h.

Broies (Les), c. de Montbron, 1 m., 7 h.

Broix (Les), c. de Malaville, 1 m., 10 h.

Broix (Les), c. de Touzac, 2 m., 12 h.

Brossac, cant., arr. de Barbezieux, 42 c., 6,114 h.

Brossac, c., arr. de Barbezieux, cant. de Brossac, †, éc., ✉ Brossac, ☞ F. M., 269 m., 1,200 h.

Brossac, v., ch.-l. de la c. et du cant. de Brossac, j. d. p., 67 m. 304 h., 20 k. de Barbezieux. 41 k. d'Angoulême.

Brossard (Le Bas-), c. de Charmant, 2 m., 12 h.

Brossard (Le Haut-), c. de Charmant, 7 m., 23 h.

Brosse (La), château, c. de Chasseneuil, 3 m., 43 h.

Brosse (Moulin-de-la-), c. de Chabrac, 2 m., 5 h.

Brosses (Les), c. d'Étagnac, 11 m., 58 h.

Brosses (Les), château, c. de St-Maurice, 14 m., 30 h.

Brosses (Moulin-des-), c. de St-Maurice, 1 m., 1 h.

Brossette (La), c. de La Chaise, 2 m., 5 h.

Brouarderie (La), c. de Bouteville, 4 m., 22 h.

Brouchanchie, c. de Mazières, 4 m., 29 h.

Brouchie (La), c. de Gardes, 6 m., 49 h.

Broue, c. de Ste-Souline, 7 m., 30 h.

Broue (La), c. de Guimps, 8 m., 38 h.

Broue (La), c. de Moulidars, 1 m., 3 h.

Broue (La), c. de Rioux-Martin, 1 m., 5 h.

Broue (La), c. de St-Gourson, 12 m., 43 h.

Broue (La Grande-), c. d'Oradour-Fanais, 10 m., 27 h.

Broue (La Petite-), c. d'Oradour-Fanais, 4 m., 19 h.

Brouelle (Chez-), c. de Rivières, 6 m., 17 h.

Broues (Les), c. de Nonac, 4 m., 22 h.

Broues (Les), c. de St-Claud, 3 m., 23 h.

Brouillac, c. de St-Laurent-de-Belzagot, 2 m., 10 h.

Brouillat, c. de Mainzac, 4 m., 21 h.

Brounoir (Le), c. de Moutardon, 2 m., 41 h.

Broussard (Chez-), c. de Chadurie, 3 m., 17 h.

Broussaudrie (La), c. de Chabanais, 9 m., 26 h.

Broussaudrie (La), c. de Chirac, 3 m., 12 h.

Brousse (Chez-), c. de St-Projet-St-Constant, 2 m., 10 h.

Brousse (La), c. d'Abzac, 6 m., 29 h.

Brousse (La), c. d'Agris, 27 m., 86 h.

Brousse (La), c. de Barbezières, 10 m., 45 h.

Brousse (La), c. de Bonneville, 2 m., 12 h.

Brousse (La), c. de Bouteville, 5 m., 24 h.

Brousse (La), c. de Chadurie, 9 m., 27 h.

Brousse (La), c. de Courlac, 1 m., 41 h.

Brousse (La), c. de Garat, 5 m., 43 h.

Brousse (La), c. de La Couronne, 2 m., 42 h.

Brousse (La), c. de Laprade, 13 m., 30 h.

Brousse (La), c. de Lesterps, 1 m., 9 h.

Brousse (La), c. de Lésignac-Durand, 3 m., 23 h.

Brousse (La), c. de Londigny, 6 m., 25 h.

Brousse (La), c. de Mazières, 5 m., 28 h.

Brousse (La), c. d'Orgedeuil, 18 m., 42 h.

Brousse (La), c. de Péreuil, 2 m., 12 h.

Brousse (La), c. de Plassac, 2 m., 4 h.

Brousse (La), c. de Rancogne, 2 m., 6 h.

Brousse (La), c. de Reignac, 2 m., 10 h.

Brousse (La), c. de Ronsenac, 3 m., 13 h.

Brousse (La), c. de St-Amant-de-Montmoreau, 2 m., 43 h.

Brousse (La), c. de St-Front, 1 m., 7 h.

Brousse (La), c. de St-Germain-de-Montbron, 10 m., 34 h.

Brousse (La), c. de St-Maurice, 7 m., 33 h.

Brousse (La), c. de St-Romain, 1 m. non h.

Brousse (La), c. de St-Severin, 13 m., 45 h.

Brousse (La), c. de St-Sulpice-de-Cognac, 12 m., 34 h.

Brousse (La), c. de Sers, 2 m., 5 h.

Brousse (La), c. de Taponnat-Fleurignac, 1 m., 8 h.

Brousse (La), c. de Valence, 24 m., 89 h.

Brousse (La Grande-), c. de Magnac-sur-Touvre, 4 m., 20 h.

Brousseau (Chez-), c. de Challignac, 10 m., 31 h.

Brousse-Marteau, c. de La Couronne, 1 m., 8 h.

Brousse-Picard, c. de Feuillade, 3 m., 45 h.

Brousses (Les), c. de Charras, 3 m., 21 h.

Brousses (Les), c. de Montbron, 7 m., 43 h.

Brousses (Les), c. de St-Amant-de-Nouère, 13 m., 51 h.

Brousset (Chez-), c. de Brie-sous-Barbezieux, 3 m., 14 h.

Brousset (Chez-), c. de St-Aulais-de-la-Chapelle-Conzac, 6 m., 31 h.

Brousset (Moulin-de-), c. de Péreuil, 1 m., 7 h.

Broussette (La), c. d'Aigre, 3 m., 5 h.

Broussilles (Les), c. d'Ambernac, 1 m., 9 h.

Broute-Chèvre, c. de Juillac-le-Coq, 1 m., 5 h.

Broute-Chèvre, c. de Salles-de-Segonzac, 4 m., 17 h.

Brouterie, c. de Mornac, 29 m., 420 h.

Brouterie (La), c. de St-Maurice, 14 m., 60 h.

Broutieat (Le Grand-), c. de Villars, 2 m., 7 h.

Broutieat (Le Petit-), c. de Villars, 1 m., 4 h.

Broutier (Chez-), c. de Beaulieu, 5 m., 21 h.

Broux (Les), c. de Dirac, 2 m., 6 h.

Bru (Chez-le-), c. de Brigueuil, 1 m., 6 h.

Bruat (Le), c. de Rouzède, 1 m., 3 h.

Brucher (Chez-), c. de Montbron, 16 m., 64 h.

Bruchier (Chez-), c. de St-Amant-de-Montmoreau, 9 m., 37 h.

Brugeras, c. de Mazerolles, 9 m., 40 h.

Brugier (Chez-), c. de St-Quentin-en-Chalais, 1 m., 21 h.

Bruimatin, voy. Brumatin.

Brulis (Le), c. de St-Sulpice-de-Cognac, 4 m., 11 h.

Brumatin, ou Bruimatin, c. de Villegats, 8 m., 22 h.

Brun (Chez-), c. d'Esse, 3 m., 11 h.

Brun (Chez-), c. de Laprade, 2 m., 7 h.

Brun (Chez-), c. de St-Amant-de-Montmoreau, 1 m., 3 h.

Brunaud (Chez-), c. de Pougné, 6 m., 45 h.

Brune (La), c. de Champagne-Mouton, 1 m., 7 h.

Brune (La), c. de Chantillac, 5 m., 21 h.

Bruneau (Chez-), c. de Guimps, 8 m., 36 h.

Bruneau (Chez-), c. de St-Palais-du-Né, 5 m., 21 h.

Brunellères (Les), c. de St-Saturnin, 1 m., 4 h.

Brunet (Chez-), c. de Chasseneuil, 9 m., 30 h.

Brunet (Chez-), c. de St-Gervais, 4 m., 9 h.

Brunet (Chez-), c. de Verneuil, 3 m., 20 h.

Brunet (Moulin-), c. de St-Cybard, 1 m., 2 h.

Brunetie (La), c. de St-Quentin-de-Chabanais, 1 m., 14 h.

Brunetières (Les Grandes-), c. de Foussignac, 4 m., 19 h.

Brunetières (Les Petites-), c. de Foussignac, 15 m., 48 h.

Brunie (La), c. de Chabrac, 10 m., 39 h.

Brunie (La), c. de St-Maurice, 1 m., 9 h.

Brunie (Moulin-de-la-), c. de Chabrac, 1 m., 5 h.

Brunies-Basses (Les), c. de Roussines, 7 m., 35 h.

Brunies-Hautes (Les), c. de Roussines, 3 m., 18 h.

Bruns (Chez-les-), c. de Barret, 18 m., 71 h.

Bruns (Les), c. de La Faye, 6 m., 36 h.

Bruns (Les), c. de St-Cybardeaux, 43 m., 53 h.

Buanderie (La), ou Lessac, c. de Bunzac, 1 m., 4 h.

Buetterie (La), c. de St-Sulpice-de-Cognac, 1 m., 4 h.

Buffageasse, c. d'Angoulême, 29 m., 148 h.

Buffageasse, c. de Magnac-la-Vallette, 1 m., 10 h.

Buffe-la-Balle, c. de Soyaux, 1 m., 2 h.

Buffetaud, c. de Passirac, 2 m., 12 h.

Buffevent, ou Beauséjour, c. de Rivières, 3 m., 11 h.

Bugaud (Le), c. de Ste-Marie, 8 m., 43 h.

Bugeas (Chez-), c. de Baignes-Ste-Radégonde, 1 m., 6 h.

Buges (Les), c. de Ste-Sévère, 32 m., 126 h.

Buget (Le), c. de Ste-Marie, 2 m., 9 h.

Buguet (Chez-), c. de Guimps, 4 m., 17 h.

Buguet (Chez), c. de Salles-la-Vallette, 5 m., 26 h.

Buguet (Le), c. de Rougnac, 7 m., 24 h.

Buguet (Le), c. de St-Romain, 2 m., 4 h.

Buguet (Le Grand-), c. de Fouquebrune, 7 m., 25 h.

Buguet (Le Petit-), c. de Fouquebrune, 1 m., 7 h.

Buis (Les), c. d'Écuras, 19 m., 78 h.

Buis (Les), c. de Feuillade, 7 m., 48 h.

Buisson (Chez-), c. de Benest, 1 m., 9 h.

Buisson (Le), c. d'Ars, 2 m., 3 h.

Buisson (Le), c. de Bioussac, 9 m., 42 h.

Buisson (Le), c. de Chassors, 12 m., 51 h.

Buisson (Le), c. de Javrezac, 5 m., 17 h.

Buisson (Le), c. de Ladiville, 2 m., 12 h.

Buisson (Le), c. de l'Isle-d'Espagnac, 6 m., 10 h.

Buisson (Le), c. de Manot, 20 m., 70 h.

Buisson (Le), c. de Nonaville, 4 m., 19 h.

Buisson (Le), c. de St-Christophe-de-Confolens, 1 m., 6 h.

Buisson (Le), c. de St-Laurent-de-Cognac, 7 m., 35 h.

Buisson (Le), c. de Salles-la-Vallette, 1 m., 8 h.

Buisson (Le), c. de Verneuil, 2 m., 14 h.

Buissonnet, c. de Guizengeard, 2 m., 11 h.

Buissonnet (Le), c. de Dignac, 2 m., 6 h.

Bujeard (Chez-), c. de St-André, 8 m., 30 h.

Bujeard (Chez-), c. de St-Sulpice-de-Cognac, 11 m., 41 h.

Bujeard-de-Lorgère (Chez-), c. de Cherves, 1 m., 3 h.

Bunzac, c., arr. d'Angoulême, cant. de La Rochefoucauld, †, éc., ⊠ La Rochefoucauld, 109 m., 484 h.

Bunzac, bg., ch.-l., c. de Bunzac, 13 m., 47 h., 6 k. de La Rochefoucauld, 18 k. d'Angoulême.

Burbeaud (Le), c. de Bessac, 2 m., 13 h.

Bureau (Chez-), c. de Chantillac, 5 m., 11 h.

Bureau (Le), c. de Lapéruze, 1 m., 7 h.

Bureau (Moulin-), c. de Magnac-la-Vallette, 1 m., 4 h.

Burelle (La), c. d'Excideuil, 2 m., 5 h.

Burette (Le Moulin-de-), ou Moulin-Comportat, c. de Porcheresse, 2 m., 8 h.

Burgaud (Chez-), c. de Chasseneuil, 15 m., 55 h.

Burgaud (Chez-), c. d'Édon, 1 m., 6 h.

Burguet (Le), c. de Pérignac, 6 m., 31 h.

Bus (Les), c. de St-Fraigne, 5 m., 14 h.

Busquin (Le), c. de Chantillac, 3 m., 13 h.

Bussac, c. d'Ambleville, 2 m., 8 h.

Bussac, c. de Birac, 6 m., 26 h.

Bussac, c. de Jurignac, 2 m., 10 h.

Bussac, c. de Magnac-sur-Touvre, 23 m., 93 h.

Bussac, c. de Segonzac, 4 m., 14 h.

Busse, c. de Bunzac, 2 m., 14 h.

Bussière (La), c. de Mouthiers, 5 m., 13 h.

Bussière (La), c. de Pleuville, 8 m., 48 h.

Bussiereix, c. de Brigueuil, 23 m., 94 h.

But (Le), c. des Essards, 3 m., 14 h.

But (Le), c. de Pérignac, 2 m., 10 h.

Butlat, c. de Genouillac, 14 m., 59 h.

Butlat (Le), c. de Pérignac, 2 m., 10 h.

Butte-de-Bréguille (La), c. de St-Estèphe, 1 m., 3 h.

Butte-de-Péruzet (La), c. de Rivières, voy. La Montée-de-Péruzet.

Buttés (Les), c. de St-Même, 25 m., 88 h.

Buttet, c. de Bonnes, 1 m., 6 h.

Buzarderie, c. de Vervant, 1 m. non h.

Buzinie (La), c. de Champniers, 3 m., 20 h.

C

Cabane (La), c. d'Anville, 35 m., 120 h.

Cabane (La), c. de Blanzac, 1 m., 5 h.

Cabane (La), c. de Bréville, 30 m., 119 h.

Cabane (La), c. de Fontenille, 7 m., 23 h.

Cabane (La), c. de Magnac-la-Vallette, 9 m., 39 h.

Cabane (La), c. de Mouthiers, 2 m., 6 h.

Cabane (La), c. de St-Félix, 4 m., 12 h.

Cabane (La), c. de St-Laurent-des-Combes, 4 m., 25 h.

Cabarot, c. de Garat, 1 m., 3 h.

Cabosse (Chez-), c. de Pérignac, 1 m., 4 h.

Cacharat (Moulin-de-), c. d'Écuras, 1 m., 6 h.

Cachedenier, c. de Manot, 4 m., 27 h.

Cache-Pouille, c. d'Angoulême, 3 m., 22 h.

Cacherat, c. d'Étagnat, 1 m., 8 h.

Cadeau, c. de Longré, 19 m., 38 h.

Cadet (Chez-), c. de Bors-de-Montmoreau, 3 m., 10 h.

Cadets (Les), c. de St-Sulpice-de-Ruffec, 6 m., 24 h.

Cadiot (Le-Grand-), c. de Bors-de-Montmoreau, 3 m., 11 h.

Cadiots (Les), c. de Juignac, 2 m., 15 h.

Cadois (La), c. de Mazerolles, 3 m., 16 h.

Cadou (La), c. de Garat, 1 m., 9 h.

Cadoue (La), c. de St-Adjutory, 1 m., 6 h.

Cadusseau (Le), c. de Montignac-le-Coq, 5 m., 19 h.

Cadusseau (Le), c. de Roufflac-de-St-Martial-la-Menècle, 1 m., 3 h.

Cadusseau (Le), c. de St-Romain, 1 m., 3 h.

Cadusseau (Le), c. de St-Sulpice-de-Cognac, 1 m., 3 h.

Cagnon (Chez-), c. de Champmillon, 22 m., 63 h.

Cagnon (Chez-), c. de Sireuil, 3 m., 7 h.

Cagnot, c. de St-Claud, 1 m., 6 h.

Caïf (Chez-), c. de Palluaud, 1 m., 5 h.

Caillaud, c. de Bazac, 5 m., 25 h.

Caillaud, c. de Montboyer, 5 m., 24 h.

Caillaud (Chez-), c. d'Ébréon, 3 m., 9 h.

Caillaud (Chez-), c. de St-Amant-de-Montmoreau, 3 m., 9 h.

Caillaud (Chez-), c. de St-Laurent-des-Combes, 4 m., 27 h.

Caillaudies (Les), c. de Lesterps, 1 m., 9 h.

Caillaux (Les), c. de Verdille, 2 m., 13 h.

Caille (Chez-), c. d'Agris, 2 m., 11 h.

Cailleaux (Les), c. d'Hiesse, 2 m., 18 h.

Cailler (Chez-), c. de Nieuil, 5 m., 19 h.

Caillère, c. de Rivières, 22 m., 71 h.

Caillerie (La), c. de Chavenac, 2 m., 10 h.

Caillet, c. de Benest, 6 m., 21 h.

Caillet (Chez-), c. de Birac, 4 m., 10 h.

Caillet (Chez-), c. de Roullet, 1 m., 5 h.

Cailletière (La), c. de Genac, 3 m., 17 h.

Cailletière (La), c. de Gourville, 11 m., 41 h.

Caillette (Chez-), c. de Salles-de-Barbezieux, 5 m., 20 h.

Caillière, c. de Poullignac, 2 m., 8 h.

Caillière (La), c. de Péreuil, 8 m., 23 h.

Caillière (Moulin-de-), c. de Poullignac, 1 m., 2 h.

Caillies (Les), c. de Lesterps, 2 m., 12 h.

Caillot (Chez-), c. de St-Estèphe, 2 m., 12 h.

Caillot (Chez-), c. de St-Saturnin, 3 m., 10 h.

Caillou (Le), c. de Touvre, 1 m., 6 h.

Cailloux (Chez-), c. de St-Maurice, 1 m., 5 h.

Calaudrie (La), c. des Adjots, 2 m., 7 h.

Callais, c. de Fouquebrune, 1 m., 8 h.

Callaud (Chez-), c. de St-Gervais, 7 m., 15 h.

Callois (Chez-), c. de Massignac, 3 m., 24 h.

Calquebaudière (La), c. de Fontclaireau, 1 m., 7 h.

Calumet, c. de St-Laurent, 1 m., 5 h.

Cambouil (Le), c. d'Ambérac, 10 m., 39 h.

Cambrai (Chez-), c. d'Écuras, 1 m., 9 h.

Camier (Chez-), c. de Châtignac, 4 m., 16 h.

Camp-d'Honneur (Le), c. de St-Laurent-de-Céris, 4 m., 15 h.

Campille (Chez-), c. de Magnac-la-Vallette, 2 m., 10 h.

Campillerie (La), c. de Brossac, 2 m., 8 h.

Camps (Les), c. de Bécheresse, 6 m., 18 h.

Camps (Le Moulin-des-), c. de Voulgézac, 1 m., 3 h.

Camus, c. d'Yviers, 6 m., 24 h.

Camus (Chez-), c. de Montchaude, 4 m., 15 h.

Camus (Les), c. d'Agris, 21 m., 59 h.

Canard (Le), c. de Nercillac, 9 m., 39 h.

Cantinerie (La), c. de Sigogne, 1 m., 12 h.

Cantisailles (Chez-), c. de St-Félix, 4 m., 17 h.

Canton (Le), c. de Condéon, 1 m., 44 h.

Canton (Le), c. de Salles-de-Barbezieux, 1 m., 8 h.

Canton (Le), c. du Tâtre, 3 m., 12 h.

Canton-Bulliet, c. de St-Sulpice-de-Cognac, 1 m., 3 h.

Cantonréau, c. de Condéon, 1 m., 44 h.

Caplon (Chez-), c. de Vilhonneur, 9 m., 46 h.

Capus (Les), c. de Coulgens, 11 m., 49 h.

Carail (Chez-), c. de Lesterps, 3 m., 24 h.

Carbonnade (Chez-), c. de Turgon, 2 m., 17 h.

Carbons (Les), c. d'Édon, 1 m., 5 h.

Carcasse, c. des Essards, 1 m., 3 h.

Carcasson, c. de Touvérac, 2 m., 4 h.

Carcis, c. de Condéon, 1 m., 4 h.

Cardineau (Chez-), c. d'Aignes-et-Puypéroux, 2 m., 10 h.

Cardineau (Chez-), c. de Bécheresse, 1 m., 5 h.

Carlais, c. de Chassiecq, 13 m., 38 h.

Carmagnac, c. de Gurat, 2 m., 12 h.

Carmagnac, c. de Vaux-la-Vallette, 2 m., 8 h.

Carmagnats (Les), c. de St-Claud, 14 m., 48 h.

Carquabas, c. de Barret, 3 m., 24 h.

Carrières (Les), c. de Ronsenac, 3 m., 14 h.

Carrières (Les), c. de St-Projet-St-Constant, 1 m., 4 h.

Carroux (Chez-), c. de Charras, 1 m., 6 h.

Cartau, c. de Guizengeard, 1 m., 4 h.

Cartelaires (Les), c. de Villognon, 1 m., 5 h.

Cartelèches (Les), c. de Moulidars, 3 m., 13 h.

Cartes (Maison-des-), c. de Suaux, 1 m., 4 h.

Cartier (Chez-), c. de Condéon, 12 m., 47 h.

Cartier (Chez-), c. de Salles-la-Vallette, 1 m., 3 h.

Carton (Chez-), c. de Champagne-Mouton, 20 m., 64 h.

Carton (Chez-), c. de St-Gervais, 3 m., 17 h.

Casaquin (Chez-), c. de Vitrac, 2 m., 14 h.

Cassard (Le), c. de Salles-de-Barbezieux, 1 m., 2 h.

Casse-Bouteille, c. de Dignac, 2 m., 11 h.

Casse-Bouteille, c. de Gardes, 1 m., 2 h.

Casse-Souchot, ou Coupe-Souchot, c. de Javrezac, 1 m., 3 h.

Cassine (La), c. d'Édon, 1 m., 16 h.

Cassis (Le), c. de Reignac, 3 m., 7 h.

Cassotte (La Grande-), c. de Cherves, 1 m., 5 h.

Cassotte (La Petite-), c. de Cherves, 1 m., 3 h.

Castermaud, c. de Cellefrouin, 1 m., 8 h.

Castille, c. de St-Christophe-de-Chalais, 1 m., 8 h.

Cataforts (Les), c. de Grassac, 4 m., 18 h.

Catherine (Ste-), c. d'Échallat, 21 m., 87 h.

Catherine (Ste-), c. de Garat, 37 m., 124 h.

Catherine (Ste-), c. de Montbron, 6 m., 38 h.

Catherine (Ste-), c. de St-Cybardeaux, 15 m., 76 h.

Cathiat (Chez-), c. de Charmant, 2 m., 6 h.

Catinaud (Chez-), c. de Poursac, 1 m., 6 h.

Catinaud (Le), c. de Ronsenac, 3 m., 13 h.

Caton (La), c. de St-Vallier, 3 m., 7 h.

Caty (Chez-la-), c. de Mouzon, 2 m., 15 h.

Cauly (Chez-), c. d'Hiesse, 14 m., 45 h.

Cauly (Chez-), c. de Vitrac, 9 m., 39 h.

Caure (La), c. de Bardenac, 4 m., 44 h.

Caure (La), c. de Pérignac, 2 m., 8 h.

Caureix (Les), c. de Montbron, 2 m., 43 h.

Caurent (Chez-), c. de Porcheresse, 4 m., 5 h.

Causes (Les), c. d'Oradour-Fanais, 4 m., 10 h.

Cave (La), c. de Charras, 4 m., 23 h.

Cave (La), c. de Vœuil-et-Giget, 4 m. non h.

Cave (La Grande-), c. de Nabinaud, 8 m., 40 h.

Cave (La Petite), c. de Nabinaud, 4 m., 5 h.

Caves (Les), c. d'Angoulême, 5 m., 24 h.

Cayanne (La), c. de Petit-Lessac, 4 m., 6 h.

Caze (La), c. de St-Laurent-des-Combes, 4 m., 49 h.

Cellefrouin, c., arr. de Ruffec, cant. de Mansle, †, éc., ⊠ Cellefrouin, ☞ F., 528 m., 2,008 h.

Cellefrouin, bg., ch.-l., c. de Cellefrouin, 44 m., 438 h., 47 k. de Mansle, 27 k. de Ruffec, 44 k. d'Angoulême

Cellettes, c., arr. de Ruffec, cant. de Mansle, éc., ⊠ Mansle, 434 m., 480 h.

Cellettes, bg., ch.-l., c. de Cellettes, 95 m., 329 h., 8 k. de Mansle, 20 k. de Ruffec, 30 k. d'Angoulême.

Cellettes, c. de Pougné, 22 m., 84 h.

Cellettes, c. de Poursac, 4 m., 6 h.

Cer, c. d'Abzac, 4 m., 27 h.

Cer (Moulin-de-), c, d'Abzac, 2 m., 42 h.

Cerceville, c. de Genac, 49 m., 498 h.

Cerclé (Chez-), c. de Chantillac, 44 m., 44 h.

Cerelet (Le), c. de Ladiville, 44 m., 35 h.

Cérisier (Le Gros-), c. d'Ambleville, 4 m., 3 h.

Ceron, c. de Ste-Marie, 4 m., 44 h.

Cesne, c. de Vitrac, 4 m., 5 h.

Cessand, c. de Moulidars, 45 m., 48 h.

Cétaux (Chez-), c. de Chantillac, 2 m., 40 h.

Chaban (Le), c. des Essards, 4 m., 46 h.

Chabanais, cant. arr. de Confolens, 42 c., 13,227 h.

Chabanais, c., arr. de Confolens, cant. de Confolens, ✠, éc., ⊠ Chabanais, ☞ F. M., 375 m., 1,791 h.

Chabanais, v., ch.-l. de la c. et du cant. de Chabanais, j. d. p., 244 m., 4,094 h., 48 k. de Confolens, 56 k. d'Angoulême, ☛.

Chabanne (La), c. de St-Projet-St-Constant, 26 m., 86 h.

Chabarie (La), c. de Lesterps, 40 m., 25 h.

Chabaud (Chez-), c. d'Étagnac, 3 m., 27 h.

Chabeau (Chez-), c. de La Péruze, 23 m., 82 h.

Chabeaudie (La), c. de Manot, 9 m., 35 h.

Chabellard (Chez-), c. d'Écuras, 4 m., 3 h.

Chabernaud (Chez-), c. de Cherves-Châtelars, 4 m., 5 h.

Chabernaud (Chez-), c. de Suris, 3 m., 27 h.

Chabennie (La), c. d'Esse, 2 m., 40 h.

Chablanc, c. de Mouzon, 48 m., 78 h.

Chablanchie, c. du Lindois, 4 m., 6 h.

Chablanchie (La), c. d'Édon, 2 m., 8 h.

Chabosson, c. de Brie-sous-Barbezieux, 3 m., 43 h.

Chabosson, c. de Poullignac, 4 m., 2 h.

Chabot, c. de Criteuil, 8 m., 42 h.

Chabot (Chez-), c. d'Oriolles, 4 m., 6 h.

Chabots (Les), c. de Balzac, 20 m., 404 h.

Chabouyat, c. de Montchaude, 4 m., 42 h.

Chabrac, c., arr. de Confolens, cant. de Chabanais, †, éc., ⊠ Chabanais, 909 h.

Chabrac, bg., ch.-l., c. de Chabrac, 36 m., 454 h., 7 k. de Chabanais, 44 k. de Confolens, 63 k. d'Angoulême, ☛.

Chabran, c. d'Aignes-et-Puypéroux, 2 m., 8 h.

Chabran, c. de Verrières, 7 m., 48 h.

Chabrefy, c. de La Couronne, 3 m., 44 h.

Chabreville, c. de Courgeac, 44 m., 44 h.

Chabreville, c. de Voulgézac, 4 m., 5 h.

Chabrie (La), c. de Mainzac, 2 m., 42 h.

Chabrignac (Chez-), c. de St-Bonnet, 6 m., 4 h.

Chabrignac (Moulin-de-), c. de St-Bonnet, 4 m. non h.

Chabrot (Chateau-), c. de Montbron, 4 m., 7 h.

Chabrot (Moulin-de-), c. de Montbron, voy. Moulin-de-la-Forge.

Chabrouillères (Les), c. de Charmant, 4 m., 5 h.

Chabroulaux (Les), c. d'Agris, 2 m., 5 h.

Chabroux, c. de Marillac, 6 m., 35 h.

Chabruu, c. de St-Adjutory, 2 m., 47 h.

Chadeau (Le), c. de Barro, 5 m., 47 h.

Chadebaud, c. de Cherves-Châtelars, 4 m., 7 h.

Chadebois, c. de Bouteville, 40 m., 44 h.

Chadeffaud, c. de St-Bonnet, 4 m., 6 h.

Chadenat, c. de Chabrac, 44 m., 48 h.

Chadenet, c. de Salles-la-Vallette, 4 m., 2 h.

Chadenne (Chez-), c. de Ladiville, 44 m., 84 h.

Chadennes (Les Grands-), c. de Péreuil, 40 m., 45 h.

Chadennes (Les Petits-), c. de Péreuil, 5 m., 43 h.

Chadeuil, c. de Malaville, 10 m., 89 h.

Chadeuil, c. de Taizé-Aizie, 16 m., 64 h.

Chadeuil (Le), c. de Saulgond, 2 m., 17 h.

Chadeville, c. de Segonzac, 18 m., 69 h.

Chadiat, c. de St-Claud, 31 m., 127 h.

Chadurie, c., arr. d'Angoulême, cant. de Blanzac, †, éc., ⊠ Blanzac, ☞ F., 198 m., 730 h.

Chadurie, bg., ch.-l., c. de Chadurie, 11 m., 38 h., 9 k. de Blanzac, 21 k. d'Angoulême.

Chafaud, c. de Pleuville, 16 m., 70 h.

Chagnaie (La), c. de Julienne, 1 m., 6 h.

Chagnaie (La), c. de Nercillac, 8 m., 28 h.

Chagnasses (Les), c. d'Ars, 1 m., 7 h.

Chagnasses (Les), c. de Poullignac, 1 m., 4 h.

Chagnasses (Les), c. de Ste-Marie, 4 m., 17 h.

Chagnaud (Chez-), c. des Adjots, 7 m., 33 h.

Chagnaud (Chez-), c. de Cherves, 4 m., 17 h.

Chagnaud (Chez-), c. de Claix, 14 m., 51 h.

Chagnaud (Chez-), c. de Condéon, 4 m., 12 h.

Chagnaud (Chez-), c. de Palluaud, 3 m., 12 h.

Chagnauds (Les), c. de Mosnac, 2 m., 6 h.

Chagneraie (La), c. de Rioux-Martin, 2 m., 14 h.

Chagnerasse (Les), c. d'Embourie, 4 m., 13 h.

Chagnoleau, c. de Touvérac, 3 m., 15 h.

Chaignaud (Chez-), c. de Bouex, 10 m., 38 h.

Chaignaud (Chez-), c. de Chantillac, 10 m., 37 h.

Chaignauds (Les), c. de Montignac-le-Coq, 9 m., 32 h.

Chaigne (Chez-), c. de Lignères, 2 m., 9 h.

Chaignemont, c. de Fouquebrune, 2 m., 9 h.

Chail (Le), c. de Courgeac, 8 m., 34 h.

Chail (Le), c. de Laprade, 7 m., 24 h.

Chail (Le), c. de Ste-Sévère, 1 m., 5 h.

Chail (Le), c. de Touzac, 1 m., 5 h.

Chail (Le Petit-), c. de Barret, 3 m., 12 h.

Chaillats (Les), c. de St-Germain, 22 m., 94 h.

Chaillaux (Les), c. de Montbron, 10 m., 30 h.

Chaille (La), c. de Chadurie, 2 m., 8 h.

Chaillers (Les), c. de La Faye, 2 m., 9 h.

Chaillot (Chez-), c. de Chantillac, 1 m., 2 h.

Chaillou, c. de Ste-Sévère, 5 m., 17 h.

Chaillou (Chez-), c. de Guimps, 8 m., 33 h.

Chaillou (Chez-), c. de Vignolles, 3 m., 12 h.

Chaillou (Moulin-), c. de St-Bonnet, 2 m., 6 h.

Chails (Les), c. de St-Aulais-de-la-Chapelle-Conzac, 2 m., 4 h.

Chainasses (Les), c. de Moulidars, 4 m., 15 h.

Chaine-Rond, c. de Boisbreteau, 1 m., 1 h.

Chaise (La), c. de Berneuil, 2 m., 10 h.

Chaise (La), c. de Brillac, 23 m., 86 h.

Chaise (La), c., arr. et cant. de Barbezieux, †, éc., ⊠ Barbezieux, 195 m., 685 h.

Chaise (La), bg., ch.-l., c. de La Chaise, 16 m., 67 h., 11 k. de Barbezieux, 37 k. d'Angoulême.

Chaise (La), c. de Mainxe, 43 m., 46 h.

Chaise (La), c. de St-Amant-de-Montmoreau, 2 m., 15 h.

Chaise (La), c. de Vouthon, 39 m., 173 h.

Chaises (Les), c. de Manot, 2 m., 12 h.

Chaises (Les), c. de Montbron, 48 m., 70 h.

Chaix, c. de Garat, 3 m., 11 h.

Chaix (Le), c. de Baignes-Ste-Radégonde, 3 m., 11 h.

Chaize (La), c. d'Esse, 16 m., 58 h.

Chalais, cant., arr. de Barbezieux, 16 c., 6,114 h.

Chalais, c., arr. de Barbezieux, cant. de Chalais, †, éc., ⊠ Chalais, ☞ F. M., 144 m., 703 h.

Chalais, v., ch.-l., c. de Chalais, j. d. p., 144 m., 703 h., 29 k. de Barbezieux, 48 k. d'Angoulême.

Chalais, c. de St-Claud, 22 m., 116 h.

Chalant (Chez-), c. du Bouchage, 4 m., 23 h.

Chalard (Le), c. de Grassac, 2 m., 9 h.

Chalard (Le), c. de St-Vallier, 3 m., 13 h.

Chalards (Les Bas-), c. de Combiers, 4 m., 14 h.

Chalards (Les Hauts-), c. de Combiers, 3 m., 15 h.

Chalbette, voy. Villebette.

Chalerie (La), c. de Gardes, 6 m., 18 h.

Chalerie (La), c. de St-Cybard-le-Peyrat, 1 m., 2 h.

Châlet (Le), c. de Bourg-Charente, 1 m., 5 h.

Chalet (Le Grand-), c. de Pressignac, 4 m., 31 h.

Chalet (Le Petit-), c. de Pressignac, 1 m., 10 h.

Chaliveau, c. de St-Amant-de-Montmoreau, 2 m., 14 h.

Challignac, c., arr. et cant. de Barbezieux, †, éc., ⊠ Barbezieux, 181 m., 726 h.

Challignac, bg., ch.-l., c. de Challignac, 15 m., 45 h., 9 k. de Barbezieux, 34 k. d'Angoulême.

Chalonne, c. de Fléac, 1 m., 13 h.

Chalonne, c. de L'Houmeau-Pontouvre, 43 m., 145 h.

Chalotte, c. de Brillac, 9 m., 34 h.

Chalouzière (La), c. de Ventouse, 1 m., 10 h.

Chalumeau (Le), c. de Fouquebrune, 42 m., 31 h.

Chalumeau (Le), c. de La Couronne, 1 m. non h.

Chamarande, c. de Champniers, 2 m., 12 h.

Chamballon, c. de Chantillac, 8 m., 21 h.

Chambardy, c. de Lussac, 2 m., 17 h.

Chambaud, c. de St-Maurice, 3 m., 16 h.

Chambaudie (La), c. de Chazelles, 12 m., 53 h.

Chamberlanne (Le Logis-de-), c. de Bazac, 4 m., 19 h.

Chamberlanne (Moulin-de-), c. de Bazac, 2 m., 19 h.

Chambes, château, c. de Loubert, 2 m., 22 h.

Chamboirond, c. de Courgeac, 2 m., 8 h.

Chambon (Le), c. d'Esse, 1 m., 6 h.

Chambon (Le), c. d'Eymoutiers, 17 m., 49 h.

Chambon (Le), c. de St-Germain-sur-Vienne, 4 m., 23 h.

Chambon (Le), c. de St-Maurice, 32 m., 132 h.

Chambon (Le), c. de Suris, 2 m., 9 h.

Chambon (Le), c. de Vœuil-et-Giget, 1 m., 6 h.

Chambon (Le Moulin-de-), c. de Suris, 1 m. non h.

Chambon (Moulin-du-), c. d'Eymoutiers, 1 m., 4 h.

Chambonnaud, ou La Grille-du-Parc, c. de Barbezieux, 1 m., 2 h.

Chambourg (Le), c. de Champmillon, 1 m., 9 h.

Chambre (La), c. de L'Houmeau-Pontouvre, 10 m., 19 h.

Chambre (La), c. de Magnac-la-Vallette, 4 m., 45 h.

Chambre (La), c. de Verrières, 1 m., 2 h.

Chambres (Les), c. de Ste-Sévère, 3 m., 44 h.

Chambroie, ou Les Petits-Mesniers, c. de Mornac, 3 m., 7 h.

Chambrolerie (La), c. de Bazac, 7 m., 28 h.

Chamby (Moulin-de-), c. des Pins, 1 m., 3 h.

Chamoulard, c. de Pérignac, 2 m., 10 h.

Chamoulard (Le Grand-), c. de Torsac, 6 m., 16 h.

Chamoulard (Le Petit-), c. de Puymoyen, 2 m., 11 h.

Chamoulard (Le Petit-), c. de Torsac, 1 m., 1 h.

Champ (Le Grand-), c. de Brillac, 1 m., 6 h.

Champ (Le Grand-), c. de Maine-de-Boixe, 2 m., 10 h.

Champ (Le Grand-), c. de Mouthiers, 5 m., 22 h.

Champ (Le Petit-), c. de St-Romain, 7 m., 29 h.

Champagnac, c. d'Yvrac-et-Malleyrand, 10 m., 46 h.

Champagne, c., arr. d'Angoulême, cant. de Blanzac, éc., ⊠ Blanzac, 74 m., 313 h.

Champagne, bg., ch.-l., c. de Champagne, 19 m., 83 h., 4 k. de Blanzac, 21 k. d'Angoulême.

Champagne, c. de Condéon, 7 m., 23 h.

Champagne, c. de La Couronne, 3 m., 18 h.

Champagne, c. de Pleuville, 1 m., 9 h.

Champagne, c. de St-Amant-de-Montmoreau, 4 m., 14 h.

Champagne (Chez-), c. de Montchaude, 2 m., 7 h.

Champagne (La), c. de Juillac-le-Coq, 1 m., 3 h.

Champagne (La), c. de Pillac, 2 m., 6 h.

Champagne (La), c. de Verrières, 1 m., 3 h.

Champagne (Le Petit-), c. de Saint-Amant-de-Montmoreau, 2 m., 3 h.

Champagne-Colardeau (La), c. de Passirac, 5 m., 25 h.

Champagne-Mouton, cant., arr. de Confolens, 8 c., 7,246 h.

Champagne-Mouton, c., arr. de Confolens, cant. de Champagne-Mouton, ✝, éc., ⊠ Champagne-Mouton, ☞ F. M., 277 m., 1,307 h.

Champagne-Mouton, v., ch.-l. de la c. et du cant. de Champagne-Mouton, j. d. p., 130 m., 647 h., 23 k. de Confolens, 50 k. d'Angoulême.

Champagnères (Les Basses-), c. des Métairies, 11 m., 44 h.

Champagnères (Les Hautes-), c. des Métairies, 18 m., 79 h.

Champagnol, c. de Chasseneuil, 4 m., 22 h.

Champagnou, c. de Pérignac, 2 m., 15 h.

Champagnoux, c. de Segonzac, 11 m., 46 h.

Champ-à-Grelet (Le Grand-), c. de Salles-de-Barbezieux, 5 m., 14 h.

Champ-à-Grelet (Le Petit-), c. de Salles-de-Barbezieux, 1 m., 2 h.

Champanais (Chez-), c. de Montchaude, 6 m., 24 h.

Champatier (Le Grand-), c. de Palluaud, 10 m., 28 h.

Champatier (Le Petit-), c. de Palluaud, 5 m., 19 h.

Champ-Baillé, c. de St-Fraigne, 1 m., 3 h.

Champblanc, c. de Cherves, 14 m., 63 h.

Champcavreau, c. de Villejésus, 1 m., 2 h.

Champconte, c. d'Angeac-Champagne, 7 m., 18 h.

Champ-d'Asile (Le), c. de St-Hilaire, 1 m., 4 h.

Champ-de-Borgnet (Le), voy. Champ-de-l'Accord.

Champ-de-Caille, c. de Lignères, 2 m., 4 h.

Champ-de-Cartron (Le), c. de Touzac, 1 m., 5 h.

Champ-de-Charles (Le), ou Saint-Michel, c. de Barbezieux, 1 m., 6 h.

Champ-de-Foire (Le), c. d'Ambleville, 2 m., 9 h.

Champ-de-Foire (Le), c. de Deviat, 6 m., 28 h.

Champ-de-Goret, c. de Bric-sous-la-Rochefoucauld, 4 m., 19 h.

Champ-de-Goret, c. de Champniers, 1 m., 4 h.

Champ-de-Grelet, c. d'Angoulême, 2 m., 13 h.

Champ-de-l'Accord (Le), ou Champ-de-Borgnet, c. de Moulidars, 1 m., 2 h.

Champ-de-la-Croix, c. de St-Sulpice-de-Cognac, 1 m., 2 h.

Champ-de-l'Église (Le), c. d'Angeac-Champagne, 1 m., 2 h.

Champ-de-Morlière (Le), c. de Challignac, 1 m., 5 h.

Champ-du-Bois (Le), c. de Baignes-Ste-Radégonde, 1 m., 6 h.

Champ-du-Bois (Le), c. de Chantillac, 1 m., 6 h.

Champelle (La), c. de Bouteville, 1 m., 9 h.

Champéroux, c. de Cherves, 5 m., 11 h.

Champéroux, c. de Juignac, 5 m., 23 h.

Champêtremier, c. de Pillac, 7 m., 31 h.

Champferrand, c. de St-Adjutory, 1 m., 6 h.

Champfleuri, c. de Beaulieu, 1 m., 6 h.

Champfort, c. de St-Vallier, 1 m., 5 h.

Champion, c. de St-Sulpice-de-Cognac, 6 m., 20 h.

Champion (Chez-), c. de Julienne, 5 m., 16 h.

Champlambeau, c. d'Ébréon, 1 m., 16 h.

Champlape, c. de St-Claud, 3 m., 0 h.

Champlaurier, c. de Mouzon, 3 m., 20 h.

Champlaurier, us., c. de Nieuil, 1 m., 9 h.

Champlaurier, us., c. de St-Claud.

Champlong (Le Grand-), c. de Sérignac, 1 m., 4 h.

Champlong (Le Petit-), c. de Sérignac, 1 m., 4 h.

Champloup, c. de St-Maurice, 2 m., 6 h.

Champmillon, c., arr. d'Angoulême, cant. d'Hiersac, éc., ⊠ Hiersac, 136 m., 518 h.

Champmillon, bg., ch.-l., c. de Champmillon, 24 m., 85 h., 4 k. d'Hiersac, 18 k. d'Angoulême.

Champneuf, c. de Rouzède, 9 m., 32 h.

Champniers, c., arr. d'Angoulême, cant. d'Angoulême (2e partie), ✠, éc., ⊠ Angoulême, ☞ F. M., 1,032 m., 3,848 h.

Champniers, bg., ch.-l., c. de Champniers, 57 m., 230 h., 10 k. d'Angoulême.

Champonger, c. de Chassenon, 4 m., 47 h.

Champourri, c. de Jurignac, 3 m., 13 h.

Champoury, c. d'Édon, 11 m., 40 h.

Champoutre, c. de Massignac, 7 m., 39 h.

Champrigaud, c. de Turgon, 1 m., 7 h.

Champrose, c. de St-Laurent-de-Belzagot, 3 m., 20 h.

Champrougier, c. de Magnac-la-Vallette, 2 m., 6 h.

Champs (Les), c. d'Ambernac, 3 m., 20 h.

Champs (Les), c. de Brillac, 12 m., 47 h.

Champs (Les), c. de Garat, 3 m., 18 h.

Champs (Les), c. de Vitrac, 2 m., 17 h.

Champs (Les Grands-), c. de Baignes-Ste-Radégonde, 1 m., 5 h.

Champs (Les Grands-), c. de Brillac, 1 m., 2 h.

Champs (Les Grands-), c. de Criteuil, 2 m., 7 h.

Champs (Les Grands-), c. de St-Aulais-de-la-Chapelle-Conzac, 1 m., 3 h.

Champs (Les Grands-), c. de Touzac, 1 m., 6 h.

Champs (Les Petits-), c. de Rouillac, 10 m., 34 h.

Champs (Les Petits-), c. de St-Cybardeaux, 1 m., 2 h.

Champvallier (Le), c. de St-Médard-de-Barbezieux, 3 m., 11 h.

Chancelier, c. de St-Amant-de-Montmoreau, 2 m., 13 h.

Changeur (Chez-), c. de St-Amant-de-Bonnieure, 4 m., 14 h.

Changeur (Chez-), c. de St-Ciers, 4 m., 15 h.

Chaniane (La), c. de La Chaise, 4 m., 15 h.

Chante (Chez-), c. de Messeux, 10 m., 33 h.

Chante (Chez-), c. de Vieux-Ruffec, 3 m., 11 h.

Chante-Alouette, c. d'Exideuil, 3 m., 10 h.

Chante-Alouette, c. de St-Martin-Château-Bernard, 3 m., 8 h.

Chante-Alouette, c. de Sireuil, 1 m., 5 h.

Chantebuse, c. de Chasseneuil, 2 m., 6 h.

Chante-Caille, c. d'Yvrac-et-Malleyrand, 1 m., 9 h.

Chante-Coucou, c. d'Eymouliers, 1 m. non h.

Chante-Graule, c. d'Exideuil, 2 m., 9 h.

Chante-Graule, c. de Nercillac, 1 m., 5 h.

Chante-Grelet, c. de Benest, 1 m., 7 h.

Chante-Grelet, c. de La Rochefoucauld, 2 m., 7 h.

Chante-Grelet, c. de Verdille, 5 m., 18 h.

Chante-Grive, c. de Roumazières, 3 m., 12 h.

Chante-Lauriou, c. de Magnac-la-Vallette, 1 m., 5 h.

Chanteloube, c. de Fontenille, 1 m., 5 h.

Chanteloube, c. de St-Front, 17 m., 50 h.

Chanteloup, c. de Cherves, 2 m., 5 h.

Chante-Merle, c. de Bazac, 1 m., 4 h.

Chante-Merle, c. de La Couronne, 2 m., 6 h.

Chante-Merle, c. de Marsac, 1 m., 11 h.

Chante-Merle, c. de St-Fraigne, 3 m., 9 h.

Chante-Merle, c. de Taizé-Aizie, 5 m., 28 h.

Chante-Merle, c. de Taponnat-Fleurignac, 1 m., 7 h.

Chante-Oiseaux, c. du Grand-Masdieu, 1 m., 3 h.

Chante-Oiseaux, c. de St-Projet-St-Constant, 1 m., 3 h.

Chante-Perdrix, c. de Poursac, 1 m., 12 h.

Chanteranne, c. de Marcillac-Lanville, 15 m., 41 h.

Chantereine, c. d'Oradour, 1 m., 6 h.

Chantereine (Le Moulin-de-), c. de Bessac, 2 m., 5 h.

Chantillac, c., arr. de Barbezieux, cant. de Baignes, †, éc., ✉ Baignes, 206 m., 775 h.

Chantillac, bg., ch.-l., c. de Chantillac, 2 m., 10 h., 7 k. de Baignes, 20 k. de Barbezieux, 52 k. d'Angoulême.

Chantiris, c. d'Angoulême, 2 m., 6 h.

Chantoiseau, c. de Coulgens, 9 m., 31 h.

Chantoiseaux, c. de St-Michel, 21 m., 100 h.

Chantoiseaux, c. de Trois-Palis, 6 m., 25 h.

Chantoiseaux (L'Usine-de-), c. de St-Michel, 1 m., 12 h.

Chantre (Chez-), c. de Cressac, 5 m., 23 h.

Chantre (Chez-), c. de Porcheresse, 3 m., 11 h.

Chantrezac, c., arr. de Confolens, cant. de St-Claud, †, éc., ✉ St-Claud, 179 m., 770 h.

Chantrezac, bg., ch.-l., c. de Chantrezac, 29 m., 120 h., 9 k. de St-Claud, 13 k. de Confolens, 50 k. d'Angoulême.

Chapard (Le), c. des Essards, 1 m., 19 h.

Chapeau, c. de Laprade, 4 m., 13 h.

Chapeleau (Chez-), c. de St-Coutant, 11 m., 46 h.

Chapelle (La Basse-), c. de Combliers, 2 m., 11 h.

Chapelle (La Haute-), c. de Combliers, 6 m., 22 h.

Chapelier (Chez-), c. de Mouzon, 3 m., 18 h.

Chapelle (Chez-), c. de La Vallette, 4 m., 16 h.

Chapelle (La), c., arr. d'Angoulême, cant. de Saint-Amant-de-Boixe, éc., ✉ Saint-Amant-de-Boixe, 91 m., 363 h.

Chapelle (La), bg., ch.-l., c. de La Chapelle, 68 m., 214 h., 10 k. de Saint-Amant-de-Boixe, 27 k. d'Angoulême.

Chapelle (La), c. de Balzac, 21 m., 85 h.

Chapelle (La), c. de Bioussac, 1 m., 6 h.

Chapelle (La), c. de Cellefrouin, 1 m., 7 h.

Chapelle (La), c. de Champmillon, 1 m., 9 h.

Chapelle (La), c. de Douzac, 1 m., 4 h.

Chapelle (La), c. d'Hiesse, 2 m., 11 h.

Chapelle (La), c. de Loubert, 5 m., 16 h.

Chapelle (La), c. de Montembœuf, 4 m., 27 h.

Chapelle (La), c. de Saint-Amant-de-Montmoreau, 1 m., 6 h.

Chapelle (La), c. de St-Aulais-de-la-Chapelle-Conzac, 34 m., 111 h.

Chapelle (La), c. de St-Claud, 1 m., 7 h.

Chapelle (La), c. de Ste-Colombe, 5 m., 23 h.

Chapelle (La), c. de St-Coutant, 2 m., 11 h.

Chapelle (La), c. de Torsac, 2 m., 18 h.

Chapelle-de-Chez-Manot (La), c. d'Eymoutiers, 4 m., 11 h.

Chapelle-de-Prade (La), c. de La Couronne, 6 m., 42 h.

Chapelle-du-Couret (La), c. de Manot, 7 m., 10 h.

Chapelots (Les), c. de Vindelle, 44 m., 57 h.

Chapier (Le), c. de St-Palais-du-Né, 1 m., 4 h.

Chapiteau (Moulin-), c. de Feuillade, 1 m., 5 h.

Chapitre (Le), c. de Louzac, 6 m., 24 h.

Chapitreau (Chez-), c. de St-Félix, 2 m., 5 h.

Chaplan, c. de Juignac, 3 m., 18 h.

Chapron (Chez-), c. de Mainxe, 4 m., 21 h.

Chapuse (La), c. de Torsac, 9 m., 28 h.

Chaput (Chez-), c. de Brossac, 2 m., 8 h.

Charbonnat (Le), c. de Nonac, 2 m., 7 h.

Charbonnaud, c. de Laprade, 1 m., 7 h.

Charbonneauds (Les), c. de Balzac, 9 m., 44 h.

Charbonnier, c. de Ronsenac, 16 m., 47 h.

Charbonnier (Chez-), c. de Malaville, 7 m., 32 h.

Charbonnier (Le), c. de Mouthiers, 4 m., 17 h.

Charbonnière (La), c. de Champagne, 42 m., 44 h.

Charbonnière (La), c. de Chazelles, 2 m., 9 h.

Charbonnières (Les), c. de Brigueuil, 4 m., 11 h.

Charbonnières (Les), voy. la Grande-Vigerie.

Charbontière, c. de Sers, 16 m., 38 h.

Chardat, c. d'Abzac, 42 m., 108 h.

Chardavoine (Chez-), c. de Montchaude, 8 m., 17 h.

Charde, c. de Guimps, 13 m., 68 h.

Chardeloup, c. de St-Léger, 6 m., 14 h.

Chardes, c. de Baignes-Ste-Radégonde, 43 m., 41 h.

Chardin, c. de St-Estèphe, 28 m., 84 h.

Chardin-Meulière, c. de St-Estèphe, 2 m., 24 h.

Chardonnaud, c. de Chebrac, 9 m., 85 h.

Chardons, c. de Gensac, 41 m., 38 h.

Chardrie (La), c. de Bessac, 3 m., 16 h.

Chardrie (La), c. de St-Aulais-de-la-Chapelle-Conzac, 2 m., 10 h.

Chardoux (Chez-), c. de Taponnat-Fleurignac, 3 m., 18 h.

Chareille (Chez-), c. de Chantillac, 4 m., 4 h.

Charenton, c. de Chasseneuil, 7 m., 24 h.

Charentonie (La), c. de Petit-Lessac, 4 m., 11 h.

Charérat, c. de La Chaise, 6 m., 23 h.

Charérie, c. de Bonnes, 7 m., 30 h.

Charles (Chez-), c. de Passirac, 4 m., 8 h.

Charles (Chez-), c. de St-Laurent-des-Combes, 7 m., 23 h.

Charles (Le), c. de Champniers, 6 m., 23 h.

Charlotterie (La), c. de St-Estèphe, 3 m., 12 h.

Charmant, c., arr. d'Angoulême, cant. de La Vallette, †, éc., ⊠ La Vallette, ☞ F., 172 m., 642 h.

Charmant, bg., ch.-l., c. de Charmant, 16 m., 89 h., 9 k. de La Vallette, 20 k. d'Angoulême.

Charmé, c., arr. de Ruffec, cant. d'Aigre, †, éc., ⊠ Tussou, 297 m., 1,025 h.

Charmé, bg., ch.-l., c. de Charmé, 143 m., 476 h., 12 k. d'Aigre, 11 k. de Ruffec, 40 k. d'Angoulême.

Charpentier (Chez-), c. de Chantillac, 4 m., 4 h.

Charpentier (Chez-), c. de Condéon, 2 m., 8 h.

Charpentraud, c. de Salles-de-Segonzac, 4 m., 5 h.

Charpétie (La), c. de Saint-Maurice, 6 m., 85 h.

Charras, c., arr. d'Angoulême, cant. de Montbron, †, éc., ⊠ Marthon, ☞ F., 497 m., 793 h.

Charras, bg., ch.-l., c. de Charras, 89 m., 184 h., 17 k. de Montbron, 25 k. d'Angoulême.

Charraux (Les), c. de Balzac, 9 m., 85 h.

Charré (Chez-), c. de Baignes-Ste-Radégonde, 44 m., 48 h.

Charrias (Chez-), c. de Baignes-Ste-Radégonde, 4 m., 44 h.

Charrier (Chez-), c. de Châtignac, 4 m., 20 h.

Charrier (Chez-), c. de Lagarde-sur-Né, 7 m., 27 h.

Charrier (Chez-), c. de St-Estèphe, 2 m., 13 h.

Charrier (Chez-), c. de St-Séverin, 16 m., 53 h.

Charrier (Chez-), c. de Vars, 3 m., 3 h.

Charrière (La), c. de Bors-de-Montmoreau, 2 m., 10 h.

Charrière (La), c. de Brettes, 18 m., 40 h.

Charrières (Les), c. de Souvigné, 18 m., 43 h.

Charriers (Chez-), c. de Juillac-le-Coq, 2 m., 44 h.

Charriers (Les), c. de St-Médard-de-Rouillac, 23 m., 75 h.

Charron, c. de Marcillac-Lanville, 1 m., 2 h.

Charron (Chez-), c. de Mainfonds, 7 m., 33 h.

Charron (Chez-), c. de Verrières, 1 m., 14 h.

Charraud, c. de St-Romain, 8 m., 27 h.

Charsay, c. de Puymoyen, 5 m., 8 h.

Charsay, c. de Vœuil-et-Giget, 2 m., 16 h.

Charsie (La), c. de La Vallette, 4 m. 12 h.

Chartiers (Les), c. de Courgeac, 4 m., 18 h.

Chassac (Le Grand-), c. de Verneuil, 4 m., 17 h.

Chassac (Le Petit-), c. de Verneuil, 1 m., 11 h.

Chassagne, c. d'Écuras, 15 m., 58 h.

Chassagne, c. de Villefagnan, 13 m., 40 h.

Chassagne (La), c. de Taponnat-Fleurignac, 20 m., 121 h.

Chassagnes (Les), c. de Cherves-Châtelars, 1 m., 9 h.

Chassaigne, c. de Fouquebrune, 22 m., 85 h.

Chassaigne (La), c. de Nonac, 6 m., 21 h.

Chassarat, c. de Bellon, 3 m., 10 h.

Chassat, c. de Chabanais, 8 m., 51 h.

Chasseing (Le), c. de Saulgond, 3 m., 23 h.

Chassenal, c. d'Ansac, 1 m., 8 h.

Chassenais, ou Chonais, c. de Petit-Lessac, 10 m., 49 h.

Chasseneuil, c., arr. de Confolens, cant. de St-Claud, †, éc., ⊠ Chasseneuil, ☞ F., 530 m., 2,229 h.

Chasseneuil, bg., c. de Chasseneuil, 141 m., 563 h., 8 k. de Saint-Claud, 30 k. de Confolens, 33 k. d'Angoulême.

Chassenon, c., arr. de Confolens, cant. de Chabanais, †, éc., ⊠ Chabanais, 246 m., 1,077 h.

Chassenon, bg., ch.-l., c. de Chassenon, 82 m., 320 h., 4 k. de Chabanais, 22 k. de Confolens, 61 k. d'Angoulême.

Chasserauds (Les), c. de Sireuil, 3 m., 16 h.

Chasseraux (Les), c. de Dignac, 3 m., 17 h.

Chassiecq, c., arr. de Confolens, cant. de Champagne-Mouton, †, éc., ⊠ Champagne-Mouton, 158 m., 650 h.

Chassiecq, bg., ch.-l., c. de Chassiecq, 9 m., 82 h., 5 k. de Champagne-Mouton, 28 k. de Confolens, 43 k. d'Angoulême.

Chassors, c. de Châteauneuf, 13 m., 59 h.

Chassors, c., arr. de Cognac, cant. de Jarnac, †, éc., ⊠ Jarnac, 312 m., 1,097 h.

Chassors, bg., ch.-l., c. de Chassors, 101 m., 298 h., 3 k. de Jarnac, 11 k. de Cognac, 31 k. d'Angoulême.

Chastenet (Le), c. de Rougnac, 13 m., 57 h.

Chat, c. d'Écuras, 1 m., 10 h.

Châtaigner, c. de St-Aulais-de-la-Chapelle-Conzac, 17 m., 44 h.

Châtaigner (Le), c. de Mouthiers, 5 m., 22 h.

Châtaigner (Le), c. de Verteuil, 1 m., 3 h.

Châtaigner (Le), c. de Vilhonneur, 16 m., 92 h.

Châtaigner (Le Gros-), c. de Bioussac, 1 m., 8 h.

Châtaigner (Le Moulin-), c. de Bors-de-Montmoreau, 2 m., 6 h.

Châtaignerale (La), c. de Reignac, 12 m., 49 h.

Châtaignère (La), c. de Bors-de-Montmoreau, 6 m., 23 h.

Châtaignère (La), c. de Juignac, 1 m., 3 h.

Châtaignère (La), c. de Suris, 1 m., 3 h.

Châtaigners (Les), c. de Courgeac, 7 m., 25 h.

Châtain, c. de Massignac, 2 m., 10 h.

Châtain (Le Moulin-de-), c. de La Magdeleine-de-Segonzac, 1 m., 7 h.

Châtain-Besson (Le), c. d'Écuras, 15 m., 63 h.

Châtain-Creuillaud, c. de St-Adjutory, 4 m., non h.

Château (Chez-), c. d'Écuras, 1 m., 1 h.

Château (Le), c. d'Ambleville, 18 m., 85 h.

Château (Le), c. de Bourg-Charente, 3 m., 8 h.

Château (Le), c. de Chasseneuil, 1 m., 14 h.

Château (Le), c. de Dirac, 4 m., 11 h.

Château (Le), c. de Guimps, 2 m., 10 h.

Château (Le), c. de Lignères, 1 m., 6 h.

Château (Le), c. de Mazières, 3 m., 15 h.

Château (Le), c. de Montrollet, 1 m., 7 h.

Château (Le), c. de Rancogne, 1 m., 8 h.

Château (Le), c. de Sireuil, 5 m., 48 h.

Château (Le), c. de Touvérac, 3 m., 17 h.

Château (Moulin-du-), c. de St-Mary, 1 m., 6 h.

Château-Bernard, c. de St-Martin-Château-Bernard, 89 m., 308 h.

Château-Brûlé, c. de Louzac, 1 m., 2 h.

Château-de-Richemont (Le), voy. Le Séminaire.

Château-Gaillard, c. de Dignac, 2 m., 9 h.

Châteauguyon, c. d'Esse, 3 m., 21 h.

Châteauneuf, cant., arr. de Cognac, 18 c., 11,611 h.

Châteauneuf, c., arr. de Cognac, cant. de Châteauneuf, ✝, éc., ⊠ Châteauneuf, ☞ F. M., 731 m., 3,034 h.

Châteauneuf, v., ch.-l. de la c. et du cant. de Châteauneuf, j. d. p., temp., prot., 500 m., 2,160 h., 25 k. de Cognac, 20 k. d'Angoulême.

Château-Plat, c. de Manot, 1 m., 7 h.

Château-Plat, c. de Roumazières, 2 m., 7 h.

Château-Plat, c. de St-Christophe-de-Confolens, 1 m., 4 h.

Châteaurenaud, c. de Fontenille, 27 m., 95 h.

Châteaurenaud (Moulin-de-), c. de Fontenille, 1 m., 12 h.

Châteaurey, c. d'Orival, 3 m., 9 h.

Château-Vert, c. de Bors-de-Baignes, 1 m., 4 h.

Château-Vert, c. de Poursac, 2 m., 6 h.

Châteauyon, c. de Bazac, 1 m., 6 h.

Châtelard, c. de Claix, 6 m., 21 h.

Châtelard, c. de Puyréaux, 21 m., 82 h.

Châtelard, c. de St-Front, 2 m., 16 h.

Châtelard (Le), c. de Dirac, 2 m., 8 h.

Châtelard (Le), c. de Passirac, 2 m., 9 h.

Châtelard (Moulin-du-), c. de Puyréaux, 1 m., 7 h.

Châtelars (Le), c. de Cherves-Châtelars, 12 m., 58 h.

Châtelars (Le Logis-du-), c. de Cherves-Châtelars, 1 m., 8 h.

Châtelars (Les), c. de Vouzan, 8 m., 81 h.

Châtelet (Chez-), c. de Verrières, 2 m., 8 h.

Châtelliers (Les), c. des Adjots, 18 m., 62 h.

Châtelliers (Les), c. de Roullet, 12 m., 51 h.

Châtelliers (Les), c. de St-Fraigne, 6 m., 14 h.

Châtellut (Le), c. de Juillé, 6 m., 23 h.

Châtellut (Moulin-du-), c. de Ligné, 1 m., 4 h.

Châtenay, c. de St-Martin-Château-Bernard, 1 m., 8 h.

Châtenet, c. de Condéon, 14 m., 35 h.

Châtenet (Chez-), c. de Chadurie, 2 m., 6 h.

Châtenet (Le), c. de Brigueuil, 6 m., 22 h.

Châtenet (Le), c. de Montbron, 6 m., 15 h.

Châtenet (Le), c. de Parzac, 17 m., 61 h.

Châtenet (Le), c. de St-Amant-de-Bonnieure, 3 m., 15 h.

Châtermat, c. de St-Cybard-le-Peyrat, 1 m., 8 h.

Chat-Gras, c. de Javrezac, 6 m., 18 h.

Châtignac, c. de Pérignac, 8 m., 28 h.

Châtignac, bg., ch.-l., c. de Châtignac-et-St-Cyprien, 22 m., 89 h., 4 k. de Brossac, 20 k. de Barbezieux, 39 k. d'Angoulême.

Châtignac-et-St-Cyprien, c., arr. de Barbezieux, cant. de Brossac, ✝, éc., ⊠ Brossac, ☞ F., 113 m., 490 h.

Chatille (La), c. d'Oradour-Fanais, 1 m., 7 h.

Chatouflac, c. de Mérignac, 18 m., 74 h.

Chat-Pendu, c. de Barbezieux, 3 m., 13 h.

Châtre, c. de St-Brice, 2 m., 8 h.

Châtre (La), c. d'Alloue, 11 m., 52 h.

Châtre (La), c. d'Oradour-Fanais, 3 m., 22 h.

Châtres (Les), c. de Lézignac-Durand, 18 m., 63 h.

Chaudelerie (La), c. de St-Amant-de-Bonnieure, 4 m., 16 h.

Chaudelerie (La Métairie-de-la-), c. de St-Amant-de-Bonnieure, 1 m., 7 h.

Chaudeloup, c. de Ronsenac, 1 m., 3 h.

Chaudière (La), c. d'Ansac, 1 m., 4 h.

Chaudrolle, c. de St-Sulpice-de-Cognac, 38 m., 121 h.

Chaudrolle (La), c. de Cognac, 2 m., 6 h.

Chaudron (Chez-), c. de Pérignac, 2 m., 10 h.

Chaufetrie, c. de Soyaux, 7 m., 30 h.

Chauffie (La), c. de Pressignac, 3 m., 25 h.

Chauffie (Moulin-de-la-), c. de Pressignac, 1 m., 5 h.

Chaufourgue, c. de Rivières, 14 m., 53 h.

Chauffourt, c. de Taizé-Aizie, 19 m., 81 h.

Chaumat, c. d'Alloue, 9 m., 45 h.

Chaume (La), c. de Chassiecq, 1 m., 5 h.

Chaume (La), c. de Dignac, 10 m., 47 h.

Chaume (La), c. d'Hiesse, 2 m., 14 h.

Chaume (La), c. de Roullet, 1 m., 6 h.

Chaume (La), c. de St-Cybard-le-Peyrat, 1 m., 7 h.

Chaume (La), c. de St-Estèphe, 1 m., 7 h.

Chaume (La), c. de St-Germain, 1 m., 16 h.

Chaume (La), moulin, c. de St-Germain, 5 m., 16 h.

Chaume (La), c. de St-Laurent, 1 m., 6 h.

Chaume (La), c. de St-Laurent-de-Céris, 4 m., 19 h.

Chaume (La), c. de Torsac, 3 m., 8 h.

Chaume (La), c. de Vieux-Ruffec, 1 m., 9 h.

Chaume (La Grande-), c. d'Aizecq, 4 m., 18 h.

Chaume (La Grande-), c. de Montboyer, 3 m., 14 h.

Chaume (La Petite-), c. de Montboyer, 2 m., 40 h.

Chaume (Le), c. d'Abzac, 6 m., 24 h.

Chaume-à-Bergeon (La), c. de St-Palais-du-Né, 4 m., 3 h.

Chaumeau (Le), c. de Londigny, 6 m., 18 h.

Chaume-Blanche (La), c. de Benest, 2 m., 6 h.

Chaumelles (Les), c. de Taponnat-Fleurignac, 8 m., 40 h.

Chaumes (Les), c. d'Angoulême, 2 m., 40 h.

Chaumes (Les), c. de Dirac, 4 m., 13 h.

Chaumes (Les), c. de Fouquebrune, 2 m., 8 h.

Chaumes (Les), c. de Garat, 2 m., 5 h.

Chaumes (Les), c. de Juillaguet, 4 m., 4 h.

Chaumes (Les), c. de La Couronne, 3 m., 13 h.

Chaumes (Les), c. de Montembœuf, 2 m., 8 h.

Chaumes (Les), c. de Mouthiers, 4 m., 6 h.

Chaumes (Les), c. de Nieuil, 12 m., 46 h.

Chaumes (Les), c. de Réparsac, 4 m., 4 h.

Chaumes (Les), c. de St-Saturnin, 4 m., 18 h.

Chaumes (Les), c. de St-Sornin, 20 m., 95 h.

Chaumes (Les), c. de Suris, 4 m., 6 h.

Chaumes (Les Petites-), c. de Salles-la-Vallette, 4 m., 4 h.

Chaumes-Basses (Les), c. de Salles-la-Vallette, 4 m., 4 h.

Chaumes-de-Grapillet (Les), c. de Soyaux, 4 m., 4 h.

Chaumes-Hautes (Les), c. de Salles-la-Vallette, 4 m., 8 h.

Chaumes-Hautes (Les), voy. La Cure.

Chaumettes (Les), c. de Courgeac, 2 m., 8 h.

Chaumont, c. d'Abzac, 4 m., 20 h.

Chaumont, c. de Salles-de-Villefagnan, 4 m., 48 h.

Chaumontet, c. de L'Isle-d'Espagnac, 40 m., 447 h.

Chaurie, c. de Bors-de-Montmoreau, 2 m., 40 h.

Chaurie, c. de Pillac, 3 m., 40 h.

Chaussade (La), c. de Blanzaguet, 9 m., 89 h.

Chaussade (La), c. d'Edon, 4 m., 9 h.

Chaussade (La Petite-), c. d'Edon, 4 m., 2 h.

Chaussades (Les), c. de Reignac, 3 m., 44 h.

Chaussades (Les), c. du Tâtre, 19 m., 72 h.

Chaussat (Chez-), c. de St-Laurent, 40 m., 32 h.

Chaussebry, c. d'Asnières, 4 m., 9 h.

Chaussée (La), c. de Villegats, 4 m., 5 h.

Chaussée (La), c. de Villejésus, 46 m., 46 h.

Chaussepanier, c. de Vitrac, 2 m., 9 h.

Chausset, c. de St-Sulpice-de-Cognac, 28 m., 88 h.

Chauvaux (Chez-), c. de Châtignac, 6 m., 22 h.

Chauvaux (Les), c. de Champniers, 18 m., 67 h.

Chauveau (Chez-), c. de Berneuil, 5 m., 45 h.

Chauverie (La), c. de Ronsenac, 2 m., 6 h.

Chauvet (Chez-), c. de St-Cybard, 4 m., 2 h.

Chauveterie (La), c. de Mouthiers, 2 m., 6 h.

Chauvette (La), c. de St-Quentin, cant. de Chabanais, 24 m., 66 h.

Chauvière (Chez-), c. d'Ars, 6 m., 26 h.

Chauvin, c. de Nabinaud, 4 m., 5 h.

Chauvin (Chez-), c. de Bessac, 4 m., 2 h.

Chauvin (Chez-), c. de Touzac, 44 m., 29 h.

Chauvin (Chez-), c. de Salles-la-Vallette, 6 m., 23 h.

Chauvins (Les), c. de Salles-de-Barbezieux, 6 m., 48 h.

Chaux, c. de Brie-sous-Chalais, 3 m., 9 h.

Chauzet, c. d'Oriolles, 4 m., 20 h.

Chavagnac, c. de Cellefrouin, 87 m., 328 h.

Chavagnac (Moulin-de-), c. de Cellefrouin, 4 m., 8 h.

Chavenac, c., arr. d'Angoulême, cant. de La Vallette, †, éc., ⊠ La Vallette, 400 m., 389 h.

Chavenac, bg., ch.-l., c. de Chavenac, 2 m., 40 h., 40 k. de La Vallette, 23 k. d'Angoulême.

Chavenac, c. de Salles-la-Vallette, 5 m., 26 h.

Chavenat, c. de St-Severin, 4 m., 7 h.

Chavrillaud, c. de Villejésus, 4 m., 9 h.

Chavurier (Chez-), c. de Passirac, 2 m., 46 h.

Chazaud (Le), c. de Bouex, 6 m., 48 h.

Chazeau (Le), c. de Berneuil, 7 m., 20 h.

Chazelles, c., arr. d'Angoulême, cant. de La Rochefoucauld, †, éc., ⊠ La Rochefoucauld, ☞ F. M., 285 m., 1,464 h.

Chazelles, bg., ch.-l., c. de Chazelles, 26 m., 447 h., 42 k. de La Rochefoucauld, 49 k. d'Angoulême.

Chazotte, c. de Cherves, 4 m., 8 h.

Chebaudie (La Grande-), c. de Palluaud, 7 m., 25 h.

Chebaudie (La Petite-), c. de Palluaud, 2 m., 5 h.

Chebaudies (Les), c. de St-Amant-de-Montmoreau, 1 m.; 3 h.

Chebecier, c. de Taizé-Aizie, 1 m., 7 h.

Chebertié (La), c. d'Ansac, 2 m., 18 h.

Chebrac, c., arr. d'Angoulême, cant. de St-Amant-de-Boixe, éc., ⊠ St-Amant-de-Boixe, 38 m., 141 h.

Chebrac, bg., ch.-l., c. de Chebrac, 10 m., 37 h., 4 k. de St-Amant-de-Boixe, 16 k. d'Angoulême.

Chebrac, c. de St-Amant-de-Graves, 7 m., 30 h.

Chebras (Chez-), c. de Moutardon, 2 m., 11 h.

Chebrot (Chez-), c. d'Alloue, 1 m., 5 h.

Checot (Chez-), c. d'Aunac, 12 m., 42 h.

Chedeville, c. de Salles-de-Segonzac, 30 m., 134 h.

Chément, c. de Garat, 5 m., 28 h.

Chemeraud (Chez-), c. de Pougné, 2 m., 6 h.

Chemereau (Chez-), c. de Nanteuil, 10 m., 41 h.

Chemin (Chez-), c. de Sérignac, 4 m., 4 h.

Chemin (Le Grand-), c. de l'Isle-d'Espagnac, 27 m., 104 h.

Cheminade, c. de St-Maurice, 1 m., 5 h.

Cheminade (Chez-), c. de Pérignac, 1 m., 5 h.

Chemin-Vieux, c. de Brie-sous-la-Rochefoucauld, 2 m., 7 h.

Chenard, c. de St-Sulpice-de-Cognac, 8 m., 25 h.

Chenausses (Les), c. de St-Genis-d'Hiersac, 9 m., 42 h.

Chénaud, c. de Garat, 1 m., 9 h.

Chénaud, c. de Mouthiers, 5 m., 41 h.

Chenaud (La), c. de Chabrac, 1 m., 9 h.

Chêne (Le), c. d'Ansac, 1 m., 9 h.

Chêne (Le), c. de Barbezières, 26 m., 78 h.

Chêne (Le), c. de Payzay-Naudouin, 2 m. non h.

Chêne (Le), c. de Touzac, 1 m., 7 h.

Chêneaux (Les), c. de Juillac-le-Coq, 1 m., 8 h.

Chêne-Court, c. de Verrières, 4 m., 26 h.

Chêne-Ecota (Le), c. de Loubert, 4 m., 15 h.

Chênel (Le Château-), c. de Cherves, 1 m., 15 h.

Chêne-Rond (Le), c. de St-Cybard, 1 m., 1 h.

Chênes (Les), c. de Fontclaireau, 6 m., 19 h.

Chêne-Seul (Le), c. de Salles-la-Vallette, 1 m., 8 h.

Chênet (Le), c. de St-Ciers, 53 m., 213 h.

Cheneuzac, c. de Linars, 15 m., 47 h.

Chêne-Vert, c. de Taizé-Aizie, 3 m., 41 h.

Chêne-Vert (Le), c. d'Exideuil, 4 m., 18 h.

Chêne-Vert (Le), c. de Fontenille, 1 m., 3 h.

Chêne-Vert (Le), c. de Vieux-Cérier, 1 m., 5 h.

Chêne-Vert (Le), voy. Ricasse.

Chenevière, c. de Juignac, 1 m., 5 h.

Chenevière, c. de Salles-la-Vallette, 2 m., 13 h.

Chênies (Les), c. de Roumazières, 4 m., 18 h.

Chênies (Le Moulin-des-), c. de Roumazières, 1 m., 10 h.

Chenommet, c., arr. de Ruffec, cant. de Mansle, éc., ⊠ Mansle, 98 m., 502 h.

Chenommet, bg., ch.-l., c. de Chenommet, 15 m., 64 h., 10 k. de Mansle, 17 k. de Ruffec, 37 k. d'Angoulême.

Chenon, c., arr. de Ruffec, cant. de Mansle, †, éc., ⊠ Mansle, 123 m., 505 h.

Chenon, bg., ch.-l., c. de Chenon, 95 m., 374 h., 11 k. de Mansle, 12 k. de Ruffec, 38 k. d'Angoulême.

Chenons (Les), c. de St-Sulpice, 7 m., 30 h.

Chérat (Chez-), c. de Ladiville, 6 m., 25 h.

Cherchonnie (La), c. d'Ambernac, 2 m., 10 h.

Chéronnies (Les Grandes-), c. d'Ambernac, 13 m., 53 h.

Chéronnies (Les Petites-), c. d'Ambernac, 2 m., 11 h.

Cherves, c., arr. et cant. de Cognac, †, éc., ⊠ Cognac, ☞ F., 547 m., 1,924 h.

Cherves, bg., ch.-l., c. de Cherves, 26 m., 102 h., 6 k. de Cognac, 48 k. d'Angoulême.

Cherves, bg., ch.-l., c. de Cherves-Châtelars, 9 m., 15 h., 4 k. de Montembœuf, 28 k. de Confolens, 42 k. d'Angoulême.

Cherves (Chez-), c. de Celletrouin, 12 m., 46 h.

Cherves (Le Grand-), c. de Jauldes, 29 m., 109 h.

Cherves (Le Petit-), c. de Jauldes, 16 m., 55 h.

Cherves-Châtelars, c., arr. de Confolens, cant. de Montembœuf, †, éc., ⊠ Montembœuf, 359 m., 1,596 h.

Chétardie (La), c. d'Exideuil, 3 m., 31 h.

Chéty (Chez-), c. de St-Médard-de-Barbezieux, 10 m., 41 h.

Chevalérias, c. de Mainzac, 4 m., 25 h.

Chevalerie (La), c. de Cherves-Châtelars, 37 m., 137 h.

Chevalerie (La), c. de Magnac-la-Vallette, 6 m., 16 h.

Chevalerie (La), c. de St-Amant-de-Nouère, 12 m., 41 h.

Chevalerie (La), c. de St-Cybardeaux, 3 m., 14 h.

Chevaleries (Les), c. de Mazerolles, 8 m., 29 h.

Chevalier, c. de St-Quentin-de-Chalais, 21 m., 77 h.

Chevaliers (Les), c. de Montchaude, 16 m., 42 h.

Chevalleraux (Les), c. de Bourg-Charente, 8 m., 24 h.

Chevalon (Chez-), c. de Vieux-Ruffec, 3 m., 24 h.

Chevanon, c. de Linars, 1 m., 2 h.

Chevillac (Chez-), c. d'Oradour-Fanais, 1 m., 6 h.

Cheville, c. de Bassac, 54 m., 184 h.

Cheville, c. de Chantillac, 14 m., 57 h.

Cheville, c. de Sireuil, 6 m., 23 h.

Chevilloux (Les), c. d'Agris, 7 m., 23 h.

Chevreau (Chez-), c. de Bessac, 3 m., 11 h.

Chèvre-Noire (La), c. de Javrezac, 3 m., 6 h.

Chevrerie (La), c., arr. de Ruffec, cant. de Villefagnan, ⊠ Villefagnan, 102 m., 347 h.

Chevrerie (La), bg., ch.-l., c. de La Chevrerie, 42 m., 144 h., 5 k. de Villefagnan, 6 k. de Ruffec, 48 k. d'Angoulême.

Chevreuil (Chez-), c. de Laprade, 2 m., 7 h.

Chevrier (Chez-), c. d'Exideuil, 17 m., 72 h.

Chevrier (Le), c. de Bessac, 4 m., 19 h.

Chevrière (La), c. de Bors-de-Baignes, 4 m., 21 h.

Chevriers (Les), c. d'Alloue, 3 m., 11 h.

Chiaize (La), c. de Champagne-Mouton, 8 m., 34 h.

Chicaud (Chez-), c. de St-Amant-de-Montmoreau, 1 m., 4 h.

Chichiat, c. de Mazières, 23 m., 80 h.

Chignolle (La), c. de Champniers, 44 m., 483 h.

Chillac, c., arr. de Barbezieux, cant. de Brossac, éc., ⊠ Brossac, 154 m., 561 h.

Chillac, bg., ch.-l., c. de Chillac, 15 m., 74 h., 6 k. de Brossac, 15 k. de Barbezieux, 40 k. d'Angoulême.

Chillaud, c. de Guimps, 3 m., 13 h.

Chillaud (Le Moulin-), c. de Guimps, 3 m., 16 h.

Chillé, c. d'Oradour, 105 m., 340 h.

Chillibert (Chez-), c. d'Ambleville, 9 m., 35 h.

Chillioc, c. de St-Preuil, 1 m., 5 h.

Chillocq, c. de Nanteuil, 10 m., 26 h.

Chillous (Les), c. de Verrières, 1 m., 6 h.

Chillot (Le), c. de St-Aulais-de-la-Chapelle-Conzac, 3 m., 15 h.

Chimbaud, c. de Dignac, 1 m., 6 h.

Cinq-Sous (Chez-), c. de Sers, 1 m., 4 h.

Cipière (La), c. de Ventouse, 4 m., 25 h.

Cipière (Moulin-de-la-), c. de Ventouse, 1 m., 3 h.

Chirac, c., arr. de Confolens, cant. de Chabanais, †, éc., ⊠ Chabanais, 286 m., 1,394 h.

Chirac, bg., ch.-l., c. de Chirac, 55 m., 291 h., 7 k. de Chabanais, 11 k. de Confolens, 64 k. d'Angoulême.

Chiron (Chez-), c. de Berneuil, 2 m., 9 h.

Chiron (Chez-), c. de Brie-sous-Chalais, 6 m., 39 h.

Chiron (Chez-), c. d'Étriac, 12 m., 38 h.

Chiron (Chez-), c. de Ste-Souline, 2 m., 8 h.

Chiron (Chez-), c. de Valence, 1 m., 10 h.

Chiron (Le), c. de Brillac, 1 m., 7 h.

Chiron (Le), c. de Chadurie, 3 m., 6 h.

Chiron (Le), c. d'Esse, 2 m., 11 h.

Chiron (Le), c. de Petit-Lessac, 1 m., 7 h.

Chiron (Le), c. de St-Fort, 2 m., 10 h.

Chiron (Le), c. de St-Maurice, 1 m., 6 h.

Chiron (Le), c. de Salles-de-Segonzac, 16 m., 63 h.

Chiron (Moulin-du-), c. de Salles-de-Segonzac, 1 m., 3 h.

Chironnerie (La), c. de Richemont, 2 m., 7 h.

Chirons (Les), c. de Brie-sous-la-Rochefoucauld, 9 m., 37 h.

Chirons (Les Grands-), c. de Chillac, 3 m., 13 h.

Chirons (Les Petits-), c. de Chillac, 4 m., 18 h.

Chise (La), c. de Nanteuil, 5 m., 17 h.

Chise (La), c. de St-Amant-de-Nouère, 29 m., 111 h.

Chizé, c. d'Orival, 2 m., 15 h.

Chizé (Chez-), c. des Gours, 13 m., 46 h.

Chize (La), c. de Bessé, 3 m., 10 h.

Cholet (Chez-), c. de Combiers, 1 m., 17 h.

Chollet, c. de Villejésus, 15 m., 46 h.

Chômeau, c. d'Auge, 1 m., 3 h.

Chômeau, c. de Bonneville, 5 m., 20 h.

Chonais; voy. Chassenals.

Chotard (Chez-), c. de Jurignac, 27 m., 100 h.

Chouzier, c. de Blanzaguet, 5 m., 19 h.

Christophe (St-), c., arr. de Barbezieux, cant. de Chalais, ⊠ Chalais, ⚭ F., 141 m., 507 h.

Christophe (St-), bg., ch.-l., c. de St-Christophe-de-Chalais, 36 m., 125 h., 1 k. de Chalais, 30 k. de Barbezieux, 48 k. d'Angoulême.

Christophe (St-), c., arr. de Confolens, cant. de Confolens (Sud), †, éc., ⊠ Confolens, 280 m., 1,150 h.

Christophe (St-), bg., ch.-l., c. de St-Christophe, 44 m., 159 h., 15 k. de Confolens, 76 k. d'Angoulême.

Churet, c. d'Anais, 32 m., 132 h., ⚒.

Cibardin (Chez-), c. de Torsac, 1 m., 5 h.

Cibelle, c. de Genté, 3 m., 10 h.

Cicaudière (La), c. de Reignac, 4 m., 14 h.

Cielle (La), c. de Nonac, 6 m., 26 h.

Clers (St-), c., arrondissement de Ruffec, cant. de Mansle, éc., ⊠ Mansle, 457 m., 701 h.

Clers (St-), bg., ch.-l., c. de St-Clers, 27 m., 139 h., 6 k. de Mansle, 23 k. de Ruffec, 84 k. d'Angoulême.

Cigogne (Moulin-de-la-), c. de Barbezieux, 1 m., 2 h.

Cimetière (Le), c. d'Alzecq, 4 m., 18 h.

Citerne (La), c. de Mons, 9 m., 62 h.

Clairac, c. de St-Romain, 3 m., 17 h.

Clairons (Les), c. de Barbezieux, 6 m., 34 h.

Clairvent, c. de Passirac, 1 m., 5 h.

Claix, c., arr. d'Angoulême, cant. de Blanzac, éc., ⊠ Blanzac, 143 m., 509 h.

Claix, bg., ch.-l., c. de Claix, 11 m., 39 h., 9 k. de Blanzac, 17 k. d'Angoulême.

Clangaline, c. de St-Claud, 1 m., 2 h.

Clanjeau, c. de Nabinaud, 10 m., 40 h.

Clareuil, c. de Sauvagnac, 6 m., 33 h.

Clartie (La), c. de Bonnes, 5 m., 15 h.

Claud (St-), cant., arr. de Confolens, 15 c., 14,963 h.

Claud (St-), c., arr. de Confolens, cant. de St-Claud, †, éc., ⊠ St-Claud, ⚒ F. M., 455 m., 2,041 h.

Claud (St-), bg., ch.-l., c. de St-Claud, j. d. p., 133 m., 648 h., 22 k. de Confolens, 41 k. d'Angoulême, ⚒.

Claud (Chemin-de-St-), c. de St-Coutant, 4 m., 49 h.

Claud (Le), c. de Vignolles, 5 m., 17 h.

Claude-Mathias, c. de Feuillade, 2 m., 11 h.

Claudure, c. de Juignac, 3 m., 17 h.

Clausuraud, c. de Palluaud, 2 m., 14 h.

Clavachon, c. de Champagne-Mouton, 8 m., 15 h.

Claveaux (Les), c. de Moulidars, 3 m., 17 h.

Clavière (La), c. d'Anais, 9 m., 45 h.

Clédoux (Le), c. de Rougnac, 45 m., 173 h.

Clef-d'Or (La), c. de Dignac, 12 m., 68 h.

Clémenceaux (Les), c. de La Couronne, 1 m., 8 h.

Clérac, c. d'Angoulême, 1 m., 4 h.

Clérade (La), c. de Pérignac, 9 m., 34 h.

Clergeaud (Chez-), c. de Montfron, 11 m., 38 h.

Clergou, c. de Puymoyen, 1 m., 8 h.

Clérignac, c. de Roullet, 5 m., 28 h.

Clermont, c. d'Ambernac, 45 m., 60 h.

Clermont, c. de St-Coutant, 2 m., 13 h.

Clide (La), c. de Massignac, 1 m., 5 h.

Clie (La), c. de Baignes-Ste-Radégonde, 1 m., 1 h.

Clinet (Chez-), c. de Chantillac, 1 m., 5 h.

Clion (Chez-), c. de Reignac, 2 m., 6 h.

Clodureau (Chez-), c. de Messeux, 8 m., 38 h.

Clonneries (Les), c. de Baignes-Ste-Radégonde, 24 m., 88 h.

Clopinerie (La), c. de Vignolles, 5 m., 42 h.

Clopte (La), c. de Bors-de-Montmoreau, 3 m., 18 h.

Clos (Chez-), c. de Brossac, 7 m., 4 h.

Clos (Le), c. des Adjots, 1 m., 6 h.

Clos (Le), c. de Ladiville, 17 m., 58 h.

Clos (Les), c. de Touzac, 2 m., 9 h.

Clos-de-Rateau (Le), voy. Le Beau, c. de La Péruze, 1 m., 10 h.

Clos-Neuf (Le), c. de Montbron, 1 m., 5 h.

Clos-Neuf (Le), c. de Rougnac, 1 m., 14 h.

Clotte (Chez-), c. de Boisbreteau, 1 m., 7 h.

Cloulas, c. de Dignac, 17 m., 45 h.

Cloulas, c. de Taponnat-Fleurignac, 3 m., 23 h.

Clous (Les), c. d'Abzac, 1 m., 8 h.

Cloux (Les), c. de Champniers, 42 m., 166 h.

Cluzeau, c. de Chantrezac, 10 m., 45 h.

Cluzeau (Le), c. de Blanzac, 4 m., 17 h.

Cluzeau (Le), c. de Chassiecq, 1 m., 9 h.

Cluzeau (Le), c. de Combiers, 1 m., 8 h.

Cluzeau (Le), c. de Houlette, 65 m., 265 h.

Cluzeau (Le), c. de Marthon, 2 m., 10 h.

Cluzeau (Le), c. de Massignac, 17 m., 70 h.

Cluzeau (Le), c. de Moulidars, 30 m., 99 h.

Cluzeau (Le), c. de Nieuil, 22 m., 59 h.

Cluzeau (Le), c. de Plassac-Rouffiac, 13 m., 50 h.

Cluzeau (Le), c. de Ste-Colombe, 14 m., 51 h.

Cluzeau (Le), c. de St-Front, 5 m., 17 h.

Cluzeau (Le), c. de St-Maurice, 3 m., 29 h.

Cluzeau (Le), c. de St-Romain, 3 m., 39 h.

Cluzeau (Le), c. de Vindelle, 15 m., 38 h.

Cluzeau (Moulin-du-), c. de St-Amant-de-Bonnieure, 1 m., 4 h.

Cocu (Chez-), c. de La Chaise, 1 m., 4 h.

Cocu (Chez-), voy. Les Étiennes, c. de St-Angeau.
Cocu (Chez-), c. de Villars, 1 m., 4 h.
Cocuaud, c. de St-André, 7 m., 22 h.
Cocuaud, c. de St-Sulpice-de-Cognac, 4 m., 12 h.
Cochet (Chez-), c. de St-Bonnet, 1 m., 4 h.
Coësy (Chez-), c. de St-Amant-de-Montmoreau, 1 m., 6 h.
Coffres (Les), c. de Plassac-Roufflac, 15 m., 71 h.
Cognac, arr., 4 cant., 68 c., 60,104 h.
Cognac, cant., arr. de Cognac, 18 c., 20,228 h.
Cognac, c., arr. de Cognac, cant. de Cognac, ✝, éc., ⊠ Cognac, ⚓ F. M., 1,748 m., 7,085 h.
Cognac, v., ch.-l. de la c., du cant. et de l'arr. de Cognac, sous-préfecture, tribunal civil, tribunal de commerce, j. d. p., temp. prot., hospice, 1,736 m., 7,015 h., 42 k. d'Angoulème, ⚓.
Cognac (Chez-), c. de St-Fort, 1 m., 2 h.
Cognet (Chez-), c. de St-Gourson, 16 m., 60 h.
Cogulet, c. de Vitrac, 2 m., 20 h.
Coiffard (Chez-), c. de Curac, 9 m., 35 h.
Coiffard (Chez-), c. d'Oriolles, 4 m., 8 h.
Coindrie (La), c. de Messeux, 9 m., 38 h.
Coirards (Les), c. de Fontclaireau, 17 m., 62 h.
Colas, us., c. de La Couronne, 3 m., 10 h.
Colas-Berthon, c. d'Yviers, 8 m., 31 h.
Colas-le-Gay (Chez-), c. de Reignac, 1 m., 4 h.
Coldebouyé (La), c. d'Exideuil, 29 m., 106 h.
Colette (Chez-), c. de Salles-la-Vallette, 17 m., 35 h.
Colinmasson, c. de Condéon, 1 m., 3 h.
Collet (Chez-), c. de Segonzac, 7 m., 28 h.
Collin (Chez-), c. d'Ars, 3 m., 19 h.
Collinaux (Les), c. de Lignères, 1 m., 6 h.
Collinaux (Le Moulin-des-), c. de Lignères, 2 m., 7 h.
Collinets (Les), c. de Sireuil, 5 m., 20 h.
Colly (Chez-), c. de Dirac, 3 m., 3 h.
Colombe (Ste-), c., arr. de Ruffec, cant. de Mansle, éc., ⊠ Cellefrouin, 131 m., 485 h.
Colombe (Ste-), bg., ch.-l., c. de Ste-Colombe, 36 m., 121 h., 13 k. de Mansle, 28 k. de Ruffec, 27 k. d'Angoulème.
Colombier, c. d'Éraville, 1 m., 9 h.
Colombier, c. de St-Severin, 14 m., 39 h.
Colombier (Chez-), c. de La Vallette, 7 m., 25 h.
Colombier (Le), c. de St-Christophe-de-Chalais, 5 m., 16 h.

Combarlie (La), c. de Saulgond, 7 m., 28 h.
Combarlie (Le Moulin-de-la-), c. de Saulgond, 1 m., 5 h.
Combe (La), c. d'Aigre, 1 m., 8 h.
Combe (La), c. de Bric-sous-la-Rochefoucauld, 3 m., 16 h.
Combe (La), c. de Chassiecq, 2 m., 10 h.
Combe (La), c. de Chazelles, 15 m., 48 h.
Combe (La), c. de Cherves, 14 m., 52 h.
Combe (La), c. de Mainzac, 4 m., 17 h.
Combe (La), c. de Marcillac-Lanville, 3 m., 2 h.
Combe (La), c. de Moutardon, 3 m., 20 h.
Combe (La), c. de Parzac, 11 m., 58 h.
Combe (La), c. de Roufflac-de-St-Martial-la-Menècle, 2 m., 13 h.
Combe (La), c. de St-Claud, 7 m., 35 h.
Combe (La), c. de St-Quentin-de-Chalais, 1 m., 3 h.
Combe (La), c. de St-Yrieix, 2 m., 9 h.
Combe (La), c. de Soyaux, 5 m., 14 h.
Combe (La), c. de Torsac, 1 m., 5 h.
Combe (La), c. de Verrières, 3 m., 9 h.
Combe-à-Babilier (La), c. d'Angoulème, 7 m., 32 h.
Combe-à-Boux (La), c. de Jauldes, 3 m., 8 h.
Combe-au-Loup, c. de Salles-la-Vallette, 1 m., 3 h.
Combeaux (Les), c. de Courcôme, 8 m., 29 h.
Combeaux (Les), c. de Grassac, 1 m., 4 h.
Combe-aux-Rats (La), c. de Brigueuil, 1 m., 4 h.
Combe-aux-Rois (La), c. de Mouthiers, 6 m., 21 h.
Combe-à-Veillon (La), c. de Barbezieux, 1 m. non h.
Combe-de-Loup, c. de Dirac, 2 m., 14 h.
Combe-de-Loup (Moulin-de-), c. de Dirac, 1 m., 5 h.
Combe-des-Dames (La), c. de St-Martin-Château-Bernard, 9 m., 36 h.
Combe-du-Roy (La), c. de Touzac, 1 m., 4 h.
Combe-Folle, c. de Marsac, 9 m., 28 h.
Combeloube (La), c. de St-Gourson, 3 m., 8 h.
Combe-Merle, ou Chez-Tibi, c. de Ronsenac, 1 m., 6 h.
Combe-Neuve, c. de La Tâche, 1 m., 9 h.
Combe-Reine, c. de Segonzac, 1 m., 6 h.
Combes, c. de Juignac, 5 m., 8 h.
Combes (Les), c. d'Alloue, 1 m., 3 h.
Combes (Les), c. de Coulgens, 15 m., 76 h.
Combes (Les), c. de Dignac, 17 m., 50 h.
Combes (Les), c. d'Édon, 1 m., 20 h.

Combes (Les), c. d'Étagnat, 2 m., 19 h.

Combes (Les), c. de Graves, 1 m., 5 h.

Combes (Les), c. de Mouthiers, 1 m., 8 h.

Combes (Les), c. de St-Romain, 1 m., 3 h.

Combes (Les), c. de St-Sornin, 12 m., 73 h.

Combe-Toussaint (La), c. de Châteauneuf, 1 m., 2 h.

Combette (La), c. de Brie-sous-la-Rochefoucauld, 4 m., 11 h.

Combiers, c., arr. d'Angoulême, cant. de La Vallette, †, éc., ⊠ Mareuil, ☞ F., 146 m., 609 h.

Combiers, bg., ch.-l., c. de Combiers, 15 m., 61 h., 13 k. de La Vallette, 31 k. d'Angoulême.

Commanderie (Le Moulin-de-la-), c. de Péreuil, 1 m., 4 h.

Commanderie (La), c. de Richemont, 1 m., 7 h.

Commanderie (La), c. de St-André, 5 m., 12 h.

Commanderie (La), c. de Villegats, 1 m., 6 h.

Commerçat, c. d'Abzac, 2 m., 19 h.

Commerçat (Chez-), c. de Parzac, 3 m., 9 h.

Commodité (La), c. de Cognac, 2 m., 7 h.

Comnavière, c. de Vieux-Ruffec, 2 m., 9 h.

Compagnon (Moulin-), c. de Cressac, 2 m., 4 h.

Comporté (Moulin-de-), c. de Londigny, 1 m., 5 h.

Comte (Chez-le-), c. de Fléac, 9 m., 32 h.

Comté (Le), c. de St-Christophe, cant. de Confolens, 1 m., 3 h.

Conche (La), c. de St-Fraigne, 3 m., 9 h.

Condac, c., arr. de Ruffec, cant. de Ruffec, †, éc., ⊠ Ruffec, 108 m., 496 h.

Condac, bg., ch.-l., c. de Condac, 46 m., 191 h., 2 k. de Ruffec, 47 k. d'Angoulême.

Condadeuil, c. de Mazerolles, 24 m., 103 h.

Condemine, c. de Rouffiac-de-St-Martial-la-Mènecle, 4 m., 17 h.

Condéon, c., arr. de Barbezieux, cant. de Baignes, †, éc., ⊠ Baignes, 329 m., 1,200 h.

Condéon, bg., ch.-l., c. de Condéon, 31 m., 98 h., 10 k. de Baignes, 8 k. de Barbezieux, 38 k. d'Angoulême.

Condillac, c. d'Exideuil, 10 m., 43 h.

Condour (Le), c. de Vouzan, 5 m., 27 h.

Confolens, arr., 6 cant., 66 c., 69,659 h.

Confolens (Nord), cant., arr. de Confolens, 8 c., 7,787 h.

Confolens (Sud), cant., arr. de Confolens, 11 c., 13,844 h.

Confolens, c., arr. de Confolens, cant. de Confolens (Nord et Sud), †, éc., ⊠ Confolens, ☞ F. M., 599 m., 3,034 h.

Confolens, v., ch.-l. de l'arr., des cant. et de la c. de Confolens, sous-préfecture, tribunal, j. d. p., collége, hospice, 499 m., 2,550 h., 63 k. d'Angoulême.

Conils (Les), c. de Touzac, 1 m., 9 h.

Connétable, c. de Gurat, 6 m., 25 h.

Constant (St-), c. de St-Projet-St-Constant, 5 m., 31 h.

Conté (La), c. de Brossac, 9 m., 50 h.

Contedours (Les), c. de Pleuville, 12 m., 74 h.

Contençon (Le), c. de St-Laurent-de-Céris, 1 m., 5 h.

Contie (La), c. de Lézignac-Durand, 6 m., 31 h.

Convigier, c. de Châteauneuf, 2 m., 9 h.

Copin (Chez-), c. de Baignes-Ste-Radégonde, 13 m., 45 h.

Coq (Le), c. de Juillac-le-Coq, 6 m., 26 h.

Coq (Le), c. de La Rochette, 1 m., 5 h.

Coq (Le), c. de St-Front, 13 m., 46 h.

Coq-Gaulois (Le), c. de La Couronne, 22 m., 88 h.

Coquille (La), c. de Vouzan, 1 m., 4 h.

Coquillerie (La), c. de Sigogne, 1 m., 9 h.

Corbeaux (Chez-), c. de Mainxe, 2 m., 5 h.

Corbeaux (Les), c. de St-Simeux, 7 m., 28 h.

Corcheville, c. d'Éraville, 3 m., 15 h.

Cordonnerie (La), c. de Bécheresse, 1 m., 4 h.

Cordonnier (Chez-le-), c. de Roussines, 3 m., 12 h.

Corgnac, c. de Rancogne, 8 m., 36 h.

Corlut, c. de Ronsenac, 11 m., 35 h.

Cormeau (Chez-), c. de Cherves-Châtelars, 8 m., 43 h.

Corménier (Chez-), c. de Parzac, 10 m., 51 h.

Cormentère (La), c. d'Ansac, 1 m., 6 h.

Cormier, c. de Guizengeard, 2 m., 41 h.

Cormier (Chez-), c. de Criteuil, 11 m., 44 h.

Cormier (Chez-), c. de Genté, 2 m., 4 h.

Cormier (Le), c. de Berneuil, 2 m., 9 h.

Cormier (Le), c. de Bouex, 1 m., 6 h.

Cormier (Le), c. de Cherves, 2 m., 7 h.

Cornardière, c. de Petit-Lessac, 3 m., 16 h.

Corneguerre, c. de Montbron, 1 m., 3 h.

Cornière (La), c. de La Chaise, 13 m., 31 h.

Cornillon, c. de Theil-Rabier, 3 m., 14 h.

Cornut (Chez-), c. de St-Front, 6 m., 20 h.

Corps, c. de Foussignac, 16 m., 61 h.

Cossardière, c. d'Yvrac-et-Malleyrand, 11 m., 28 h.

Cosse, c. de Brossac, 6 m., 27 h.

Cosses (Les), c. de Cellefrouin, 1 m., 6 h.

Cossières (Les), c. de Saulgond, 1 m., 6 h.

Cosson (Chez-), c. de Montboyer, 7 m., 20 h.

Cosson, c. de Touvérac, 2 m., 6 h.

Coste (La), c. d'Exideuil, 1 m., 12 h.

Coste (La), c. de Vindelle, 3 m., 12 h.

Côte (La), c. d'Agris, 37 m., 132 h.

Côte (La), c. de Brossac, 12 m., 49 h.

Côte (La), c. de Charmant, 8 m., 27 h.

Côte (La), c. de Chasseneuil, 9 m., 27 h.

Côte (La), c. de Chenommet, 24 m., 111 h.

Côte (La), c. de Dignac, 24 m., 82 h.

Côte (La), c. de Fontclaireau, 14 m., 58 h.

Côte (La), c. de Fouquebrune, 1 m., 10 h.

Côte (La), c. de Gardes, 7 m., 30 h.

Côte (La), c. de Montbron, 1 m., 10 h.

Côte (La), c. de Rancogne, 1 m., 6 h.

Côte (La), c. de Ronsenac, 8 m., 32 h.

Côte (La), c. de St-Gourson, 1 m., 12 h.

Côte (La), c. de St-Laurent-de-Belzagot, 13 m., 28 h.

Côte (La), c. de Saint-Quentin-de-Chalais, 4 m., 16 h.

Côte (La), c. de Sireuil, 26 m., 78 h.

Côte (La), c. de Voulgézac, 3 m., 17 h.

Côte (La), moulin, c. d'Yvrac-et-Malleyrand, 1 m., 6 h.

Côte (La Basse-), c. de Brossac, 1 m., 5 h.

Côte (La Grande-), c. de St-Adjutory, 2 m., 18 h.

Côte (La Petite-), c. de St-Adjutory, 1 m., 10 h.

Côte-à-Gaillard (La), c. de La Couronne, 1 m., 5 h.

Coteau (Le), c. de La Couronne, 3 m., 34 h.

Coteau (Le), c. de Montbron, 4 m., 6 h.

Côte-de-Gurat (La), c. de Gurat, 1 m., 2 h.

Côte-de-Présec (La), c. de Cellefrouin, 1 m. non h.

Côte-de-Puant (La), c. de Marsac, 1 m., 2 h.

Côte-de-Sansac (La), c. de St-Quentin, cant. de Chabanais, 1 m., 5 h.

Côtes (Les), c. de Confolens, 1 m., 11 h.

Côtes (Les), c. de Pillac, 1 m., 5 h.

Côtes-de-Montmoreau (Les), c. de St-Laurent-de-Belzagot, 1 m., 5 h.

Cotinaud, c. de Vieux-Cérier, 3 m., 18 h.

Cotit (Chez-), c. de Sérignac, 1 m., 1 h.

Cotonnière (La), c. de Genac, 5 m., 31 h.

Cotté (Chez-), c. d'Alloue, 1 m., 9 h.

Cottier, us., c. de La Couronne, 3 m., 19 h.

Cottinet, c. de St-Romain, 3 m., 9 h.

Cottinet (Chez-), c. de Bors-de-Montmoreau, 3 m., 12 h.

Cottus (Les), c. de Gensac, 12 m., 18 h.

Couairon, c. de Bardenac, 1 m., 6 h.

Coucaud (Chez-), c. de Nieuil, 3 m., 7 h.

Couchadie (La), c. de Manot, 2 m., 12 h.

Coucherie (La), c. de Lézignac-Durand, 16 m., 69 h.

Coucousse (La), c. de Cherves-Châtelars, 9 m., 9 h.

Couderie, c. de Benest, 20 m., 86 h.

Coudert (Chez-), c. d'Exideuil, 3 m., 10 h.

Coudert (Le), c. de St-Laurent-de-Céris, 3 m., 17 h.

Coudert (Moulin-du-), c. de St-Laurent-de-Céris, 2 m., 14 h.

Coudier (Le), c. de Pérignac, 5 m., 13 h.

Coudoin, c. de Brie-sous-Chalais, 1 m., 8 h.

Coudraie (La), c. de Challignac, 1 m., 4 h.

Coudraie (La), c. de Mallaville, 7 m., 34 h.

Coudre (La), c. de Bréville, 24 m., 89 h.

Coudre (La), c. de Touzac, 5 m., 18 h.

Coudre (Moulin-de-la-), c. de Bréville, 1 m., 5 h.

Coudres (Les), c. de La Faye, 8 m., 36 h.

Coudret, c. d'Oradour, 4 m., 19 h.

Coudret, c. de Villefagnan, 22 m., 81 h.

Coudret (Chez-), c. des Adjots, 5 m., 16 h.

Coudret (Le Grand-), c. de Cherves, 10 m., 39 h.

Coudret (Le Petit-), c. de Cherves, 1 m., 4 h.

Coudrette (La), c. de Vignolles, 2 m., 8 h.

Coufoulaude (La), c. de Lesterps, 7 m., 30 h.

Couffour, c. de Feuillade, 5 m., 27 h.

Cougoussac, c. de St-Cybardeaux, 25 m., 100 h.

Cougulet, c. d'Exideuil, 1 m., 16 h.

Couillebeauds (Les), c. de Moulidars, 4 m., 25 h.

Coulaurousseau, c. d'Ansac, 1 m., 9 h.

Coulgens, c., arr. d'Angoulême, cant. de La Rochefoucauld, éc., ⊠ La Rochefoucauld, 200 m., 798 h.

Coulgens, bg., ch.-l., c. de Coulgens, 108 m., 406 h., 12 k. de La Rochefoucauld, 23 k. d'Angoulême.

Coulombier (Le), c. de Pérignac, 2 m., 5 h.

Coulonge, c. de St-Sulpice-de-Cognac, 2 m., 8 h.

Coulonge, c. de Vindelle, 3 m., 6 h.

Coulonges, c., arr. d'Angoulême, cant. de St-Amant-de-Boixe, †, éc., ⊠ St-Amant-de-Boixe, 85 m., 298 h.

Coulonges, bg., ch.-l., c. de Coulonges, 85 m., 298 h., 6 k. de St-Amant-de-Boixe, 25 k. d'Angoulême.

Counillère (La), c. de St-Christophe-de-Chalais, 12 m., 32 h.

Coup-d'Œil (Le), c. de Touvre, 1 m., 6 h.

Coupeaux (Les), c. de St-Preuil, 1 m., 6 h.

Coupeaux (Les), c. de St-Surin, 8 m., 35 h.

Coupe-Souchot, voy. Casse-Souchot.

Couprie (Chez-), c. de Brie-sous-la-Rochefoucauld, 19 m., 71 h.

Couprie (Chez-), c. de Montboyer, 3 m., 11 h.

Couprie (Chez-), c. de Ste-Marie, 1 m., 4 h.

Cour (La), c. des Adjots, 5 m., 37 h.

Cour (La), c. de Bioussac, 1 m., 4 h.

Cour (La), c. de Blanzaguet, voy. La Barbe.

Cour (La), c. de Brigueuil, 13 m., 53 h.

Cour (La), c. de Brossac, 2 m., 13 h.

Cour (La), c. d'Esse, 12 m., 44 h.

Cour (La), c. de St-Amant-de-Boixe, 1 m., 5 h.

Cour (La), c. de Ste-Colombe, 2 m., 6 h.

Cour (La), c. de St-Mary, 15 m., 15 h.

Cour (La), c. de St-Maurice, 2 m., 9 h.

Courade (Chez-), c. des Pins, 4 m., 14 h.

Courade (La), c. d'Aubeville, 2 m., 10 h.

Courade (La), c. de Foussignac, 1 m., 2 h.

Courade (La), c. de La Couronne, 13 m., 47 h.

Courade (La), us., c. de La Couronne, 6 m., 56 h.

Courade (La), c. de Mareuil, 18 m., 70 h.

Courade (La), c. de Montigné, 3 m., 9 h.

Courade (La), c. de Pleuville, 4 m., 15 h.

Courade (La), c. de St-Gervais, 1 m., 7 h.

Courade (La), c. de Verrières, 8 m., 34 h.

Courade (Moulin-de-la-), c. d'Aubeville, 2 m., 4 h.

Couradeau (Le), c. de St-Amant-de-Boixe, 10 m., 31 h.

Couradeaux (Les), c. des Pins, 4 m., 17 h.

Courades (Les), c. de Segonzac, 24 m., 79 h.

Courades (Les), c. de Vieux-Cérier, 10 m., 40 h.

Courances (Les), c. de Marsac, 1 m., 2 h.

Courandrie (La), c. de Vignolles, 1 m., 8 h.

Courant, c. de Guizengeard, 1 m., 5 h.

Couraud (Le), c. de Maine-de-Boixe, 22 m., 77 h.

Courbe-à-Guillot (La), c. de Roullet, 1 m., 4 h.

Courbes, c. de Lussac, 8 m., 31 h.

Courbet (Chez-), c. de Charras, 1 m., 7 h.

Courbillac, c., arr. d'Angoulême, cant. de Rouillac, †, éc., ⊠ Rouillac, 261 m., 990 h.

Courbillac, bg., ch.-l., c. de Courbillac, 31 m., 124 h., 13 k. de Rouillac, 38 k. d'Angoulême.

Courbillac, c. de Genac, 3 m., 11 h.

Courcôme, c., arr. de Ruffec, cant. de Villefagnan, †, éc., ⊠ Ruffec, ⚑ F., 249 m., 983 h.

Courcôme, bg., ch.-l., c. de Courcôme, 166 m., 617 h., 6 k. de Villefagnan, 7 k. de Ruffec, 41 k. d'Angoulême.

Courcouteau, c. de Chantillac, 2 m., 10 h.

Couret (Chez-), c. d'Orival, 2 m., 5 h.

Couret (Le), c. de St-Gervais, 2 m., 14 h.

Couret (Moulin-du-), c. de St-Gervais, 1 m., 7 h.

Courgeac, c., arr. de Barbezieux, cant. de Montmoreau, †, éc., ⊠ Montmoreau, 142 m., 615 h.

Courgeac, bg., ch.-l., c. de Courgeac, 41 m., 46 h., 5 k. de Montmoreau, 24 k. de Barbezieux, 32 k. d'Angoulême.

Courgeats (Les), c. de Péreuil, 2 m., 11 h.

Courgeau (Chez-), c. de Poullignac, 3 m., 14 h.

Courlac, c., arr. de Barbezieux, cant. de Chalais, éc., ⊠ Chalais, 68 m., 315 h.

Courlac, bg., ch.-l., c. de Courlac, 5 m., 30 h., 5 k. de Chalais, 30 k. de Barbezieux, 44 k. d'Angoulême.

Courlac (Moulin-de-), c. de Courlac, 1 m., 5 h.

Courlis (Le), c. de Châteauneuf, 1 m., 3 h.

Courlits (Les), c. de Balzac, 21 m., 81 h.

Courly (Chez-), c. d'Angoulême, 1 m., 10 h.

Couronne, (La), c., arr. d'Angoulême, canton d'Angoulême (1re partie), †, éc., ⊠ Angoulême, 🚂, 527 m., 2,550 h.

Couronne (La), bg., ch.-l., c. de La Couronne, 82 m., 378 h., 7 k. d'Angoulême.

Couronne (La), c. de Bouteville, 1 m., 2 h.

Couronne (La), c. de Marthon, 2 m., 16 h.

Couronne (La), c. de Salles-de-Barbezieux, 2 m., 11 h.

Couronne (La Petite-), c. de Salles-de-Barbezieux, 1 m., 7 h.

Courou (Chez-), c. de Chadurie, 4 m., 13 h.

Courpétaud, c. de St-Amant-de-Graves, 1 m., 6 h.

Courpétaud, c. de Graves, 1 m., 8 h.

Courpifou (Le), c. de St-Même, 1 m., 5 h.

Courradeau (Le), c. de Bouex, 4 m., 20 h.

Courrasses (Les), c. de Vieux-Ruffec, 4 m., 10 h.

Courraud (Chez-), c. de St-Amant-de-Montmoreau, 7 m., 26 h.

Courraud, c. de Salles-de-Segonzac, 1 m., 4 h.

Courraut (Le), c. de Ronsenac, 2 m., 10 h.

Courres (Les), c. de La Rochefoucauld, 3 m., 18 h.

Courret (Le), c. de Bellon, 4 m., 21 h.

Courret (Le), c. de Condéon, 3 m., 11 h.

Courret (Le), c. de Rougnac, 1 m., 4 h.

Courret (Le), c. de Salles-la-Vallette, 16 m., 31 h.

Courret (Le), c. de St-Sornin, 11 m., 51 h.

Courret (Le Petit-), c. de Salles-la-Vallette, 1 m., 3 h.

Courriéras, c. de Montbron, 4 m., 26 h.

Courrière (La), c. de Lesterps, 2 m., 13 h.

Courrière (La), c. du Lindois, 13 m., 58 h.

Courrière (La), c. de Messeux, 18 m., 61 h.

Courrière (La), c. de Saulgond, 7 m., 31 h.

Courrière (La Petite-), c. de Torsac, 19 m., 65 h.

Courrière (La Grande-), c. de Torsac, 2 m., 11 h.

Courrière-Genty, c. de St-Christophe, 3 m., 20 h.

Courrière-Noire (La), c. de St-Christophe, 3 m., 12 h.

Cours (Les), c. de Touzac, 6 m., 27 h.

Coursac, c. de Balzac, 9 m., 44 h.

Coursac, c. des Métairies, 32 m., 116 h.

Coursac, c. de Vars, 1 m., 12 h.

Courtaudie (La), c. de Lesterps, 2 m., 12 h.

Courtaulie, c. de St-Amant-de-Montmoreau, 9 m., 38 h.

Courtaulie (Moulin-de-la-), c. de St-Amant-de-Montmoreau, 2 m., 10 h.

Courteaux (Les), c. de Grassac, 1 m., 4 h.

Courteaux (Les), c. de Salles-de-Villefagnan, 6 m., 21 h.

Courte-Étape (La), c. de Petit-Lessac, 1 m., 3 h.

Courteilles, c. de Benest, 15 m., 70 h.

Courterie (La), c. de Brigueuil, 1 m., 12 h.

Courtes (Les), c. de La Couronne, 13 m., 59 h.

Courtieux (Le), c. de Chirac, 9 m., 48 h.

Courtillas, c. de Montbron, 31 m., 102 h.

Courtioux (Chez-), c. de Londigny, 16 m., 54 h.

Courtou (Chez-), c. de Mouzon, 4 m., 21 h.

Cousinet (Chez-), c. de Claix, 4 m., 15 h.

Coussac, c. de St-Palais-du-Né, 3 m., 14 h.

Coussadeaux (Les), c. de Sers, 30 m., 111 h.

Coussaux (Les), c. de Champniers, 27 m., 106 h.

Coussot, c. de Beaulieu, 9 m., 23 h.

Coussot (Le), c. de Benest, 8 m., 23 h.

Coût (Le), c. de Champagné-Mouton, 1 m., 8 h.

Coutant (Chez-), c. de Berneuil, 2 m., 4 h.

Coutant (St-), c., arr. de Confolens, cant. de Champagne-Mouton, éc., ⊠ Champagne-Mouton, 156 m., 648 h.

Coutant (St-), bg., ch.-l., c. de St-Coutant, 2 m., 13 h., 4 k. de Champagne-Mouton, 20 k. de Confolens, 55 k. d'Angoulême.

Coutard (Chez-), c. de Verrières, 8 m., 33 h.

Coutardière, c. de St-Simeux, 3 m., 10 h.

Coutardière (La), c. de St-Surin, 6 m., 22 h.

Couteleau (Chez-), c. de St-Vallier, 4 m., 13 h.

Coutelier (Chez-), c. de St-Severin, 8 m., 39 h.

Coutellerie (La), c. d'Écuras, 4 m., 19 h.

Coutellier, c. de Pillac, 3 m., 12 h.

Coutéroux, c. de Laprade, 1 m., 5 h.

Coutiaud (Chez-), c. de St-Cybard, 2 m., 6 h.

Coutière (La), c. de Rivières, 14 m., 57 h.

Coutières (Chez-), c. de Mazerolles, 1 m., 6 h.

Coutillas, c. de Feuillade, 6 m., 31 h.

Coutillas (Le Petit-), c. de Feuillade, 2 m., 16 h.

Coutille, c. de St-Cybardeaux, 3 m., 11 h.

Coutille (La), c. de St-Genis-d'Hiersac, 20 m., 69 h.

Coutimanie (La), c. de St-Christophe-de-Confolens, 16 m., 55 h.

Coutins (Les), c. de Touzac, 8 m., 35 h.

Coutor (Le Moulin-), c. de Nonac, 4 m., 12 h.

Coûts (Les Grands-), c. de Juignac, 7 m., 9 h.

Coutumat, c. de St-Amant-de-Bonnieure, 1 m., 14 h.

Couture, c., arr. de Ruffec, cant. de Ruffec., †, éc., ⊠ Ruffec, 168 m., 708 h.

Couture, bg., ch.-l., c. de Couture, 60 m., 240 h., 14 k. de Ruffec, 36 k. d'Angoulême.

Couture (La), c. de Genté, 10 m., 45 h.

Couture (La), c. de Moutardon, 17 m., 63 h.

Couture (La), c. de Segonzac, 10 m., 27 h.

Couturiers (Les), c. de Juillac-le-Coq, 6 m., 26 h.

Couvent (Le), c. de Tusson, 2 m., 12 h.

Couvidat, c. de Confolens, 5 m., 23 h.

Couvidat (La Métairie-de-), c. de Confolens, 1 m., 5 h.

Coux, c. de Beaulieu, 2 m., 5 h.

Couyet, c. de St-Bonnet, 4 m., 12 h.

Couziers, c. de Vars, 24 m., 102 h.

Couzinaud (Le Grand-), c. de Guizengeard, 7 m., 25 h.

Couzinaud (Le Petit-), c. de Guizengeard, 5 m., 24 h.

Cozet (Chez-), c. de St-Vallier, 5 m., 16 h.

Crachoux, c. d'Ayge, 3 m., 6 h.

Crachoux, c. de St-Médard-de-Rouillac, 2 m., 5 h.

Crage, c. d'Angoulême, 1 m., 5 h.

Creaux (Les), c. de Nonaville, 1 m., 5 h.

Crenille. c. de Passirac, 9 m., 39 h.

Créon, c. d'Angoulême, 6 m., 30 h.

Crépaud (Chez-), c. de Barbezieux, 9 m. 24 h.

Crépaux, c. de Touvérac, 4 m., 19 h.

Crépaux (Chez-), c. de Villars, 2 m., 9 h.

Crépeau (Chez-), c. de Guimps, 7 m., 32 h.

Cressac, c., arr. d'Angoulême, cant. de Blanzac, †, ⊠ Blanzac, 60 m., 235 h.

Cressac, bg., ch.-l., c. de Cressac, 4 m., 18 h., 5 k. de Blanzac, 31 k. d'Angoulême.

Cressé, c. de Bourg-Charente, 1 m., 7 h.

Creuzillon, c. de Bonneuil, 1 m., 2 h.

Creuzillon, c. de St-Preuil, 1 m., 6 h.

Creuzin (Chez-), c. de Baignes-Ste-Radégonde, 1 m., 4 h.

Crèvecœur, c. d'Aigre, 2 m., 6 h.

Crézanne (Chez-); c. d'Aignes-et-Puypéroux, 1 m., 6 h.

Cristain (Chez-), c. de Verrières, 6 m., 21 h.

Criteuil, c., arr. de Cognac, cant. de Segonzac, †, éc., ⊠ Segonzac, 188 m., 710 h.

Criteuil, bg., ch.-l., c. de Criteuil, 29 m., 89 h., 10 k. de Segonzac, 23 k. de Cognac, 35 k. d'Angoulême.

Crochette (Chez-), c. de St-Amant-de-Montmoreau, 4 m., 15 h.

Crognac, château, c. de Feuillade, 1 m., 7 h.

Croisade (La), c. de La Courade, 5 m., 28 h.

Croisant (Le), c. de Chabrac, 1 m., 3 h.

Croisée (La), c. d'Aussac, 3 m., 10 h.

Croix (La), c. d'Aignes-et-Puypéroux, 6 m., 22 h.

Croix (La), c. de Berneuil, 9 m., 32 h.

Croix (La), c. de Bonnes, 1 m., 10 h.

Croix (La), c. de Bouex, 22 m., 72 h.

Croix (La), c. de Condac, 1 m., 6 h.

Croix (La), c. de Feuillade, 13 m., 59 h.

Croix (La), c. de Massignac, 1 m., 8 h.

Croix (La), c. de Montbron, 1 m., 11 h.

Croix (La), c. de Nonac, 2 m., 17 h.

Croix (La), c. de Porcheresse, 6 m., 18 h.

Croix (La), c. de Pressignac, 5 m., 18 h.

Croix (La), c. de St-Amant-de-Montmoreau, 1 m., 5 h.

Croix (La), c. de St-Gervais, 4 m., 26 h.

Croix (La), c. de St-Michel, 20 m., 56 h.

Croix (La), c. de St-Sulpice-de-Cognac, 1 m., 3 h.

Croix (La), c. de Salles-la-Vallette, 2 m., 13 h.

Croix (La), c. de Villegats, 33 m., 66 h.

Croix (Ste-), c. de Juignac, 3 m., 13 h.

Croix-au-Loup (La), c. d'Abzac, 1 m., 4 h.

Croix-Bel-Air (La), c. de Lapallue, 1 m., 6 h.

Croix-Bellit (La), c. de Condéon, 13 m., 41 h.

Croix-Blanche (La), c. de Baignes-Ste-Radégonde, 1 m., 5 h.

Croix-Blanche (La), c. de Magnac-la-Vallette, 5 m., 22 h.

Croix-Blanche (La), c. de Soyaux, 2 m., 8 h.

Croix-Blanche (La), c. de Touvérac, 2 m., 7 h.

Croix-Blanchie (La), c. de La Couronne, 1 m., 8 h.

Croix-Brandet (La), c. d'Angoulême, 9 m., 30 h.

Croix-Biron (La), c. de Juillac-le-Coq, 5 m., 23 h.

Croix-Canton (La), c. de Suaux, 2 m., 9 h.

Croix-Chamaille (La), c. de Mainfonds, 1 m., 4 h.

Croix-de-Bors (La), c. de Marillac, 4 m., 20 h.

Croix-de-Châtignac (La), ou Maine-Genet, c. de Pérignac, 1 m., 2 h.

Croix-de-Girac (La), c. de La Couronne, 2 m., 21 h.

Croix-de-l'Age, c. de Chasseneuil, 1 m., 8 h.

Croix-de-la-Nauve (La), c. de Puymoyen, 3 m., 24 h.

Croix-de-l'Isle (La), c. de l'Isle-d'Espagnac, 1 m., 3 h.

Croix-de-Lorme (La), c. de Rivières, 3 m., 14 h.

Croix-de-Marane (La), c. de Soyaux, 1 m., 3 h.

Croix-de-Paille (La), c. de Mazerolles, 1 m., 5 h.

Croix-des-Aiguillons (La), c. de Genté, 2 m., 6 h.

Croix-des-Bacheliers (La), c. de St-Saturnin, 6 m., 24 h.

Croix-des-Six-Chemins (La), c. de Genté, 1 m., 4 h.

Croix-du-Fils (La), c. de St-Saturnin, 9 m., 7 h.

Croix-du-Merle (La), c. de Balzac, 5 m., 18 h.

Croix-du-Pic (La), c. de Cherves, 2 m., 39 h.

Croix-du-Rat (La), c. de Barbezieux, 5 m., 14 h.

Croix-Furet (La), c. de Challignac, 1 m., 6 h.

Croix-Giraud (La), c. de Dirac, 2 m., 5 h.

Croix-Lambert (La), c. de Salles-de-Barbezieux, 1 m., 3 h.

Croix-Maigrin (La), c. de Voulgézac, 2 m., 10 h.

Croix-Maret (La), c. de Turgon, 1 m., 7 h.

Croix-Martin (La), c. de Bors-de-Montmoreau, 1 m. non h.

Croix-Montamette (La), c. de Crouin, 23 m., 76 h.

Croix-Neuve (La), c. de Genté, 1 m., 6 h.

Croix-Paulinet (La), c. de St-Laurent-de-Céris, 1 m., 6 h.

Croix-Philippe (La), c. d'Étriac, 1 m., 4 h.

Croix-Pichon (La), c. de Cressac, 1 m., 2 h.

Croix-Pinaud (La), c. d'Aunac, 4 m., 17 h.

Croix-Pouyaud (La), c. de Magnac-la-Vallette, 3 m., 13 h.

Croix-Prénérou, c. de Petit-Lessac, 1 m., 5 h.

Croix-Ronde (La), c. de Mouthiers, 1 m., 4 h.

Croix-Rouge, c. de Condéon, 1 m., 2 h.

Croix-Rouge (La), c. de Laprade, 1 m., 3 h.

Croix-Rouge (La), c. de La Péruze, 7 m., 20 h.

Croix-Rouge (La), voy. Le Maine-Neuf, c. de Péreuil.

Croix-Rouge (La), c. de St-Romain, 2 m., 8 h.

Croix-Rouge (La), c. de Suris, 1 m. non h.

Croix-Senaille (La), c. de Bouteville, 1 m., 3 h.

Croix-Trichard (La), c. de Salles-la-Vallette, 2 m., 6 h.

Crollaud, c. de Brossac, 2 m., 11 h.

Croq (Le), c. de Courgeac, 1 m., 8 h.

Cros, c. du Lindois, 17 m., 61 h.

Cros (Le), c. de Gardes, 2 m., 14 h.

Cros (Le), c. de Rougnac, 2 m., 7 h.

Cros (Moulin-du-), c. de Massignac, 2 m., 11 h.

Crottet, c. d'Auge, 34 m., 133 h.

Croue (Le), c. de Reignac, 1 m., 4 h.

Crouin, c., arr. et cant. de Cognac, éc., ⊠ Cognac, 171 m., 611 h.

Crouin, bg., ch.-l., c. de Crouin, 76 m., 233 h., 3 k. de Cognac, 45 k. d'Angoulême.

Croutelle (La), c. de Marillac, 5 m., 25 h.

Croux (La), c. de Nabinaud, 1 m., 5 h.

Croux (Le), c. de Juillac-le-Coq, 1 m., 5 h.

Croux (Le), c. de Malaville, 1 m., 13 h.

Crouzeau (Le), c. de Lézignac-Durand, 7 m., 37 h.

Crouzeau (Moulin-de-), c. de Lézignac-Durand, 1 m., 4 h.

Crozatte (La), c. de St-Gervais, 5 m., 19 h.

Croze (La), c. de Champmillon, 3 m., 8 h.

Croze (La), c. de Confolens, 2 m., 16 h.

Crut (Le), c. de Lézignac-Durand, 5 m., 31 h.

Cruzeau (Le), c. de Châteauneuf, 6 m., 31 h.

Cuchet, c. de Barro, 23 m., 63 h.

Cuchet, c. de Verteuil, 17 m., 45 h.

Culasson, c. de St-Fraigne, 1 m., 5 h.

Cuq (Le), c. de St-Severin, 16 m., 59 h.

Curac, c., arr. de Barbezieux, cant. de Chalais, †, éc., ⊠ Chalais, 100 m., 364 h.

Curac, bg., ch.-l., c. de Curac, 42 m., 32 h., 32 k. de Chalais, 28 k. de Barbezieux, 47 k. d'Angoulême.

Curatrie (La), c. de Rioux-Martin, 1 m., 6 h.

Cure (La), ou Le Prieuré, c. de Chavenac, 3 m., 7 h.

Cure (La), ou Les Chaumes-Hautes, c. de Juillaguet, 1 m., 3 h.

7

Cure (La), bg., ch.-l., c. de Moutardon, 2 m., 7 h., 10 k. de Ruffec, 49 k. d'Angoulême.

Cure (La), c. de St-Genis, 1 m., 3 h.

Cure (La), c. de St-Même, 4 m., 21 h.

Cursac, c. de Blanzaguet, 4 m., 13 h.

Cursac, c. de Charmant, 3 m., 11 h.

Cursac (Le Petit-), c. de Charmant, 1 m., 7 h.

Curton, c. de Challignac, 1 m., 14 h.

Cussac, c. de Jauldes, 3 m., 12 h.

Cussac, c. de Rougnac, 16 m., 67 h.

Cussat, c. de Montembœuf, 16 m., 62 h.

Cybard, c. de Bazac, 3 m., 24 h.

Cybard (St-), c., arr. de Barbezieux, cant. de Montmoreau, éc., ⊠ Montmoreau, ☞ F., 121 m., 448 h.

Cybard (St-), bg., ch.-l., c. de St-Cybard, 36 m., 110 h., 3 k. de Montmoreau, 28 k. de Barbezieux, 28 k. d'Angoulême.

Cybard (St-), bg., ch.-l., c. de St-Cybard-le-Peyrat, 8 m., 21 h., 2 k. de La Vallette, 27 k. d'Angoulême.

Cybard-le-Peyrat (St-), c., arr. d'Angoulême, cant. de La Vallette, ⊠ La Vallette, 68 m., 210 h.

Cybardeaux (St-), c., arr. d'Angoulême, cant. de Rouillac, †, éc., ⊠ Rouillac, ☞ F., 411 m., 1,650 h.

Cybardeaux (St-), bg., ch.-l., c. de St-Cybardeaux, 101 m., 400 h., 3 k. de Rouillac, 22 k. d'Angoulême.

Cybardie (La), c. de Grassac, 7 m., 25 h.

Cyprien (St-), c. de Châtignac, 1 m., 6 h.

D

Dagnaud (Chez-), c. de Roullet, 2 m., 10 h.

Dagnière (Chez-), ou Les Massons, c. de Curac, 2 m., 7 h.

Dague (La), c. de Lamérac, 3 m., 9 h.

Daguenet, c. d'Yviers, 2 m., 9 h.

Daguet, c. de Lignères, 1 m., 3 h.

Dabu (Chez-), c. de Manot, 2 m., 10 h.

Daillette (La), c. de Bioussac, 1 m., 5 h.

Daleine (Chez-), c. de St-Estèphe, 1 m., 5 h.

Dalignac, c. de Voulgézac, 2 m., 14 h.

Dallaud (Chez-), c. de St-Simeux, 1 m., 14 h.

Dallauds (Les), c. de Nersac, 3 m., 11 h.

Dalle (La), c. de Brie-sous-Barbezieux, 4 m., 12 h.

Dallets (Les), c. de Montboyer, 12 m., 41 h.

Dalpêche (Chez-), c. de Touzac, 1 m., 3 h.

Dames (Moulin-aux-), c. de Brillac, 13 m., 49 h.

Damour (Chez-), c. de Ste-Marie, 5 m., 18 h.

Damouroux (Chez-), c. de Touzac, 2 m., 8 h.

Damouroux (Chez-), c. de Viville, 8 m., 29 h.

Danger (Chez-), c. de St-Brice, 1 m., 1 h.

Daniaud (Chez-), c. de Bourg-Charente, 3 m., 16 h.

Daniaud-de-Boisse (Chez-), c. de Montboyer, 3 m., 16 h.

Daniauds-de-Tude (Les), c. de Montboyer, 8 m., 14 h.

Daniel (Chez-), c. de Nonaville, 2 m., 6 h.

Darnats (Les), c. de Chazelles, 13 m., 47 h.

Dary (Chez-), c. de St-Yrieix, 1 m., 4 h.

Daudet (Chez-), c. de Baignes-Ste-Radégonde, 10 m., 34 h.

Dauger (Chez-), c. de Petit-Lessac, 3 m., 14 h.

Dauges (Les), c. de Chantrezac, 2 m., 14 h.

Dauges (Les), c. de Chassenon, 4 m., 31 h.

Dauges (Les), c. de Roumazières, 2 m., 13 h.

Dauges (Les Petites-), c. de Chabanais, 1 m., 8 h.

Daulon (Chez-), c. de Salles-la-Vallette, 1 m., 5 h.

Dauphie (La), c. de Chabanais, 4 m., 16 h.

Dauphin (Chez-), c. de Courlac, 1 m., 6 h.

Dauphinerie (La), c. d'Ars, 1 m., 3 h.

Daurys (Les), c. de Poursac, 9 m., 30 h.

Dauve, c. de Gourville, 6 m., 84 h.

Dauve, c. de St-Cybardeaux, 35 m., 120 h.

Dauves (Les), c. de Barret, 3 m., 12 h.

Davias (Chez-), c. de St-Bonnet, 8 m., 29 h.

Daviaud (Chez-), c. de Pillac, 5 m., 33 h.

Daviaud (Chez-), c. de Verrières, 2 m., 12 h.

David (Chez-), c. de Fouquebrune, 1 m., 7 h.

David (Chez-), c. de St-Amant-de-Bonnieure, 5 m., 25 h.

David (Chez-), c. de Turgon, 3 m., 12 h.

Davidie (La), c. de Gardes, 16 m., 52 h.

Davids (Les), c. d'Anville, 14 m., 52 h.

Dayeul (Le), c. de Chabrac, 2 m., 9 h.

Dayneries (Les Grandes-), c. de Blanzaguet, 6 m., 23 h.

Dayneries (Les Petites-), c. de Blanzaguet, 2 m., 7 h.

Dazat (Le), c. de Magnac-la-Vallette, 1 m., 8 h.

Debat (Chez-), c. de St-Même, 7 m., 23 h.

Debat (Le), ou la Frantaisie, c. de Genouillac, 1 m., 1 h.

Debauds (Les), c. de Claix, 15 m., 43 h.

Debord (Le Petit-), c. de Salles-la-Vallette, 1 m., 3 h.

Decoux (Les), c. de Sireuil, 15 m., 46 h.

Dedoux (Le), c. de Bonnes, 5 m., 11 h.

Defaix (Les), c. d'Écuras, 24 m., 71 h.

Défense (La), c. d'Ansac, 1 m., 3 h.

Deffend (Le), c. de St-Sulpice-de-Cognac, 17 m., 51 h.

Deffend (Le), c. du Tâtre, 24 m., 78 h.

Deffends (Les), c. de Brigueuil, 2 m., 13 h.

Deffends (Les), c. de Bunzac, 2 m., 22 h.

Deffends (Les), c. de Chasseneuil, 1 m., 14 h.

Deffends (Les), c. de Fontenille, 59 m., 219 h.

Deffends (Les), c. des Gours, 6 m., 9 h.

Deffends (Les), c. de Payzay-Naudouin, 5 m., 15 h.

Deffends (Les), c. de St-Fraigne, 22 m., 59 h.

Delhuile (Chez-), c. de Nonaville, 1 m., 10 h.

Delhuile (Chez-les-Petits-), c. de Nonaville, 2 m. non h.

Delouches (Les), c. de Juillé, 1 m., 21 h.

Deluze (Chez-), c. de Ste-Marie, 1 m., 10 h.

Demarres (Chez-), c. de Reignac, 5 m., 22 h.

Dembais (Les), c. de Péreuil, 4 m., 15 h.

Demois (Chez-), c. de Malaville, 2 m., 15 h.

Demontis (Chez-), c. de Barbezieux, 1 m., 6 h.

Démorange, c. de Montrollet, 9 m., 47 h.

Demoulée, c. de St-Cybard, 1 m., 7 h.

Denat, c. de Champniers, 18 m., 60 h.

Denat, c. de Garat, 1 m., 10 h.

Denis (Chez-), c. de Bunzac, 2 m., 10 h.

Denis (Chez-), c. de Charras, 4 m., 13 h.

Denis (Chez-), c. de Chasseneuil, 1 m., 8 h.

Denis (Chez-), c. de La Chaise, 20 m., 81 h.

Denis (Chez-), c. de Mouzon, 5 m., 16 h.

Denis (Chez-), c. de Salles-la-Vallette, 1 m., 5 h.

Denis (St-), c. de Barbezieux, 1 m., 8 h.

Denis (St-), c. de Boisbreteau, 1 m., 6 h.

Denis (St-), c. de Lignères, 5 m., 18 h.

Denot, c. de Porcheresse, 1 m., 2 h.

Denot (Chez-), c. de Condéon, 4 m., 20 h.

Déport (Le), c. d'Oradour-Fanais, 1 m., 10 h.

Dereix (Chez-), c. de la Forêt-de-Tessé, 5 m., 19 h.

Deret (Chez-), c. de Pérignac, 2 m., 8 h.

Dérivaut (Le), c. de Bourg-Charente, 1 m., 5 h.

Dernier (Moulin-), c. de Verteuil, 1 m., 3 h.

Descenderie (La), c. de Mosnac, 1 m., 5 h.

Deschamps (Chez-), c. de Sérignac, 1 m., 5 h.

Déserts (Les), c. de St-Palais-du-Né, 1 m., 6 h.

Deslandes (Chez-), c. de St-Martial, 6 m., 23 h.

Desmier-de-Bas (Chez-), c. de St-Severin, 1 m., 5 h.

Desmier-de-Haut (Chez-), c. de St-Severin, 1 m., 6 h.

Desmoulée, c. de St-Cybard, 1 m., 6 h.

Desse (Chez-), c. de Montchaude, 2 m., 5 h.

Deux-Lacs (Les), c. de Grassac, 1 m., 4 h.

Deux-Lacs (Les), c. de St-Germain, 12 m., 40 h.

Deux-Puits (Les), c. de St-Estèphe, 1 m., 5 h.

Deux-Villes, c. de Segonzac, 27 m., 109 h.

Devaix (Le), c. de Montrollet, 13 m., 48 h.

Devanne, c. de Médillac, 13 m., 55 h.

Devaud, c. de St-Bonnet, 3 m., 9 h.

Deveau (Chez-), c. de Nonaville, 1 m., 2 h.

Deveau (Moulin-de-), c. de Viville, 7 m., 27 h.

Devezeau (Chez-), c. de St-Angeau, 7 m., 29 h.

Deviat, c., arr. de Barbezieux, cant. de Montmoreau, †, éc., ⊠ Montmoreau, ☞ F., 114 m., 414 h.

Deviat, bg., ch.-l., c. de Deviat, 44 m., 162 h., 13 k. de Montmoreau, 17 k. de Barbezieux, 30 k. d'Angoulême.

Devige (Chez-), c. de Vouzan, 1 m., 1 h.

Devinière (La), c. de Lussac, 8 m., 26 h.

Dexmier (Chez-), c. d'Ars, 19 m., 79 h.

Diane (La), c. de St-Romain, 1 m. non h.

Dieu (Chez-), c. de Chasseneuil, 15 m., 57 h.

Dieu (Chez-), c. de Lussac, 2 m., 15 h.

Dignac, c., arr. d'Angoulême, cant. de La Vallette, †, éc., ⊠ La Vallette, ☞ F., 442 m., 1,513 h.

Dignac, bg., ch.-l., c. de Dignac, 56 m., 216 h., 9 k. de La Vallette, 16 k. d'Angoulême, ⛬.

Dignac, c. de Ste-Marie, 3 m., 13 h.

Dinets (Les), c. de Courgeac, 2 m., 11 h.

Dion (Chez-), c. de La Couronne, 9 m., 36 h.

Dirac, c., arr. d'Angoulême, cant. d'Angoulême (1re partie), †, éc., ⊠ Angoulême, ⚓ F., 265 m., 889 h.

Dirac, bg., ch.-l., c. de Dirac, 28 m., 75 h., 10 k. d'Angoulême.

Disedon, c. de St-Martin-Château-Bernard, 9 m., 40 h.

Dogière (Chez-), c. de Montembœuf, 1 m., 4 h.

Dognon (Le), c. de Lesterps, 2 m., 11 h.

Dognon (Le), c. de Moulidars, 3 m., 13 h.

Dognon (Le), c. de Pérignac, 6 m., 17 h.

Dognon (Le), c. de St-Laurent-de-Céris, 2 m., 7 h.

Doigt (Le Petit-), c. de Montboyer, 1 m., 4 h.

Doirat, c. de Lézignac-Durand, 12 m., 52 h.

Domerac, c. de Grassac, 24 m, 93 h.

Domezac, c. de St-Gourson, 1 m., 7 h.

Donnet (Chez-), c. d'Écuras, 3 m., 19 h.

Doradie (La), c. de Combiers, 1 m., 9 h.

Dorederie (La), c. de Gimeux, 3 m., 5 h.

Doret (Chez-), c. de St-Cybard, 2 m., 9 h.

Dorgeville, c. de St-Cybardeaux, 43 m., 154 h.

Dorgis (Chez-), c. de Boisbreteau, 2 m., 7 h.

Doribeaux (Les), c. d'Asnières, 11 m., 50 h.

Doribeaux (Les), c. de Juillac-le-Coq, 5 m., 18 h.

Dorlans (Les), c. de St-Même, 26 m., 115 h.

Dornière (La), c. de St-Gervais, 26 m., 44 h.

Douard (Chez-), c. de Nanteuil, 7 m., 28 h.

Douard (Chez-), c. de St-Gervais, 4 m., 5 h.

Doublet (Chez-), c. de Berneuil, 11 m., 41 h.

Doublet (Chez-), c. de Passirac, 2 m., 7 h.

Doucet (Chez-), c. de Confolens, 1 m., 5 h.

Doucet (Chez-), c. d'Hiesse, 5 m., 24 h.

Dougne (Le), c. de St-Quentin-de-Chalais, 4 m., 21 h.

Douhaud (Chez-), c. de Louzac, 2 m., 9 h.

Douhaux (Les), c. de St-Michel, 10 m., 44 h.

Douilhet (Chez-), c. de Chillac, 2 m., 7 h.

Douillard (Chez-), c. de Ste-Sévère, 6 m., 24 h.

Doumois (Chez-), c. de Condéon, 1 m., 5 h.

Dourville (La), c. d'Aubeville, 1 m., 21 h.

Dousset (Chez-), c. de Cherves, 1 m., 7 h.

Doussets (Les), château, c. de Péreuil, 3 m., 9 h.

Doussin (Chez-), c. de Verdille, 1 m., 4 h.

Doussineaux (Les), c. de Rancogne, 5 m., 26 h.

Doussins (Les), c. d'Auge, 3 m., 14 h.

Douvesse, c. de Bouteville, 12 m., 63 h.

Douvet (Chez-), c. de Suris, 1 m., 6 h.

Doux (Chez-les-), c. de St-Laurent-des-Combes, 2 m., 14 h.

Doux (La), c. de Marsac, 28 m., 105 h.

Douyac, c. de Dignac, 3 m., 18 h.

Douzat, c., arr. d'Angoulême, cant. d'Hiersac, éc., ⊠ Hiersac, 134 m., 540 h.

Douzat, bg., ch.-l., c. de Douzat, 90 m., 366 h., 5 k. d'Hiersac, 15 k. d'Angoulême.

Douzillet, c. de St-Laurent-de-Cognac, 2 m., 9 h.

Douzit (Le), c. de Lesterps, 1 m., 7 h.

Drapier (Chez-), c. d'Ars, 1 m., 5 h.

Draud (Chez-), c. de Touvre, 9 m., 28 h.

Drauderie (La), c. des Adjots, 1 m., 8 h.

Driauderie (La), c. de Loubert, 1 m., 6 h.

Drigot (Chez-), c. de Guizengeard, 3 m., 14 h.

Drilhon (Chez-), c. de Touvérac, 1 m., 5 h.

Drillon (Le Moulin-), c. de Passirac, 1 m., 7 h.

Drillonne (La), c. d'Aizecq, 1 m., 2 h.

Drilloux (Chez-), c. de Magnac-la-Vallette, 6 m., 20 h.

Driot (Chez-), c. des Adjots, 27 m., 69 h.

Drive (Chez-), c. de Feuillade, 4 m., 11 h.

Drivet (Chez-), c. du Bouchage, 3 m., 10 h.

Droit (Chez-), c. d'Ars, 15 m., 54 h.

Drou (Le), c. de Fouquebrune, 12 m., 57 h.

Drouet (Chez-), c. de Criteuil, 13 m., 48 h.

Drouet (Chez-), c. de Touzac, 2 m., 7 h.

Drouilhard (Chez-), c. de St-Hilaire, 11 m., 44 h.

Drouillard (Chez-), bg., ch.-l., c. de Lagarde-sur-le-Né, 3 m., 9 h., 7 k. de Barbezieux, 35 k. d'Angoulême.

Drouillard (Chez-), c. de Berneuil, 3 m., 10 h.

Druinaud, c. de Segonzac, 14 m., 43 h.

Duc (Le), c. de Challignac, 3 m., 10 h.

Duc (Le Moulin-du-), c. de Mouthiers, 3 m., 12 h.

Duguet (Le), c. de Bourg-Charente, 1 m., 5 h.

Dumas, c. d'Yviers, 2 m., 12 h.
Dupont (Moulin-), c. de Confolens, 1 m., 5 h.
Dupuy (Chez-), c. de Cherves, 4 m., 14 h.
Durand (Chez-), c. d'Auge, 8 m., 37 h.
Durand (Chez-), c. de Barbezieux, 7 m., 27 h.
Durand (Chez-), c. de Chenommet, 12 m., 71 h.
Durand (Chez-), c. de Chenon, 3 m., 15 h.
Durand (Chez-), c. de Courlac, 2 m., 13 h.
Durand (Chez-), c. d'Écuras, 1 m., 5 h.
Durand (Chez-), c. de Fontclaireau, 19 m., 68 h.
Durand (Chez-), c. de Grassac, 11 m., 43 h.
Durand (Chez-), c. de Jurignac, 8 m., 16 h.
Durand (Chez-), c. de Montboyer, 2 m., 9 h.

Durand (Chez-), c. de Moulidars, 6 m., 27 h.
Durand (Chez-), c. de Villognon, 15 m., 47 h.
Durandeau (Chez-), c. d'Angeac-Charente, 1 m., 5 h.
Durandeau (Chez-), c. de Bric-sous-Chalais, 1 m., 5 h.
Durandeau (Chez-), c. de Montboyer, 2 m., 11 h.
Duranderie (La), c. de Berneuil, 3 m., 12 h.
Durassier, c. de Condéon, 3 m., 8 h.
Durassier (Moulin-de-), c. de Challignac, 2 m., 7 h.
Durets (Les), c. de Courgeac, 2 m., 11 h.
Durfort (Chez-), c. de Guizengeard, 3 m., 14 h.
Dusset (Chez-), c. de Mainfonds, 4 m., 16 h.

E

Eaux-Claires (Les), c. de La Couronne, 2 m., 7 h.
Eaux-Claires (Les), c. de Puymoyen, 1 m., 6 h.
Ébeaupin, c. de St-Yrieix, 1 m., 2 h.
Ébeaupin (L'), c. de Salles-de-Segonzac, 4 m., 17 h.
Ébréon, c., arr. de Ruffec, cant. d'Aigre, †, éc., ⊠ Aigre, 156 m., 554 h.
Ébréon, bg., ch.-l., c. d'Ébréon, 49 m., 158 h., 6 k. d'Aigre, 18 k. de Ruffec, 39 k. d'Angoulême.
Écart (L'), c. de St-Laurent, 1 m., 3 h.
Écart (L'), c. de St-Trojean, 1 m., 1 h.
Échallat, c., arr. d'Angoulême, cant. d'Hiersac, †, éc., ⊠ Hiersac, 220 m., 850 h.
Échallat, bg., ch.-l., c. d'Échallat, 93 m., 321 h., 8 k. d'Hiersac, 22 k. d'Angoulême.
Échalotte (L'), c. de Brie-sous-la-Rochefoucauld, 1 m., 6 h.
Échalotte (L'), c. de Juillac-le-Coq, 14 m., 81 h.
Écharperie (L'), c. de Verrières, 4 m., 30 h.
Échassier (L'), c. de St-Brice, 2 m., 3 h.
Échassier (L'), c. de St-Martin-Château-Bernard, 58 m., 164 h.
Échelle (L'), c. de Chazelles, 1 m., 7 h.
Échoisy, c. de Cellettes, 39 m., 151 h.
Éclopart (L'), c. de Gensac, 1 m., 10 h.
Écluse (L'), c. de Nersac, 1 m., 3 h.
Écluse (L'), c. de St-Surin, 1 m., 7 h.
Écluse-de-Juat (L'), c. de St-Amant-de-Graves, 1 m., 5 h.

Écluses (Les), c. de Bassac, 1 m., 5 h.
École (L'), c. de Mouthiers, 3 m., 6 h.
Écorce (Moulin-d'), c. de St-Surin, 2 m., 2 h.
Écossais-des-Landes (Les), c. de Rioux-Martin, 4 m., 23 h.
Écossais-du-Bourg (Les), c. de Rioux-Martin, 15 m., 49 h.
Écossas, c. d'Étagnat, 7 m., 33 h.
Écossas, c. de Mazerolles, 5 m., 39 h.
Écossas, c. d'Orgedeuil, 10 m., 33 h.
Écossas, c. de Roussines, 15 m., 79 h.
Écossas (Moulin-d'), c. de Mazerolles, 1 m., 5 h.
Écourchaud (L'), c. de Lézignac-Durand, 1 m., 6 h.
Écouté (L'), c. de Gurat, 1 m., 6 h.
Écoyeux (Le Moulin-d'), c. de Jurignac, 3 m., 12 h.
Écoyeux (Moulin-d'), c. de Nonaville, 11 m., 37 h.
Eequechave, c. de Genac, 28 m., 98 h.
Écuras, c., arr. d'Angoulême, cant. de Montbron, †, éc., ⊠ Montbron, 430 m., 1,741 h.
Écuras, bg., ch.-l., c. d'Écuras, 23 m., 86 h., 6 k. de Montbron, 35 k. d'Angoulême.
Écurat (L'), c. de Criteuil, 2 m., 9 h.
Écures (Les), c. de Lamérac, 3 m., 8 h.
Écures (Les), c. de La Rochette, 17 m., 58 h.
Écures (Les), c. de La Vallette, 2 m., 11 h.
Écures (Les), c. de Pleuville, 4 m., 28 h.
Écures (Les), c. de Verteuil, 1 m., 8 h.

Écures (Les Hautes-), c. des Pins, 16 m., 84 h.

Écures (Le Moulin-des-), ou Le Pont-des-Écures, c. d'Angeduc, 2 m., 40 h.

Écurie (L'), c. de Bonnes, 13 m., 43 h.

Écussaud (L'), c. de St-Romain, 1 m., 7 h.

Édeaubidie (L'), c. de Pressignac, 1 m., 8 h.

Édon, c., arr. d'Angoulême, cant. de La Vallette, †, éc., ✉ La Vallette, 217 m., 873 h.

Édon, bg., ch.-l., c. d'Édon, 37 m., 121 h., 8 k. de La Vallette, 28 k. d'Angoulême.

Égaux (Les), c. d'Empuré, 1 m., 9 h.

Égaux (Les), c. de Nercillac, 2 m., 5 h.

Égaux (Les), c. de Salles-de-Segonzac, 7 m., 39 h.

Église (Le Moulin-de-l'), c. de Brigueuil, 1 m., 5 h.

Égretauds (Les), c. de Bécheresse, 11 m., 30 h.

Égretauds (Les), c. de Péreuil, 2 m., 7 h.

Éliot (Chez-), c. de Rivières, 6 m., 15 h.

Éliots (Les), c. d'Auge, 40 m., 50 h.

Éliots (Les), c. de Montboyer, 3 m., 18 h.

Éloi (St-), c. d'Exideuil, 1 m., 12 h.

Éloi (St-), c. de St-Fraigne, 9 m., 20 h.

Élu (Chez-l'), c. de Londigny, 1 m., 6 h.

Embeillard (Chez-), c. de Jurignac, 4 m., 12 h.

Embery, c. de Charmé, 7 m., 34 h.

Emboisnoir, c. d'Épenède, 1 m., 7 h.

Embourie, c., arr. de Ruffec, cant. de Villefagnan, éc., ✉ Villefagnan, 91 m., 291 h.

Embourie, bg., ch.-l., c. d'Embourie, 83 m., 266 h., 5 k. de Villefagnan, 14 k. de Ruffec, 56 k. d'Angoulême.

Embroie (Chez-), c. de Passirac, 1 m., 5 h.

Emmon, c. de Brigueuil, 6 m., 43 h.

Empera, c. d'Écurás, 21 m., 77 h.

Empernaud, c. de Roufflac-de-St-Martial-la-Menècle, 4 m., 17 h.

Empire (L'), c. de St-Brice, 1 m., 7 h.

Empouillac, c. de Lesterps, 2 m., 14 h.

Empuré, c., arr. de Ruffec, cant. de Villefagnan, ✉ Villefagnan, 84 m., 318 h.

Empuré, bg., ch.-l., c. d'Empuré, 32 m., 146 h., 4 k. de Villefagnan, 13 k. de Ruffec, 49 k. d'Angoulême.

Endodrie (L'), c. de Rancogne, 1 m., 7 h.

Énord, c. de St-Ciers, 15 m., 64 h.

Énord (Moulin-d'), c. de Puyréaux, 1 m., 7 h.

Ennuy (L'), c. de Montembœuf, 1 m., 40 h.

Entre-Baye (L'), c. de Barret, 1 m., 3 h.

Enveau, c. de Verrières, 1 m., 3 h.

Épardeau (L'), c. de Rouzède, 2 m., 15 h.

Épardeaux (Les), c. de St-Amant-de-Bonnieure, 29 m., 106 h.

Épardellère (L'), c. de St-Adjutory, 7 m., 32 h.

Épare (L'), c. de Bourg-Charente, 1 m., 3 h.

Épargne (L'), c. de Baignes-Ste-Radégonde, 1 m., 4 h.

Éparon, c. de la Forêt-de-Tessé, 36 m., 122 h.

Épaud (L'), c. de Vouzan, 5 m., 25 h.

Épenède, c., arr. de Confolens, cant. de Confolens (Nord), †, éc., ✉ Alloue, 136 m., 541 h.

Épenède, bg., ch.-l., c. d'Épenède, 33 m., 97 h., 13 k. de Confolens, 63 k. d'Angoulême.

Épenèdre, c. de Chassenon, 3 m., 12 h.

Épicier (L'), c. de Jarnac, 1 m., 5 h.

Épinasse (L'), c. de St-Coulant, 5 m., 13 h.

Épinasses (Les), c. de Taponnat-Fleurignac, 5 m., 29 h.

Épinassouze (L'), c. de Nieuil, 17 m., 61 h.

Épine (Chez-l'), c. de Couture, 8 m., 32 h.

Épine (L'), c. de Challignac, 2 m., 11 h.

Épine (L'), c. de Cherves, 45 m., 54 h.

Épine (L'), c. de Cherves-Châtelars, 7 m., 32 h.

Épine (L'), c. de Chillac, 4 m., 12 h.

Épine (L'), c. de Criteuil, 1 m., 5 h.

Épine (L'), c. de Gondeville, 16 m., 52 h.

Épine (L'), c. de Juignac, 6 m., 14 h.

Épine (L'), c. de Londigny, 1 m., 6 h.

Épine (L'), c. de Magnac-la-Vallette, 1 m., 8 h.

Épine (L'), c. de Nercillac, 2 m., 5 h.

Épine (L'), c. de Plassac-Roufflac, 2 m., 7 h.

Épine (L'), us., c. de St-Severin, 19 m., 56 h.

Épine (Le Petit-l'), c. de Juignac, 1 m., 6 h.

Épinette (L'), c. de Brie-sous-la-Rochefoucauld, 3 m., 13 h.

Épinette (L'), c. de Laprade, 2 m., 12 h.

Épinettes (Les), c. de Bourg-Charente, 2 m., 6 h.

Épineuil, c. de St-Simon, 16 m., 45 h.

Épineuil (L'), c. de St-Yrieix, 10 m., 48 h.

Épis (L'), c. de Baignes-Ste-Radégonde, 1 m., 5 h.

Épis (Les), c. de Juillac-le-Coq, 1 m., 9 h.

Éporteuil (L'), c. de Reignac, 1 m., 4 h.

Équidets (Les), c. de Cherves, 2 m., 5 h.

Éraville, c., arr. de Cognac, cant. de Châteauneuf, éc., ✉ Châteauneuf, 66 m., 303 h.

Éraville, bg., ch.-l., c. d'Éraville, 9 m., 37 h., 4 k. de Châteauneuf, 27 k. de Cognac, 24 k. d'Angoulême.

Éricot (Chez-), c. de Nonaville, 7 m., 38 h.

Érignac (L'), c. de Bors-de-Montmoreau, 10 m., 35 h.

Escalier (L'), c. de La Couronne, 3 m., 44 h.

Escalier (L'), c. de St-Michel, 2 m, 6 h.

Escoire, c. de Poullignac, 2 m., 9 h.

Escoire (Moulin-d'), c. de Poullignac, 4 m., 7 h.

Espaguac, c. de Soyaux, 3 m., 16 h.

Essandries (Les), voy. Alexandries.

Essards (Les), c. d'Alloue, 4 m., 35 h.

Essards (Les), c. de Chavenac, 1 m., 5 h.

Essards (Les), c., arr. de Barbezieux, cant. d'Aubeterre, †, éc., ⊠ Aubeterre, 187 m., 707 h.

Essards (Les), bg., ch.-l., c. des Essards, 47 m., 65 h., 6 k. d'Aubeterre, 37 k. de Barbezieux, 51 k. d'Angoulême.

Essards (Les), c. de Lonnes, 40 m., 45 h.

Essards (Les), c. de Loubert, 2 m., 18 h.

Essart (L'), c. de Sigogne, 4 m., 6 h.

Essarts (Les), c. de Grassac, 4 m., 7 h.

Esse, c., arr. de Confolens, cant. de Confolens (Sud), †, éc., ⊠ Confolens, 203 m., 862 h.

Esse, bg., ch.-l, c. d'Esse, 21 m., 69 h., 5 k. de Confolens, 68 k. d'Angoulême.

Essubrac, c. de St-Christophe-de-Confolens, 48 m., 77 h.

Estèphe (St-), c., arr. d'Angoulême, cant. d'Angoulême (1re part.), †, éc., ⊠ Roullet, 206 m., 857 h.

Estèphe (St-), bg., ch.-l., c. de St-Estèphe, 19 m., 34 h., 15 k. d'Angoulême.

Étagnat, c., arr. de Confolens, cant. de Chabanais, †, éc., ⊠ Chabanais, ⚒ F., 347 m., 1,522 h.

Étagnat, bg., ch.-l, c. d'Étagnat, 74 m., 286 h., 6 k. de Chabanais, 17 k. de Confolens, 62 k. d'Angoulême.

Étamenat, c. de Cherves-Châtelars, 5 m., 30 h.

Étang (L'), c. de Barbezieux, 4 m., 7 h.

Étang (L'), c. de Cherves, 4 m., 4 h.

Étang (L'), c. de Dignac, 4 m., 2 h.

Étang (L'), c. d'Esse, 2 m., 9 h.

Étang (L'), c. de Lesterps, 1 m., 11 h.

Étang (L'), c. de L'Houmeau-Pontouvre, 5 m., 8 h.

Étang (L'), c. de Loubert, 2 m., 3 h.

Étang (L'), c. de Petit-Lessac, 2 m., 20 h.

Étang (L'), c. de Ronsenac, 4 m., 28 h.

Étang (L'), c. de St-Brice, 2 m., 43 h.

Étang (L'), ou La Bonde-de-l'Étang, c. de St-Estèphe, 1 m., 3 h.

Étang (L'), c. de St-Simeux, 5 m., 22 h.

Étang (L'), c. de St-Sornin, 2 m., 48 h.

Étang (L'), c. d'Yviers, 1 m., 1 h.

Étang (Moulin-de-l'), c. de Houlette, 4 m., 5 h.

Étang (Moulin-de-l'), c. de Passirac, 1 m., 3 h.

Étang-Champage (L'), c. de Barret, 1 m., 7 h.

Étang-de-Genevreau (L'), c. de Fouquebrune, 1 m., 2 h.

Étang-de-Lussac (L'), c. d'Étagnat, 1 m., 3 h.

Étang-Neuf (L'), c. de Lesterps, 1 m., 4 h.

Étang-St-Pierre (L'), c. de Lesterps, 1 m., 8 h.

Étangs (Les), c. de Chantrezac, 1 m., 3 h.

Étangs (Les), c. de Massignac, 3 m., 16 h.

Étangs (Le Moulin-des-), c. de Massignac, 4 m., 10 h.

Étangville, c. de St-Yrieix, 4 m., 9 h.

Étaule, c. de St-Simeux, 6 m., 24 h.

Étaule (Le Moulin-de-l'), c. de Dignac, 3 m., 11 h.

Étempes, c. de St-Adjutory, 6 m., 34 h.

Étendeuille, c. d'Échallat, 2 m., 9 h.

Éteyroux, c. de Brillac, 2 m., 43 h.

Étiennes (Les), ou Chez-Cocu, c. de St-Angeau, 1 m., 4 h.

Étoile (L'), c. de Touzac, 5 m., 19 h.

Étourneau (L'), c. de Juignac, 7 m., 24 h.

Étriac, c., arr. d'Angoulême, cant. de Blanzac, ⊠ Blanzac, 88 m., 377 h.

Étriac, bg., ch.-l., c. d'Étriac, 8 m., 39 h., 8 k. de Blanzac, 22 k. d'Angoulême.

Étricord, c. d'Étagnat, 2 m., 14 h.

Eutrope (St-), c., arr. de Barbezieux, cant. de Montmoreau, †, éc., ⊠ Montmoreau, ⚒ F., 66 m., 258 h.

Eutrope (St-), bg., ch.-l., c. de St-Eutrope, 58 m., 224 h., 3 k. de Montmoreau, 25 k. de Barbezieux, 28 k. d'Angoulême.

Évêché (L'), c. de St-Laurent-de-Céris, 2 m., 8 h.

Évêques (Les), c. de Poursac, 4 m., 6 h.

Évêques (Les), c. de Touzac, 4 m., 7 h.

Exideuil, c., arr. de Confolens, cant. de Chabanais, †, éc., ⊠ Chabanais, 329 m., 1,312 h.

Exideuil, bg., ch.-l., c. d'Exideuil, 37 m., 141 h., 5 k. de Chabanais, 23 k. de Confolens, 54 k. d'Angoulême.

Exignac, c. de Lesterps, 9 m., 23 h.

Eymoutiers, c., arr. d'Angoulême, cant. de Montbron, †, éc., ⊠ Montbron, 182 m., 612 h.

Eymoutiers, bg., ch.-l., c. d'Eymoutiers, 20 m., 69 h., 6 k. de Montbron, 35 k. d'Angoulême.

F

Fabrique (La), c. de St-Laurent-de-Céris, 1 m., 13 h.
Fabrique (La), c. d'Yvrac-et-Malleyrand, 2 m., 9 h.
Fachie (La), c. d'Exideuil, 17 m., 62 h.
Fagnard (Le), c. de Chalais, 22 m., 88 h.
Fagnard (Le), c. de Sainte-Marie, 1 m., 6 h.
Fagnard (Le), c. de Sérignac, 12 m., 43 h.
Fâgne (La), c. de Lesterps, 2 m., 15 h.
Faïencerie (La), us., c. de Dignac, 1 m., 8 h.
Faïencerie (La), c. de Taponnat-Fleurignac, 1 m., 1 h.
Faix, ou Tout-y-Faut, c. de Châtignac, 1 m., 5 h.
Falatière (La), ou La Folatière, c. de Luxé, 17 m., 55 h.
Fantaisie (La), c. de Montembœuf, 1 m., 5 h.
Faunaud, c. de Gimeux, 1 m., 4 h.
Fanton (Chez-), c. de Deviat, 2 m., 6 h.
Farchaud (Chez-), c. d'Angoulème, 10 m., 38 h.
Farchaud (Chez-), c. d'Éraville, 13 m., 69 h.
Farchaume, c. de Guizengeard, 3 m., 13 h.
Farêt (Chez-), c. de Moutardon, 2 m., 4 h.
Farinard (Chez-), c. de Vignolle, 1 m., 4 h.
Farinarde (La), c. de Marthon, 1 m., 3 h.
Farragorce, c. de Rougnac, 1 m., 9 h.
Farziou (Le), c. de St-Christophe-de-Chalais, 10 m., 35 h.
Farziou (Le Petit-), c. de St-Christophe-de-Chalais, 5 m., 18 h.
Faubert (Chez-), c. de Vaux-la-Vallette, 5 m., 16 h.
Faubertie (La), c. de Ronsenac, 2 m., 8 h.
Faubourg (Le), c. d'Édon, 7 m., 29 h.
Faucon (Chez-), c. de Sauvignac, 2 m., 6 h.
Fauconnerie (La), c. de Barret, 6 m., 19 h.
Fauconnier (Le), c. de Fouquebrune, 2 m., 8 h.
Fauges (Les), c. d'Étagnat, 1 m., 4 h.
Faumet (Chez-), c. de St-Même, 6 m., 25 h.
Fauquebrune, c. de Soyaux, 2 m., 6 h.
Fauquet (Chez-), c. de Vitrac, 12 m., 49 h.
Faurand, c. de Voulgézac, 11 m., 44 h.

Faure (Chez-), c. de Courlac, 5 m., 15 h.
Faure (Chez-), c. de Verrières, 4 m., 6 h.
Faure (Chez-le-), c. de Charmant, 4 m., 11 h.
Faure (Chez-le-), c. de Ronsenac, 9 m., 36 h.
Faure (Le), c. de Chadurie, 2 m., 8 h.
Faure (Le Grand-), c. de Verneuil, 1 m., 6 h.
Faure (Le Moulin-du-), c. de St-Amant-de-Montmoreau, 1 m., 5 h.
Faure (Moulin-du-), c. de Montmoreau, 2 m., 13 h.
Faurias (Le), c. de Mainzac, 10 m., 46 h.
Faurias (Le Petit-), c. de Feuillade, 1 m., 4 h.
Faurie (Chez-), c. de Vilhonneur, 2 m., 11 h.
Faurie (La), c. de Cherves-Châtelars, 3 m., 19 h.
Faurie (La), c. de Massignac, 9 m., 35 h.
Faurie (La), c. de Rioux-Martin, 7 m., 33 h.
Faurie (La), c. de Ronsenac, 3 m., 15 h.
Faurie (La), c. de St-Sornin, 23 m., 87 h.
Fauriens (Les), c. de Condéon, 5 m., 22 h.
Faurier (Chez-), c. de Bardenac, 3 m., 10 h.
Fauries (Les), c. de Salles-la-Vallette, 1 m., 1 h.
Faussejoint, c. de St-Amant-de-Boixe, 7 m., 32 h.
Fauvet (Chez-), c. de Ste-Marie, 1 m., 9 h.
Faux, c. de Petit-Lessac, 5 m., 20 h.
Faux (La), c. de Juillé, 14 m., 49 h.
Favard (Chez-), c. de Salles-la-Vallette, 6 m., 24 h.
Favilles (Les), c. d'Écuras, 4 m., 12 h.
Favrauds (Les), c. de Mornac, 15 m., 57 h.
Favrauds (Les Petits-), c. de Brie-sous-la-Rochefoucauld, 4 m., 15 h.
Favreau (Chez-), c. de Brie-sous-Barbezieux, 2 m., 6 h.
Favreau (Chez-), c. de Brossac, 3 m., 19 h.
Favreau (Chez-), c. de Montboyer, 3 m., 13 h.
Fayans (Les), c. de Theil-Rabier, 1 m., 6 h.
Fayards (Les), c. d'Étagnat, 3 m., 23 h.
Fayards (Les), c. de Genouillac, 2 m., 13 h.
Fayards (Les), c. de La Couronne, 24 m., 83 h.

Fayards (Les), c. de Mazerolles, 7 m., 36 h.

Fayards (Les), c. de Mouthiers, 11 m., 44 h.

Fayards (Le Moulin-des-), c. de Mazerolles, 1 m., 7 h.

Fayart, c. de St-Claud, 2 m., 8 h.

Faye (La), c., arr. de Ruffec, cant. de Villefagnan, †, éc., ⊠ Villefagnan, 219 m., 797 h.

Faye (La), bg., ch.-l., c. de La Faye, 43 m., 132 h., 5 k. de Villefagnan, 5 k. de Ruffec, 44 k. d'Angoulême.

Faye (La), c. d'Ambérnac, 2 m., 12 h.

Faye (La), c. d'Ansac, 2 m., 15 h.

Faye (La), c. de Chantrezac, 3 m., 33 h.

Faye (La), c. de Chavenac, 6 m., 20 h.

Faye (La), c. des Essards, 3 m., 16 h.

Faye (La), c. de Gardes, 3 m., 10 h.

Faye (La), c. de Marsac, 18 m., 77 h.

Faye (La), c. de St-Amant-de-Boixe, 3 m., 17 h.

Faye (La), c. de Salles-la-Vallette, 1 m., 5 h.

Faye (La), c. de Torsac, 7 m., 33 h.

Faye (La), c. de Tourriers, 14 m., 50 h.

Faye (La), c. de Vaux-la-Vallette, 1 m., 4 h.

Faye (La), c. de Vouzan, 3 m., 19 h.

Faye (La Basse-), c. de Gardes, 6 m., 27 h.

Faye (Le Moulin-de-la-), c. de Chavenac, 1 m., 4 h.

Fayette (La), c. des Essards, 4 m., 17 h.

Fayolle, c. d'Abzac, 4 m., 35 h.

Fayolle, moulin, c. d'Anais, 2 m., 3 h.

Fayolle, c. de Montjean, 32 m., 104 h.

Fayolle, c. de Mosnac, 1 m., 8 h.

Fayolle (La), c. de Chadurie, 5 m., 20 h.

Fayolle (La), c. de Nanteuil, 8 m., 32 h.

Fayolle (La), c. de Pougné, 10 m., 37 h.

Fayolle (La), c. de Suaux, 7 m., 30 h.

Fayolle (La), c. de Vieux-Ruffec, 3 m., 12 h.

Fayolle (La Petite-), ou La Petite-Bourgne, c. de Chadurie, 1 m., 6 h.

Fayolles (Les), c. de Birac, 4 m., 17 h.

Fayolles (Les), ou Les Landes, c. de Pressignac, 2 m., 9 h.

Fayolles (Les Grandes-), c. de Lonnes, 9 m., 43 h.

Fayolles (Les Petites-), c. de Lonnes, 19 m., 63 h.

Félix (Chez-), c. de Médillac, 8 m., 31 h.

Félix (St-), c., arr. de Barbezieux, cant. de Brossac, †, éc., ⊠ Brossac, 105 m., 414 h.

Félix (St-), bg., ch.-l., c. de St-Félix, 7 m., 31 h., 7 k. de Brossac, 19 k. de Barbezieux, 37 k. d'Angoulême.

Feneteau (Chez-), c. de St-Bonnet, 4 m., 25 h.

Fenêtre (La), c. de Condéon, 5 m., 11 h.

Fenêtre (La), c. de Juillaguet, 2 m., 10 h.

Fenêtre (La), c. de Lamérac, 1 m., 6 h.

Fenêtre (La), c. de Pérignac, 2 m., 10 h.

Fenêtre (La), c. de St-Sornin, 18 m., 84 h.

Fenêtre (La), c. de Tourriers, 57 m., 181 h.

Ferchaud, c. de Laprade, 2 m., 6 h.

Ferdinand, c. de Montbron, 1 m., 10 h.

Ferdinas, c. de Mainzac, 11 m., 39 h.

Férier (Chez-), c. de St-Félix, 5 m., 26 h.

Férit (Le), c. de Cherves, 23 m., 85 h.

Feroins (Les), c. d'Anville, 14 m., 38 h.

Feroux, c. de Vieux-Ruffec, 3 m., 5 h.

Feroux (Chez-) c. de Vieux-Cérier, 5 m., 19 h.

Ferragut, c. de St-Severin, 6 m., 39 h.

Ferrand (Chez-), c. d'Ars, 4 m., 10 h.

Ferrandes (Les), c. de Touzac, 1 m., 7 h.

Ferrant (Chez-), c. de Lagarde-sur-le-Né, 3 m., 14 h.

Ferrasserie (La), c. de St-Martin-du-Clocher, 8 m., 17 h.

Ferres (Grands-), c. de Longré, 4 m., 19 h.

Ferres (Petits-), c. de Longré, 5 m., 24 h.

Ferret, c. de La Magdeleine, 11 m., 38 h.

Ferret, c. de Villers-le-Roux, 2 m., 10 h.

Ferret (Chez-), c. de Brossac, 6 m., 29 h.

Ferret (Chez-), c. de Chadurie, 2 m., 10 h.

Ferret (Chez-), c. de Poullignac, 1 m., 5 h.

Ferret (Le), c. de Montchaude, 4 m., 17 h.

Ferrière, c. de Champniers, 9 m., 38 h.

Ferrière, c. de Gourville, 61 m., 226 h.

Ferrière, château, c. de Montbron, 1 m., 12 h.

Ferrière (La), ou Le Grand-Pas, c. de l'Isle-d'Espagnac, 1 m., 3 h.

Ferrière (La), c. de Nabinaud, 3 m., 14 h.

Ferrière (La), c. de Mainzac, 10 m., 44 h.

Ferrière (La), c. de Pillac, 4 m., 14 h.

Ferron (Chez-), c. de Cressac, 1 m., 3 h.

Ferron (Le), c. de Condéon, 2 m., 8 h.

Ferronne (La), c. d'Aunac, 7 m., 48 h.

Fert (Chez-), c. de Ronsenac, 6 m., 13 h.

Ferté (La), c. de Villefagnan, 26 m., 86 h.

Fessole, c. de St-Genis, 12 m., 52 h.

Fessou, c. d'Échallat, 3 m., 19 h.

Fessou (Chez-), c. de Pérignac, 4 m., 15 h.

Festin (Chez-), c. de Mouton, 8 m., 35 h.

Fétit (Chez-), c. de St-Romain, 5 m., 16 h.
Feubois (Le), c. de Lamérac, 1 m., 5 h.
Feuillade, c., arr. d'Angoulême, cant. de Montbron, †, éc. ☒ Marthon, 201 m., 908 h.
Feuillade, bg., ch.-l., c. de Feuillade, 19 m., 78 h., 8 k. de Montbron, 27 k. d'Angoulême.
Feuillade, c. de Champniers, 1 m., 9 h.
Fepillade (La), c. de St-Mary, 13 m., 34 h.
Feuillade (La), c. de Condéon, 1 m., 2 h.
Feuillebaud, c. de Montignac-le-Coq, 3 m., 12 h.
Feuillet (Chez-), c. de Barbezières, 7 m., 24 h.
Feuilleterie (La), c. de Payzay-Naudouin, 2 m., 11 h.
Feuilleterie (La), c. de Rioux-Martin, 2 m., 8 h
Feunat, c. de Rouillac, 37 m., 117 h.
Feutin (Les), c. de St-Sulpice, 6 m., 16 h.
Février (Chez-), c. de Condéon, 1 m., 4 h.
Fiard (Chez-), c. de Pillac, 1 m., 3 h.
Fichère (La), c. de St-Amant-de-Boixe, 93 m., 343 h.
Ficherie (La), c. de St-Maurice, 4 m., 18 h.
Fief (Le), c. de Gondeville, 1 m., 3 h.
Fief (Le), c. de St-Vallier, 1 m., 3 h.
Fière-Jolie (La), c. de Voulgézac, 1 m. non h.
Figeroux (Le), c. de Bouteville, 8 m., 22 h.
Figuier (Le), c. de Chabanais, 1 m., 11 h.
Filasse (Chez-), c. d'Agris, 9 m., 35 h.
Filhou (Chez-), c. de Montchaude, 1 m., 5 h.
Filière (La), c. d'Hiersac, 5 m., 25 h.
Filiaux (Les), c. de Champniers, 4 m., 19 h.
Fillente, c. de St-Coutant, 1 m., 8 h.
Filles (Chez-les-), c. d'Aunac, 18 m., 60 h.
Fillettes (Les), c. de Bouteville, 2 m., 9 h.
Fillou (Chez-), c. de St-Gervais, 1 m., 6 h.
Fillon (Chez-), c. de Vieux-Ruffec, 2 m., 5 h.
Fillons (Le Moulin-des-), c. de Brettes, 1 m., 2 h.
Fillou (Chez-) c. de Laprade, 1 m., 8 h.
Finet, c. d'Yviers, 9 m., 25 h.
Finettes (Les), c. de Brillac, 1 m., 7 h.
Fissac, c. de Ruelle, 41 m., 143 h.
Fiagnat, c. de Chantrezac, 11 m., 42 h.

Flaine (La), c. des Gours, 6 m., 18 h.
Flamachère (La), ou Fromanchère, c. des Pins, 4 m., 24 h.
Flamand, c. de Bonnes, 1 m., 3 h.
Flamenac, c. de Pranzac, 15 m., 88 h.
Flattière (La), c. de Brigueuil, 10 m., 46 h.
Flaudrie (La), c. de Réparsac, 5 m., 27 h.
Flaville, château, c. de Bonneuil, 1 m., 7 h.
Flé, c. de Pleuville, 3 m., 23 h.
Fléac, c., arr. d'Angoulême, cant. d'Angoulême (2ᵉ partie), †, éc., ☒ Angoulême, 205 m., 785 h.
Fléac, bg., ch.-l., c. de Fléac, 22 m., 69 h., 7 k. d'Angoulême.
Fléac, c. de Javrezac, 1 m., 6 h.
Fleurac, c., arr. de Cognac, cant. de Jarnac, éc., ☒ Jarnac, 104 m., 420 h.
Fleurac, bg., ch.-l., c. de Fleurac, 38 m., 166 h., 10 k. de Jarnac, 24 k. de Cognac, 26 k. d'Angoulême.
Fleurac, c. de Linars, 3 m., 12 h.
Fleurac, c. de Nersac, 1 m., 23 h.
Fleuranceau (Chez-), c. de St-Amant-de-Graves, 3 m., 10 h.
Fleurant (Chez-), c. de Bardenac, 3 m., 11 h.
Fleurant (Chez-), c. de Rouillac, 9 m., 26 h.
Fleurenceaux (Les), c. de Juillac-le-Coq, 3 m., 14 h.
Fleurenceaux (Les), c. de Nersac, 15 m., 64 h.
Fleurignac, c. de Taponnat-Fleurignac, 24 m., 127 h.
Flier, c. de Puyréaux, 4 m., 7 h.
Floriat, c. d'Exideuil, 1 m., 6 h.
Flotte (La), c. d'Ansac, 1 m., 7 h.
Flotte (La), c. de Lesterps, 2 m., 17 h.
Foi (La), c. de Mouthiers, 9 m., 40 h.
Foix, c. de Baignes-Ste-Radégonde, 6 m., 21 h.
Foix (La), c. de Brie-sous-Chalais, 13 m., 46 h.
Foix (La Petite-), c. de Brie-sous-Chalais, 1 m., 1 h.
Folatière (La), voy. La Falatière.
Folie (La), c. de Bonneville, 24 m., 83 h.
Folie (La), c. de Brie-sous-la-Rochefoucauld, 1 m., 3 h.
Folie (La), ou La Bachelerie, c. de Cellefrouin, 1 m., 3 h.
Folie (La), c. de Chasseneuil, 13 m., 48 h.
Folie (La), c. de La Pallue, 1 m., 3 h.
Folie (La), c. de St-Amant-de-Montmoreau, 1 m., 6 h.

Folle (La), c. de Taponnat-Fleurignac, 1 m., 5 h.

Folle (La), c. de Trois-Palis, 1 m., 7 h.

Follerie (La), c. du Grand-Masdieu, 1 m., 3 h.

Fombaillant, c. de Vieux-Ruffec, 7 m., 23 h.

Fombarreau, c. de St-Coutant, 8 m., 31 h.

Fombeau, c. d'Alloue, 14 m., 39 h.

Fomberroux, c. de Vieux-Cérier, 6 m., 25 h.

Fompeauloup, c. de St-Cybard-le-Peyrat, 1 m., 6 h.

Fonceau, c. de La Rochefoucauld, 1 m., 6 h.

Fonceau, c. de Touzac, 2 m., 5 h.

Fonchain (Les), c. de Sers, 5 m., 18 h.

Foncourt, c. de Chasseneuil, 12 m., 50 h.

Fondchavaud, c. de St-Maurice, 1 m., 8 h.

Fondcornette, c. de Touvérac, 1 m., 4 h.

Fondereuse, c. de St-Coutant, 6 m., 36 h.

Fondoume, c. de Villefagnan, 12 m., 63 h.

Fond-Rose (Le Petit-), c. de Barbezieux, 2 m., 7 h.

Fonfais, c. de Cellefrouin, 10 m., 44 h.

Fongereau, c. de Barret, 5 m., 25 h.

Fonrochette, c. de Reignac, 1 m., 5 h.

Fonsazy, c. de Vars, 5 m., 15 h.

Fonseveranne, c. de Pressignac, 14 m., 22 h.

Fonsut, c. de Baignes-Ste-Radégonde, 14 m., 41 h.

Font (La), c. de Bellon, 25 m., 73 h.

Font (La), c. de Chadurie, 1 m., 2 h.

Font (La), c. d'Écuras, 2 m., 6 h.

Font (La), c. de La Couronne, 10 m., 42 h.

Font (La), c. de Massignac, 9 m., 56 h.

Font (La), c. de Mérignac, 1 m., 18 h.

Font (La), c. de Pérignac, 12 m., 42 h.

Font (La), c. de Villefagnan, 2 m., 9 h.

Font (La Grand'), c. d'Angoulême, 37 m., 180 h.

Font (La Grand'), c. de Dirac, 11 m., 51 h.

Font (La Grand'), c. de Grassac, 1 m., 3 h.

Font (La Grand'), c. de St-Félix, 1 m., 9 h.

Font (La Petite-), c. de St-Avit, 1 m., 5 h.

Fontafie, c. de Nieuil, 15 m., 82 h., ₰.

Font-Ageasse (La), c. de Berneuil, 1 m., 5 h.

Fontaine, c. de Roullet, 16 m., 65 h.

Fontaine (La), c. d'Aizecq, 11 m., 33 h.

Fontaine (La), c. de Dignac, 11 m., 31 h.

Fontaine (La), c. de Taponnat-Fleurignac, 2 m., 13 h.

Fontaine (La), c. de Tusson, 27 m., 97 h.

Fontaine (La), c. de Vitrac, 1 m., 3 h.

Fontaine-Cosson, c. de Montboyer, 1 m., 7 h.

Fontaine-des-Riffauds (La), c. de Ruelle, 6 m., 44 h.

Fontaine-de-Vignolles (La), c. de Vignolles, 1 m., 6 h.

Fontaine-Prête-à-Boire (La), c. d'Édon, 1 m., 2 h.

Fontaine-Pourrie (La), c. de Garat, 1 m., 4 h.

Fontaines (Les), c. de Baignes-Ste-Radégonde, 2 m., 8 h.

Fontaines (Les), c. de Bonneville, 2 m., 20 h.

Fontaines (Les), c. de Mouthiers, 1 m., 8 h.

Fontais (Chez-), c. d'Éraville, 5 m., 21 h.

Font-Allard (La), c. de Berneuil, 1 m., 4 h.

Fontanon, c. de Champagne-Mouton, 1 m., 6 h.

Fontanson, c. de Champniers, 19 m., 78 h.

Fontastier, c. de St-Yrieix, 1 m., 6 h.

Fontastier (Le Petit-), c. de St-Yrieix, 1 m., 3 h.

Fontaubier (Le), c. de Bonnes, 5 m., 24 h.

Fontaubière, c. d'Écuras, 2 m., 7 h.

Fontaud, c. de St-Romain, 5 m., 15 h.

Fontaudrat, c. de St-Palais-du-Né, 2 m., 41 h.

Fontauger (La), c. de Berneuil, 3 m., 41 h.

Fontaullère, c. de Cherves, 1 m., 7 h.

Fontaury, c. de Châteauneuf, 1 m., 6 h.

Fontbaillon, c. de St-Gervais, 2 m., 8 h.

Fontbelle, c. de Châteauneuf, 1 m., 5 h.

Fontbellonne, c. de Mazerolles, 3 m., 13 h.

Fontblanche, c. de St-Romain, 3 m., 12 h.

Fontbonne, c. de Chirac, 1 m., 9 h.

Fontborne, c. de Malaville, 1 m., 6 h.

Font-Brisson (La), c. des Gours, 2 m., 8 h.

Fontbrun, c. de Villejésus, 3 m., 15 h.

Fontbureau, c. de Montignac-le-Coq, 2 m., 7 h.

Font-Chadeneau (La), c. de Chabrac, 1 m., 13 h.

Fontcharrière, c. de St-Romain, 2 m., 8 h.

Font-Châtelaine (La), c. de Barbezieux, 2 m., 8 h.

Fontchaudière, c. d'Angoulême, 28 m., 101 h.

Fontchaudière, c. de St-Yrieix, 1 m., 7 h.

Fontchauveau, c. de Chabrac, 2 m., 21 h.

Fontchérand, c. de St-Romain, 4 m., 15 h.

Fontclaire, c. de Pérignac, 1 m., 5 h.

Fontclaireau, c., arr. de Ruffec, cant. de Mansle, éc., ☒ Mansle, 170 m., 617 h.

Fontclaireau, bg., ch.-l., c. de Fontclaireau, 27 m., 90 h., 3 k. de Mansle, 16 k. de Ruffec, 30 k. d'Angoulême.

Fontclaireau (Le Moulin-de-), c. de Fontclaireau, 1 m., 6 h.

Fontclairet, c. de Champagne-Mouton, 1 m., 14 h.

Font-Close (La), c. de Barbezieux, 7 m., 30 h.

Fontcourgeau, c. de Porcheresse. 3 m., 11 h.

Font-de-Bazac (La), c. de Bazac, 1 m., 7 h.

Font-de-Bussac (La), c. de Jurignac, 3 m., 7 h.

Font-de-Châtenet (La), c. de Magnac-la-Vallette, 1 m., 3 h.

Font-de-Chez-Brechet (La), c. de St-Yrieix, 1 m., 4 h.

Font-de-St-Martin (La), c. de Balzac, 8 m., 34 h.

Font-des-Bois (La), c. de St-Genis, 2 m., 8 h.

Font-des-Marais (La), c. d'Ébréon, 7 m., 24 h.

Font-du-Broix (La), c. de Touzac, 1 m., 5 h.

Font-du-Cerisier (La), c. de Soyaux, 2 m., 3 h.

Font-du-Frène (La), c. de Roullet, 1 m., 4 h.

Font-Dumas (La), c. de Chantrezac, 4 m., 16 h.

Font-du-Puy, c. de Petit-Lessac, 1 m., 7 h.

Font-du-Roc, c. de St-Severin, 3 m., 11 h.

Fontéchevade, c. d'Orgedeuil, 25 m., 102 h.

Fontegrive, c. de Villefagnan, 1 m., 5 h.

Fontenaud (Le Grand-), c. de St-Romain, 14 m., 40 h.

Fontenaud (Le Petit-), c. de Montignac-le-Coq, 1 m., 4 h.

Fontenaud (Le Petit-), c. de St-Romain, 7 m., 34 h.

Fontenauds (Les), c. de Montchaude, 6 m., 26 h.

Fonteneau, c. de Barbezieux, 1 m., 6 h.

Fonteneau (Chez-), c. de La Chaise, 2 m., 12 h.

Fonteneau (Chez-), c. d'Oriolles, 2 m., 16 h.

Fontenelle, c. d'Échallat, 13 m., 51 h.

Fontenelle (La), c. de Champniers, 4 m., 16 h.

Fontenelle (La), c. de Charmant, 1 m., 6 h.

Fontenelle (La), c. de Merpins, 1 m., 29 h.

Fontenelle (La), c. de Pillac, 1 m., 4 h.

Fontenelle (La), c. de St-Amant-de-Nouère, 24 m., 102 h.

Fontenelles (Les), c. de Brettes, 1 m. non h.

Fontenelles (Les), c. de Mouton, 4 m., 14 h.

Fontenelles (Les), c. d'Yvrac-et-Malleyrand, 1 m., 9 h.

Fontenille, c., arr. de Ruffec, cant. de Mansle, †, éc., ☒ Mansle, 197 m., 738 h.

Fontenille, bg., ch.-l., c. de Fontenille, 26 m., 90 h., 6 k. de Mansle, 14 k. de Ruffec, 32 k. d'Angoulême.

Fontenille, c. de Champniers, 7 m., 29 h.

Fontenille, c. de Cherves, 22 m., 71 h.

Fontenille (La), c. de Montrollet, 8 m., 35 h.

Fontenilles (Les), c. de Lamérac, 1 m., 6 h.

Fontenion (Le), c. de La Vallette, 1 m., 5 h.

Font-Fauche (La), c. de Berneuil, 1 m., 6 h.

Font-Ferrant (La), ou Les Granges, c. de Blanzac, 1 m., 3 h.

Fontfleury, c. de Bonneville, 1 m., 5 h.

Fontfougeroux, c. de Malaville, 1 m., 4 h.

Fontfroide, c. de Mazières, 1 m., 4 h.

Fontfroide, c. de St-Estèphe, 1 m., 7 h.

Font-Gardèche (La), c. d'Exideuil, 3 m., 49 h.

Fontgibaud, c. d'Anais, 1 m., 7 h.

Fontgireau, c. de Barret, 13 m., 66 h.

Fontgois, c. de Segonzac, 3 m., 12 h.

Fontgrave, c. d'Angoulême, 1 m., 12 h.

Fontgrive, c. d'Anville, 1 m., 6 h.

Fontgrive, c. d'Oradour-Fanais, 5 m., 26 h.

Fontguyon, c. de St-Amant-de-Nouère, 1 m., 5 h.

Fontguyon (La), c. de St-Genis, 1 m., 2 h.

Fontiaux, c. de Raix, 2 m., 7 h.

Font-Jousseline (La), c. de Brettes, 1 m., 7 h.

Font-Joyeuse (La), c. de St-André, 1 m., 6 h.

Font-Liôt (La), c. de Montigné, 3 m., 8 h.

Font-la-Tude, c. de Médillac, 3 m., 11 h.

Font-Martin (La), c. de Birac, 1 m., 4 h.

Fontmarzelle, c. de Péreuil, 1 m., 9 h.

Fontmer (Le), c. d'Alloue, 1 m., 5 h.

Fontmorte, c. d'Édon, 1 m., 1 h.

Font-Morte (La), c. de Rougnac, 2 m., 7 h.

Font-Muguet (La), c. de Brossac, 1 m., 4 h.

Fontnouvelle, c. de Bonneuil, 4 m., 6 h.

Fontpalais, c. de Grassac, 1 m., 3 h.

Font-Parois (La), c. de Jurignac, 1 m., 2 h.

Fontpinot, c. de Lignères, 1 m., 15 h

Font-Pisse-Près, voy. Puy-de-Palisse.

Fontquéroy, c. de Vouthon, 5 m., 25 h.

Font-Rase (La), c. de Barbezieux, 2 m., 11 h.

Font-Rouillée (La), c. de Condéon, 2 m., 7 h.

Fontroy, c. de La Couronne, 1 m., 7 h.

Fonts (Les Petites-), c. de Bors-de-Baignes, 1 m., 5 h.

Font-St-Martin (La), c. de Salles-la-Vallette, 1 m., 5 h.

Font-St-Martin, c. de Vouthon, 1 m., 7 h.

Font-Salaire (La), c. de Salles-de-Segonzac, 2 m., 4 h.

Fontverrière, c. de Champmillon, 1 m., 5 h.

Fontvieille, c. de Criteuil, 1 m., 3 h.

Fontvignère, c. d'Orival, 1 m., 5 h.

Font-Vilaine (La), c. de Malaville, 1 m., 4 h.

Forandie (La), c. de Confolens, 6 m., 23 h.

Forçat (Chez-), c. de St-Severin, 3 m., 15 h.

Fordie (La), c. de St-Maurice, 2 m., 19 h.

Foreille (La), c. de Chazelles, 2 m., 11 h.

Forelles (Les), c. de Jurignac, 3 m., 18 h.

Foresterie (La), c. de Rougnac, 2 m., 10 h.

Forestier (Chez-), c. de Dirac, 9 m., 30 h.

Forêt, c. de Tusson, 8 m., 21 h.

Forêt (Chez-), c. de Montjean, 10 m., 31 h.

Forêt (La), c. d'Alloue, 2 m., 11 h.

Forêt (La), c. de Bardenac, 3 m., 11 h.

Forêt (La), c. de Bréville, 13 m., 58 h.

Forêt (La), c. de Brie-sous-la-Rochefoucauld, 2 m., 12 h.

Forêt (La), c. de Brillac, 2 m., 11 h.

Forêt (La), c. de Cellefrouin, 2 m., 8 h.

Forêt (La), c. de Chassiecq, 1 m., 6 h.

Forêt (La), c. de Chirac, 1 m., 10 h.

Forêt (La), c. de Douzat, 3 m., 10 h.

Forêt (La), c. d'Étagnat, 1 m., 6 h.

Forêt (La), bg., ch.-l., c. de la Forêt-de-Tessé, 14 m., 35 h., 8 k. de Villefagnan, 11 k. de Ruffec, 49 k. d'Angoulème.

Forêt (La), c. de Gurat, 1 m., 3 h.

Forêt (La), c. de La Couronne, 1 m., 14 h.

Forêt (La), c. de Montboyer, 3 m., 12 h.

Forêt (La), c. de Moutardon, 7 m., 25 h.

Forêt (La), c. de Mouthiers, 1 m., 4 h.

Forêt (La), c. de Nanteuil, 2 m., 6 h.

Forêt (La), c. de Nieuil, 1 m., 7 h.

Forêt (La), c. d'Oriolles, 2 m., 11 h.

Forêt (La), c. de Parzac, 2 m., 15 h.

Forêt (La), c. de Petit-Lessac, 1 m., 5 h.

Forêt (La), c. de St-Bonnet, 5 m., 13 h.

Forêt (La), c. de St-Cybard, 1 m., 9 h.

Forêt (La), c. de St-Maurice, 1 m., 5 h.

Forêt (La), c. de Ste-Marie, 1 m., 8 h.

Forêt (La), c. de Vilhonneur, 1 m., 6 h.

Forêt (La), c. de Villars, 2 m., 7 h.

Forêt (La Grande-), c. de Souffrignac, 7 m., 47 h

Forêt (La Grande-), c. de Feuillade, 1 m., 8 h.

Forêt-de-Chez-Goulard (La), c. de Cherves, 1 m., 3 h.

Forêt-d'Horte (La), c. de Grassac, 3 m., 20 h.

Forêt-de-la-Serpe (La), c. de Nonac, 2 m., 5 h.

Forêt-de-Laurière (La), c. de Dignac, 6 m., 26 h.

Forêt-de-Tessé (La), c., arr. de Ruffec, cant. de Villefagnan, †, éc., ⊠ Villefagnan, 244 m., 808 h.

Forêterie (La), c. de Manot, 7 m., 20 h.

Forêts (Les), c. de Bors-de-Montmoreau, 1 m., 3 h.

Forêts (Les), c. de Bouex, 10 m., 42 h.

Forêts (Les), c. de Condéon, 2 m., 11 h.

Forêts (Les), c. d'Écuras, 1 m., 9 h.

Forêts (Les), c. de Loubert, 1 m., 8 h.

Forêts (Les), c. de Mouthiers, 2 m., 11 h.

Forêts (Les), c. de Vouzan, 11 m., 26 h.

Forge, c. de Mouthiers, 5 m., 17 h.

Forge (La), c. de Cherves-Châtelars, 1 m., 5 h.

Forge (La), c. de Montbron, 9 m., 18 h.

Forge (La), c. de Rancogne, 1 m., 21 h.

Forge (La), c. de St-Amant-de-Montmoreau, 1 m., 4 h.

Forge (La), c. de St-Quentin, cant. de Chabanais, 24 m., 86 h.

Forge (La Grosse-), c. de Charras, 4 m., 9 h.

Forge (Moulin-de-la-), ou Moulin-de-Chabrot, c. de Montbron, 4 m., 7 h.

Forgeau (Chez-), c. de Jauldes, 7 m., 28 h.

Forge-des-Fayards (La), c. de Mazerolles, 4 m., 5 h.

Forgemon, c. de St-Claud, 4 m., 6 h.

Forgerie (La), c. de Petit-Lessac, 2 m., 15 h.

Forgerie (La), c. de St-Simeux, 7 m., 36 h.

Forges (Les), c. de Berneuil, 6 m., 21 h.

Forges (Les), c. de Brie-sous-la-Rochefoucauld, 6 m., 24 h.

Forges (Les), c. de Cellefrouin, 36 m., 117 h.

Forges (Les), c. de Dignac, 4 m., 9 h.

Forges (Les), us., c. de Sireuil, 5 m., 25 h.

Forges (Les), us., c. de Taizé-Aizie, 44 m., 50 h.

Forges (Les), c. de Turgon, 4 m., 40 h.

Forges (Les), c. de Vitrac, 8 m., 29 h.

Forgette, c. de St-Fraigne, 4 m., 40 h.

Forillon (Chez-), c. de Reignac, 2 m., 6 h.

Forises (Les), c. de Houlette, 6 m., 48 h.

Formon, c. de Reignac, 4 m., 6 h.

Fornet (Chez-), c. de Claix, 7 m., 21 h.

Fort (St-), c., arr. de Cognac, cant. de Segonzac, †, éc., ⊠ Segonzac, ⚓ F., 151 m., 550 h.

Fort (St-), bg., ch.-l., c. de St-Fort, 13 m., 47 h., 10 k. de Segonzac, 14 k. de Cognac, 42 k. d'Angoulême.

Fort (Chez-), c. de St-Projet-St-Constant, 2 m., 15 h.

Fort (Chez-), c. d'Yvrac-et-Malleyrand, 2 m., 16 h.

Fort-Cherrière, c. de Rouffiac-de-St-Martial-la-Menècle, 3 m., 8 h.

Fortet (Chez-), c. de Nanteuil, 15 m., 54 h.

Forts-du-Bourg (Les), c. de Rioux-Martin, 3 m., 43 h.

Fosse (La), c. d'Hiesse, 3 m., 45 h.

Fosse (La), c. de Montchaude, 4 m., 2 h.

Fosse (Moulin-de-la-), c. de Houlette, 4 m., 6 h.

Fosse-à-Muraud, c. de Reignac, 4 m., 6 h.

Fosse-du-Lac (La), c. de Chasseneuil, 2 m., 13 h.

Fosses (Les), c. de Magnac-la-Vallette, 4 m., 6 h.

Fosses (Les), c. de Mesnac, 23 m., 72 h.

Fosses (Les), c. de Montignac-le-Coq, 2 m., 12 h.

Fosses (Les), c. de Roussines, 3 m., 43 h.

Fosses (Les), c. de Sonneville, 4 m., 6 h.

Fossés (Les), c. de Segonzac, 5 m., 46 h.

Fosses-Rouges (Les Petites-), c. de Mansié, 2 m., 6 h.

Fot (Le), c. de Cherves-Châtelars, 5 m., 23 h.

Fou (Le), c. de St-Claud, 11 m., 43 h.

Foucaud (Chez-), c. de Brie-sous-Chalais, 27 m., 48 h.

Foucaud (Chez-), c. de Dignac, 6 m., 24 h.

Foucaud (Chez-), c. de Guimps, 8 m., 35 h.

Foucaud (Chez-), c. de Montboyer, 14 m., 59 h.

Foucaud (Chez-), c. de Ste-Marie, 3 m., 14 h.

Foucaudat, c. de Juillac-le-Coq, 17 m., 74 h.

Foucauderie (La), c. de Barbezieux, 4 m., 5 h.

Foucauderie (La Petite-), voy. Les Petits-Moreaux.

Foucaudes (Les), c. d'Yviers, 14 m., 51 h.

Foucaudière (La), c. de Fleurac, 4 m., 7 h.

Foucauds (Les), c. d'Agris, 31 m., 99 h.

Foucauld (Moulin-), c. d'Ars, 4 m., 14 h.

Foucher (Chez-), c. de Condéon, 4 m., 2 h.

Foucher (Chez-), c. de Nonaville, 4 m., 40 h.

Foucherie (La), c. de Lézignac-Durand, 13 m., 54 h.

Foucheries (Les), c. de Nonac, 2 m., 12 h.

Fouchers (Les), c. d'Yviers, 11 m., 40 h.

Fougasson (Le), c. de St-Romain, 4 m., 6 h.

Fougears, c. de Rouillac, 11 m., 48 h.

Fougeras, c. de Suris, 15 m., 48 h.

Fougeras, c. de Pressignac, 4 m., 12 h.

Fougerat, c. d'Yviers, 2 m., 4 h.

Fougerat (Le Jeune-), c. de Manot, 18 m., 52 h.

Fougerat (Le Vieux-), c. de Manot, 32 m., 92 h.

Fougère, c. de Fouquebrune, 4 m., 20 h.

Fougère, c. de St-Angeau, 20 m., 60 h.

Fougère (Chez-), c. de Chantillac, 4 m., 12 h.

Fougère (La), c. de St-Severin, 3 m., 17 h.

Fougères, c. d'Agris, 36 m., 182 h.

Fougères, c. de Cherves-Châtelars, 24 m., 88 h.

Fougères, c. de Coulgens, 5 m., 25 h.

Fougères (Les), c. de Bioussac, 1 m., 8 h.

Fougères (Les), c. de Champniers, 4 m., 15 h.

Fougères (Moulin-des-), c. de Reignac, 1 m., 2 h.

Fouildre (Chez-), c. de Torsac, 1 m., 6 h.

Fouillarde (La), c. de Châtignac, 1 m., 6 h.

Fouillarge (La), c. de Juignac, 1 m., 6 h.

Fouillarge (La), c. de Montembœuf, 4 m., 18 h.

Fouillarge (La), c. de Palluaud, 1 m., 6 h.

Fouillouse (La), c. de La Couronne, 4 m., 33 h.

Fouillouse (La), c. de Roullet, 4 m., 28 h.

Fouilloux, c. de La Chapelle, 19 m., 116 h.

Fouilloux (Le), c. de Marillac, 1 m., 7 h.

Fouilloux (Le), c. de Payzay-Naudouin, 1 m., 9 h.

Fouilloux (Les), c. d'Agris, 4 m., 30 h.

Fouilloux (Les), c. de Bunzac, 12 m., 34 h.

Fouilloux (Les), c. de Nieuil, 15 m., 58 h.

Fouilloux (Les), c. des Pins, 12 m., 46 h.

Fouillu (Le), c. de Laprade, 1 m., 6 h.

Fouine (Chez-), c. de Curac, 4 m., 14 h.

Fouine (Moulin-de-), c. de Ste-Marie, 2 m., 9 h.

Foulon (Le), c. de St-Laurent-de-Céris, 1 m., 5 h.

Foulounoux, c. de Chirac, 12 m., 54 h.

Foulpougne, c. de L'Houmeau-Pontouvré, 9 m., 16 h.

Fouquebrune, c., arr. d'Angoulême, cant. de La Vallette, †, éc., ⊠ La Vallette, 228 m., 976 h.

Fouquebrune, bg., ch.-l., c. de Fouquebrune, 23 m., 70 h., 8 k. de La Vallette, 17 k. d'Angoulême.

Fouquet (Chez-), c. de St-Estèphe, 2 m., 11 h.

Fouquet (Chez-), c. de Salles-de-Barbezieux, 1 m., 4 h.

Fouqueure, c., arr., de Ruffec, cant. d'Aigre, †, éc., ⊠ Aigre, 265 m., 1,030 h.

Fouqueure, bg., ch.-l., c. de Fouqueure, 208 m., 774 h., 6 k. d'Aigre, 21 k. de Ruffec, 36 k. d'Angoulême.

Four (Chez-), c. de La Tâche, 22 m., 73 h.

Four (Le), c. de Rouzède, 14 m., 51 h.

Fourageat (Le), c. des Essards, 1 m., 3 h.

Fourchée (La), c. de Baignes-Ste-Radégonde, 2 m., 3 h.

Fourches (Les), c. de Chabanais, 1 m., 2 h.

Fourgachet, c. de Taizé-Aizie, 5 m., 18 h.

Fourgeaudie (La), c. de St-Christophe, 3 m., 13 h.

Fourgnoux (Le), c. de Brillac, 5 m., 25 h.

Fourigné, c. de Pleuville, 2 m., 9 h.

Four-la-Chaux (Le), c. d'Angoulême, 15 m., 54 h.

Four-la-Chaux (Le), c. de Mainxe, 9 m., 35 h.

Four-la-Chaux (Le), c. de Roullet, 3 m., 13 h.

Four-la-Chaux (Le), c. de St-Saturnin, 1 m., 5 h.

Fourlière (La), c. de La Rochette, 18 m., 72 h.

Fourmillière (La), ou La Fremigère, c. de St-Sulpice-de-Cognac, 2 m., 4 h.

Fourneau, c. de Sers, 1 m., 5 h.

Fourneau (Chez-), c. de La Chaise, 1 m., 5 h.

Fourneau (Chez-), c. de St-Aulais-de-la-Chapelle-Conzac, 3 m., 10 h.

Fourneau-Babœuf (Chez-), c. de La Chaise, 1 m., 2 h.

Fournerie (La), c. de Bréville, 2 m., 12 h.

Fournerie (La), c. de Villefagnan, 1 m. non h.

Fournet (Le), c. de St-Laurent-de-Céris, 1 m., 15 h.

Fournet (Moulin-du-), c. de St-Laurent-de-Céris, 1 m., 4 h.

Fournière (La), c. de Villefagnan, 8 m., 25 h.

Fourniers (Les), c. de Messeux, 2 m., 14 h.

Fournioux (Le), c. d'Abzac, 2 m., 10 h.

Fournioux (Le), c. de Villars, 4 m., 18 h.

Fournis (Les), c. de Saint-Même, 3 m., 11 h.

Fouros (Chez-), c. de St-Maurice, 16 m., 64 h.

Fourquet (Le), c. de Salles-la-Vallette, 2 m., 7 h.

Foussant, c. de Mainxe, 3 m., 14 h.

Foussignac, c., arr. de Cognac, cant. de Jarnac, †, éc., ⊠ Jarnac, 177 m., 615 h.

Foussignac, bg., ch.-l., c. de Foussignac, 89 m., 284 h., 6 k. de Jarnac, 20 k. de Cognac, 26 k. d'Angoulême.

Foy (La), c. de St-Laurent, 2 m., 7 h.

Fradin, c. de Chassiecq, 4 m., 8 h.

Fradin (Chez-), c. de Chantillac, 2 m., 4 h.

Fradon (Chez-), c. de Chantillac, 2 m., 4 h.

Fragnaie (La), c. de St-Médard-de-Rouillac, 1 m., 5 h.

Fragnaud (Chez-), c. de Montboyer, 6 m., 19 h.

Fraîchefont, c. d'Auge, 42 m., 164 h.

Fraîchefont, c. de Champniers, 19 m., 94 h.

Fraîches (Les), c. de Mesnac, 2 m., 15 h.

Fraigne (St-), c., arr. de Ruffec, cant. d'Aigre, †, éc., ⊠ Aigre, 384 m., 1,103 h.

Fraigne (St-), bg., ch.-l., c. de St-Fraigne, 8 k. d'Aigre, 20 k. de Ruffec, 42 k. d'Angoulême.

Fraisse (Le), c. de Feuillade, 12 m., 57 h.

Fraisse (Le), c. de Montbron, 1 m., 5 h.

Fraisse (Le), c. de Palluaud, 25 m., 61 h.

Fraisse (Le Petit-), c. de Palluaud, 1 m., 4 h.

Français (Chez-), c. d'Édon, 2 m., 9 h.

France (La), c. de St-Aulais-de-la-Chapelle-Conzac, 1 m., 6 h.

Francès (Chez-), c. de Garat, 2 m., 10 h.

Franchecaille, c. de St-Estèphe, 1 m., 8 h.

Francherie (La), c. des Pins, 2 m., 14 h.

Franchie (La), c. de Cherves, 5 m., 22 h.

Francillac, c. de Trois-Palis, 4 m., 17 h.

Francillière (La), c. de Chasseneuil, 5 m., 25 h.

Francillon (Chez-), c. de Cellefrouin, 7 m., 26 h.

François-du-Moulin (Chez-), c. de St-Severin, 3 n, 12 h.

Frappier (Chez-), c. de Chantillac, 5 m., 26 h.

Frappier (Chez-), c. de Touvérac, 1 m., 4 h.

Fraud (Le), c. de Chadurie, 1 m., 2 h.

Fraud (Le), c. de Roussines, 1 m., 16 h.

Fraudières (Les), c. de Coulgens, 1 m., 7 h.

Frauds (Les), c. de Taponnat-Fleurignac, 10 m., 46 h.

Frauds (Les Grands-), c. de Brie-sous-la-Rochefoucauld, 25 m., 94 h.

Frauds (Les Petits-), c. de Brie-sous-la-Rochefoucauld, 11 m., 42 h.

Frédière, c. de Payzay-Naudouin, 2 m., 10 h.

Frégeneuil, c. de Soyaux, 8 m., 29 h.

Frégeneuil, c. de Dirac, 4 m., 17 h.

Frégeville, c. de St-Maurice, 2 m., 19 h.

Frégnaudies (Les), c. de St-Laurent-de-Céris, 5 m., 38 h.

Frégonnières (Les), c. de Linars, 7 m., 29 h.

Frêlet, c. du Bouchage, 16 m., 56 h.

Frelet (Chez-), c. de Charmant, 3 m., 8 h.

Fremigère (La), voy. La Fourmillière.

Frenade (La), c. de Merpins, 33 m., 113 h.

Frêne (Le), c. de Berneuil, 6 m., 17 h.

Frêne (Le), c. de Juillac-le-Coq, 1 m., 7 h.

Frenette (La), c. d'Hiesse, 4 m., 25 h.

Frény, c. de St-Coutant, 13 m., 37 h.

Frény (Moulin-du-), c. de St-Coutant, 1 m., 6 h.

Fressange, c. de St-Laurent-de-Céris, 5 m., 28 h.

Fressanges, c. de Vouzan, 7 m., 26 h.

Fresse (La), c. de Bonnes, 17 m., 58 h.

Fressignac (Chez-), c. de St-Laurent-de-Belzagot, 11 m., 37 h.

Frette (La), c. de Rioux-Martin, 1 m., 3 h.

Frezanne (La), c. de Torsac, 2 m., 11 h.

Fricant (Chez-), c. de Charras, 2 m., 4 h.

Frigonnières (Les), c. de Gondeville, 15 m., 52 h.

Fringuant, c. de Louzac, 2 m., 13 h.

Fringuant (Le Petit-), c. de St-André, 1 m., 2 h.

Friquets (Les), c. de La Faye, 7 m., 25 h.

Frisson (Chez-), c. de Lesterps, 2 m., 11 h.

Fromagerie (La), c. de Grassac, 4 m., 16 h.

Fromanchère (La), voy. La Flamachère.

Fromenteau, c. de Chirac, 1 m., 4 h.

Fromonger, c. d'Angoulême, 11 m., 28 h.

Front (St-), c., arr. de Ruffec, cant. de Mansle, †, éc., ⊠ Mansle, 209 m., 803 h.

Front (St-), bg., ch.-l., c. de St-Front, 34 m., 125 h., 11 k. de Mansle, 19 k. de Ruffec, 57 k. d'Angoulême.

Frottards (Les), c. de Brie-sous-la-Rochefoucauld, 19 m., 80 h.

Frouin (Chez-), c. de Nercillac, 8 m., 36 h.

Frouin (Le Petit-), c. de Nercillac, 7 m., 23 h.

Fruchet (Chez-), c. de St-Sulpice-de-Cognac, 5 m., 15 h.

Fuie (La), c. de Chasseneuil, 22 m., 84 h.

Fuie (La), c. de St-Preuil, 3 m., 11 h.

Fuie (La), c. de Sonneville, 23 m., 85 h.

Fuie (La), c. de Vignolles, 3 m., 12 h.

Fuie (La Grande-), c. de St-Laurent-de-Céris, 2 m., 9 h.

Fuie (La Petite-), c. de St-Laurent-de-Céris, 2 m., 26 h.

Fusilliers (Les), c. de Mosnac, 7 m., 22 h.

Fustifort, c. de Roullet, 11 m., 44 h.

Furet (Chez-), c. de Challignac, 2 m., 5 h.

Faye (La), c. de Nersac, 14 m., 55 h.

G

Gabard , c. de St-Vallier, 4 m., 20 h.
Gabard (Chez-), c. de Brossac, 8 m., 28 h.
Gabard (Chez-), c. de Passirac, 7 m., 28 h.
Gabard (Chez-), c. de Sérignac, 2 m., 2 h.
Gabelle (La), c. de Péreuil, 1 m., 7 h.
Gabet (Le), c. de Plassac-Roufflac, 1 m., 8 h.
Gabloteaux (Les), c. de Juillac-le-Coq, 16 m., 47 h.
Gabori , c. de Marillac , 1 m., 9 h.
Gaboriaud (Chez-), c. de Montboyer, 1 m., 7 h.
Gaboriaud (Chez-), c. de St-Sulpice-de-Cognac, 5 m., 12 h.
Gaboriaud (Chez-), c. de St-Vallier, 1 m., 5 h.
Gaboriauds (Les), c. de Salles-de-Segonzac , 13 m., 37 h.
Gabrielle (La), c. de Poullignac, 1 m., 7 h.
Gachade (La), c. de Mouzon, 1 m., 8 h.
Gache (Chez-), c. de Bouteville, 1 m., 2 h.
Gacherie (La), c. de Rouffiac-de-St-Martial-la-Menècle, 6 m., 22 h.
Gachignards (Les), c. de Nersac, 5 m., 34 h.
Gâcon (Chez-), c. d'Yvrac-et-Malleyrand, 18 m., 59 h.
Gadeau (Chez-), c. des Pins, 8 m., 40 h.
Gadebors, c. de Baignes-Ste-Radégonde, 3 m., 14 h.
Gadechien (Le Grand-), c. de Javrezac, 21 m., 68 h.
Gadechien (Le Petit-), c. de Javrezac, 12 m., 40 h.
Gadelière (La), c. de Bernac, 16 m., 54 h.
Gadillaude (La), c. de Chenommet, 5 m., 22 h.
Gadmoulin, c. de La Pallue, 4 m., 29 h.
Gadolet, c. de Breuil, 1 m., 3 h.
Gadrat, c. de Bonnes, 2 m., 11 h.
Gadrat (Chez-), c. de Rioux-Martin, 3 m., 18 h.
Gadrat (Chez-), c. de Sauvignac, 1 m., 4 h.
Gadrats (Les), c. de Touzac, 4 m., 17 h.
Gagie (La), c. de Marillac, 11 m., 50 h.
Gagnardie (La), c. de Fontclaireau, 6 m., 28 h.
Gagniers (Les), c. de Mouthiers, 5 m., 24 h.
Gaillard, c. de Lupsault, 1 m., 6 h.

Gaillard (Chez-), c. de Ste-Souline, 2 m., 5 h.
Gaillarderie (La), c. de Mouthiers, 1 m., 8 h.
Gailledras (Les), c. de Brie-sous-la-Rochefoucauld, 15 m., 62 h.
Gaillet (Chez-), c. de Verrières, 2 m., 40 h.
Gaillot (Chez-), c. de Lamérac, 1 m., 3 h.
Gailloux (Chez-), c. d'Agris, 1 m., 8 h.
Gainard (Chez-), c. des Adjots, 9 m., 33 h.
Galais (Chez-), c. de Montboyer, 1 m., 7 h.
Galais (Chez-), c. de St-Eutrope, 1 m., 7 h.
Galand (Chez-), c. d'Orival, 1 m., 4 h.
Galands (Les), c. de La Couronne, 12 m., 60 h.
Galant (Chez-), c. des Adjots, 1 m., 2 h.
Galard (Chez-), c. de Vieux-Ruffec, 3 m., 9 h.
Galardoux, c. de Vitrac, 8 m., 44 h.
Galente (La), c. de La Pallue, 2 m., 6 h.
Galeries (Les), c. d'Abzac, 1 m., 8 h.
Galeries (Les), c. de Villognon, 7 m., 32 h.
Gallenne , c. de Javrezac, 1 m., 9 h.
Galiman (Le), c. d'Aigre, 2 m., 5 h.
Galiman (Le), c. de Marcillac-Lanville, 2 m., 5 h.
Galizant (Le), c. de Verneuil, 21 m., 98 h.
Gallais (Chez-), c. de Chillac, 2 m., 8 h.
Gallais (Les), c. d'Asnières, 4 m., 13 h.
Gallais (Les), c. de Péreuil, 1 m., 11 h.
Gallais (Les), c. de Ruffec, 9 m., 32 h.
Galland (Chez-), c. de Nanteuil, 14 m., 51 h.
Galland (Chez-), c. de St-Amant-de-Bonnieure, 5 m., 24 h.
Gallandrie (La), c. de Nonac, 2 m., 12 h.
Gallant (Chez-), c. de Rouffiac-de-St-Martial-la-Menècle, 4 m., 22 h.
Gallard (Chez-), c. de Ranvil'e-Breuillaud, 6 m., 21 h.
Gallée, c. de Mosnac, 4 m., 11 h.
Gallette (Chez-), c. de Turgon, 1 m., 4 h.
Gallois (Chez-), c. de Rivières, 1 m., 6 h.
Gallopeau (Chez-), c. de St-Amant-de-Graves, 7 m., 27 h.
Galoche (La), c. d'Ansac, 1 m., 2 h.
Galoche (La), c. de Reignac, 1 m., 4 h.
Galocheau (Chez-), c. de St-Genis, 5 m., 16 h.

9

Galocherie (La), c. de Birac, 8 m., 42 h.
Galocherie (La), c. de St-Yrieix, 2 m., 14 h.
Galocherie (La Petite-), c. de Châteauneuf, 1 m., 8 h.
Galops (Les), c. de Mainfonds, 9 m., 32 h.
Galvert, c. de St-Mary, 21 m., 73 h.
Gamaury, c. de St-Maurice, 5 m., 43 h.
Gamby (Chez-), c. de La Vallette, 2 m., 11 h.
Ganacherie (La), c. de Châteauneuf, 4 m., 13 h.
Gandillon (Chez-), c. de St-Laurent-de-Belzagot, 3 m., 7 h.
Gandory, c. de Cherves, 1 m., 7 h.
Gandoux (Chez-), c. de Vars, 1 m., 4 h.
Gandrieux (Le Bas-), c. de Manot, 10 m., 33 h.
Gandrieux (Le Haut-), c. de Manot, 3 m., 10 h.
Ganet (Chez-), c. d'Ansac, 3 m., 20 h.
Ganette (Chez-), c. de Gardes, 1 m., 5 h.
Ganettes (Les), c. de Ronsenac, 1 m., 6 h.
Ganier (Chez-), c. de Boisbreteau, 3 m., 14 h.
Ganivet (Chez-), c. de St-Coutant, 23 m., 71 h.
Gannaud (Chez-), c. d'Oriolles, 2 m., 12 h.
Ganterie (La), c. des Adjots, 5 m., 19 h.
Garands (Les), c. de Torsac, 16 m., 47 h.
Garaneille, c. de Segonzac, 43 m., 161 h.
Garat, c., arr. d'Angoulême, cant. d'Angoulême (2ᵉ partie), †, éc., ⊠ Angoulême, 244 m., 912 h.
Garat, bg., ch.-l., c. de Garat, 34 m., 108 h., 9 k. d'Angoulême.
Garaud (Moulin-), c. de Champniers, 1 m., 8 h.
Garaudie (La), c. de Parzac, 22 m., 80 h.
Garaudie (La), c. de Turgon, 4 m., 17 h.
Garauds (Les), c. de Confolens, 1 m., 6 h.
Garbélan, c. de Touvérac, 1 m., 8 h.
Garcelle (La Jeune-), c. d'Esse, 2 m., 7 h.
Garcelle (La Vieille-), c. d'Esse, 1 m., 9 h.
Garde (La), c. de Berneuil, 4 m., 21 h.
Garde (La), c. de Bonnes, 2 m., 13 h.
Garde (La), c. de Brie-sous-Chalais, 2 m., 12 h.
Garde (La), c. de Chasseneuil, 15 m., 73 h.

Garde (La), c. de Chasseneuil, 8 m., 29 h.
Garde (La), c. de Gurat, 12 m., 55 h.
Garde (La), c. du Lindois, 13 m., 57 h.
Garde (La), c. de Loubert, 1 m., 8 h.
Garde (La), c. de Nersac, 5 m., 46 h.
Garde (La), c. des Pins, 1 m., 5 h.
Garde (La), c. de St-Genis, 1 m., 8 h.
Garde (La), c. de St-Laurent-de-Céris, 6 m., 36 h.
Garde (La), c. de Taponnat-Fleurignac, 2 m., 11 h.
Garde (La Grande-), c. de Bunzac, 4 m., 12 h.
Garde (La Grande-), c. d'Hiesse, 1 m., 12 h.
Garde (La Petite-), c. de Bunzac, 7 m., 18 h.
Garde (La Petite-), c. d'Hiesse, 1 m., 5 h.
Gardéarotard, c. de Condéon, 2 m., 10 h.
Gard'Épée, c. de St-Brice, 2 m., 22 h.
Gardes, c., arr. d'Angoulême, cant. de La Vallette, †, éc., ⊠ La Vallette, 183 m., 690 h.
Gardes, bg., ch.-l., c. de Gardes, 5 m., 46 h., 4 k. de La Vallette, 25 k. d'Angoulême.
Garde-sur-le-Né (La), c., arr., cant. de Barbezieux, éc., ⊠ Barbezieux, 94 m., 371 h.
Garde-sur-le-Né (La), voy. Chez-Drouillard pour le chef-lieu.
Gardette (La), c. de Pressignac, 3 m., 14 h.
Gardillaud, c. de Nanteuil, 1 m., 14 h.
Gardille (Chez-), c. de Charmant, 11 m., 36 h.
Gardois (Chez-), c. de Verrières, 4 m., 17 h.
Gardons (Les), c. de La Rochette, 6 m., 21 h.
Gardoux (Chez-), c. de St-Amant-de-Montmoreau, 1 m., 6 h.
Gare (La), c. de Charmant, ⚏, 1 m., 4 h.
Gare (La), c. de Mouthiers, ⚏, 8 m., 14 h.
Gare (La), c. de Ruffec, ⚏, 9 m., 82 h.
Gare (La), c. de St-Christophe-de-Chalais, ⚏, 5 m., 15 h.
Garelles (Les), c. de St-Severin, 9 m., 27 h.
Garenne (La), c. de Barbezières, 31 m., 101 h.
Garenne (La), c. de Berneuil, 1 m., 2 h.
Garenne (La), c. de Bioussac, 1 m., 4 h.
Garenne (La), c. de Bouteville, 1 m., 4 h.

Garenne (La), c. de Cellefrouin, 2 m., 10 h.

Garenne (La), c. de Chasseneuil, 4 m., 12 h.

Garenne (La), c. de La Couronne, 2 m., 17 h.

Garenne (La), c. de Malaville, 2 m., 7 h.

Garenne (La), c. de Marillac, 1 m., 3 h.

Garenne (La), c. de Richemont, 2 m., 6 h.

Garenne (La), c. de St-Germain, 8 m., 31 h.

Garenne (La), c. de Souvigné, 3 m., 7 h.

Garenne (La), c. de Vouthon, 1 m., 6 h.

Garennes (Les), c. de Confolens, 1 m., 7 h.

Gargate (Chez-), c. de Ronsenac, 2 m., 3 h.

Gargonne (Chez-), c. de Beaulieu, 4 m., 13 h.

Garnaud, c. de Chenon, 2 m., 18 h.

Garnaud (Chez-), c. de Fouquebrune, 3 m., 13 h.

Garnaud (Chez-), c. de Nanteuil, 5 m., 22 h.

Garnauds (Les), c. de Mouthiers, 1 m., 6 h.

Garnerie (La), c. de Chabrac, 10 m., 39 h.

Garnerie (La), c. de Champagne-Mouton, 2 m., 10 h.

Garnerie (La), c. de Cherves, 31 m., 112 h.

Garnerie (La), c. de Turgon, 19 m., 83 h.

Garnie (La), c. de Vieux-Cérier, 21 m., 67 h.

Garnier (Chez-), c. d'Angoulême, 11 m., 54 h.

Garonne (Chez-), c. de Brie-sous-la-Rochefoucauld, 9 m., 29 h.

Garot (Chez-), c. de La Magdeleine, 8 m., 26 h.

Garraud (Chez-), c. de Bourg-Charente, 1 m., 2 h.

Garraud (Chez-), c. de Gensac, 4 m., 13 h.

Garraud (Chez-), c. de St-Severin, 9 m., 33 h.

Garraud (Chez-), c. de Ste-Sévère, 23 m., 65 h.

Garrauds (Les), c. d'Agris, 20 m., 69 h.

Garreau (Chez-), c. de St Bonnet, 1 m., 7 h.

Garzat, c. de St-Maurice, 2 m., 25 h.

Gascards (Les), c. de La Pallue, 31 m., 118 h.

Gaschère (La), c. de Rouillac, 18 m., 66 h.

Gaschet (Chez-), c. de Barbezieux, 2 m., 7 h.

Gaschet (Chez-), c. de Jurignac, 5 m., 17 h.

Gaschet (Chez-), c. de Malaville, 7 m., 23 h.

Gaschet (Chez-), c. de St-Aulais de-la-Chapelle-Conzac, 6 m., 27 h.

Gasconnière (La), c. de Ste-Sévère, 4 m., 15 h.

Gasnier (Chez-), c. de Juignac, 3 m., 27 h.

Gasny (Chez-), c. de Sers, 1 m., 5 h.

Gaspirou (La), c. de St-Quentin-de-Chalais, 1 m., 6 h.

Gasse (La), c. de Condéon, 1 m., 7 h.

Gasse (La), c. de Laprade, 7 m., 7 h.

Gasse (La), c. de Suaux, 22 m., 65 h.

Gastinaud (Le Petit-), c. de Palluaud, 1 m., 5 h.

Gastinauds (Les), c. de Pranzac, 5 m., 17 h.

Gat (Le), c. de La Magdeleine-de-Segonzac, 1 m., 2 h.

Gat (Le), c. de St-Bonnet, 17 m., 46 h.

Gâtebourse, c. de St-Gervais, 2 m., 12 h.

Gâtinaud (Chez-), c. de Lagarde-sur-le-Né, 1 m., 5 h.

Gâtinaud (Chez-), c. de Passirac, 2 m., 9 h.

Gâtinaud (Le), c. de Bonnes, 2 m., 5 h.

Gâtinaux (Les), c. d'Angeac-Charente, 1 m., 6 h.

Gâtinaux (Les), c. de St-Germain, 4 m., 19 h.

Gâtine, c. de Brillac, 1 m., 9 h.

Gâtineau (Le), c. de Ronsenac, 9 m., 23 h.

Gâtines (Les), c. de St-Severin, 2 m., 9 h.

Gaty (Chez-), c. de Vaux-la-Vallette, 3 m., 9 h.

Gaubert (Chez-), c. de Nonac, 1 m., 5 h.

Gaubier (Le Moulin-de-), c. des Gours, 1 m., 3 h.

Gauche (Chez-), c. d'Ansac, 5 m., 16 h.

Gauchons (Les), c. de Touvre, 17 m., 59 h.

Gaudeaux (Les), c. de Chenommet, 10 m., 61 h.

Gaudinies (Les), c. de Montembœuf, 1 m., 14 h.

Gaudinies (Les Petites-), c. de Montembœuf, 1 m., 9 h.

Gaudinies (Moulin-des-), c. de Montembœuf, 2 m., 8 h.

Gaudins (Les), c. de La Couronne, 11 m., 58 h.

Gauds (Les), c. de La Rochette, 32 m., 102 h.

Gaudy (Le Grand-), c. de Châteauneuf, 7 m., 27 h.

Gaudy (Moulin-), c. de Brillac, 1 m., 6 h.

Gaurias (Chez-), c. de Bellon, 2 m., 5 h.

Gaury (Chez-), c. de Gondeville, 8 m., 38 h.

Gautereau (Chez-), c. de Ste-Souline, 3 m., 19 h.

Gauterie (La), c. de Manot, 23 m., 80 h.

Gauthier (Chez-), c. de Chadurie, 9 m., 32 h.

Gauthier (Chez-), c. de Châtignac, 2 m., 12 h.

Gauthier (Chez-), c. de Cherves-Châtelars, 3 m., 3 h.

Gauthier (Chez-), c. de Montchaude, 5 m., 10 h.

Gauthier (Chez-), c. de St-Preuil, 5 m., 18 h.

Gauthier (Chez-), c. de St-Sulpice-de-Cognac, 4 m., 17 h.

Gauthier (Le Grand-), c. de Bors-de-Montmoreau, 3 m., 9 h.

Gauthier (Le Petit-), c. de Bors-de-Montmoreau, 6 m., 23 h.

Gautiers (Les), c. de Bouteville, 13 m., 35 h.

Gautiers (Les Grands-), c. de Birac, 5 m., 21 h.

Gautiers (Les Petits-), c. de Birac, 8 m., 26 h.

Gauton (Chez-), c. de St-Laurent-des-Combes, 4 m., 18 h.

Gautraud (Chez-), c. de Lignères, 2 m., 11 h.

Gautreau (Chez-), c. de St-Léger, 1 m., 3 h.

Gautrée (La), c. de Bonnes, 8 m., 37 h.

Gautron (Chez-), c. de St-Brice, 5 m., 43 h.

Gauvinière (La), c. de St-Avit, 1 m., 6 h.

Gay (Chez-le-), c. d'Angeac-Champagne, 7 m., 25 h.

Gayaudrie (La), c. de Médillac, 9 m., 30 h.

Gayet (Chez-), c. de Blanzac, 15 m., 42 h.

Gazauds (Les), c. de Fontenille, 14 m., 54 h.

Gazon (Le), c. de Cherves-Châtelars, 3 m., 25 h.

Gazonie (La), c. de Saulgond, 3 m., 25 h.

Geal (Le), c. de Chenommet, 2 m., 17 h.

Geal (Le Moulin-), c. d'Aubeville, 1 m., 6 h.

Gélaudie (La), c. d'Ansac, 3 m., 17 h.

Gélie (La), c. d'Édon, 4 m., 27 h.

Gelinards (Les), c. de Vindelle, 14 m., 53 h.

Gelot (Chez-), c. de Touvérac, 1 m., 2 h.

Gelvraud, c. de Chassiecq, 14 m., 46 h.

Gemarie (La), c. de Vieux-Cérier, 2 m., 18 h.

Genac, c., arr. d'Angoulême, cant. de Rouillac, †, éc., ⊠ Rouillac, 381 m., 1,568 h.

Genac, bg., ch.-l., c. de Genac, 98 m., 402 h., 9 k. de Rouillac, 22 k. d'Angoulême.

Génaud (Chez-), c. de Sauvignac, 1 m., 5 h.

Genaudau (Chez-), c. de Reignac, 12 m., 26 h.

Gendaines, c. des Essards, 11 m., 49 h.

Gendarme (Chez-), c. de Cherves-Châtelars, 5 m., 5 h.

Gendarme (Chez-), c. de Nesseux, 3 m., 13 h.

Gendres (Les), c. de Brie-sous-la-Rochefoucauld, 23 m., 72 h.

Genet (Chez-), c. des Essards, 2 m., 8 h.

Genet (Le), c. de Loubert, 1 m., 9 h.

Genétail, c. d'Yviers, 3 m., 16 h.

Genéteau (Chez-), c. de Criteuil, 2 m., 6 h.

Genêtons (Les), c. de Benest, 1 m., 9 h.

Genevrière (La), c. de l'Isle-d'Espagnac, 2 m., 16 h.

Genicot (Chez-), c. de St-Amant-de-Bonnieure, 11 m., 10 h.

Genièvres (Les), c. de Cherves, 1 m., 5 h.

Genin (Chez-), c. de Bourg-Charente, 8 m., 22 h.

Genins (Les), c. de Balzac, 5 m., 20 h.

Genis (Chez-), c. de Chavenac, 1 m., 4 h.

Genis-de-Blanzac (St-), c., arr. d'Angoulême, cant. de Blanzac, ⊠ Blanzac, 56 m., 217 h.

Genis-de-Blanzac (St-), ch.-l., c. de St-Genis-de-Blanzac (l'église seule), 4 k. de Blanzac, 30 k. d'Angoulême.

Genis-d'Hiersac (St-), c., arr. d'Angoulême, cant. d'Hiersac, †, éc., ⊠ Hiersac, 350 m., 1,350 h.

Genis-d'Hiersac (St-), bg., ch.-l., c. de St-Genis-d'Hiersac, 78 m., 301 h., 11 k. d'Hiersac, 17 k. d'Angoulême.

Genis (Le Moulin-de-St-), c. de St-Genis, 1 m., 2 h.

Genisson (Chez-), c. de Vaux-la-Vallette, 6 m., 18 h.

Genot (Chez-), c. de Champniers, 8 m., 31 h.

Genote (La), c. de Condéon, 1 m., 3 h.

Genouillac, c., arr. de Confolens, cant. de St-Claud, †, éc., ☒ St-Claud, 212 m., 881 h. .

Genouillac, bg., ch.-l., c. de Genouillac, 24 m., 112 h., 10 k. de St-Claud, 24 k. de Confolens, 44 k. d'Angoulême.

Genouiller, c. de St-Martin-du-Clocher, 1 m., 8 h.

Genouillère (La), c. de La Chévrerie, 12 m., 38 h.

Gensac, c., arr. de Cognac, cant. de Segonzac, †, éc., ☒ Segonzac, 302 m., 1,206 h.

Gensac, bg., ch.-l., c. de Gensac, 39 m., 187 h., 5 k. de Segonzac, 8 k. de Cognac, 36 k. d'Angoulême.

Gensac (Chez-), c. de Roumazières, 3 m., 21 h.

Genté, c., arr. de Cognac, cant. de Segonzac, †, éc., ☒ Cognac, 214 m., 788 h.

Genté, bg., ch.-l., c. de Genté, 42 m., 165 h., 8 k. de Segonzac, 8 k. de Cognac, 41 k. d'Angoulême.

Genté (Chez-), c. de Juillac-le-Coq, 4 m., 18 h.

Gentilleau, c. de Médillac, 8 m., 25 h.

Gentils (Les), c. de Mornac, 2 m., 12 h.

Gentis (Chez-), c. de Baignes-Ste-Radégonde, 2 m., 5 h.

Genty (Le), c. de Brossac, 1 m., 7 h.

Genzac, c. de Courcôme, 1 m., 5 h.

Geoffrillou, c. de Bonneuil, 1 m., 5 h.

Geoffroy (Chez-), c. de St-Martial, 3 m., 17 h.

Georges (St-), c. de Boisbreteau, 2 m., 5 h.

Georges (St-), c. de Cherves, 1 m., 6 h.

Georges (St-), c. de Claix, 9 m., 36 h.

Georges (St-), c., arr. de Ruffec, cant. de Ruffec, éc., ☒ Verteuil, 37 m., 150 h.

Georges (St-), bg., ch.-l., c. de St-Georges, 35 m., 138 h., 10 k. de Ruffec, 39 k. d'Angoulême.

Georges (Moulin-de-St-), c. de Poursac, 1 m., 5 h.

Georget (Chez-), c. de Nanteuil , 12 m., 42 h.

Georgette (La), c. de Montchaude, 1 m., 6 h.

Geourlie (La), c. de Manot, 10 m., 39 h.

Gerbaud (Chez-), c. de Rioux-Martin, 4 m., 49 h.

Gereaud (Le), c. de St-Romain, 1 m., 5 h.

Germain (Chez-), c. de Montboyer, 2 m., 9 h.

Germain (St-) , c., arr. d'Angoulême, cant. de Montbron, †, éc., ☒ Marthon , 188 m., 725 h.

Germain (St-), bg., ch.-l., c. de St-Germain, 34 m., 130 h., 9 k. de Montbron , 23 k. d'Angoulême.

Germain (St-), c. de Juignac, 2 m., 14 h.

Germain (St-), c. de Poullignac, 1 m., 6 h.

Germain (St-), c. de St-Front, 1 m., 9 h.

Germain (St-), bg., ch.-l., c. de St-Germain-sur-Vienne, 65 m., 235 h., 4 k. de Confolens, 68 k. d'Angoulême.

Germain-sur-Vienne (St-), c., arr. de Confolens, cant. de Confolens (Sud), †, éc., ☒ Confolens, ☞ F., 87 m., 360 h.

Germanas, c. d'Écuras, 8 m., 55 h.

Germeville, c. de Marcillac - Lanville, 43 m., 453 h.

Germeville, c. d'Oradour, 127 m., 394 h.

Gervais (Chez-), c. de Bonneuil, 3 m., 9 h.

Gervais (Chez-), c. de Lussac, 3 m., 14 h.

Gervais (Chez-), c. de St-Claud, 4 m., 26 h.

Gervais (St-), c. de Magnac-la-Vallette, 1 m., 5 h.

Gervais (St-), c., arr. de Ruffec, cant. de Ruffec, †, éc., ☒ Nanteuil, 194 m., 715 h.

Gervais (St-), bg., ch.-l., c. de St-Gervais, 4 m., 13 h., 11 k. de Ruffec, 46 k. d'Angoulême.

Gerverie (La), c. de Mazières, 3 m., 17 h.

Géry, c. de Vieux-Cérier, 2 m., 8 h.

Gestin (Chez-), c. de St-Bonnet, 1 m., 8 h.

Gettière (La), c. de Condac, 1 m., 44 h.

Gias (Chez-), c. de St-Vallier, 2 m., 44 h.

Giat, c. de Challignac, 6 m., 23 h.

Gibard (Chez-), c. de Châtignac, 2 m., 9 h.

Gibauderie (La), c. de Jarnac, 1 m., 5 h.

Gibauderie (La), c. de Julienne, 1 m., 11 h.

Gibaux (Les), c. de Mornac, 21 m., 73 h.

Giborlières (Les), c. de Porcheresse, 3 m., 14 h.

Gibouin (Le), c. de Montboyer, 4 m., 11 h.

Gibournière (La), c. de Barro, 8 m., 21 h.

Gibournière (La), c. de Verteuil, 5 m., 18 h.

Giget, c. de Vœuil-et-Giget, 32 m., 96 h.

Giget (Le Petit-), c. de Vœuil-et-Giget, 5 m., 22 h.

Gigons (Les), c. de Montboyer, 7 m., 38 h.

Gilarderie (La), c. de St-Bonnet, 1 m., 16 h.

Gilardie (La), c. de Lesterps, 2 m., 18 h.

Gilardie (La), c. du Lindois, 18 m., 75 h.

Gilardières (Les), ou Les Gilarières, c. du Bouchage, 5 m., 19 h.

Gilarières (Les), voy. Les Gilardières.

Gilbert, c. de Montjean, 5 m., 18 h.

Gilbert (Chez-), c. de Challignac, 4 m., 21 h.

Gilbert (Chez-), c. de Poullignac, 8 m., 37 h.

Gilbert (Chez-), c. de Verrières, 2 m., 19 h.

Gilberts (Les), c de Birac, 3 m., 15 h.

Gilégies (Les), c. d'Écuras, 12 m., 41 h.

Gilles (St-), c. de St-Amant-de-Montmoreau, 1 m., 5 h.

Gillet, c. d'Yviers, 1 m., 4 h.

Gillet (Chez-), c. d'Alloue, 5 m., 20 h.

Gillet (Chez-), c. de St-Laurent-des-Combes, 1 m., 14 h.

Gimbaudière (La), c. de Rouillac, 16 m., 59 h.

Gimeux, c., arr., cant. de Cognac, éc., ✉ Cognac, 117 m., 160 h.

Gimeux, bg., ch.-l., c. de Gimeux, 27 m., 113 h., 8 k. de Cognac, 51 k. d'Angoulême.

Girac, us., c. de La Couronne, 4 m., 13 h.

Girac (Le Grand-), c. de St-Michel, 1 m., 10 h.

Girac (Le Petit-), c. de St-Michel, 3 m., 17 h.

Girac (L'Usine-de-), c. de St-Michel, 10 m., 32 h.

Girard (Chez-), c. de Bardenac, 5 m., 19 h.

Girard (Chez-), c. de Châteauneuf, 7 m., 27 h.

Girard (Chez-), c. de Lamérac, 3 m., 8 h.

Girard (Chez-), c. de Rioux-Martin, 2 m., 7 h.

Girard (Chez), c. de Roullet, 17 m., 55 h.

Girard (Chez-), c. de St-Severin, 5 m., 22 h.

Girard (Le Petit-), c. de St-Severin, 1 m., 4 h.

Girarderie (La), c. de Chillac, 1 m., 4 h.

Girardières (Les), c. de Montigné, 8 m., 31 h.

Girards (Chez-les-), c. d'Ars, 11 m., 31 h.

Girards (Les), c. de Touzac, 4 m., 19 h.

Giraud (Chez-), c. de Boisbreteau, 3 m., 13 h.

Giraud (Chez-), c. de Plassac, 9 m., 21 h.

Giraud (Chez-), c. de Roullet, 1 m., 10 h.

Giraud (Chez-), c. de St-Bonnet, 2 m., 9 h.

Giraud (Chez-), c. de St-Palais-du-Né, 4 m., 16 h.

Giraud (Chez-), c. de Salles-de-Segonzac, 5 m., 13 h.

Giraud (Chez-), c. de Verrières, 4 m., 24 h.

Giraud (Moulin-), c. de St-Bonnet, 1 m., 4 h.

Giraudeau, c. de Chasseneuil, 4 m., 3 h.

Giraudeau (Le), c. de La Couronne, 4 m., 17 h.

Giraudie (La), c. de Blanzaguet, 4 m., 17 h.

Giraudières (Les), c. de Champniers, 24 m., 99 h.

Girauds (Les), c. de Barbezieux, 10 m., 40 h.

Girauds (Les), c. de Touzac, 5 m., 15 h.

Girondeau (Le), c. de St-Cybard, 8 m., 27 h.

Girondeau (Le Petit-), c. de St-Cybard, 1 m., 4 h.

Giroux (Chez-), c. de Charmant, 3 m., 7 h.

Giroux (Chez-), c. de St-Projet-St-Constant, 1 m., 6 h.

Gite (La), c. de St-Laurent, 1 m., 4 h.

Giverzac, c. du Tâtre, 9 m., 26 h.

Glacières (Les), c. de Châteauneuf, 1 m., 7 h.

Glamet (Chez-), c. de Guimps, 1 m., 4 h.

Glamot (Chez-), c. de Roullet, 4 m., 30 h.

Glandons (Les), c. de Nieuil, 5 m., 23 h.

Glane, c. de Pranzac, 25 m., 102 h.

Glange, c. de Jauldes, 21 m., 53 h.

Glaude (Chez-), c. de Marillac, 2 m., 6 h.

Glaudière (La), c. de St-Aulais-la-Chapelle-Conzac, 4 m., 19 h.

Glayolle (La), c. de Lesterps, 2 m., 21 h.

Glémin (Chez-), c. d'Aubeville, 3 m., 16 h.

Glève (La), c. de Montembœuf, 4 m., 12 h.

Gloire, c. de Petit-Lessac, 2 m., 13 h.

Glory, c. de St-Projet-St-Constant, 2 m., 5 h.

Goby (Chez-), c. d'Agris, 4 m., 16 h.

Godard (Chez-), c. de Chillac, 11 m., 38 h.

Godard (Chez-), c. d'Oriolles, 7 m., 31 h.

Godart (Chez-), c. de Chassiecq, 8 m., 86 h.

Godet (Chez-), c. d'Ars, 3 m., 12 h.

Godet (Chez-), c. de Fouquebrune, 6 m., 29 h.

Godichaud, c. de St-Avit, 4 m., 22 h.

Godichaud (Le), c. de St-Simeux, 5 m., 26 h.

Godier (Le), c. de Fléac, 4 m., 12 h.

Goûin (Chez-), c. de Champagne-Mouton, 11 m., 58 h.

Godin (Chez-),c. de St-Bonnet, 5 m., 18 h.
Godinaud, c. de Montboyer, 5 m., 18 h.
Godinaud, c. de St-Avit, 3 m., 10 h.
Godinauds (Les), c. de Bignac, 22 m., 101 h.
Godineau, c. de St-Christophe-de-Chalais, 3 m., 10 h.
Goducheau (Chez-), c. de Lamérac, 1 m., 7 h.
Goffreteau (Chez-), c. de Ladiville, 3 m., 8 h.
Goirandie (La), c. de Massignac, 6 m., 36 h.
Gois (Chez-le-), c. de Barret, 1 m., 1 h.
Goize, c. de Valence, 10 m., 57 h.
Gomband (Le), c. de St-Laurent, 1 m., 2 h.
Gond (Le), c. de L'Houmeau-Pontouvre, 32 m., 123 h.
Gondeville, c., arr. de Cognac, cant. de Segonzac, éc., ⊠ Jarnac, 157 m., 479 h.
Gondeville, bg., ch.-l., c. de Gondeville, 51 m., 143 h., 9 k. de Segonzac, 16 k. de Cognac, 28 k. d'Angoulême.
Gonelle (La), c. de Bioussac, 1 m., 10 h.
Gonnin (Chez-), c. de Reignac, 5 m., 13 h.
Gonnords, c. de Bonneuil, 2 m., 4 h.
Gonterie (La), c. d'Édon, 4 m., 22 h.
Gorce, c. d'Abzac, 1 m., 6 h.
Gorce, c. de Chabrac, 13 m., 68 h.
Gorce, c. d'Esse, 3 m., 29 h.
Gorce, c. de Pleuville, 1 m., 13 h.
Gorce (La), c. de Touvérac, 3 m., 10 h.
Gorces (Les) c. d'Yviers, 12 m., 45 h.
Gord (La), c. de Segonzac, 16 m., 53 h.
Gordons (Les), c. de Ruffec, 10 m., 40 h.
Goreau (Chez-), c. de Ronsenac, 8 m., 29 h.
Goret (Chez-), c. de Courgeac, 3 m., 19 h.
Goret (Chez-), c. de Genouillac, 8 m., 38 h.
Gorland (Chez-), c. de Brie-sous-Barbezieux, 3 m., 14 h.
Goron (Chez-), c. de St-Sulpice-de-Cognac, 18 m., 52 h.
Gory (Chez-), c. de Torsac, 1 m., 6 h.
Got (Chez-), c. de Brie-sous-Barbezieux, 4 m., 19 h.
Got (Chez-), c. de Passirac, 13 m., 56 h.
Got (Chez-), c. de St-Bonnet, 5 m., 16 h.
Got (Chez-), c. du Tâtre, 7 m., 20 h.
Got (Chez-), c. de Touvérac, 4 m., 16 h.
Got (Le), c. de Barbezieux, 3 m., 11 h.
Got (Le), c. de Chazelles, 2 m., 12 h.
Got (Le), c. de Cherves-Châtelars, 1 m., 1 h.
Got (Le), c. de Dirac, 8 m., 33 h.
Got (Moulin-du-), c. de Dirac, 1 m., 6 h.
Got (Moulin-du-), c. de Vaux-la-Vallette, 1 m., 4 h.

Got (Le Moulin-du-), c. de Voulgézac, 1 m., 5 h.
Gots (Les), c. d'Angoulême, 2 m., 13 h.
Gots (Les Petits-), c. de Guizengeard, 3 m., 14 h.
Gouchauds (Les), c. de Mornac, 8 m., 30 h.
Goudable (Chez-), c. de Palluaud, 1 m., 6 h.
Goué, c. de Mansle, 47 m., 181 h.
Gouénie (La), c. de Chabrac, 1 m., 10 h.
Gouet (Chez-), c. de St-Amant-de-Montmoreau, 1 m., 6 h.
Goufflers (Les), c. de Couture, 10 m., 52 h.
Gouge (Chez-), c. de Bernac, 2 m., 9 h.
Gougeat (Le Moulin-), c. de Gurat, 1 m., 7 h.
Gougeon (Moulin-), c. de Challignac, 2 m., 3 h.
Gouges, c. de St-Fraigne, 2 m., 8 h.
Gouharte (Chez-), c. de Charmant, 1 m., 4 h.
Gouie (La), c. de Chabrac, 12 m., 60 h.
Gouillards (Les), c. de Fleurac, 15 m., 57 h.
Gouin (Chez-), c. de St-Estèphe, 8 m., 23 h.
Gouins (Chez-), c. de St-Léger, 2 m., 7 h.
Goujon (Chez-), c. de Barbezieux, 6 m., 18 h.
Goulard (Chez-), c. de Cherves, 6 m., 19 h.
Goulaud (Chez-), c. de Petit-Lessac, 1 m., 7 h.
Goulée, c. de Fouquebrune, 12 m., 59 h.
Goulet (Le), c. de Brettes, 1 m., 6 h.
Goulet (Le), c. de Foussignac, 2 m., 7 h.
Goullère, c. de Juignac, 6 m., 18 h.
Goulonie (La), c. de St-Maurice, 1 m., 7 h.
Goumard (Chez-), c. de Cellefrouin, 1 m., 8 h.
Gounerie (La), c. de Fléac, 9 m., 25 h.
Gounin (Chez-), c. de Montchaude, 3 m., 8 h.
Gounin (Chez-), c. du Tâtre, 7 m., 25 h.
Gourcilloux (Chez-), c. de St-Maurice, 1 m., 7 h.
Gourdeau (Chez-), c. de Berneuil, 12 m., 53 h.
Gourdin, c. de Laprade, 4 m., 18 h.
Gourdin (Le), c. de Montboyer, 3 m., 11 h.
Gourdine (La), c. de Condéon, 3 m., 12 h.
Gourdine (La), c. d'Yviers, 2 m., 5 h.
Gourdy (Chez-), c. de St-Laurent-de-Belzagot, 1 m., 3 h.

Gourdy (Chez-), c. de Lesterps, 6 m., 36 h.

Gouret, c. de Montbron, 1 m., 8 h.

Gournaud (Chez-), c. de Pougné, 2 m., 8 h.

Gourreau (Chez-), c. de St-Vallier, 1 m., 5 h.

Gours, c. de St-Preuil, 1 m., 3 h.

Gours (Les), c., arr. de Ruffec, cant. d'Aigre, éc., ✉ Aigre, 81 m., 262 h.

Gours (Les), bg., ch.-l., c. des Gours, 15 m., 112 h., 13 k. d'Aigre, 26 k. de Ruffec, 46 k. d'Angoulême.

Goursac, c. de Chasseneuil, 3 m., 21 h.

Goursarraud (Chez-), c. de Ventouse, 4 m., 11 h.

Goursat, c. d'Alloue, 1 m., 5 h.

Goursolles (Les), c. d'Étriac, 18 m., 77 h.

Gourson (St-), c., arr. de Ruffec, cant. de Ruffec, †, éc., ✉ Verteuil, 152 m., 836 h.

Gourson (St-), bg., ch.-l., c. de St-Gourson, 12 m., 42 h., 15 k. de Ruffec, 40 k. d'Angoulême.

Gourville, c., arr. d'Angoulême, cant. de Rouillac, †, éc., ✉ Aigre, ☞ F., 307 m., 1,140 h.

Gourville, bg., ch.-l., c. de Gourville, 135 m., 497 h., 8 k. de Rouillac, 27 k. d'Angoulême.

Goutherie (La), c. d'Aignes-et-Puypéroux, 7 m., 18 h.

Gouthier, c. d'Asnières, 17 m., 70 h.

Goutibert, c. de Cellefrouin, 18 m., 73 h.

Gouttes (Chez-les-), c. de Baignes-Ste-Radégonde, 3 m., 18 h.

Gouttes (Les), c. de Pressignac, 17 m., 95 h.

Gouttes (Les), c. de St-Christophe, 2 m., 9 h.

Gouttes (Les), c. de Saulgond, 1 m., 6 h.

Gouville (La), c. de Bécheresse, 1 m., 4 h.

Gouyaud (Chez-), c. de Salles-la-Vallette, 2 m., 12 h.

Govalet, c. de Beaulieu, 4 m., 11 h.

Govalet, c. de Parzac, 1 m., 6 h.

Goyauds (Les), c. d'Ambérac, 3 m., 18 h.

Gragonne, c. de Bessé, 20 m., 163 h.

Grand (Chez-le-), c. de Lesterps, 2 m., 46 h.

Grandbois, c. de Pressignac, 2 m., 13 h.

Grand-Champ (Le), c. de St-Romain, 17 m., 53 h.

Grand-Champ (Moulin-), c. de Marillac, 1 m., 2 h.

Grand-Chemin, c. de Malaville, 1 m., 5 h.

Grand-Jean (Chez-), c. de Vars, 18 m., 68 h.

Grand'Maison (La), c. de St-Genis-d'Hiersac, 12 m., 45 h.

Grand'Maisons (Les), c. de Jarnac, 17 m., 68 h.

Granet (Chez-), c. de St-Quentin-de-Chabanais, 5 m., 18 h.

Grange, c. de St-Claud, 1 m., 8 h.

Grange (La), c. d'Agris, 34 m., 99 h.

Grange (La), c. d'Aubeterre, 1 m., 7 h.

Grange (La), c. d'Aussac, 14 m., 44 h.

Grange (La), c. de Balzac, 5 m., 23 h.

Grange (La), c. de Bardenac, 1 m., 7 h.

Grange (La), c. de Beaulieu, 20 m., 79 h.

Grange (La), c. du Bouchage, 30 m., 100 h.

Grange (La), c. de Brossac, 1 m., 7 h.

Grange (La), c. de Champniers, 11 m., 32 h.

Grange (La), c. de Cherves, 2 m., 8 h.

Grange (La), c. de Cherves-Châtelars, 1 m., 10 h.

Grange (La), c. de Condéon, 1 m., 6 h.

Grange (La), c. de Cressac, 2 m., 4 h.

Grange (La), c. de Gurat, 3 m., 24 h.

Grange (La), c. de La Forêt-de-Tessé, 7 m., 30 h.

Grange (La), c. de Londigny, 1 m., 7 h.

Grange (La), c. de Lussac, 3 m., 22 h.

Grange (La), c. de Magnac-la-Vallette, 4 m., 8 h.

Grange (La), c. de Manot, 12 m., 39 h.

Grange (La), c. de Marcillac-Lanville, 5 m., 15 h.

Grange (La), c. de Marthon, 1 m., 6 h.

Grange (La), c. de Moutardon, 4 m., 15 h.

Grange (La), c. de Pérculi, 2 m., 9 h.

Grange (La), c. de Pérignac, 2 m., 7 h.

Grange (La), c. de Porcheresse, 1 m., 3 h.

Grange (La), c. de Roullet, 1 m., 6 h.

Grange (La), c. de Rouffiac-de-St-Martial-la-Menècle, 2 m., 11 h.

Grange (La), c. de St-Fraigne, 1 m., 6 h.

Grange (La), c. de Ste-Marie, 1 m., 6 h.

Grange (La), c. de St-Mary, 29 m., 76 h.

Grange (La), c. de St-Palais-du-Né, 3 m., 12 h.

Grange (La), c. de St-Surin, 1 m. n. h.

Grange (La), c. de Souffrignac, 8 m., 39 h.

Grange (La), c. de Soyaux, 1 m., 3 h.

Grange (La), c. de Torsac, 3 m., 15 h.

Grange (La), c. de Vitrac, 13 m., 48 h.

Grange (La), c. de Vouzan, 1 m., 8 h.

Grange (La Grande-), c. de Pleuville, 4 m., 24 h.

Grange (La Petite-), c. de Bonnes, 1 m., 10 h.

Grange (La Petite-), c. de Champagne-Mouton, 2 m., 13 h.

Grange (Logis-de-la-), c. de Berneuil, 3 m., 13 h.

Grange (Le Logis-de-la-), c. de Ste-Marie, 1 m., 8 h.

Grange (Moulin-de-la-), c. de Berneuil, 1 m., 5 h.

Grange-à-l'Abbé (La), c. de St-Yrieix, 4 m., 12 h.

Grange-à-Musset (La), c. de Barbezieux, 1 m., 7 h.

Grange-à-Pérot (La), c. de St-Gervais, 2 m., 16 h.

Grange-Bardonnin, ou Bardonnin, c. de Petit-Lessac, 4 m., 24 h.

Grange-Baudou (La), c. de St-Germain-sur-Vienne, 4 m., 8 h.

Grange-Bidet (La), c. de Pérignac, 1 m., 4 h.

Grange-Biotte (La), c. de Salles-la-Vallette, 11 m., 28 h.

Grange-Boirau (La), c. de Confolens, 1 m., 6 h.

Grange-Brûlée (La), c. de Gardes, 7 m., 28 h.

Grange-Cambourg (La), c. d'Esse, 2 m., 15 h.

Grange-Chaban (La), c. de Salles-la-Vallette, 2 m., 7 h.

Grange-Chardat (La), c. d'Épenède, 7 m., 18 h.

Grange-Charton (La), c. de Champagne-Mouton, 1 m., 5 h.

Grange-Claire, c. de Brie-sous-Barbezieux, 2 m., 9 h.

Grange-Crouzaud (La), c. de Suris, 4 m., 8 h.

Grange-de-Caire (Château-de-la-), c. de Chassenon, 4 m., 20 h.

Grange-de-la-Forêt (La), c. de Combiers, 1 m., 4 h.

Grange-de-l'Étang (La), c. de St-Estèphe, 1 m., 4 h.

Grange-de-l'Houme (La), c. de Confolens, 1 m., 7 h.

Grange-de-Viaud (La), c. de Courlac, 3 m., 17 h.

Grange-du-Beau (La), c. d'Alloue, 2 m., 10 h.

Grange-du-Bois (La), c. de Julienne, 7 m., 25 h.

Grange-du-Bois (La), c. de St-Gervais, 5 m., 28 h.

Grange-du-Faure (La), c. de Marthon, 4 m., 12 h.

Grange-du-Juge (La), c. de Marthon, 1 m., 9 h.

Grange-du-Maître (La), c. de Vitrac, 2 m., 12 h.

Grange-du-Procureur (La), c. du Grand-Masdieu, 2 m., 14 h.

Grange-du-Puits (La), c. de St-Mary, 2 m., 12 h.

Grange-du-Tillet (La), c. de Blanzaguet, 2 m., 7 h.

Grange-du-Treuil (La), c. de Magnac-la-Vallette, 1 m., 5 h.

Grange-du-Treuil (La), c. de Salles-la-Vallette, 1 m., 4 h.

Grange-Jacquet (La), c. d'Épenède, 2 m., 14 h.

Grange-Ladou (La), c. d'Alloue, 1 m., 7 h.

Grange-Lambert (La), c. de St-Amant-de-Montmoreau, 1 m., 7 h.

Grange-Laverrière (La), c. de Champagne-Mouton, 1 m., 8 h.

Grange-Maréchal (La), c. d'Épenède, 4 m., 24 h.

Grange-Marou (La), c. de Confolens, 2 m., 9 h.

Grange-Neuve, c. de Bonneuil, 2 m., 5 h.

Grange-Neuve (La), c. de Baignes-Ste-Radégonde, 3 m., 9 h.

Grange-Neuve (La), c. de Boisbreteau, 4 m., 4 h.

Grange-Neuve (La), c. de Bric-sous-Barbezieux, 2 m., 10 h.

Grange-Neuve (La), c. de Montjean, 1 m., 8 h.

Grange-Neuve (La), c. de Reignac, 2 m., 10 h.

Grange-Neuve (La), c. de Ronsenac, 1 m., 3 h.

Grange-Neuve (La), c. de St-Amant-de-Montmoreau, 1 m., 8 h.

Grange-Neuve (La), c. de St-Vallier, 2 m., 2 h.

Grange-Neuve (La), c. de Sauvagnac, 1 m., 9 h.

Grange-Neuve (La), c. de Suris, 1 m., 9 h.

Grange-Neuve-des-Deffends (La), c. de Bunzac, 4 m., 14 h.

Grange-Neuve-du-Bourg (La), c. de Bunzac, 1 m., 9 h.

Grange-Pastoureaud (La), c. d'Esse, 3 m., 16 h.

Grange-Petite (La), c. de Chassiecq, 4 m., 7 h.

Grange-Peyraud (La), c. de Confolens, 1 m., 3 h.

Grange-Picasson (La), c. d'Alloue, 6 m., 30 h.

Grange-Rouge (La), c. de Montrollet, 1 m., 11 h.

Grange-Terroux (La), c. de St-Germain-sur-Vienne, 2 m., 11 h.

Grange-Trichard (La), c. de Brillac, 3 m., 9 h.

Granges (Les), c. de Barbezieux, 13 m., 62 h.

Granges (Les), c. de Chantillac, 2 m., 9 h.

Granges (Les), c. de Chantrezac, 1 m., 2 h.

Granges (Les), c. de Cellefrouin, 3 m., 14 h.

Granges (Les), c. de Chasseneuil, 8 m., 36 h.

Granges (Les), c. d'Ambérac, 3 m., 21 h.

Granges (Les), c. d'Édon, 4 m., 15 h.

Granges (Les), c. de Juillaguet, 5 m., 22 h.

Granges (Les), c. de La Faye, 3 m., 8 h.

Granges (Les), c. de Lesterps, 5 m., 31 h.

Granges (Les), c. de Mazières, 4 m., 20 h.

Granges (Les), c. de Nanteuil, 3 m., 7 h.

Granges (Les), c. de Péreuil, 2 m., 9 h.

Granges (Les), c. de Petit-Lessac, 2 m., 7 h.

Granges (Les), c. de St-Fort, 13 m., 56 h.

Granges (Les), c. de St-Léger, 4 m., 17 h.

Granges (Les), c. de St-Projet-St-Constant, 2 m., 14 h.

Granges (Les), c. de Ste-Sévère, 2 m., 11 h.

Granges (Les), c. de St-Severin, 4 m., 11 h.

Granges (Les), c. de Villejésus, 40 m., 130 h.

Granges (Les), voy. La Font-Ferrant.

Granges (Les Petites-), c. de Barbezieux, 1 m., 5 h.

Granges (Les Petites-), c. de Pérignac, 1 m., 37 h.

Granges-Coulombier (Les), c. de Pérignac, 1 m., 4 h.

Granges-du-Paul (Les), c. de Confolens, 2 m., 9 h.

Grapillet, c. de Soyaux, 10 m., 26 h.

Grassac, c., arr. d'Angoulême, cant. de Montbron, †, éc., ⊠ Marthon, 173 m., 749 h.

Grassac, bg., ch.-l., c. de Grassac, 27 m., 97 h., 13 k. de Montbron, 22 k. d'Angoulême.

Grassets (Les), c. de Vœuil-et-Giget, 1 m., 6 h.

Grassin (Chez-), c. d'Oriolles, 2 m., 9 h.

Grassin (Chez-), c. de Salles-de-Barbezieux, 10 m., 31 h.

Gratelot, c. de Cognac, 5 m., 13 h.

Grateloube, c. d'Orgedeuil, 11 m., 31 h.

Grateloube, c. de St-Laurent-de-Belzagot, 6 m., 30 h.

Graterat, c. de Fouquebrune, 1 m., 2 h.

Gratias (La), c. de Massignac, 16 m., 64 h.

Gratteau, c. de Gensac, 12 m., 41 h.

Gratte-Chapt, c. de Nonaville, 2 m., 9 h.

Grauge (La), c. de Gardes, 3 m., 4 h.

Grauge (La), c. de Lézignac-Durand, 3 m., 16 h.

Grauge (La), c. de Villars, 3 m., 22 h.

Graulaud (Le), c. de Chabanais, 1 m., 8 h.

Graulle (La), c. de Touvérac, 7 m., 39 h., ⚓.

Grave (La), c. de Bardenac, 2 m., 8 h.

Grave (La), c. de Bonnes, 1 m., 7 h.

Grave (La), c. de Gimeux, 1 m., 3 h.

Grave (La), c. de St-Adjutory, 3 m., 10 h.

Grave (La), c. de Torsac, 2 m., 7 h.

Grave (Le Moulin-de-la-), c. de Luxé, 2 m., 9 h.

Gravechou (Chez-), c. de Combiers, 4 m., 10 h.

Gravelle (La), c. de Lagarde-sur-le-Né, 2 m., 11 h.

Graverit, c. de Péreuil, 2 m., 10 h.

Graves, c., arr. de Cognac, cant. de Châteauneuf, ⊠ Châteauneuf, 66 m., 267 h.

Graves, bg., ch.-l., c. de Graves, 9 m., 37 h., 7 k. de Châteauneuf, 20 k. de Cognac, 27 k. d'Angoulême.

Gravette (La), c. d'Yviers, 2 m., 9 h.

Gravier (Le), c. des Gours, 2 m., 10 h.

Gravouille (Chez-), c. de St-Bonnet, 2 m., 12 h.

Gré (Le), c. de Châteauneuf, 4 m., 16 h.

Grégoire (Chez-), c. d'Agris, 4 m., 16 h.

Grégoire (Chez-), c. de Reignac, 5 m., 20 h.

Grégueuil, c. de Condac, 2 m., 20 h.

Greland (Chez-), c. de Rouillac, 6 m., 25 h.

Grelaudière (La), c. de Verteuil, 4 m., 20 h.

Greleau (Chez-), c. de St-Amant-de-Montmoreau, 9 m., 33 h.

Grelet, c. de Magnac-sur-Touvre, 11 m., 88 h.

Grelet (Chez-), c. de Cherves-Châtelars, 2 m., 2 h.

Grelet (Chez-), c. de Garat, 2 m., 15 h.

Grelet (Chez-), c. de Mouthiers, 1 m., 8 h.

Grelet (Chez-), c. de Nonac, 11 m., 47 h.

Grelet (Chez-), c. de St-Amant-de-Montmoreau, 2 m., 5 h.

Grelier (Chez-), c. de Bécheresse, 2 m., 6 h.

Greller (Chez-), c. du Tâtre, 43 m., 55 h.

Grellère (La), c. de Brossac, 1 m., 5 h.

Grellère (La), c. de Chirac, 4 m., 28 h.

Grellère (La), c. de Linars, 45 m., 55 h.

Grellère (La), c. de Rouzède, 48 m., 75 h.

Grellère (La), c. de Ste-Sévère, 5 m., 22 h.

Grellère (La), c. de Verrières, 7 m., 31 h.

Grellers (Les), c. de L'Houmeau-Pontouvre, 6 m., 47 h.

Grêlis (Le), c. de St-Avit, 26 m., 88 h.

Grellet (Chez-), c. de Guimps, 4 m., 21 h.

Grelon (Chez-) c. de St-Séverin, 4 m., 48 h.

Grélot (Chez-), c. de Vignolles, 6 m., 27 h.

Grenaudière (La), c. de Londigny, 4 m., 4 h.

Grenaudière (La), c. de St-Martin-du-Clocher, 5 m., 4 h.

Grène, c. d'Exideuil, 4 m., 4 h.

Grenées (Les), c. de Lamérac, 7 m., 23 h.

Grenerie (La), c. de Salles-la-Vallette, 1 m., 5 h.

Grenier (Chez-), c. de Pérignac, 4 m., 5 h.

Grenier (Chez-), c. de Poursac, 40 m., 34 h.

Grenier (Chez-), c. de Roussines, 4 m., 3 h.

Grenord, c. de Chabanais, 43 m., 144 h.

Grenouille (La), c. de St-Adjutory, 4 m., 5 h.

Grenouillère, c. de Puyréaux, 2 m., 4 h.

Grenouillères (Les), c. de St-Palais-du-Né, 4 m., 47 h.

Grenouilles (Les), c. d'Abzac, 2 m., 2 h.

Gréon (La), c. de Lussac, 2 m., 49 h.

Grèpe (Basse-), c. de Lignères, 4 m., 3 h.

Grèpe (Haute-), c. de Lignères, 4 m., 5 h.

Grèpe (La), c. de Lignères, 4 m., 2 h.

Grésignac, c. de Palluaud, 3 m., 13 h.

Greteaud (Chez-), c. de Sérignac, 4 m., 4 h.

Greuze (La), c. de Garat, 5 m., 49 h.

Grèze (La), c. de Charmant, 4 m., 46 h.

Grèze (La), c. de Chavenac, 4 m., 4 h.

Grezeau, c. de Touvérac, 2 m., 7 h.

Grignol, c. de Montbron, 22 m., 59 h.

Grignon (Chez-), c. de Bonneuil, 5 m., 23 h.

Grignon (Le), c. de Montchaude, 4 m., 4 h.

Grignoux (Chez-), c. de Parzac, 7 m., 25 h.

Grillaud (Chez-), c. d'Alloue, 2 m., 6 h.

Grillaud (Chez-), c. de Brossac, 4 m., 44 h.

Grillaud (Chez-), c. de Chillac, 9 m., 25 h.

Grillauds (Les), c. de St-Genis-d'Hiersac, 14 m., 64 h.

Grille (Moulin-de-la-), c. de Houlette, 4 m., 2 h.

Grille-du-Parc, voy. Chambonnaud.

Grimardières (Les), c. de Brie-sous-la-Rochefoucauld, 3 m., 46 h.

Grimaud, c. de Londigny, 4 m., 45 h.

Grimaud (Chez-), c. de Brie-sous-Chalais, 9 m., 34 h.

Grimaud (Chez-), c. de Chillac, 14 m., 48 h.

Grimauderie (La), c. de Torsac, 2 m., 44 h.

Grimeau (Chez-), c. de Lignères, 3 m., 7 h.

Grimordie (La), c. de Blanzaguet, 4 m., 9 h.

Grimordie (La), c. de St-Cybard-le-Peyrat, 4 m., 6 h.

Grisons (Les), c. de Salles-la-Vallette, 4 m., 2 h.

Grivaud (Chez-), c. de Juignac, 44 m., 44 h.

Grivaud (Chez-), c. d'Oriolles, 6 m., 24 h.

Grivot (Chez-), c. de Curac, 2 m., 6 h.

Grizeau (Chez-), c. de Bréville, 7 m., 49 h.

Grizon (Chez-), c. d'Angeac-Charente, 4 m., 20 h.

Groc (Le), c. de Fouquebrune, 3 m., 47 h.

Groge (La), c. de Raix, 21 m., 68 h.

Groie (La), c. de Bunzac, 2 m., 3 h.

Groie (La), c. de Crouin, 4 m., 45 h.

Groie (La), c. de Nercillac, 69 m., 253 h.

Groie (La), c. de Richemont, 5 m., 45 h.

Groie (La), c. de Ruelle, 32 m., 407 h.

Groie (La), c. de St-Projet-St-Constant, 4 m., 4 h.

Groie (La Grande-), c. de Cherves, 2 m., 40 h.

Groie (La Petite-), c. de Cherves, 4 m., 8 h.

Groie-de-Chez-Maurin (La), c. de St-Amant-de-Graves, 4 m., 6 h.

Groie-d'Érayille, c. de Birac, 2 m., 8 h.

Groies (Les), c. de Mouthiers, 3 m., 42 h.

Groies (Les), c. de Reignac, 4 m., 3 h.

Groies-de-Naud (Les), c. de Châteauneuf, 4 m., 45 h.

Groisilliers (Les), c. de Sireuil, 5 m., 25 h.

Groix (La), c. de St-Estèphe, 6 m., 21 h.

Groix (Les), c. de Claix, 3 m., 42 h.

Grolaud, c. de St-Fraigne, 4 m., 44 h.

Groleau (Chez-), c. de Salles-de-Barbezieux, 4 m., 4 h.

Grolet, c. de St-Fort, 1 m., 3 h.

Grolet (Le Petit-), c. de Péreuil, 4 m., 16 h.

Grolet (Moulin-de-), c. de Péreuil, 1 m., 11 h.

Grolier (Chez-), c. de Péreuil, 6 m., 20 h.

Grolière (La), c. de Pleuville, 3 m., 22 h.

Grolons (Les), c. de Barbezieux, 2 m., 11 h.

Grollaud (Le), c. d'Oriolles, 3 m., 10 h.

Grolle (La), c. du Lindois, 1 m., 7 h.

Grolleau (Le), c. de Bors-de-Baignes, 6 m., 21 h.

Grolle-Bagnade (La), c. de St-Laurent-de-Céris, 1 m., 5 h.

Grollet (Le), c. de St-Même, 10 m., 47 h.

Grollette (La), c. de Cherves, 1 m., 5 h.

Grollier (Chez-), c. de Bouex, 23 m., 72 h.

Grondenier (Chez-), c. de Cherves-Châtelars, 1 m., 10 h.

Grondin (Chez-), c. de Cressac, 3 m., 10 h.

Gros, c. de Chenon, 16 m., 74 h.

Gros (Chez-les-), c. de La Péruze, 6 m., 39 h.

Gros (Le), c. de St-Maurice, 1 m., 9 h.

Grosbauche, c. de St-Front, 11 m., 41 h.

Grosbaud, c. de Champagne-Mouton, 2 m., 12 h.

Gros-Bonnet (Chez-), c. de St-Sornin, 4 m., 24 h.

Grosbot, c. de Charras, 19 m., 77 h.

Grosbot, c. de Rougnac, 2 m., 5 h.

Grosbot, c. de St-Genis-d'Hiersac, 47 m., 191 h.

Grosboux, c. de La Forêt-de-Tessé, 55 m., 178 h.

Grosgil (Le), c. de Feuillade, 2 m., 19 h.

Gros-Jean (Chez-), c. d'Aignes-et-Puypéroux, 1 m., 3 h.

Gros-Jean (Chez-), c. de Criteuil, 2 m., 5 h.

Gros-Martial (Chez-), c. de Montbron, 1 m., 9 h.

Grosnez (Chez-), c. de Vieux-Ruffec, 2 m., 5 h.

Gros-Pey (Chez-), c. des Essards, 7 m., 24 h.

Gros-Pierre (Chez-), c. de St-Sornin, 3 m., 12 h.

Grosse (La), c. de Cherves, 6 m., 29 h.

Grosterme, c. de Pranzac, 16 m., 52 h.

Grosville, c. de St-Cybardeaux, 38 m., 147 h.

Grousasse (La), c. de Cherves, 1 m. non h.

Grouge (La), c. de St-Claud, 4 m., 21 h.

Grounières (Les), c. de St-Palais-du-Né, 1 m., 5 h.

Groussin (Chez-), c. d'Ars, 3 m., 14 h.

Groux (La), c. de Marsac, 50 m., 204 h.

Groux (St-), c., arr. de Ruffec, cant. de Mansle, éc., ⊠ Mansle, 54 m., 208 h.

Groux (St-), bg., ch.-l., c. de St-Groux, 28 m., 104 h., 3 k. de Mansle, 20 k. de Ruffec, 30 k. d'Angoulême.

Groyon (Chez-), c. des Adjots, 7 m., 31 h.

Grue (La), c. de Montchaude, 1 m., 4 h.

Grue (La), c. de Mons, 16 m., 39 h.

Gruet (Chez-), c. de St-Vallier, 3 m., 11 h.

Gucuche, c. d'Alloue, 1 m., 7 h.

Guédon, c. de Roullet, 2 m., 10 h.

Guédon (Chez-), c. de Lamérac, 2 m., 5 h.

Gué-de-Glory (Le Vieux-), c. de Rancogne, 1 m., 8 h.

Gué-de-Vergnas (Le Moulin-du-), c. d'Écuras, 1 m., 5 h.

Gueffier (Chez-), c. de Baignes-Ste-Radégonde, 2 m., 7 h.

Guélin (Moulin-), c. de Salles-de-Segonzac, 1 m., 7 h.

Guélis (Le), c. de Bouteville, 1 m., 6 h.

Guéranchie (La), c. de Chirac, 15 m., 51 h.

Guerche (Moulin-de-la-), c. de Lesterps, 1 m., 6 h.

Guérin (Chez-), c. de Barbezières, 11 m., 45 h.

Guérin (Chez-), c. de Champniers, 7 m., 20 h.

Guérin (Chez-), c. de Criteuil, 9 m., 34 h.

Guérin (Chez-), c. de Gimeux, 5 m., 23 h.

Guérin (Chez-), c. de Lagarde-sur-le-Né, 10 m., 42 h.

Guérin (Le Grand-), c. de Mouthiers, 3 m., 11 h.

Guérin (Le Petit-), c. de Mouthiers, 1 m., 5 h.

Guérinaud (Chez-), c. de Brossac, 1 m., 4 h.

Guérinauds (Les), c. de Marsac, 19 m., 68 h.

Guérinauds (Les Grands-), c. d'Aubeville, 2 m., 7 h.

Guérinauds (Les Petits-), c. d'Aubeville, 5 m., 17 h.

Guérineau, c. de Courgeac, 5 m., 26 h.

Guérineau (Le Petit-), c. de Courgeac, 3 m., 8 h.

Guérinière (La), c. de Chantillac, 1 m., 6 h.

Guérins (Les), c. de Genté, 1 m., 8 h.

Guérite (Chez-la-), c. d'Oradour-Fanais, 2 m., 5 h.

Guérive (Chez-), c. de La Chaise, 16 m., 48 h.

Guerivière (La), c. de Londigny, 4 m., 22 h.

Guerlie (La), c. de Pressignac, 9 m., 48 h.

Guerry (Chez-), c. de Baignes-Ste-Radégonde, 3 m., 8 h.

Guerry (Chez-), c. du Tâtre, 3 m., 14 h.

Guerry (Chez-), c. de Touvérac, 1 m., 4 h.

Guerry (Le), c. de St-Médard-de-Barbezieux, 4 m., 18 h.

Guêtre (Chez-la-), c. de Brillac, 1 m., 7 h.

Guiard (Chez-), c. de St-Brice, 7 m., 26 h.

Guibert (Chez-), c. de Challignac, 3 m., 13 h.

Guibons (Les), c. de La Magdeleine-de-Segonzac, 2 m., 12 h.

Guibons (Les), c. de Touzac, 3 m., 11 h.

Guicherie (La), c. de Confolens, 1 m., 9 h.

Guicheteau (Chez-), c. de Barbezieux, 10 m., 41 h.

Guidas, c. de Touvérac, 3 m., 13 h.

Guierce (La), c. de Pressignac, 15 m., 65 h.

Guignard (Chez-), c. d'Angeac-Charente, 21 m., 73 h.

Guignebardie (La), c. de Cherves, 2 m., 8 h.

Guignebourg, c. de Londigny, 1 m., 15 h.

Guignefolle, c. de Verrières, 1 m., 4 h.

Guigner (Chez-), c. de Bécheresse, 6 m., 18 h.

Guigner (Chez-), c. de Plassac-Roufflac, 1 m., 3 h.

Guilbonnerie (La), c. de Touvérac, 1 m., 5 h.

Guilbot (Chez-), c. de Reignac, 9 m., 26 h.

Guilbot-des-Bois (Chez-), c. de Reignac, 2 m., 6 h.

Guildon, c. de Médillac, 27 m., 78 h.

Guildon, c. de Rioux-Martin, 5 m., 15 h.

Guildon (Moulin-de-), c. de Médillac, 2 m., 12 h.

Guilhot (Moulin-), c. de Feuillade, 2 m., 16 h.

Guillandrie, c. de Brossac, 1 m., 5 h.

Guillauds (Les), c. de Salles-de-Villefagnan, 19 m., 69 h.

Guillaume-Marceaux (Les), c. de Nonac, 4 m., 15 h.

Guillemin, c. de Montboyer, 2 m., 12 h.

Guillemine (Chez-), c. de Montboyer, 2 m., 9 h.

Guillemis (Les), c. de Grassac, 1 m., 7 h.

Guillemis (Les), c. de Marthon, 3 m., 14 h.

Guillerit (Moulin-de-), c. de Marcillac-Lanville, 1 m., 6 h.

Guillet (Chez-), c. de St-Laurent, 4 m., 16 h.

Guillin (Chez-), c. de Louzac, 18 m., 58 h.

Guillochoux (Chez-), c. de St-Cybard, 6 m., 19 h.

Guillon (Chez-), c. de Lignères, 4 m., 21 h.

Guillon (Chez-), c. de Montchaude, 4 m., 15 h.

Guillon (Chez-), c. de Moulidars, 3 m., 11 h.

Guillon (Chez-), c. de Pérignac, 2 m., 6 h.

Guillon (Le), c. de Bonnes, 1 m., 3 h.

Guillon (Le Grand-), c. de Mouthiers, 12 m., 43 h.

Guillon (Le Petit-), c. de Ladiville, 7 m., 33 h.

Guillon (Le Petit-), c. de Mouthiers, 8 m., 27 h.

Guillons (Les), c. de Bécheresse, 1 m., 4 h.

Guillons (Les), c. de Gimeux, 14 m., 52 h.

Guillons (Les Grands-), c. de Ladiville, 2 m., 14 h.

Guillou (Chez-), c. de Juillac-le-Coq, 2 m., 6 h.

Guilloux (Chez-), c. d'Ambernac, 1 m., 2 h.

Guilloux (Chez-), c. de St-Gourson, 7 m., 33 h.

Guilloux (Chez-), c. de St-Maurice, 3 m., 9 h.

Guimbelots (Les), c. de Gimeux, 16 m., 61 h.

Guimbert, c. de Condéon, 2 m., 8 h.

Guimberteau (Chez-), c. de Péreuil, 1 m., 4 h.

Guimbléterie, c. de Brossac, 1 m., 7 h.

Guimps, c., arr., cant. de Barbezieux, †, cc., ✉ Barbezieux, 267 m., 1,060 h.

Guimps, bg., ch.-l., c. de Guimps, 6 m., 17 h., 8 k. de Barbezieux, 42 k. d'Angoulême.

Guin (Chez-), c. de Brillac, 2 m., 15 h.

Guinandon (Chez-), c. de Parzac, 10 m., 35 h.

Guinefollaud (Chez-), c. de Lagarde-sur-le-Né, 15 m., 49 h.

Guineuf (Chez-), c. d'Ambleville, 5 m., 21 h.

Guineufs (Le Moulin-des-), c. d'Ambleville, 1 m., 3 h.

Guinot (Chez-), c. de Cherves-Châtelars, 3 m., 12 h.

Guinot (Chez-), c. de Montchaude, 8 m., 10 h.

Guinot (Chez-), c. de Petit-Lessac, 1 m. non h.

Guinot (Chez-), c. de Rougnac, 2 m., 7 h.

Guionnet (Chez-), c. de Chillac, 8 m., 25 h.

Guionnet (Chez-), c. de Passirac, 11 m., 50 h.

Guionnets (Les), c. de Touzac, 2 m., 9 h.

Guions (Chez-), c. de Roullet, 2 m., 12 h.

Guirandes (Les), c. de Montignac-le-Coq, 2 m., 8 h.

Guissalle, c. de Vindelle, 36 m., 155 h.

Guissalle (Le Moulin-de-), c. de Vindelle, 1 m., 7 h.

Guitard (Chez-), c. de Voulgézac, 6 m., 30 h.

Guitet (Chez-), c. de Montchaude, 5 m., 19 h.

Guitre, c. de Baignes-Ste-Radégonde, 20 m., 79 h.

Guitre, c. de Chassors, 45 m., 160 h.

Guitry (Moulin-de-), c. de Champagne-Mouton, 1 m., 5 h.

Guittard (Chez-), c. de Benest, 1 m., 6 h.

Guittard (Le Moulin-de-), c. de Moutardon, 1 m., 7 h.

Guitton (Chez-), c. de Baignes-Ste-Radégonde, 5 m., 22 h.

Guitton (Chez-), c. de St-Bonnet, 4 m., 21 h.

Guizengeard, c., arr. de Barbezieux, cant. de Brossac, éc., ⊠ Brossac, 108 m., 412 h.

Guizengeard, bg., ch.-l., c. de Guizengeard, 2 m., 12 h., 7 k. do Brossac, 22 k. de Barbezieux, 55 k. d'Angoulême.

Gullin, c. d'Yviers, 2 m., 10 h.

Gurat, c., arr. d'Angoulême, cant. de La Vallette, †, ⊠ La Vallette, ☞ F., 180 m., 650 h.

Gurat, bg., ch.-l., c. de Gurat, 81 m., 137 h., 6 k. de La Vallette, 32 k. d'Angoulême.

Gurat (Le Moulin-de-), c. de Gurat, 1 m., 5 h.

Guyard (Chez-), c. de Montboyer, 1 m., 8 h.

Guyon (Chez-), c. de Barbezieux, 2 m., 8 h.

Guyon (Chez-), c. de Barret, 10 m., 34 h.

Guyonnerie (La), c. de Condac, 1 m., 6 h.

Guyonnie (La), c. d'Exideuil, 1 m., 9 h.

H

Habillier (L'), c. d'Esse, 1 m., 4 h.

Habit (L'), c. d'Échallat, 21 m., 95 h.

Habit (Moulin-de-l'), c. de Chassenon, 1 m., 9 h.

Hardy (Chez-), c. de Claix, 9 m., 32 h.

Hastiers (Les), c. de St-Médard-de-Barbezieux, 12 m., 65 h.

Haumande (L'), c. de Bors-de-Montmoreau, 1 m., 8 h.

Hautefaye, c. d'Édon, 1 m., 7 h.

Hautefayette, c. d'Édon, 8 m., 32 h.

Hautemoure, c. de St-Simon, 6 m., 25 h.

Hauteneuve, c. de Lignères, 11 m., 45 h.

Hauteville, c. de Bouex, 10 m., 33 h.

Hays (Chez-), c. de Torsac, 1 m., 2 h.

Hays (Les), c. d'Aignes-et-Puypéroux, 11 m., 44 h.

Hays (Les), c. de Linars, 8 m., 31 h.

Hays (Les Grands-), c. de Péreuil, 10 m., 37 h.

Hays (Les Petits-), c. de Péreuil, 3 m., 11 h.

Heillots (Les), c. d'Oradour-Fanais, 1 m., 8 h.

Héraudie (L'), c. de Chazelles, 2 m., 11 h.

Héraudie (Moulin-de-l'), c. de Brillac, 1 m., 8 h.

Herbandie (L'), c. d'Hiesse, 5 m., 40 h.

Hermelle, c. de Lignères, 3 m., 15 h.

Hermitage (L'), c. de Berneuil, 1 m., 6 h.

Hermitage (L'), c. de Champagne-Mouton, 1 m., 9 h.

Hermitage (L'), c. de Chasseneuil, 1 m., 2 h.

Hermitage (L'), c. de Pranzac, 6 m., 35 h.

Hermitage (L'), c. de Vars, 1 m., 6 h.

Hermite (L'), c. de Grassac, 15 m., 61 h.

Hermite (L'), c. de Gurat, 7 m., 25 h.

Herpes, c. de Courbillac, 76 m., 291 h.

Herse (Château-de-l'), c. de Pérignac, 1 m., 16 h.

Herse (Le Moulin-de-l'), c. de Pérignac, 2 m., 8 h.

Herses (Les), c. de Saulgond, 3 m., 22 h.

Hiersac, cant., arr. d'Angoulême, 13 c., 10,295 h.

Hiersac, c., arr. d'Angoulême, cant. d'Hiersac, ✝, éc, ⊠ Hiersac, J. d. p., ☞ F. M., 189 m., 772 h.

Hiersac, v., ch.-l. de la c. et du cant. d'Hiersac, 147 m., 536 h., 14 k. d'Angoulême, ⛟.

Hiesse, c., arr. de Confolens, cant. de Confolens (Nord), †, éc., ⊠ Alloue, 121 m., 558 h.

Hiesse, bg., ch.-l., c. d'Hiesse, 1 m., 3 h., 8 k. de Confolens , 72 k. d'Angoulême.

Hilaire (St-), c. de St-Amant-de-Montmoreau, 21 m., 59 h.

Hilaire (St-), c., arr. et cant. de Barbezieux, ⊠ Barbezieux, 123 m., 464 h.

Hilaire (St-), bg., ch.-l., c. de St-Hilaire, 9 m., 42 h., 2 k. de Barbezieux , 36 k. d'Angoulême.

Hilairet (Chez-), c. de Brossac, 1 m., 5 h.

Hirondelle (L'), c. d'Angoulême, 1 m., 8 h.

Hiver (Chez-), c. de Beaulieu, 4 m., 18 h.

Hiver (Chez-l'), c. de Montembœuf, 1 m., 6 h.

Homandie (L'), c. de Verrières, 4 m., 18 h.

Homarie (La Grande-), c. d'Épenède, 12 m., 41 h.

Hommage (L'), c. de Reignac, 1 m., 2 h.

Homme-Lépine (L'), c. de Cellefrouin, 5 m., 30 h.

Hôpital (L'), c. de Chadurie, 1 m., 1 h.

Hôpital (L'), c. de Porcheresse, 2 m., 4 h.

Hôpital (L'), c. de St-Martin-Château-Bernard, 1 m., 96 h.

Hôpiteau (L'), c. de Douzat, 12 m., 52 h.

Horte, c. de Grassac, 1 m., 6 h.

Hortes (Les), c. de Bessé, 5 m., 19 h.

Houberie (La), c. de Parzac, 3 m., 22 h.

Houillères (Les), c. de Courcôme, 20 m., 69 h.

Houillères (Les), c. de Rivières, 60 m., 191 h.

Houlette, c., arr. de Cognac, cant. de Jarnac, éc., ⊠ Jarnac, 133 m., 501 h.

Houlette, bg., ch.-l., c. de Houlette 43 m., 151 h., 10 k. de Jarnac, 13 k. de Cognac, 36 k. d'Angoulême.

Houmade (L'), c. de Genac, 22 m., 80 h.

Houmade (La Grande-), c. de Cherves, 9 m., 26 h.

Houmade (La Petite-), c. de Cherves, 11 m.; 27 h.

Houme, c. de Fouquebrune, 5 m., 21 h.

Houme (L'), c. d'Asnières, 8 m., 25 h.

Houme (L'), c. de St-Christophe-de-Chalais, 10 m., 43 h.

Houme (L'), c. de St-Severin, 5 m., 17 h.

Houme (L'), c. de Ventouse, 7 m., 25 h.

Houmeau (L'), c. de la Forêt-de-Tessé, 6 m., 21 h.

Houmeau (Chez-l'), c. de Mainfonds, 6 m., 21 h.

Houmeau (L'), c. de La Vallette, 43 m., 139 h.

Houmeau-Pontouvre (L'), c., arr. d'Angoulême, cant. d'Angoulême (2e partie), éc., ⊠ Angoulême, 472 m., 1,403 h.

Houmelée (L'), c. de la Forêt-de-Tessé, 19 m., 70 h.

Houmelet (L'), c. de St-Yrieix, 1 m., 8 h.

Haumont (L'), c. de Bignac, 48 m., 159 h.

Houmy (L'), c. de Montbron, 7 m., 34 h.

Houmy (Moulin-de-l'), c. de Montbron, 1 m., 6 h.

Houmy (Tuilerie-de-l'), c. de Montbron, 1 m., 7 h.

Hubains (Les), c. de St-Gourson, 12 m., 43 h.

Hublins (Les), c. de St-Médard-de-Rouillac, 2 m., 45 h.

Huet (Chez-), c. de Lignères, 9 m., 31 h.

Huffaud, c. de St-Brice, 2 m., 8 h.

Huguenot (L'), c. de Touvérac, 1 m., 5 h.

Huguet (Chez-), c. de Marillac, 3 m., 13 h.

Huilerie (L'), c. d'Étagnat, 1 m., 2 h.

Huissier (Moulin-de-l'), c. de Péreuil, 2 m., 15 h.

Hultains (Les), c. de Guimps, 1 m., 4 h.

Hunaux (Les), c. de Mouthiers, 2 m., 12 h.

Hurtebise, c. de Dirac, 5 m., 20 h.

Husson, c. de Charmé, 17 m., 64 h.

Hutte (La), c. d'Ars, 4 m., 20 h.

Hutte (La), c. de Barbezieux, 4 m., 11 h.

I

Ile (L'), moulin, c. de Lézignac-Durand, 2 m., 9 h.

Ile (L'), c. de St-Maurice, 1 m., 8 h.

Ile (L'), c. de Taizé-Aizie, 8 m., 44 h.

Ile (Moulin-de-l'), c. de Taizé-Aizie, 1 m., 41 h.

Ile-de-l'Écluse (L'), c. de Gondeville, 1 m., 2 h.

Ile-de-Madame (L'), c. de Gondeville, 6 m., 8 h.

Ile-des-Moulins (L'), c. de Gondeville, 2 m., 5 h.

Iles (Les), c. de Nercillac, 1 m., 7 h.

Iles (Les), c. de Valence, 2 m., 20 h.

Isle, c. de Ronsenac, 16 m., 45 h.

Isle (L'), c. de Mesnac, 4 m., 11 h.

Isle (L'), c. de Nersac, 2 m., 13 h.

Isle (Le Logis-de-l'), c. de l'Isle-d'Espagnac, 2 m., 5 h.

Isle (Moulin-de-l'), c. de Petit-Lessac, 2 m., 7 h.
Isle-d'Espagnac (L'), c., arr. d'Angoulême, cant. d'Angoulême (2ᵉ partie), †, éc., ✉ Angoulême, 257 m., 593 h.
Isle-d'Espagnac (L'), bg., ch.-l., c. de l'Isle-d'Espagnac, 31 m., 120 h., 4 k. d'Angoulême.

Isle-d'Espagnac (L'), c. de Nersac, 3 m., 10 h.
Islot (L'), c. de Reignac, 2 m., 7 h.
Issac, c. de Bonneuil, 1 m., 6 h.
Ivon (Chez-), c. de St-Palais-du-Né, 3 m., 10 h.
Ivonnerie (L'), c. de Vignolles, 6 m., 25 h.

J

Jacobs (Les), c. de Touzac, 2 m., 5 h.
Jacquemins (Les), c. de St-Même, 10 m., 55 h.
Jacques (Chez-), c. de Ladiville, 8 m., 22 h.
Jacquet, c. d'Yviers, 1 m., 3 h.
Jacquiot (Chez-), c. de Plassac-Rouffiac, 3 m., 12 h.
Jadeau (Chez-), c. de Lamérac, 7 m., 20 h.
Jadeau (Le), c. de Barbezieux, 3 m., 11 h.
Jallais, c. de Confolens, 1 m., 12 h.
Jalle (La), c. d'Yviers, 4 m., 25 h.
Jallet (Chez-), c. de Guimps, 4 m., 11 h.
Jallet (Chez-), c. de Verrières, 2 m., 10 h.
Jallets (Les), c. de Claix, 3 m., 10 h.
Jalousie (La), c. d'Abzac, 1 m., 5 h.
Jalousie (La), c. de Massignac, 1 m., 5 h.
Jalvert, c. de Deviat, 1 m., 4 h.
Jamain (Chez-), c. de Salles-de-Barbezieux, 3 m., 18 h.
Jambe (Chez-), c. d'Oradour-Fanais, voy. Jamme.
Jambeau (Chez-), c. de Lamérac, 2 m., 13 h.
Jambon (Chez-), c. d'Aignes-et-Puypéroux, 18 m., 68 h.
James (Chez-), c. de Chazelles, 2 m., 17 h.
Jamet (Chez-), c. de Charmant, 8 m., 33 h.
Jamet (Chez-), c. de Fouquebrune, 3 m., 18 h.
Jamet (Chez-), c. de Curac, 2 m., 6 h.
Jamet (Chez-), c. de Loudigny, 1 m., 3 h.
Jamet (Chez-), c. de St-Projet-St-Constant, 1 m., 11 h.
Jamet (Chez-), c. de Roullet, 2 m., 9 h.
Jamet-le-Rivaud, c. de Montbron, 1 m. non h.
Jamin (Chez-), c. de Barret, 4 m., 14 h.
Jamme (Chez-), ou Chez-Jambe, c. d'Oradour-Fanais, 1 m., 8 h.
Jammets (Les), c. de St-Severin, 3 m., 14 h.
Janivon (Chez-), c. de Messeux, 3 m., 14 h.

Janneau (Chez-), c. de Lamérac, 9 m., 24 h.
Jannière (Chez-), c. de Baignes-Ste-Radégonde, 1 m., 6 h.
Janot (Chez-), c. de Cherves-Châtelars, 1 m., 1 h.
Janot (Chez-), c. de Nieuil, 1 m., 10 h.
Jaraudie (La), c. de Brigueuil, 4 m., 20 h.
Jaraudie (La), c. de St-Christophe-de-Confolens, 2 m., 13 h.
Jardenat, c. de Chasseneuil, 11 m., 53 h.
Jardin-d'Amour (Le), c. de Barbezieux, 1 m., 3 h.
Jardronne, c. de Montboyer, 5 m., 25 h.
Jarillou, c. de Sers, 1 m., 8 h.
Jarissou (Le), c. de Brigueuil, 2 m., 17 h.
Jarnac, cant., arr. de Cognac, 14 c., 13,344 h.
Jarnac, c., arr. de Cognac, cant. de Jarnac, †, éc., ✉ Jarnac, ⚓ F. M., 989 m., 3,462 h.
Jarnac, v., ch.-l. de la c. et du cant. de Jarnac, consist. et temp. prot., j. d. p., 865 m., 3,040 h., 14 k. de Cognac, 28 k. d'Angoulême, ⚓.
Jarnon (La), c. de St-Laurent-de-Céris, 11 m., 43 h.
Jarnouzeau, c. de St-Laurent, 42 m., 147 h.
Jaroussie (La), c. de St-Coutant, 1 m., 7 h.
Jaroussière (La), c. de la Forêt-de-Tessé, 6 m., 18 h.
Jarrie (La), c. de Sigogne, 37 m., 159 h.
Jarrige (La), c. de St-Severin, 8 m., 17 h.
Jarrige (Le Grand-), c. de St-Amant-de-Montmoreau, 4 m., 11 h.
Jarrige (Le Petit-), c. de St-Amant-de-Montmoreau, 2 m., 6 h.
Jarriges (Les), c. de Genouillac, 25 m., 90 h.
Jarriges (Les), c. de Montbron, voy. Soumagne.
Jarris (Les), c. de Bernac, 20 m., 82 h.

Jarroussière (La), c. de Montjean, 4 m., 14 h.

Jarrousson, c. de Linars, 6 m., 24 h.

Jarry (Le), c. de Palluaud, 5 m., 19 h.

Jarry (Le), c. de St-Romain, 2 m., 10 h.

Jarry-Bas (Le), c. de Ronsenac, 2 m, 8 h.

Jarry-Haut (Le), c. de Ronsenac, 3 m., 15 h.

Jarsac, c. de Mouthiers, 11 m., 140 h.

Jart, c. de Vouzan, 5 m., 28 h.

Jart (La), c. de Magnac-la-Vallette, 3 m., 17 h.

Jaublet (Chez-), c. de Chantillac, 4 m., 24 h.

Jaud, c. d'Yviers, 3 m., 11 h.

Jaude (La), c. de St-Laurent-de-Céris, 4 m., 20 h.

Jaude (Moulin-de-la-), c. de St-Laurent-de-Céris, 1 m., 8 h.

Jauffrenies (Les), c. de St-Amant-de-Montmoreau, 9 m., 33 h.

Jauffrenies (Les Petites-), c. de St-Amant-de-Montmoreau, 1 m., 1 h.

Jauge (La), c. de Laprade, 1 m., 11 h.

Jaugeroux (Le), c. de Messeux, 14 m., 48 h.

Jaugnat (Le Grand-), c. de Vitrac, 19 m., 69 h.

Jaugnat (Le Petit-), c. de Vitrac, 8 m., 35 h.

Jauguisson, c. de Laprade, 2 m., 16 h.

Jauldes, c., arr. d'Angoulême, cant. de La Rochefoucauld, †, éc., ✉ La Rochefoucauld, ☞ F., 338 m., 1,200 h.

Jauldes, bg., ch.-l., c. de Jauldes, 43 m., 155 h., 13 k. de La Rochefoucauld, 19 k. d'Angoulême.

Jaulières (Les), c. de Cherves-Châtelars, 9 m., 35 h.

Jaulin (Chez-), ou Chez-Jean-le-Garde, c. d'Aignes-et-Puypéroux, 1 m., 4 h.

Jaulin (Chez-), c. de Guimps, 4 m., 19 h.

Jaulin (Chez-), c. de St-Médard-de-Barbezieux, 4 m., 14 h.

Jaumerie (La), c. de Mainzac, 4 m., 23 h.

Jaunelie, c. de Palluaud, 8 m., 21 h.

Jaunelie (Le Petit-), c. de Palluaud, 4 m., 4 h.

Jaunière (La), c. de Montchaude, 1 m., 3 h.

Jaurie (La), c. de St-Maurice, 4 m., 19 h.

Jauvigier (Chez-), c. de Cherves-Châtelars, 4 m., 4 h.

Jauvinière, c. de Bazac, 1 m., 5 h.

Javelle (Chez-), c. d'Édon, 6 m., 25 h.

Javernac, c. de Lézignac-Durand, 10 m., 49 h.

Javrezac, c., arr. et cant. de Cognac, †, éc., ✉ Cognac, 203 m., 591 h.

Javrezac, bg., ch.-l., c. de Javrezac, 123 m., 366 h., 3 k. de Cognac, 45 k. d'Angoulême.

Jayat (Le Haut-), c. de Montembœuf, 26 m., 92 h.

Jean (Chez-Grand-), c. de Rancogne, 1 m., 9 h.

Jean (Chez-Petit-), c. de Rancogne, 3 m., 13 h.

Jean-Brard (Chez-), c. de Segonzac, 11 m., 43 h.

Jean-Bouchez (Chez-), c. de Brossac, 4 m., 7 h.

Jean-Brunet (Chez-), c. de Gurat, 2 m., 6 h.

Jean-de-Beaulieu, c. de Chassiecq, 23 m., 90 h.

Jean-Degrange (Chez-), c. de Condéon, 1 m., 6 h.

Jean-Degrange (Le Petit-), c. de Condéon, 1 m., 3 h.

Jean-de-Grole (St-), c. de Dignac, 3 m., 8 h.

Jean-de-l'Étang (Chez-), c. de Chasseneuil, 3 m., 8 h.

Jean-de-Mai (Chez-), c. de Dirac, 1 m., 4 h.

Jean-de-Reix (Chez-), c. de Rougnac, 9 m., 33 h.

Jean-de-Sers (Chez-), c. de Sers, 8 m., 31 h.

Jean-du-Bois (Chez-), c. de Benest, 2 m., 9 h.

Jean-Dubois (Chez-), c. de Courlac, 1 m., 5 h.

Jeanflèvre (Le Grand-), c. de Bonnes, 1 m., 8 h.

Jeanflèvre (Le Petit-), c. de Bonnes, 2 m., 12 h.

Jean-Gillet (Chez-), c. du Tâtre, 6 m., 23 h.

Jean-Joly, c. de St-Severin, 1 m., 1 h.

Jean-le-Garde (Chez-), voy. Chez-Jaulin.

Jean-Martin, c. d'Aubeterre, 4 m., 21 h.

Jean-May (Chez-), c. de Charmant, 1 m. non h.

Jeanneau (Le), c. de St-Hilaire, 2 m., 11 h.

Janneaux (Les), c. de Touzac, 4 m., 22 h.

Jeannillaud (Chez-), c. de St-Amant-de-Graves, 12 m., 42 h.

Jeannotin (Chez-), c. de St-Vallier, 6 m., 23 h.

Jean-Petit (Chez-), c. de Chantillac, 1 m., 4 h.

Jean-Petits (Les), c. de St-Sulpice, 2 m., 4 h.

Jean-Rousseau (Chez-), c. de Challignac, 5 m., 19 h.

Jeantou (Chez-), c. de Montembœuf, 1 m., 9 h.

Jean-Valet (Chez-), c. de Brie-sous-Chalais, 4 m., 19 h.

Jean-Vallet (Chez-), c. de Malaville, 4 m., 16 h.

Jean-Viaud (Chez-), c. de Bellon, 3 m., 10 h.

Jeanvray, c. de Laprade, 3 m., 18 h.

Jeasson (La), c. d'Éraville, 4 m., 18 h.

Jeasson (La), c. de Trois-Palis, 1 m., 10 h.

Jeauffrie (La), c. de Roullet, 1 m., 13 h.

Jeaugie (Le), c. d'Esse, 1 m., 6 h.

Jeaunet (Chez-), c. de Champmillon, 2 m., 11 h.

Jeaux (Chez-), c. de La Chaise, 4 m., 12 h.

Jemarie (La Grande-), c. de Pougné, 17 m., 70 h.

Jemarie (La Petite-), c. de Pougné, 15 m., 58 h.

Jenadie (La), c. de St-Maurice, 3 m., 15 h.

Jérieux, c. de Taponnat-Fleurignac, 2 m., 10 h.

Jérusalem, c. de Plassac-Roufflac, voy. Noujat.

Jésuites (Les), c. d'Angoulême, 2 m., 8 h.

Jette (La), c. de Chassiecq, 7 m., 33 h.

Jobits (Les), c. de Châteauneuf, 12 m., 50 h.

Jodeaux (Les), c. de Mouthiers, 1 m., 2 h.

Jodonnières (Les), c. de Vieux-Cérier, 3 m., 16 h.

Joguet (Chez-), c. de Richemont, 5 m., 13 h.

Joinchat (Chez-), c. de Benest, 3 m., 16 h.

Jollet, c. de Ste-Colombe, 1 m., 9 h.

Jollet (Le), château, c. de Montboyer, 1 m., 4 h.

Jollet (Le Moulin-), c. de Montboyer, 1 m., 8 h.

Jolly (Chez-), c. de Brie-sous-Barbezieux, 4 m., 20 h.

Jolly (Chez-), c. de St-Surin, 6 m., 22 h.

Jolly (Chez-), c. de Torsac, 4 m., 14 h.

Joncades (Les), c. de Criteuil, 1 m., 6 h.

Joncades (Les), c. d'Éraville, 5 m., 25 h.

Joncasses (Les), c. de Chabanais, 1 m., 4 h.

Jonchaud (Le), c. de Charmé, 34 m., 112 h.

Jonchère (La), c. de Jauldes, 3 m., 16 h.

Jonchères (Les), c. de Lignères, 8 m., 25 h.

Jonco (Le), c. de La Couronne, 1 m., 8 h.

Jones (Les), c. de Houlette, 1 m., 5 h.

Joret (Chez-), c. de Berneuil, 2 m., 9 h.

Joselettes (Les), c. de Cherves, 6 m., 25 h.

Jouannais (Chez-), c. de St-Sulpice-de-Cognac, 29 m., 77 h.

Jouanneaud (Chez-), c. d'Oradour-Fanais, 44 m., 53 h.

Jouannet (Chez-), c. de St-Quentin-de-Chalais, 8 m., 40 h.

Jouannets (Chez-), c. d'Agris, 7 m., 21 h.

Jouanny (Chez-), c. de Brie-sous-la-Rochefoucauld, 2 m., 10 h.

Joubert (Chez-), c. de Baignes-Ste-Radégonde, 6 m., 14 h.

Joubert (Chez-), c. de Montbron, 13 m., 57 h.

Joubert (Chez-), c. de Plassac-Roufflac, 3 m., 13 h.

Joubert (Chez-), c. de Charmant, 4 m., 15 h.

Joubert (Chez-), c. de Comblers, 5 m., 25 h.

Joubert (Chez-), c. de Juignac, 1 m., 4 h.

Jouberteries (Les Grandes-), c. de Péreuil, 1 m., 9 h.

Jouberteries (Les Petites-), c. de Péreuil, 1 m., 8 h.

Joubertie (La), c. de Lesterps, 1 m., 6 h.

Joubertière (La), c. d'Yvrac-et-Malleyrand, 3 m., 24 h.

Jouberts (Les), c. de Salles-de-Villefagnan, 10 m., 35 h.

Jouérat, c. de St-Quentin, cant. de Chabanais, 2 m., 21 h.

Joufferie (La), c. de Passirac, 4 m., 15 h.

Joufferoux (Les), c. de Voulgézac, 5 m., 20 h.

Joumard (Le), c. de St-Christophe-de-Confolens, 15 m., 58 h.

Joumerie (La), c. de Courlac, 1 m., 5 h.

Joumier (Chez-), c. de Mainfonds, 4 m., 19 h.

Joumier (Chez-), c. de Porcheresse, 5 m., 16 h.

Jourdain (Chez-), c. des Adjots, 6 m., 17 h.

Jourdain (Chez-), c. de Magnac-la-Vallette, 3 m., 7 h.

Jourde (Chez-), c. de Brillac, 4 m., 17 h.

Jourde (Chez-), c. de Charras, 2 m., 8 h.

Jourde (Chez-), c. de Vitrac, 1 m., 10 h.

Jouriaud (Le Grand-), c. de St-Christophe-de-Confolens, 1 m., 5 h.

Jouriaud (Le Petit-), c. de St-Christophe-de-Confolens, 10 m., 36 h.

Journeau (Chez-), c. de St-Genis, 4 m., 7 h.

Journeau (Moulin-), c. de Cressac, 2 m., 8 h.

Jourzac (Chez-), c. de Brie-sous-Chalais, 4 m., 23 h.

Jousais, c. de St-Claud, 4 m., 26 h.

Jousselin, c. de Chasseneuil, 7 m., 39 h.

Jousselin (Tuilerie-de-), c. de Chasseneuil, 1 m., 4 h.

Joussons (Les), c. de Juillac-le-Coq, 9 m., 32 h.

Joutardières (Les), c. de Marillac, 1 m., 7 h.

Joutardières (Les), c. de Taponnat-Fleurignac, 2 m., 8 h.

Joutaud (Chez-), c. de Barbezières, 8 m., 32 h.

Jouvigière (La), c. de Brie-sous-la-Rochefoucauld, 27 m., 96 h.

Jouzeau, c. de Reignac, 3 m., 15 h.

Jouzeaux (Les), c. de Plassac-Roufflac, 7 m., 33 h.

Jovignac, c. d'Oradour-Fanais, 8 m., 46 h.

Joyeux (Les), c. d'Angoulême, 16 m., 56 h.

Juac, c. de St-Simon, 36 m., 150 h.

Judie (La), c. de Pressignac, 7 m., 31 h.

Judie (La), c. de St-Maurice, 7 m., 27 h.

Judie (La), c. de Verneuil, 2 m., 7 h.

Jugeries (Les), c. de St-André, 1 m., 4 h.

Jugie (La), c. de St-Adjutory, 3 m., 11 h.

Juifs (Les), c. de Mons, 15 m., 64 h.

Juignac, c., arr. de Barbezieux, cant. de Montmoreau, †, éc., ⊠ Montmoreau, 307 m., 1,192 h.

Juignac, bg., ch.-l., c. de Juignac, 27 m., 99 h., 4 k. de Montmoreau, 31 k. de Barbezieux, 33 k. d'Angoulême.

Juillac, c. de Genouillac, 11 m., 33 h.

Juillac-le-Coq, c., arr. de Cognac, cant. de Segonzac, †, éc., ⊠ Segonzac, 232 m., 952 h.

Juillac-le-Coq, bg., ch.-l., c. de Juillac-le-Coq, 28 m., 127 h., 5 k. de Segonzac, 13 k. de Cognac, 36 k. d'Angoulême.

Juillaguet, c., arr. d'Angoulême, cant. de La Vallette, ⊠ La Vallette, 65 m., 255 h.

Juillaguet, bg., ch.-l., c. de Juillaguet, 9 m., 43 h., 7 k. de La Vallette, 22 k. d'Angoulême.

Juillé, c., arr. de Ruffec, cant. de Mansle, †, éc., ⊠ Mansle, 183 m., 668 h.

Juillé, bg., ch.-l., c. de Juillé, 50 m., 180 h., 8 k. de Mansle, 14 k. de Ruffec, 35 k. d'Angoulême.

Juillé (Chez-), c. de Mainxe, 7 m., 25 h.

Juilleries (Les), c. de Rougnac, 5 m., 29 h.

Julien (Chez-), c. de Péreuil, 2 m., 5 h.

Julienne, c., arr. de Cognac, cant. de Jarnac, éc., ⊠ Jarnac, 117 m., 440 h.

Julienne, bg., ch.-l., c. de Julienne, 54 m., 196 h., 5 k. de Jarnac, 9 k. de Cognac, 33 k. d'Angoulême.

Jullien (Chez-), c. de St-Severin, 8 m., 26 h.

Jumeaux (Les), c. de Brigueuil, 9 m., 54 h.

Jumelle, c. de Brillac, 2 m., 3 h.

Jumillac, c. de Charras, 3 m., 21 h.

Jurignac, c., arr. d'Angoulême, cant. de Blanzac, †, éc., ⊠ Blanzac, ☞ F., 212 m., 802 h.

Jurignac, bg., ch.-l., c. de Jurignac, 40 m., 149 h., 10 k. de Blanzac, 20 k. d'Angoulême.

Jurisse (La), c. de Loubert, 17 m., 47 h.

Justices (Les), c. de Cellefrouin, 1 m., 5 h.

Justices (Les), c. d'Édon, 4 m., 17 h.

Justices (Les), c. de Pérignac, 2 m., 6 h.

Justin (Chez-), c. de Bardenac, 2 m., 7 h.

Justin (Chez-), c. de Bellon, 1 m., 5 h.

Justin (Chez-), c. de Brie-sous-Chalais, 1 m., 4 h.

Justin (Chez-), c. de Montboyer, 1 m., 2 h.

Juyers (Les), c. de Champagne-Mouton, 2 m., 42 h.

Juyers (Les Bas-), c. de Champagne-Mouton, 2 m., 17 h.

Juzeau (Chez-), c. de Nieuil, 14 m., 49 h.

K

(Il n'existe aucun lieu commençant par la lettre **K.**)

L

Labadias, c. de Mainzac, 4 m., 48 h.
Labattut, c. de Brossac, 4 m., 48 h.
Labattut, c. de Ste-Sévère, 2 m., 43 h.
Labaudie, c. d'Ansac, 1 m., 9 h.
Labaudie, c. de Gurat, 2 m., 11 h.
Labbé (Chez-), c. de Champniers, 2 m., 8 h.
Labbés (Les), c. de Balzac, 25 m., 93 h.
Labiment, c. de Montbron, 48 m., 42 h.
Labinaud, c. de Bonnes, 3 m., 48 h.
Labiraud, c. de St-Maurice, 1 m., 5 h.
Labon, c. de Chasseneuil, 2 m., 5 h.
Labourlères (Les), c. de Montembœuf, 45 m., 156 h.
Labran (Chez-), c. de Vilhonneur, 40 m., 36 h.
Labrie, c. de Segonzac, 12 m., 40 h.
Lac (Le), c. de Cellefrouin, 49 m., 62 h.
Lac (Le), c. de Chavenac, 4 m., 47 h.
Lac (Le), c. de Dignac, 14 m., 35 h.
Lac (Le), c. de Fouquebrune, 4 m., 45 h.
Lac (Le), c. de St-Claud, 2 m., 46 h.
Lac (Le Grand-), c. de Berneuil, 40 m., 41 h.
Lac (Le Grand-), c. de Garat, 3 m., 22 h.
Lac (Le Petit-), c. de Berneuil, 6 m., 46 h.
Lacaud, c. de Salles-la-Vallette, 4 m., 43 h.
Lacaux (Les), c. de St-Amant-de-Bonnieure, 4 m., 43 h.
Lac-Coquet (Le), c. de Mornac, 1 m., 4 h.
Lac-de-Bernot (Le), c. de Taponnat-Fleurignac, 3 m., 42 h.
Lac-de-Denis (Le), c. de Bunzac, 1 m., 3 h.
Lac-des-Mesniers (Le), c. de Mornac, 1 m., 4 h.
Lac-des-Saules (Le), c. de Mornac, 1 m., 3 h.
Lac-du-Four (Le), c. de Chazelles, 2 m., 40 h.
Lachaud (Chez-), c. de St-Amant-de-Montmoreau, 1 m., 7 h.
Lacoux, c. d'Yvrac-et-Malleyrand, 4 m., 24 h.

Lacunes (Les), c. de Mansle, 1 m., 40 h.
Ladiville, c., arr., cant. de Barbezieux, éc., ☒ Barbezieux, 108 m., 381 h.
Ladiville, bg., ch.-l., c. de Ladiville, 4 m., 40 h., 40 k. de Barbezieux, 24 k. d'Angoulême.
Ladrat (Chez-), c. de Mouzon, 11 m., 58 h.
Lafay (Château-), c. de Deviat, 1 m., 15 h.
Lafétaud, c. de Vaux-la-Vallette, 2 m., 14 h.
Laffy, c. de Brillac, 4 m., 27 h.
Lafond (Chez-), c. de Lignères, 1 m., 4 h.
Lafond (Chez-), c. de Péreuil, 5 m., 18 h.
Lafond (Chez-), c. de Verrières, 1 m., 6 h.
Lafont (Chez-), c. de St-Preuil, 4 m., 42 h.
Lagane (Chez-), c. d'Oradour-Fanais, 1 m., 40 h.
Lagneau (Chez-), c. d'Aignes-et-Puypéroux, 1 m., 3 h.
Laisse-à-Marquet (La), c. de Bouliers, 2 m., 7 h.
Laiterie (La), c. de Chaduric, 3 m., 44 h.
Laiterie (La), c. de St-Maurice, 3 m., 20 h.
Lalat, c. de Montembœuf, 1 m., 5 h.
Lalut, c. d'Ansac, 2 m., 9 h.
Lamas, c. de St-Estèphe, 41 m., 42 h.
Lambaret, c. de La Palluc, 9 m., 41 h.
Lambaudière (La), c. de Cherves-Châtelars, 5 m., 5 h.
Lambert, c. de Guizengeard, 13 m., 45 h.
Lambert (Chez-), c. de Guimps, 4 m., 42 h.
Lambert (Chez-), c. de Rioux-Martin, 1 m., 6 h.
Lambert (Chez-), c. de Rivières, 40 m., 45 h.
Lambert (Chez-), c. de Salles-de-Barbezieux, 1 m., 8 h.
Lambert (Le Moulin-), c. d'Aignes-et-Puypéroux, 1 m., 5 h.

Lamblardie, c. de Gardes, 7 m., 31 h.

Lambourg, c. de Gurat, 4 m., 16 h.

Lambrette, c. de Bonnes, 1 m., 9 h.

Lambertrie, c. de Salles-la-Vallette, 4 m., 12 h.

Lamberts (Les), c. d'Angles, 19 m., 74 h.

Lamberts (Les), c. d'Angoulême, 8 m., 28 h.

Lameau, c. de St-Avit, 2 m., 9 h.

Lameau (Chez-), c. de Vaux-la-Vallette, 7 m., 17 h.

Lamérac, c. de Genté, 9 m., 26 h.

Lamérac, c., arr. de Barbezieux, cant. de Baignes, †, éc., ⊠ Baignes, 139 m., 810 h.

Lamérac, bg., ch.-l., c. de Lamérac, 8 m., 26 h., 7 k. de Baignes, 8 k. de Barbezieux, 42 k. d'Angoulême.

Lancement, c. de Bourg-Charente, 5 m., 18 h.

Lancloux, c. de Bessac, 1 m., 4 h.

Landais (Chez-), c. de St-Sulpice-de-Cognac, 18 m., 57 h.

Landancle, c. de Mouzon, 21 m., 77 h.

Landau (Chez-), c. de Pleuville, 3 m., 25 h.

Landaule, c. de Charmant, 3 m., 12 h.

Lande (La), c. de Bonneuil, 3 m., 13 h

Lande (La), c. de Brillac, 1 m., 10 h.

Lande (La), c. de Brossac, 1 m., 3 h.

Lande (La), c. de Chantrezac, 1 m., 1 h.

Lande (La), c. de Nieuil, 1 m. non h.

Lande (La), c. de Salles-de-Barbezieux, 4 m., 18 h.

Lande (La), c. de Touvérac, 21 m., 63 h.

Lande (La Basse-), c. d'Alloue, 2 m., 8 h.

Lande (La Basse-), c. de Rioux-Martin, 8 m., 27 h.

Lande (La Haute-), c. d'Alloue, 5 m., 24 h.

Lande (La Haute-), c. de Rioux-Martin, 7 m., 28 h.

Lande (La Moyenne-), c. de Rioux-Martin, 7 m., 31 h.

Lande (La Petite-), c. de Brillac, 2 m., 11 h.

Lande (Le Logis-de-la-), c. de Brillac, 3 m., 13 h.

Lande (Moulin-de-la-), c. d'Alloue, 2 m., 9 h.

Lande-Colardeau (La), c. de Passirac, 3 m., 14 h.

Landécot, c. de St-Genis, 1 m., 5 h.

Landes (Les), voy. Les Fayolles.

Landes (Les), c. de Bellon, 2 m., 10 h.

Landes (Les), c. de Chazelles, 6 m., 32 h.

Landes (Les), c. de Pillac, 5 m., 17 h.

Landes (Les), c. de Rougnac, 2 m., 6 h.

Landes (Les), c. de Taponnat-Fleurignac, 2 m., 7 h.

Landes (Les Grandes-), c. de Pleuville, 1 m., 8 h.

Landes (Les Petites-), c. de Bellon, 1 m., 3 h.

Landier (Chez-), c. de St-Amant-de-Montmoreau, 1 m., 4 h.

Landoin (Chez-), c. de Berneuil, 2 m., 8 h.

Landole, c. de St-Laurent-Château-Bernard, 10 m., 62 h.

Landon (Chez-), c. d'Épenède, 1 m., 7 h.

Landonne, c. de Verdille, 2 m., 7 h.

Landraudie, c. de Gardes, 4 m., 19 h.

Landraudière, c. de Londigny, 19 m, 61 h.

Landreau, c. de St-Hilaire, 7 m., 30 h.

Landreau (Chez-), c. de Barbezieux, 6 m., 23 h.

Landreau (Chez-), c. de Boisbreteau, 1 m., 7 h.

Landreau (Chez-), c. de St-Bonnet, 2 m., 6 h.

Landrevie, c. de Palluaud, 1 m., 6 h.

Landrevie, c. de St-Maurice, 3 m., 30 h.

Landrevie, c. de Salles-la-Vallette, 8 m., 30 h.

Landry (Le), c. de Jurignac, 5 m., 19 h.

Landry (Le), c. de Roullet, 2 m., 9 h.

Landrys (Les Grands-), c. de Guimps, 18 m., 75 h.

Landrys (Les Petits-), c. de Guimps, 11 m., 36 h.

Landuraud, c. de Chavenac, 1 m., 6 h.

Langélie, c. de Gurat, 8 m., 42 h.

Langlais (Chez-), c. de Blanzac, 1 m., 5 h.

Lansac, c. de Champniers, 15 m., 60 h.

Lantin, c. de Triac, 19 m., 167 h.

Lanville, c. de Marcillac-Lanville, 89 m., 192 h.

Lapaud, c. de La Magdeleine, 1 m., 3 h.

Lapeyre, c. de Combiers, 4 m., 15 h.

Lapeyre, c. de Sauvignac, 4 m., 31 h.

Laplagne, c. de Charras, 19 m., 76 h.

Laplagne, c. de St-Maurice, 3 m., 23 h.

Laplaud, c. de Loubert, 16 m., 60 h.

Laprade, c., arr. de Barbezieux, cant. d'Aubeterre, †, éc., ⊠ Aubeterre, 136 m., 587 h.

Laprade, bg., ch.-l., c. de Laprade, 21 m., 92 h., 2 k. d'Aubeterre, 40 k. de Barbezieux, 46 k. d'Angoulême.

Laquaire, c. d'Esse, 3 m., 17 h.

Larbre, c. de Rouzède, 16 m., 70 h.

Largoulet, c. de Feuillade, 1 m., 1 h.

Larit (Le), c. de Touvérac, 3 m., 15 h.

Larmagnac (Chez-), c. de Brillac, 1 m., 10 h.

Larmat (Moulin-), c. de Péreuil, 2 m., 8 h.

Larmérac, c. de St-Romain, 1 m., 2 h.

Larmet, c. de Bonnes, 9 m., 32 h.

Larmigère, c. de St-Gervais. 11 m., 42 h.

Larmourljou, c. de Mouzon, 3 m., 6 h.

Larraud, c. de Taizé-Aizie, 2 m., 12 h.

Larrets (Les), c. d'Ars, 1 m., 4 h.

Larry (Chez-), c. de Lesterps, 1 m., 14 h.

Lartigaud, c. de St-Christophe-de-Chalais, 1 m., 4 h.

Lartige, c. de Jarnac, 8 m., 35 h.

Larvaud, c. d'Exideuil, 1 m., 8 h.

Lary (Le), c. de Barbezieux, 2 m., 13 h.

Las (Le), c. de Moulidars, 6 m., 32 h.

Lascaud, c. de Lézignac Durand, 1 m., 7 h.

Lascaud, c. de Vitrac, 3 m., 17 h.

Lasclause, c. de Pleuville, 1 m., 10 h.,

Lascot, c. de Nonac, 2 m., 8 h.

Lascourt, c. de Dignac, 19 m., 54 h.

Lascoux, c. de Cellefrouin, 37 m., 134 h.

Lascoux, c. d'Étagnat, 15 m., 74 h.

Lascoux, c. de Genouillac, 3 m., 10 h.

Lascoux, c. de St-Laurent-de-Céris, 22 m., 80 h.

Lascoux (Chez-), c. de Rivières, 2 m., 13 h.

Lasdoux, c. d'Angeac-Charente, 20 m., 7 h.

Laserre (Chez-), c. de Rivières, 25 m., 68 h.

Lasfond, c. de Combiers, 2 m., 11 h.

Lasfond, c. d'Esse, 2 m., 17 h.

Lasfonds, c. d'Alloue, 26 m., 99 h.

Lasfonds, c. de St-Laurent-de-Céris, 1 m., 6 h.

Lasfonds, c. de St-Coutant, 1 m. non h.

Lasnier (Chez-), ou La Machière, c. de Rivières, 1 m., 9 h.

Lassalle, c. de Gardes, 2 m., 10 h.

Laterrière, c. d'Angoulême, 7 m., 32 h.

Latrie, c. de Ronsenac, 6 m., 25 h.

Laubert, c. du Lindois, 2 m., 8 h.

Laubertie, c. de Gardes, 6 m., 24 h.

Laubertière, c. de Genac, 31 m., 121 h.

Laubois, c. de St-Martial, 6 m., 22 h.

Laubrie, c. de St-Romain, 13 m., 45 h.

Laugère (Chez-), de Lesterps, 2 m., 10 h.

Launais (Chez-), c. de St-Félix, 11 m., 38 h.

Launay (Chez-), c. de Reignac, 2 m., 5 h.

Lauraud (Chez-), c. de St-Preuil, 5 m., 45 h.

Laurent (Chez-), c. d'Orival, 6 m., 31 h.

Laurent St-), c., arr. et cant. de Cognac, 4, éc., St-Cognac, 229 m, 765 h

Laurent (St-), bg., ch.-l., c. de St-Laurent, 82 m., 245 h., 7 k. de Cognac, 49 k. d'Angoulème.

Laurent (St-), bg., ch.-l., c. de St-Laurent-des-Combes, 33 m., 112 h., 8 k. de Brossac, 23 k. de Barbezieux, 57 k. d'Angoulême.

Laurent-de-Belzagot (St-), c., arr. de Barbezieux, cant. de Montmoreau, éc., ⊠ Montmoreau, 131 m., 517 h.

Laurent-de-Belzagot (St-), bg., ch.-l., c. de St-Laurent-de-Belzagot, 38 m., 145 h. 2 k. de Montmoreau, 27 k. de Barbezieux, 32 k. d'Angoulême.

Laurent-de-Céris (St-), c., arr. de Confolens, cant. de St-Claud, 1, éc., ⊠ St-Claud, ✆ F., 307 m., 1,380 h.

Laurent-de-Céris (St-), bg., ch.-l., c. de St-Laurent-de-Céris, 39 m., 490 h., 6 k. de St-Claud, 19 k. de Confolens, 47 k. d'Angoulême.

Laurent-des-Combes (St-), c., arr. de Barbezieux, cant. de Brossac, 1, éc., ⊠ Brossac, 86 m., 318 h.

Laurier (Le), c. de Bécheresse, 5 m., 18 h.

Laurier (Le), c. de Chadurie, 1 m., 2 h.

Laurière, c. de Chassenon, 26 m., 86 h.

Laurière, c. de Vitrac, 2 m., 14 h.

Laurin (Chez-), c. de Touvre, 43 m., 46 h.

Lautrait, c. de Triac, 58 m., 204 h.

Lautresse (Chez-), c. de Bellon, 2 m., 15 h.

Lauvignac, c. de Nonac, 1 m., 7 h.

Lauzille, c. de Montrollet, 1 m., 4 h.

Lavance (Chez-), c. de Barbezieux, 1 m., 9 h.

Lavaud, c. d'Étagnat, 10 m., 54 h.

Lavaud, c. de Grassac, 5 m., 27 h.

Lavaud, c. de Juillac-le-Coq, 9 m., 24 h.

Lavaud, c. de Montbron, 6 m., 30 h.

Lavaud, c. de St-Quentin, cant. de Chabanais, 11 m., 46 h.

Lavaud, c. de Sers, 4 m., 6 h.

Lavaud, c. de Taizé-Aizie, 4 m., 20 h.

Lavaud, c. d'Yviers, 2 m., 9 h.

Lavaud (Chez-), c. de Claix, 3 m., 9 h.

Lavaud (Moulin-de-), c. de Montbron, 1 m., 6 h.

Lavaud-Martin, c. d'Oradour-Fanais, 2 m., 7 h.

Lavaure, c. d'Oriolles, 7 m., 32 h.

Lavaure, c. de Sauvignac, 2 m., 9 h.

Lavèque, c. de Nonac, 4 m., 17 h.

Lavergne, c. de Rouffiac-de-St-Martial-la-Menècle, 2 m., 14 h.

Lavergne, c. de Sireuil, 5 h., 21 h.

Lavergnes (Les), c. d'Aunac, 24 m., 96 h.
Lavis (Chez-), c. de Bors-de-Montmoreau, 3 m., 15 h.
Lazaugrée, c. de St-Coutant, 3 m., 20 h.
Lazerat, c. de St-Bonnet, 5 m., 24 h.
Léas, c. de Chabanais, 3 m., 29 h.
Lebeau (Chez-), c. de Chabrac, 2 m., 8 h.
Lèche (La), c. de Bourg-Charente, 4 m., 7 h.
Lèche (La), c. de Touvre, 6 m., 33 h.
Lecourt (Chez-), c. d'Ambleville, 3 m., 15 h.
Léger (Chez-), c. de Birac, 1 m., 5 h.
Léger (Chez-), c. de Champniers, 6 m., 24 h.
Léger (Chez-), c. de Feuillade, 4 m., 6 h.
Léger (Chez-), c. de Sers, 10 m., 35 h.
Léger (Le), c. d'Étriac, 3 m., 42 h.
Léger (St-), c., arr. d'Angoulême, cant. de Blanzac, ⊠ Blanzac, 61 m., 204 h.
Léger (St-), bg., ch.-l., c. de St-Léger, 10 m., 25 h., 2 k. de Blanzac, 28 k. d'Angoulême.
Legeron (Chez-), c. de Baignes-Ste-Radégonde, 5 m., 28 h.
Légonie, c. de Magnac-la-Vallette, 8 m., 32 h.
Leigne (La), c. de Condac, 26 m., 96 h.
Leigne, c. de Villagnan, 8 m., 37 h.
Lélots (Les), c. de Cellefrouin, 6 m., 23 h.
Lémarie, c. d'Hiesse, 2 m., 15 h.
Lémerie, c. d'Éraville, 4 m., 5 h.
Lémerie, c. de Gurat, 13 m., 53 h.
Lémerie, c. de Rougnac, 9 m., 31 h.
Lemoine (Chez-), c. de Feuillade, 9 m., 34 h.
Lémonie, c. des Essards, 9 m., 25 h.
Lémonnie, c. de Palluaud, 3 m., 10 h.
Lemy (Chez-), c. de Roufflac-de-St-Martial-la-Ménècle, 7 m., 27 h.
Lénaudie, c. de Palluaud, 7 m., 27 h.
Lenclouse, c. de Touvérac, 4 m., 5 h.
Lendrie (La), c. de St-Romain, 4 m., 7 h.
Lentrand (Le), c. de Moutardon, 6 m., 19 h.
Léobonneaud (Chez-), c. de Lignères, 4 m., 8 h.
Léonat, c. de Montbron, 3 m., 30 h.
Léotardie (La), c. de Nonac, 4 m., 8 h.
Lépaud, c. de Combiers, 4 m., 2 h.
Léraud (Chez-), c. de Mouthiers, 3 m., 13 h.
Léribeau, c. de Marillac, 5 m., 27 h.
Lériget, c. de St-Projet-St-Constant, 4 m., 10 h.
Lérignac, c. de Ste-Souline, 8 m., 39 h.
Leroux (Chez-), c. de Verrières, 8 m., 50 h.

Lerrière, c. de Valence, 16 m., 67 h.
Lespie, c. de Touvérac, 4 m., 23 h.
Lespie, c. de Touvérac, 4 m., 7 h.
Lespinasse, c. de Feuillade, 6 m., 25 h.
Lespour, c. de Brossac, 2 m., 8 h.
Lessac (Le Petit-), c., arr. de Confolens, cant. de Confolens (Nord), †, éc., ⊠ Confolens, 221 m., 932 h.
Lessac (Le Petit-), bg., ch.-l., c. de Petit-Lessac, 33 m., 109 h., 7 k. de Confolens, 74 k. d'Angoulême.
Lessard (Chez-), c. du Bouchage, 4 m., 5 h.
Lessert, c. de Bors-de-Baignes, 4 m., 4 h.
Lessert, c. de Javrezac, 4 m., 3 h.
Lessertat, c. de Feuillade, 2 m., 14 h.
Lesterling, c. de Vœuil-et-Gigel, 7 m., 27 h.
Lesterps, c., arr. de Confolens, cant. de Confolens (Sud), †, éc., ⊠ Confolens, ☞ F. M., 301 m., 1,355 h.
Lesterps, bg., ch.-l., c. de Lesterps, 97 m., 326 h., 9 k. de Confolens, 72 k. d'Angoulême.
Létard (Chez-), c. de Gensac, 2 m., 7 h.
Levrau (Le), c. de Bors-de-Montmoreau, 4 m., 18 h.
Levraud (Chez-), c. de Champmillon, 18 m., 65 h.
Levraud (Chez-), c. de Ronsenac, 4 m., 4 h.
Leygue, c. de Montrollet, 4 m., 28 h.
Leymonie, c. de Grassac, 1 m., 6 h.
Lezier, c. de Couture, 16 m., 68 h.
Lézignac-Durand, c., arr. de Confolens, cant. de Montembœuf, †, éc., ⊠ Montembœuf, 246 m., 1,080 h.
Lézignac-Durand, bg., ch.-l., c. de Lézignac-Durand, 30 m., 159 h., 8 k. de Montembœuf, 25 k. de Confolens, 45 k. d'Angoulême.
Lézignat, c. de St-Maurice, 27 m., 88 h.
Lheures (Les), c. de Montigné, 13 m., 52 h.
Lheures (Le Moulin-des-), c. de Montigné, 4 m., 7 h.
Liard (Chez-), c. de Plassac-Roufflac, 4 m., 17 h.
Lias (Chez-), c. de La Chaise, 3 m., 13 h.
Liaubroue (Chez-), c. de Nonac, 5 m., 16 h.
Liauds (Chez-), c. de Champmillon, 4 m., 24 h.
Liaumet (Chez-), c. de Torsac, 3 m., 44 h.
Liaumet-Thomas (Chez-), c. d'Angeac-Charente, 6 m., 20 h.
Liauroy (Chez-), c. d'Angeac-Charente, 4 m., 7 h.

Liautou (Chez-), c. de Blanzaguet, 2 m., 12 h.

Libourdeau, c. de Linars, 16 m., 61 h.

Libourne, c. de St-Projet-St-Constant, 1 m., 9 h.

Licendre (Chez-), c. de Brossac, 3 m., 8 h.

Lichères, c., arr. de Ruffec, cant. de Mansle, éc., ⊠ Mansle, 63 m., 234 h.

Lichères, bg., ch.-l., c. de Lichères, 24 m., 84 h., 7 k. de Mansle, 16 k. de Ruffec, 29 k. d'Angoulême.

Lidrat, c. d'Yvrac-et-Malleyrand, 9 m., 34 h.

Liége (La), c. de Mosnac, 4 m., 21 h.

Liémot (Chez-), c. de Fouquebrune, 6 m., 19 h.

Liérant (Chez-), c. de Chadurie, 2 m., 10 h.

Lière (La), c. de Nieuil, 3 m., 12 h.

Liet (Chez-), c. de La Couronne, 7 m., 40 h.

Lieu (Le Grand-), c. de Villiers-le-Roux, 4 m., 16 h.

Ligeasson, c. de Charmant, 6 m., 20 h.

Ligerie (La), c. de Gardes, 5 m., 12 h.

Ligné, c., arr. de Ruffec, cant. d'Aigre, †, éc., ⊠ Tusson, 163 m., 544 h.

Ligné, bg., ch.-l., c. de Ligné, 119 m., 406 h., 10 k. d'Aigre, 14 k. de Ruffec, 34 k. d'Angoulême.

Lignères, c., arr. de Cognac, cant. de Segonzac, †, éc., ⊠ Segonzac, 238 m., 926 h.

Lignères, bg., ch.-l., c. de Lignères, 40 m., 141 h., 8 k. de Segonzac, 21 k. de Cognac, 32 k. d'Angoulême.

Lignères, c. de Rouillac, 3 m., 47 h.

Lignolle, c. de Moulidars, 25 m., 141 h.

Lignolle (La), c. de Pérignac, 4 m., 3 h.

Lignons (Les), c. de St-Projet-St-Constant, 6 m., 24 h.

Limarceau, c. de Marillac, 14 m., 50 h.

Limbaudières (Les), c. de Champniers, 19 m., 81 h.

Lime (La), c. de St-Sornin, 3 m., 44 h.

Lime (La), c. d'Yviers, 2 m., 15 h.

Limérac, c. de Marthon, 5 m., 34 h.

Limérac, c. de Salles-la-Vallette, 1 m., 9 h.

Limoges, c. de St-Severin, 6 m., 20 h.

Limoget, c. de Courlac, 2 m., 9 h.

Limousin (Chez-), c. de Cherves-Châtelars, 44 m., 41 h.

Limousin (Le), c. de Porcheresse, 3 m., 15 h.

Limousines (Les), c. d'Écuras, 38 m., 441 h.

Limouzi (Chez-), c. de Garat, 4 m., 13 h.

Linard, c. de Lézignac-Durand, 4 m., 9 h.

Linars, c., arr. d'Angoulême, cant. d'Hiersac, éc., ⊠ Angoulême, 129 m., 477 h.

Linars, bg., ch.-l., c. de Linars, 20 m., 73 h., 7 k. d'Hiersac, 6 k. d'Angoulême.

Lindois (Le), c., arr. de Confolens, cant. de Montembœuf, †, éc., ⊠ Montembœuf, 228 m., 1,014 h.

Lindois (Le), bg., ch.-l., c. du Lindois, 5 m., 32 h., 5 k. de Montembœuf, 37 k. de Confolens, 41 k. d'Angoulême.

Linlauds (Les), c. de Montbron, 7 m., 40 h.

Lion-d'Or (Le), c. de La Vallette, 1 m., 8 h.

Lionet (Chez-), c. d'Oradour-Fanais, 4 m., 2 h.

Liot (Chez-), c. de Cherves-Châtelars, 8 m., 24 h.

Liot-Chaillou (Chez-), c. de Guimps, 4 m., 4 h.

Liquet (Chez-), c. de Plassac-Rouffiac, 6 m., 27 h.

Lisleau, c. de Salles-de-Barbezieux, 42 m., 50 h.

Lisleau (Le Moulin-de-), c. de Salles-de-Barbezieux, 3 m., 8 h.

Lisset (Chez-), c. des Adjots, 7 m., 46 h.

Litrac, c. de Massignac, 2 m., 10 h.

Livenne, c. de Moutardon, 4 m., 7 h.

Livernan, c. de Charmant, 2 m., 12 h.

Liziot (Chez-), c. de Combiers, 5 m., 45 h.

Loches, c. de Salles-la-Vallette, 3 m., 17 h.

Locquet (Chez-), c. de Barbezieux, 11 m., 45 h.

Loge (La), c. de Brigueuil, 1 m., 5 h.

Loge (La), c. de Chillac, 3 m., 10 h.

Loge (La), c. de Juillaguet, 1 m., 4 h.

Loge (La), c. de Marillac, 1 m., 7 h.

Loge (La), c. de Nercillac, 2 m., 12 h.

Loge (La), c. de Rouffiac-de-St-Martial-la-Menècle, 1 m., 5 h.

Loge (La), c. de St-Bonnet, 1 m., 4 h.

Loge (La), c. de St-Gervais, 12 m., 50 h.

Loge (La), c. de Ste-Souline, 2 m., 41 h.

Loge (La), c. de Sérignac, 1 m., 1 h.

Loge (La), c. de Touvérac, 1 m., 3 h.

Loge (La), c. de Vieux-Ruffec, 9 m., 36 h.

Loge (La), c. d'Yviers, 1 m., 3 h.

Loge (La Basse-), c. de Châtignac, 3 m., 47 h.

Loge (La Grande-), c. de St-Avit, 4 m., 5 h.

Loge (La Haute-), c. de Châtignac, 10 m., 28 h.

Loge (La Petite-), c. de St-Avit, 1 m., 7 h.

Logeas, c. du Lindois, 9 m., 52 h.

Logeaude (La), ou Lojaudie, c. de Taponnat-Fleurignac, 1 m., 7 h.

Loge-Boireau (La), c. de Confolens, 1 m. non h.

Logerie, c. de Bonneville, 1 m., 4 h.

Logerie, c. d'Oradour-Fanais, 1 m., 6 h.

Logerie (Moulin-de-), c. de Bonneville, 1 m., 5 h.

Loges (Les), c. des Adjots, 14 m., 51 h.

Loges (Les), c. d'Alloue, 2 m., 7 h.

Loges (Les), c. de Brigueuil, 4 m., 28 h.

Loges (Les), c. de La Vallette, 2 m., 9 h.

Loges (Les), c. de Luxé, 21 m., 72 h.

Loges (Les), c. de Montignac-le-Coq, 12 m., 40 h.

Loges (Les), c. de Payzay-Naudouin, 3 m., 8 h.

Loges (Les), c. de Ruffec, 1 m., 4 h.

Loges (Les), c. de Villejésus, 1 m., 5 h.

Loges (Les), c. de Villefagnan, 8 m., 25 h.

Logis (Le), c. des Adjots, 1 m., 11 h.

Logis (Le), c. de Brie-sous-Barbezieux, 5 m., 22 h.

Logis (Le), c. de Bourg-Charente, 1 m., 5 h.

Logis (Le), c. de Bunzac, 2 m., 9 h.

Logis (Le), c. de Crouin, 1 m., 5 h.

Logis (Le), c. de La Chaise, 2 m., 4 h.

Logis (Le), c. de La Chapelle, 1 m., 9 h.

Logis (Le), c. de La Faye, 21 m., 69 h.

Logis (Le), c. de Lonnes, 3 m., 11 h.

Logis (Le), c. de Malaville, 1 m., 11 h.

Logis (Le), c. de Reignac, 4 m., 16 h.

Logis (Le), c. de St-Martin-Château-Bernard, 1 m., 16 h.

Logis (Le), c. de St-Palais-du-Né, 2 m., 12 h.

Logis (Le), c. de St-Saturnin, 2 m., 12 h.

Logis (Le), c. de Vindelle, 8 m., 43 h.

Logis (Le), château, c. de Ranville-Breuillaud, 1 m., 7 h.

Logis (Métairie-du-), c. de Bourg-Charente, 1 m., 4 h.

Logis-de-Sigogne (Le), c. de Coulgens, 3 m., 13 h.

Loinet (Chez-), c. de Brossac, 1 m., 10 h.

Lojaudie, c. de Taponnat-Fleurignac, voy. Logeaude.

Lombard (Chez-), c. de Vaux-la-Vallette, 4 m., 12 h.

Lombardière, c. de Petit-Lessac, 1 m., 5 h.

Lombertie, c. d'Édon, 3 m., 11 h.

Londeix, c. de Chassenon, 4 m., 36 h.

Loudigny, c., arr. de Ruffec, cant. de Villefagnan, †, éc., ⊠ Ruffec, 185 m., 642 h.

Loudigny, bg., ch.-l., c. de Loudigny, 28 m., 65 h., 9 k. de Villefagnan, 9 k. de Ruffec, 50 k. d'Angoulême.

Long-Champ, c. d'Asnières, 1 m., 8 h.

Long-Champ, c. de La Faye, 1 m., 8 h.

Longeas, c. de Chassenon, 3 m., 15 h.

Longées (Les), c. de Mansle, 5 m., 23 h.

Longes (Les), c. de St-Maurice, 2 m., 5 h.

Longevau, c. de Pillac, 3 m., 22 h.

Longeville, c. de Bessac, 7 m., 31 h.

Longeville, c. de Châteauneuf, 3 m., 12 h.

Longeville, c. d'Esse, 9 m., 30 h.

Longeville, c. de St-Estèphe, 1 m., 7 h.

Longré, c., arr. de Ruffec, cant. de Villefagnan, †, éc., ⊠ Villefagnan, 219 m., 686 h.

Longré, bg., ch.-l., c. de Longré, 88 m., 260 h., 8 k. de Villefagnan, 18 k. de Ruffec, 47 k. d'Angoulême.

Longs (Les), c. de St-André, 15 m., 43 h.

Lonnes, c., arr. de Ruffec, cant. de Mansle, †, éc., ⊠ Mansle, 137 m., 469 h.

Lonnes, bg., ch.-l., c. de Lonnes, 90 m., 285 h., 8 k. de Mansle, 12 k. de Ruffec, 35 k. d'Angoulême.

Lope (La), c. de Segonzac, 1 m., 4 h.

Loquet (Chez-), c. de Salles-de-Barbezieux, 1 m., 5 h.

Lorains (Les), c. de Taizé-Aizie, 1 m., 9 h.

Loraud (Moulin-), c. de Lupsault, 1 m., 4 h.

Loret, c. de Juillac-le-Coq, 4 m., 14 h.

Loret, c. de Rouillac, 27 m., 116 h.

Lories (Les), c. de Messeux, 15 m., 57 h.

Lorimont, c. de Gensac, 1 m., 8 h.

Lortaux (Chez-), c. de Chantillac, 4 m., 20 h.

Lotte (Chez-), c. de Nonaville, 1 m., 9 h.

Lotte (Chez-), c. de Roussines, 1 m., 4 h.

Lotte (Chez-), c. de Ventouse, 1 m., 11 h.

Loubard, c. de Lesterps, 4 m., 22 h.

Loubarière, c. de St-Front, 17 m., 60 h.

Loubeau (Le Grand-), c. de Fouquebrune, 3 m., 18 h.

Loubeau (Le Petit-), c. de Fouquebrune, 2 m., 11 h.

Loubert, c., arr. de Confolens, cant. de St-Claud, †, éc., ⊠ St-Claud, 140 m., 630 h.

Loubert, bg., ch.-l., c. de Loubert, 11 m., 52 h., 11 k. de St-Claud, 15 k. de Confolens, 49 k. d'Angoulême.

Loubezille, c. de Bonneville, 1 m., 5 h.

Loubignac, c. d'Exideuil, 9 m., 49 h.

Loubignac, c. de St-Hilaire, 3 m., 14 h.

Loubonnière, c. de St-Martin-du-Clocher, 22 m., 72 h.

Louche, c. d'Aigre, 19 m., 71 h.

Louche, c. de Touzac, 3 m., 12 h.

Loudun (Chez-), c. de Montchaude, 5 m., 20 h.

Louette (Chez-), c. de Chavenac, 3 m., 13 h.

Louis (Le), c. de Mainxe, 2 m., 7 h.

Louis-Dubois (Chez-), c. de St-Gourson, 9 m., 30 h.

Loumède, c. d'Alloue, 4 m., 23 h.

Lourades (Les), c. de Vibrac, 2 m., 13 h.

Loutrie, c. de Chantrezac, 3 m., 26 h.

Louzac, c., arr. et cant. de Cognac, 1, éc., ✉ Cognac, 451 m., 564 h.

Louzac, bg., ch.-l., c. de Louzac, 51 m., 166 h., 9 k. de Cognac. 51 k. d'Angoulême.

Lucasse (La), c. de Pillac, 3 m., 19 h.

Lucaud (Chez-), c. de Nonac, 4 m., 11 h.

Luchac, c. de Chassors, 82 m., 299 h.

Luchet, c. de Criteuil, 14 m., 44 h.

Luchet (Moulin-de-), c. de Lignères, 1 m., 2 h.

Lucheville, c. de Barbezières, 13 m., 66 h.

Lucheville, c. de Rauville-Breuillaud, 30 m., 79 h.

Lucquet (Chez-), c. de St-Amant-de-Montmoreau, 2 m., 4 h.

Lue (La), c. de Ronsenac, 2 m., 13 h.

Luffler (Moulin-de-), c. de Roussines, 1 m., 7 h.

Lugeat (Le), c. de Fléac, 6 m., 24 h.

Lugerat (Le), c. de Montignac-Charente, 2 m., 15 h.

Luget, c. de Pranzac, 7 m., 15 h.

Lujasson, c. de Villefagnan, 1 m., 11 h.

Lune (La), c. de Montchaude, 2 m., 6 h.

Lunesse, c. d'Angoulême, 6 m., 38 h.

Lunesse, c. de Champmillon, 3 m., 12 h.

Lunesse, c. de St-Saturnin, 11 m., 39 h.

Lunettes (Les Basses-), c. de Ste-Souline, 1 m., 2 h.

Lunettes (Les Hautes-), c. de Ste-Souline, 1 m., 4 h.

Lupris, c. de Crouin, 2 m., 7 h.

Lupsault, c., arr. de Ruffec, cant. d'Aigre, †, éc., ✉ Aigre, 120 m., 381 h.

Lupsault, bg., ch.-l., c. de Lupsault, 29 m., 94 h., 11 k. d'Aigre, 27 k. de Ruffec, 44 k. d'Angoulême.

Luquet (Le), c. de Chazelles, 24 m., 80 h.

Luraud (Chez-), c. de Marillac, 7 m., 33 h.

Lussac, c., arr. de Confolens, cant. de St-Claud, éc., ✉ St-Claud, 109 m., 480 h.

Lussac, bg., ch.-l., c. de Lussac, 48 m., 196 h., 4 k. de St-Claud, 26 k. de Confolens, 37 k. d'Angoulême.

Lussac, c. d'Étagnat, 33 m., 113 h.

Lusseau (Moulin-de-), c. de Blanzac, 1 m., 4 h.

Lusseau, c. de Champagne, 3 m., 13 h.

Lusseau, c. de La Pallue, 3 m., 11 h.

Lusseau, c. de Rioux-Martin, 1 m., 6 h.

Lusseau (Chez-), c. de Châtignac, 5 m., 22 h.

Lusseau (Chez-), c. de Sauvignac, 1 m., 5 h.

Lusserais, c. de Boisbreteau, 1 m., 3 h.

Lutard, c. de Touvérac, 4 m., 21 h.

Luth (Le), c. de Champagne, 4 m., 23 h.

Luttard (Chez-), c. de St-Bonnet, 7 m., 16 h.

Luxé, c., arr. de Ruffec, cant. d'Aigre, †, éc., ✉ Aigre, 285 m., 824 h.

Luxé, bg., ch.-l., c. de Luxé, 450 m., 416 h.; 🚂, 10 k. d'Aigre, 18 k. de Ruffec, 36 k. d'Angoulême.

Luxérat, c. d'Ambernac, 9 m., 45 h.

Lyon, c. de Dirac, 1 m., 6 h.

Lyon, c. de Puymoyen, 5 m., 25 h.

Lyon, c. de Soyaux, 5 m., 13 h.

Lyon, c. d'Yviers, 4 m., 12 h.

Lyre (La), c. de Feuillade, 3 m., 6 h.

M

Mabinaud, c. de Montembœuf, 2 m., 14 h.

Macard (Chez-), c. de St-Léger, 1 m., 7 h.

Macet (Chez-), c. d'Hiesse, 3 m., 14 h.

Machat, c. de Chassenon, 22 m., 91 h.

Machefer, c. d'Yviers, 1 m., 8 h.

Machenaudes (Les), c. de L'Houmeau-Pontouvre, 1 m., 8 h.

Machenet, c. de St-Christophe-de-Chalais, 4 m., 19 h.

Machet, c. de Réparsac, 4 m., 3 h.

Machet (Chez-), c. des Adjots, 15 m., 54 h.

Mâchtère (La), voy. Lasnier.

Machou (Le Moulin-), c. de Salles-la-Vallette, 1 m., 4 h.

Maçon (Chez-le-), c. de Cressac, 3 m., 10 h.

Maçon (Le), c. de Chantrezac, 3 m, 13 h.

Maçon (Le), c. de St-Claud, 1 m, 4 h.

Maçonne (La), c. de Chantillac, 4 m., 12 h.

Maçonne (La), c. de St-Amant-de-Montmoreau, 4 m., 3 h.

Maçonnerie (La), c. de Pillac, 3 m., 9 h.

Madauville, c. de Condac, 5 m, 23 h.

Madelain, c. de Bonnes, 4 m., 21 h.

Magdeleine (Chez-), c. de Brossac, 4 m., 14 h.

Magdeleine (La), c., arr. de Cognac, cant. de Segonzac, éc., ⊠ Segonzac, 46 m., 212 h.

Magdeleine (La), bg., ch.-l., c. de La Magdeleine-de-Segonzac, 24 m., 123 h., 12 k. de Segonzac, 25 k. de Cognac, 55 k. d'Angoulême.

Magdeleine (La, c., arr. de Ruffec, cant. de Villefagnan, 4, éc., ⊠ Villefagnan, 123 m., 454 h.

Magdeleine (La), bg., ch.-l, c. de La Magdeleine, 1 m., 10 h., 5 k. de Villefagnan, 11 k. de Ruffec, 51 k. d'Angoulême.

Magdeleines (Les), c. de Salles-de-Segonzac, 2 m., 8 h.

Madelon, c. d'Yviers, 1 m., 2 h.

Madelous (Les), c. de Fouquebrune, 1 m., 4 h.

Mademoiselle (Le Logis-de-), c. de Nercillac, 45 m., 44 h.

Madrat (Chez-), c. de Taizé-Aizie, 1 m., 6 h.

Madreau (Le), c. de Bors-de-Montmoreau, 6 m., 22 h.

Madrid, c. d'Ambleville, 1 m., 4 h.

Madrinie (La), c. de Roussines, 26 m., 131 h.

Magard (Chez-), c. de St-Amant-de-Bonnieure, 3 m., 41 h.

Magasin (Le), c de La Chaise, 1 m., 1 h.

Magauds (Les), c. d'Angeac-Charente, 9 m., 26 h.

Magézire, c. de Montboyer, 1 m., 9 h.

Magnac, c. de Jauldes, 6 m., 26 h.

Magnac (Le Grand-), c. de Courgeac, 2 m., 9 h.

Magnac (Le Petit-), c. de Courgeac, 5 m., 45 h.

Magnac-la-Vallette, c., arr. d'Angoulême, cant. de La Vallette, †, éc., ⊠ La Vallette, 175 m., 724 h.

Magnac-la-Vallette, bg., ch.-l., c. de Magnac-la-Vallette, 13 m., 60 h., 4 k. de La Vallette, 22 k. d'Angoulême.

Magnac-sur-Touvre, c., arr. d'Angoulême, cant. d'Angoulême (2e partie), †, éc., ⊠ d'Angoulême, 286 m., 1,004 h.

Magnac-sur-Touvre, bg., ch.-l., c. de Magnac-sur-Touvre, 97 m., 320 h., 7 k. d'Angoulême.

Magnanie (La), c. d'Ansac, 4 m., 16 h.

Magnanon, c. de Roussines, 55 m., 156 h.

Magné, c. de Courcôme, 13 m., 60 h.

Magneras, c. de Pressignac. 2 m., 16 h.

Magnez (Chez-), c. de St-Bonnet, 10 m., 30 h.

Magnez (Chez-), c. de St-Estèphe, 10 m., 35 h.

Magnez (Chez-), c. de Salles-de-Barbezieux, 2 m., 7 h.

Magnière (La), c. d'Oradour-Fanais, 10 m., 36 h.

Magnot (Chez-), c. de Ventouse, 14 m., 57 h.

Magnou (Le), c. de Condac, 4 m., 20 h.

Magnoux (Le), c. de Tusson, 20 m., 70 h.

Mahivet, c. de St-Christophe, 3 m., 19 h.

Mahon, c. de St-Martin-Château-Bernard, 34 m., 125 h.

Mai (Le), c. de Curac, 2 m., 7 h.

Mai (Le), c. de Lignères, 3 m., 14 h.

Maigret (Chez-), c. de Benest, 1 m., 4 h.

Maillard (Chez-), c. de Baignes-Ste-Radégonde, 3 m., 8 h.

Maillard (Chez-), c. de Mainfonds, 9 m., 49 h.

Maillards (Les), c. d'Édon, 1 m., 7 h.

Maillat, c. de Brillac, 5 m., 26 h.

Maillerie (La), c. de Blanzaguet, 1 m., 7 h.

Maillerie (La), c. de Vitrac, 1 m., 7 h.

Maillerie (La), c. de Vœuil-et-Giget, 2 m., 41 h.

Maillet (Chez-), c. de Baignes-Ste-Radégonde, 1 m., 4 h.

Maillet (Chez-), c. de Chillac, 1 m., 7 h.

Maillet (Chez-), c. de Passirac, 2 m., 7 h.

Maillet (Chez-), c. de Pranzac, 7 m., 33 h.

Maillet (Chez-), c. de Sers, 1 m., 6 h.

Maillocheau (Chez-), c. de Condéon, 5 m., 20 h.

Maillochaux (Les), c. de Bourg-Charente, 22 m., 90 h.

Maillots (Les), c. de Salles-de-Villefagnan, 6 m., 30 h.

Mailloux (Chez-), c. de Benest, 2 m., 8 h.

Mailloux (Chez-), c. de St-Gourson, 13 m., 49 h.

Mailloux, c. de St-Saturnin, 2 m., 13 h.

Maine, c. de St-Sulpice-de-Cognac, 8 m., 21 h.

Maine (Chez-le-), c. de Moutardon, 4 m., 14 h.

Maine (Le), c. de Barbezieux, 2 m., 12 h.

Maine (Le), c. de Barret, 3 m., 14 h.

Maine (Le), c. de Berneuil, 4 m., 14 h.

Maine (Le), c. de Boisbreteau, 1 m., 7 h.

Maine (Le), c. de Bors-de-Montmoreau, 1 m., 5 h.

Maine (Le), c. de Brossac, 4 m., 21 h.

Maine (Le), c. de Champniers, 22 m., 67 h.

Maine (Le), c. de Chasseneuil, 29 m., 131 h.

Maine (Le), c. de Chassenon, 1 m., 9 h.

Maine (Le), c. de Manot, 7 m., 21 h.

Maine (Le), c. de Marthon, 9 m., 36 h.

Maine (Le), c. de Moulidars, 1 m., 6 h.

Maine (Le), c. de Nonac, 1 m., 3 h.

Maine (Le), c. de Ronsenac, 6 m., 21 h.

Maine (Le), c. de Rouffiac-de-St-Martial-la-Menècle, 1 m., 4 h.

Maine (Le), c. de St-Amant-de-Montmoreau, 3 m., 9 h.

Maine (Le), c. de St-Sornin, 1 m., 4 h.

Maine (Le Grand-), c. de Bellon, 2 m., 6 h.

Maine (Le Grand-), c. de Chazelles, 17 m., 75 h.

Maine (Le Grand-), c. de Condéon, 3 m., 12 h.

Maine (Le Grand-), c. de Feuillade, 1 m., 7 h.

Maine (Le Grand-), c. de La Couronne, 10 m., 40 h.

Maine (Le Grand-), c. de St-Estèphe, 1 m., 8 h.

Maine (Le Grand-), c. de St-Palais-du-Né, 13 m., 57 h.

Maine (Le Petit-), c. de Boisbreteau, 1 m., 1 h.

Maine (Le Petit-), c. de Dirac, 1 m., 6 h.

Maine (Le Petit-), c. de Feuillade, 6 m., 23 h.

Maine (Le Petit-), c. de Fouquebrune, 7 m., 23 h.

Maine (Le Petit-), c. de Juignac, 9 m., 53 h.

Maine (Le Petit-), c. de Nonac, 2 m., 4 h.

Maine (Le Petit-), c. d'Orival, 1 m., 6 h.

Maine (Le Petit-), c. de Pérignac, 3 m., 11 h.

Maine (Le Petit-), c. de St-Cybard, 1 m., 11 h.

Maine (Le Petit-), c. de St-Palais-du-Né, 1 m., 6 h.

Maine-à-Barret (Le), c. de Condéon, 3 m., 11 h.

Maine-à-Bechet (Le), c. de Pérignac, 1 m., 4 h.

Maine-à-Béreau (Le), c. de Salles-de-Barbezieux, 1 m., 3 h.

Maine-à-Bureau (Le), c. de Barbezieux, 1 m. non h.

Maine-à-Chinchaud (Le), c. de St-Hilaire, 2 m., 9 h.

Maine-à-Chiquet (Le), c. de St-Médard-de-Barbezieux, 4 m., 13 h.

Maine-à-Courgeac (Le), c. de Cressac, 1 m., 4 h.

Maine-à-Denis (Le), c. de St-Bonnet, 1 m., 3 h.

Maine-à-Deveau (Le), c. de Viville, 3 m., 10 h.

Maine-à-Drilhon (Le), c. de Barret, 3 m., 9 h.

Maine-à-Frugier (Le), c. de Nonaville, 1 m., 4 h.

Maine-Allier (Le), c. de La Chaise, 1 m., 3 h.

Maine-à-Joubert (Le), c. de Salles-de-Barbezieux, 2 m., 7 h.

Maine-Allemand (Le), c. de Champniers, 6 m., 18 h.

Maine-Amblard (Le), c. de St-Amant-de-Montmoreau, 1 m., 4 h.

Maine-Androux (Le), c. de Bonneuil, 7 m., 27 h.

Maine-à-Pallet (Le), c. de Barbezieux, 1 m., 3 h.

Maine-à-Parent (Le), c. de Lignères, 1 m., 2 h.

Maine-à-Pérot (Le), c. de Pérignac, 2 m., 6 h.

Maine-à-Pillet (Le), c. de Malaville, 1 m., 6 h.

Maine-à-Pitay (Le), c. de Genté, 11 m., 48 h.

Maine-Apparent (Le), c. de Lignères, 2 m., 6 h.

Maine-à-Ragot (Le), c. de St-Hilaire, 3 m., 14 h.

Maine-Archer (Chez-), c. des Essards, 7 m., 25 h.

Maine-Ardon (Le), c. de Mainfonds, 1 m., 8 h.

Maine-Arnaud (Le), c. de Pérignac, 2 m., 10 h.

Maine-à-Budit (Le), c. de Nonaville, 1 m., 3 h.

Maine-Aubineau (Le), c. de Challignac, 1 m., 6 h.

Maine-au-Bois (Le), c. de St-Vallier, 1 m., 5 h.

Maine-au-Bois-Beaupin (Le), c. de Malaville, 1 m., 6 h.

-Maine-au-Breton (Le), c. de St-Surin, 4 m., 18 h.

Maine-au-Brun (Le), c. de Bonneuil, 4 m., 12 h.

Maine-au-Brun (Le), c. de Mazerolles, 10 m., 49 h.

Maine-au-Clair (Le), c. de Mainzac, 3 m., 16 h.

Maine-au-Dragon (Le), c. de Barbezieux, 1 m., 3 h.

Maine-au-Franc (Le), c. de St-Preuil, 4 m., 19 h.

Maine-au-Geai (Le), c. de Ronsenac, 2 m., 8 h.

Maine-Aujau (Le), c. de Bonneuil, 3 m., 7 h.

Maine-au-Loup (Le), c. de Combiers, 2 m., 13 h.

Maine-Aurier (Le), c. de Lignères, 1 m., 4 h.

Maine-au-Roi (Le), c. de Salles-la-Vallette, 6 m., 24 h.

Maine-aux-Anges (Le), c. de Ronsenac, 11 m., 46 h.

Maine-aux-Bois (Le), c. de Blanzaguet, 2 m., 11 h.

Maine-aux-Bretons (Le), c. de St-Preuil, 14 m., 63 h.

Maine-aux-Bruns (Le), ou La Maison-N., c. de Blanzac, 1 m., 5 h.

Maine-aux-Chevaux (Le), c. de Juillaguet, 3 m., 8 h.

Maine-aux-Geais (Le), c. de Berneuil, 9 m., 27 h.

Maine-aux-Vaches (Le), c. de Berneuil, 8 m., 30 h.

Maine-Avril (Le), c. de Montboyer, 1 m., 5 h.

Maine-Bardet (Le), c. de Bonneuil, 1 m., 4 h.

Maine-Bardet (Le), c. de Brie-sous-Barbezieux, 2 m., 7 h.

Maine-Bardon (Le), c. de Charmant, 2 m., 10 h.

Maine-Barillaud (Le), c. de Salles-la-Vallette, 2 m., 19 h.

Maine-Barraud (Le), c. de Cressac, 1 m. non h.

Maine-Barraud (Le), c. de Vitrac, 4 m., 24 h.

Maine-Barreau (Le), c. de Châteauneuf, 5 m., 15 h.

Maine-Beau (Le), c. de Rivières, 17 m., 62 h.

Maine-Beaudeau (Le), c. de Touzac, 1 m., 4 h.

Maine-Beau-Parc (Le), c. de St-Estèphe, 2 m., 12 h.

Maine-Belair (Le), c. de Chillac, 1 m, 4 h.

Maine-Bellon (Le), c. de Chadurie, 1 m., 6 h.

Maine-Bernard (Le), c. de Brossac, 5 m., 23 h.

Maine-Bernard (Le), c. de St-Amant-de-Montmoreau, 2 m., 10 h.

Maine-Bernard (Le), c. de St-Preuil, 1 m., 3 h.

Maine-Bernier (Le), c. d'Aignes-et-Puypéroux, 1 m., 11 h.

Maine-Berteau (Le), c. de Mouthiers, 5 m., 17 h.

Maine-Berthaud (Le), c. de Péreuil, 2 m., 8 h.

Maine-Bertin (Le), c. de Condéon, 1 m., 3 h.

Maine-Bilhou (Le), c. de Reignac, 1 m., 2 h.

Maine-Bilhou (Le), c. de St-Aulais-de-la-Chapelle-Conzac, 4 m., 13 h.

Maine-Bizet (Le), voy. Bizet.

Maine-Blanc (Le), c. d'Angoulême, 1 m., 7 h.

Maine-Blanc (Le), c. de Barbezieux, 1 m., 2 h.

Maine-Blanc (Le), c. de Bessac, 19 m., 78 h.

Maine-Blanc (Le), c. de Bouex, 5 m., 30 h.

Maine-Blanc (Le), c. de Chassors, 6 m., 21 h.

Maine-Blanc (Le), c. d'Étriac, 3 m., 13 h.

Maine-Blanc (Le), c. de Malaville, 1 m., 2 h.

Maine-Blanc (Le), c. d'Oriolles, 1 m., 1 h.

Maine-Blanc (Le), c. de Pillac, 10 m., 43 h.

Maine-Blanc (Le), c. de Porcheresse, 4 m., 19 h.

Maine-Blanc (Le), c. de St-Cybard, 2 m., 14 h.

Maine-Blanc (Le), c. de St-Félix, 13 m., 43 h.

Maine-Blanc (Le), c. de Salles-la-Vallette, 1 m., 6 h.

Maine-Blanc (Le), c. d'Yviers, 1 m., 2 h.

Maine-Blanc (Le Petit-), c. de Bors-de-Montmoreau, 1 m., 3 h.

Maine-Blanchard (Le), c. de St-Eutrope, 6 m., 22 h.

Maine-Bois (Le), c. d'Échallat, 1 m., 6 h.

Maine-Bois (Le), c. de Lignères, 9 m., 27 h.

Maine-Bois (Le), c. d'Yvrac-et-Malleyrand, 1 m., 10 h.

Maine-Boiteux (Le), c. de Condéon, 1 m., 5 h.

Maine-Bonneau (Le), c. de Juillaguet, 1 m., 6 h.

Maine-Bontemps (Le), c. de Pérignac, 1 m., 4 h.

Maine-Boucherie (Le), voy. Belle-Vue.

Maine-Bouillit (Le), c. d'Oriolles, 1 m., 3 h.

Maine-Bouyer (Le), c. de Dignac, 11 m., 31 h.

Maine-Bouyer (Le), c. d'Écuras, 4 m., 23 h.

Maine-Braud (Le), c. de Vignolles, 3 m., 12 h.

Maine-Brechet (Le), c. de St-Yrieix, 1 m., 6 h.

Maine-Bréteau (Le), c. de St-Amant-de-Boixe, 30 m., 115 h.

Maine-Brie (Le), c. d'Angoulême, 8 m., 24 h.

Maine-Brou (Le), c. de Guimps, 4 m., 15 h.

Maine-Brun (Le), c. d'Asnières, 2 m., 8 h.

Maine-Brun (Le), c. de St-Cybard, 4 m., 24 h.

Maine-Buisson (Le), c. de Graves, 2 m., 10 h.

Maine-Buisson (Le), c. de Pérignac, 2 m., 12 h.

Maine-Bureau (Le), c. de Ste-Souline, 1 m., 3 h.

Maine-Cadet (Le), c. de Segonzac, 4 m., 18 h.

Maine-Catry (Le), c. de Malaville, 1 m., 3 h.

Maine-Chabrol (Le), c. d'Édon, 22 m., 84 h.

Maine-Chaffl (Le), c. de La Vallette, 2 m., 13 h.

Maine-Charles (Le), c. de Birac, 5 m., 17 h.

Maine-Charnier (Le), c. de La Rochefoucauld, 3 m., 12 h.

Maine-Chaudier (Le), c. de Bonneuil, 6 m., 25 h.

Maine-Chauvaux (Le), c. de Châtignac, 1 m., 6 h.

Maine-Chemin (Le), c. de Lignères, 5 m., 28 h.

Maine-Cité (Le), c. de Bécheresse, 5 m., 10 h.

Maine-Clair (Le), c. de Chillac, 2 m., 13 h.

Maine-Claudy (Le), c. de Bonneuil, 1 m., 2 h.

Maine-Clochard (Le), c. de Châteauneuf, 1 m., 1 h.

Maine-Conte (Le), c. de Birac, 1 m., 5 h.

Maine-Conte (Le), c. de Juignac, 1 m., 4 h.

Maine-Courraut (Le), c. de Rousenac, 1 m., 5 h.

Maine-Cruvier (Le), c. de St-Adjutory, 1 m., 7 h.

Maine-d'Amour (Le), c. de Guimps, 2 m., 8 h.

Maine-de-Boixe (Le), c., arr. d'Angoulême, cant. de St-Amant-de-Boixe, éc., ⊠ St-Amant-de-Boixe, 138 m., 446 h.

Maine-de-Boixe (Le), bg., ch.-l., c. de Maine-de-Boixe, 75 m., 233 h., 7 k. de St-Amant-de-Boixe, 25 k. d'Angoulême.

Maine-de-Brinat (Le), c. de Fléac, 49 m., 77 h.

Maine-de-Chez-Chéty (Le), c. de Vignolles, 1 m., 2 h.

Maine-de-Coux (Le), c. de Grassac, 3 m., 13 h.

Maine-de-la-Jeancée (Le), c. de Challignac, 1 m., 4 h.

Maine-de-la-Maisonnette (Le), c. d'Oriolles, 4 m., 19 h.

Maine-des-Ages (Le), c. de Courgeac, 2 m., 9 h.

Maine-des-Amours (Le), c. de Deviat, 1 m., 5 h.

Maine-des-Bises (Le), c. de Chantillac, 2 m., 8 h.

Maine-des-Boutins (Le), c. d'Oriolles, 3 m., 10 h.

Maine-des-Brandes (Le), c. de Deviat, 1 m. non h.

Maine-des-Chaups (Le), c. de Bouteville, 9 m., 48 h.

Maine-des-Clairons (Le), c. de Barbezieux, 1 m., 4 h.

Maine-Désert (Le), c. de Malaville, 1 m., 6 h.

Maine-des-Fougères (Le), c. de Challignac, 2 m., 4 h.

Maine-des-Galeries (Le), c. de St-Laurent-des-Combes, 6 m., 18 h.

Maine-des-Gentis (Le), c. de Reignac, 4 m., 4 h.

Maine-des-Moreaux (Le), c. de Péreuil, 4 m., 22 h.

Maine-des-Oliviers (Le), c. de Reignac, 2 m., 9 h.

Maine-des-Rois (Le), c. de Juillac-le-Coq, 7 m., 25 h.

Maine-des-Rois (Le), c. d'Oriolles, 3 m., 10 h.

Maine-des-Treillis (Le), c. de Salles-de-Segonzac, 2 m., 9 h.

Maine-des-Vignes (Le), c. de Mainfonds, 1 m., 7 h.

Maine-Dexmier (Le), c. de Chadurie, 5 m., 19 h.

Maine-du-Bois (Le), c. de Berneuil, 4 m., 11 h.

Maine-du-Bost (Le), c. de Loubert, 8 m., 44 h.

Maine-du-Curé (Le), c. de Chillac, 1 m., 5 h.

Maine-du-Graveau (Le), c. de Salles-de-Barbezieux, 1 m., 3 h.

Maine-Dumon (Le), c. de Porcheresse, 5 m., 24 h.

Maine-du-Pont (Le), c. de Poullignac, 1 m., 6 h.

Maine-du-Prieur (Le), c. de St-Amant-de Montmoreau, 2 m., 6 h.

Maine-du-Prunier (Le), c. de Reignac, 1 m., 8 h.

Maine-du-Roc (Le), c. de Poulligna c. 1 m., 7 h.

Maine-du-Treuil (Le), c. de Javrezac, 4 m., 10 h.

Maine-Éguillé (Le), c. de St-Mème, 3 m., 12 h.

Maine-Épauty (Le), c. de Grassac, 14 m., 52 h.

Maine-Faure (Le), c. d'Aignes-et-Puypéroux, 1 m., 7 h.

Maine-Faure (Le), c. de Chavenac, 4 m., 11 h.

Maine-Fayat (Le), c. de Bonneuil, 16 m., 64 h.

Maine-Feau (Le), c. de Touvérac, 1 m., 3 h.

Maine-Flandry (Le), c. de Magnac-la-Vallette, 10 m., 39 h.

Maine-Forêt (Le), c. de St-Estèphe, 3 m., 8 h.

Maine-Frappin (Le), c. de Segonzac, 25 m., 76 h.

Maine-Gadrat (Le), c. de Deviat, 2 m., 12 h

Maine-Gagneau (Le), c. de Ruelle, 78 m., 296 h.

Maine-Gat (Le), c. de Feuillade, 16 m., 64 h.

Maine-Gaillard (Le), c. de Bourg-Charente, 1 m., 2 h.

Maine-Galais (Le), c. de St-Bonnet, voy. Le Maine-Landreau.

Maine-Gallais (Le), c. de St-Léger, 1 m., 6 h.

Maine-Garnaud (Le), c. de Bessac, 2 m., 9 h.

Maine-Garraud (Le), c. de Condéon, 2 m., 9 h.

Maine-Gassy (Le), c. de St-Laurent-de-Céris, 1 m., 6 h.

Maine-Gaubrun (Le), c. de Vouzan, 29 m., 86 h.

Maine-Gaucher (Le), c. de St-Fort, 3 m., 16 h.

Maine-Genet (Le), voy. Croix de-Châtignac.

Maine-Gerbeau (Le), c. de Brossac, 1 m., 5 h.

Maine-Gimbert (Le), c. de Charmant, 4 m., 14 h.

Maine-Giraud (Le), c. de Courgeac, 2 m., 12 h.

Maine-Giraud (Le), château, c. de Champagne, 3 m., 11 h.

Maine-Gontier (Le), c. de Vouthon, 4 m., 13 h.

Maine-Grier (Le), c. de St-Genis, 1 m., 3 h.

Maine-Groger (Le), c. de Charmant, 4 m., 22 h.

Maine-Groger (Le Petit-), c. de Charmant, 1 m., 5 h.

Maine-Grolaud (Le), c. de Touzac, 1 m., 5 h.

Maine-Guédon (Le), c. de Guimps, 1 m., 3 h.

Maine-Guérin (Le), c. de Jurignac, 1 m., 5 h.

Maine-Guerre (Le), c. de Lignères, 2 m., 6 h.

Maine-Guichard (Le), c. de Jurignac, 4 m., 12 h.

Maine-Guillaume (Le), c. de Torsac, 5 m., 22 h.

Maine-Guillon (Le), c. d'Aignes-et-Puypéroux, 10 m., 24 h.

Maine-Guillot (Le), c. de Jurignac, 1 m., 6 h.

Maine-Guinot (Le), c. de Juignac, 3 m., 12 h.

Maine-Hymonet (Le), c. de Jurignac, 1 m., 7 h.

Maine-Imbert (Le), c. de Juillac-le-Coq, 5 m., 11 h.

Maine-Isaac (Le), c. de Jurignac, 1 m., 3 h.

Maine-Izambert (Le), c. de Mosnac, 4 m., 14 h.

Maine-Jary (Le), c. de Torsac, 1 m., 9 h.

Maine-Jaud (Le), c. de Barbezieux, 3 m., 12 h.

Maine-Jaulin (Le), c. de St-Laurent-de-Belzagot, 1 m., 4 h.

Maine-Jauvit (Le), c. de Bardenac, 7 m., 24 h.

Maine-Jean (Le), c. de Birac, 2 m., 14 h.

Maine-Jean (Le), c. de Salles-la-Vallette, 1 m., 5 h.

Maine-Joie (Le), c. d'Étagnat, 8 m., 38 h.

Maine-Joiseau (Le), c. de Brie-sous-la-Rochefoucauld, 14 m., 52 h.

Maine-Joli (Le), c. de Vindelle, 1 m., 8 h.

Maine-Joliet (Le), c. de Mosnac, 3 m., 14 h.

Maine-Jolly (Le), c. de St-Martial, 1 m., 8 h.

Maine-Joubert (Le), c. de Charmant, 5 m., 25 h.

Maine-Joulme (Le), c. de Guimps, 1 m., 1 h.

Maine-Laborderie (Le), c. de Berneuil, 1 m., 3 h.

Maine-Lacour (Le), c. de St-Martial, 1 m., 6 h.

Maine-Lafont (Le), c. de Chavenac, 1 m., 9 h.

Maine-la-Font (Le), c. de Juignac, 6 m., 22 h.

Maine-Lafont (Le), c. de Pércuil, 1 m., 5 h.

Maine-Lafont (Le), c. de Voulgézac, 3 m., 18 h.

Maine-la-Fenêtre (Le), c. de Chaduric, 3 m., 14 h.

Maine-la-Forêt (Le), c. de Salles-la-Vallette, 7 m., 21 h.

Maine-Landon (Le), c. de Soyaux, 2 m., 6 h.

Maine-Landreau (Le), ou Le Maine-Galais, c. de St-Bonnet, 1 m., 2 h.

Maine-Laporte (Lé), c. de Barbezieux, 3 m., 10 h.

Maine-Laquet (Le), c. de Vilhonneur, 4 m., 25 h.

Maine-Large (Le Grand-), c. de Voulgézac, 1 m., 8 h.

Maine-Large (Le Petit-), c. de Voulgézac, 2 m., 12 h.

Maine-la-Roche (Le), c. de Chillac, 1 m., 4 h.

Maine-la-Terre (Le), c. de Pillac, 7 m., 30 h.

Maine-la-Tibauderie (Lé), c. de Condéon, 1 m., 3 h.

Maine-Laure (Le), c. du Tâtre, 4 m., 13 h.

Maine-Léonard (Le), c. de Dignac, 3 m., 6 h.

Maine-Létang (Le), c. de Touvérac, 3 m., 12 h.

Maine-Lezé (Le), c. de Châteauneuf, 1 m., 5 h.

Maine-Limouzin (Le), c. de Feuillade, 2 m., 13 h.

Maine-Lion (Le), c. de Montboyer, 1 m., 1 h.

Maine-Lioncel (Le), c. de Condéon, 1 m., 6 h.

Maine-Long (Le), c. de Brie-sous-Chalais, 3 m., 11 h.

Maine-Lussaud (Le), c. de Bessac, 3 m., 14 h.

Maine-Lussaud (Le), c. de St-Simeux, 1 m., 5 h.

Maine-Mâcon (Le), c. de Berneuil, 1 m., 1 h.

Maine-Marie (Le), c. de Brossac, 1 m., 5 h.

Maine-Marreau (Le), c. de Rioux-Martin, 1 m., 5 h.

Maine-Martin (Le), c. de Salles-de-Barbezieux, 4 m., 16 h.

Maine-Mathely (Le), c. de Souffrignac, 3 m., 17 h.

Maine-Mathieu (Le), c. de Fouquebrune, 4 m., 23 h.

Maine-Maurin (Le), c. de Chillac, 1 m., 4 h.

Maine-Maye (Le), c. de Segonzac, 2 m., 6 h.

Maine-Mechie (Le), c. de Torsac, 3 m., 8 h.

Maine-Médoin (Le), c. de Challignac, 1 m., 3 h.

Maine-Meneau (Le), c. de St-Preuil, 4 m., 19 h.

Maine-Merle (Le), c. de Barbezieux, 15 m., 49 h.

Maine-Merle (Le), c. de Grassac, 1 m., 6 h.

Maine-Merle (Le), c. de Nonac, 1 m., 3 h.

Maine-Merle (Le), c. de St-Médard-de-Barbezieux, 18 m., 68 h.

Maine-Mesnard (Le), c. de Courgeac, 1 m., 3 h.

Maine-Métais (Le), c. de Poulignac, 1 m., 4 h.

Maine-Meunier (Le), c. de Chavenac, 1 m., 6 h.

Maine-Michaud, c. de St-Simeux, 1 m., 3 h.

Maine-Michaud (Le), c. de Roullet, 40 m., 28 h.

Maine-Michaud (Le), c. de St-Claud, 26 m., 91 h.

Maine-Mondot (Le), c. de Juignac, 9 m., 26 h.

Maine-Monget (Le), c. d'Oriolles, 1 m., 5 h.

Maine-Morand (Le), c. de St-Claud, 1 m., 7 h.

Maine-Morand (Le), c. de St-Severin, 4 m., 15 h.

Maine-Moreau (Le), c. de Barret, 1 m., 7 h.

Maine-Moreau (Le), c. de Segonzac, 3 m., 13 h.

Maine-Morissaud (Le), c. de Reignac, 1 m., 5 h.

Maine-Neuf (Le), c. de Barbezieux, 1 m., 7 h.

Maine-Neuf (Le), c. de Challignac, 1 m., 6 h.

Maine-Neuf (Le), c. de Condéon, 1 m., 6 h.

Maine-Neuf (Le), c. de Dirac, 5 m., 13 h.

Maine-Neuf (Le), c. d'Édon, 2 m., 14 h.

Maine-Neuf (Le), c. de Juignac, 19 m., 73 h.

Maine-Neuf (Le), c. de Juillac-le-Coq, 1 m., 3 h.

Maine-Neuf (Le), ou La Croix-Rouge, c. de Péreuil, 1 m., 4 h.

Maine-Neuf (Le), c. de Reignac, 3 m., 6 h.

Maine-Neuf (Le), c. de Salles-de-Segonzac, 14 m., 48 h.

Maine-Neuf (Le), c. de St-Aulais-de-la-Chapelle-Conzac, 1 m., 4 h.

Maine-Ollivier (Le), c. de Berneuil, 2 m., 6 h.

Maine-Pachou (Le), c. d'Écuras, 41 m., 164 h.

Maine-Pachou (Le Moulin-du-), c. d'É-curas, 1 m., 5 h.

Maine-Pannetier (Le), c. de Bonneuil, 6 m., 24 h.

Maine-Partubeau (Le), c. de Bonneuil, 5 m., 20 h.

Maine-Patrat (Le), c. de St-Léger, 2 m., 11 h.

Maine-Pepi (Le), c. de Chavenac, 6 m., 22 h.

Maine-Périllet (Le), c. de Magnac-la-Vallette, 2 m., 7 h.

Maine-Perret (Le), c. de Touzac, 5 m., 24 h.

Maine-Perrier (Le), c. de St-Amant-de-Montmoreau, 10 m., 29 h.

Maine-Perry (Le), c. de Magnac-la-Vallette, 7 m., 36 h.

Maine-Pezet (Le), c. de St-Cybard, 13 m., 47 h.

Maine-Pinaud (Le), c. de St-Claud, 7 m., 33 h.

Maine-Pinaud (Le), c. de St-Martial, 1 m., 2 h.

Maine-Plandet (Le), c. de Salles-la-Vallette, 10 m., 27 h.

Maine-Porcher (Le), c. de Feuillade, 2 m., 14 h.

Maine-Pouyaud (Le), c. de Magnac-la-Vallette, 1 m., 8 h.

Maine-Prévôt (Le), c. de Dirac, 3 m., 11 h.

Maine-Quérand (Le), c. de Mornac, 11 m., 43 h.

Maine-Quérant (Le), c. de St-Projet-St-Constant, 3 m., 12 h.

Maine-Rabier (Le), c. de Châtignac, 1 m., 3 h.

Maine-René (Le), c. d'Aignes-et-Puypé-roux, 1 m., 4 h.

Maine-Ribe (Le), c. d'Yvrac-et-Malley-rand, 2 m., 13 h.

Maine-Riveau (Le), c. de Guimps, 1 m., 4 h.

Maine-Robin (Le), c. de Brossac, 11 m., 42 h.

Maine-Roquille (Le), c. de St-Laurent-des-Combes, 1 m., 3 h.

Maine-Rossignol (Le), ou Le Maine-Verdeau, c. de St-Bonnet, 1 m., 3 h.

Maine-Roux (Le), c. de Challignac, 1 m., 4 h.

Maine-Roux (Le), c. de Fouquebrune, 4 m., 23 h.

Maine-Roux (Le Petit-), c. de Fouque-brune, 1 m., 6 h.

Maine-Roy (Le), c. de Bellon, 14 m., 50 h.

Maine-Roy (Le), c. de Pillac, 6 m., 22 h.

Maines (Les), c. de Lignères, 5 m., 28 h.

Maines (Les), c. de St-Fraigne, 6 m., 11 h.

Maine-Sablon (Le), c. de St-Martial, 2 m., 3 h.

Maine-Sacquet (Le), c. des Essards, 3 m., 14 h.

Maine-Salomon (Le), c. de Cellefrouin, 1 m., 2 h.

Maine-Santy (Le), c. de Souffrignac, 3 m., 21 h.

Maine-Sec (Le), c. de Claix, 1 m., 9 h.

Maine-Sec (Le), c. de Montboyer, 4 m., 15 h.

Maine-Soif (Le), c. de Condéon, 1 m., 2 h.

Maine-Terrou (Le), c. de Garat, 1 m., 10 h.

Maine-Terrou (Le), c. de Maguac-la-Vallette, 10 m., 42 h.

Maine-Vacher (Le), c. de Courgeac, 1 m., 5 h.

Maine-Verdeau (Le), voy. Le Maine-Rossignol.

Maine-Verret (Le), c. de Verrières, 4 m., 15 h.

Maine-Verrier (Le), c. de La Vallette, 3 m., 13 h.

Maine-Viaud (Le), c. d'Aignes-et-Puypéroux, 1 m., 2 h.

Maine-Vidal (Le), c. d'Yviers, 1 m., 3 h.

Maine-Viguard (Le), c. d'Aubeville, 3 m., 16 h.

Maine-Zeroux (Le), c. de Combiers, 1 m., 4 h.

Mainfonds, c., arr. d'Angoulême, cant. de Blanzac, †, éc., ⊠ Blanzac, ☞ F., 92 m., 403 h.

Mainfonds, bg., ch.-l., c. de Mainfonds, 14 m., 41 h., 5 k. de Blanzac. 21 k. d'Angoulême.

Maingaud (Chez-), c. de Nanteuil, 3 m., 14 h.

Maingaud (Chez-le-), c. de Saulgond, 1 m., 9 h.

Maingoterie, c. de Chassiecq, 4 m., 24 h.

Mainguenaud (Chez-), c. de Barbezieux, 6 m., 23 h.

Mainguenaud (Chez-), c. de Challignac, 2 m., 3 h.

Mainguenauds (Les), c. de Sireuil, 4 m., 14 h.

Mainot (Le), c. d'Aubeville, 2 m., 6 h.

Mainot (Le), c. de Bessac, 2 m., 10 h.

Mainot (Le), c. de Nonac, 5 m., 15 h.

Mainot (Le), c. de St-Léger, 2 m., 8 h.

Mainot (Le), c. de St-Romain, 1 m., 5 h.

Mainot (Le), c. de Salles-la-Vallette, 1 m., 4 h.

Mainxe, c., arr. de Cognac, cant. de Segonzac, éc., ⊠ Jarnac, 218 m., 713 h.

Mainxe, bg., ch.-l., c. de Mainxe, 37 m., 111 h., 4 k. de Segonzac, 13 k. de Cognac, 33 k. d'Angoulême.

Mainzac, c., arr. d'Angoulême, cant. de Montbron, †, éc., ⊠ Marthon, 88 m., 417 h.

Mainzac, bg., ch.-l., c. de Mainzac, 6 m., 26 h., 17 k. de Montbron, 30 k. d'Angoulême.

Maison (La Grande-), c. de Richemont, 1 m., 3 h.

Maison (La Grande-), c. de Bioussac, 3 m., 11 h.

Maison (La Grande-), c. de Massignac, 1 m., 5 h.

Maison (La Grande-), c. de Rioux-Martin, 3 m., 13 h.

Maison (La Grande-), c. de St-Sulpice-de-Cognac, 1 m., 4 h.

Maison (La Petite-), c. de Bioussac, 4 m., 36 h.

Maison-Blanche (La), c. d'Abzac, 6 m., 23 h.

Maison-Blanche (La), c. de Dignac, 4 m., 17 h.

Maison-Blanche (La), c. de La Vallette, 18 m., 59 h.

Maison-Blanche (La), c. de Rancogne, 2 m., 10 h.

Maison-Blanche (La), c. de St-Projet-St-Constant, 2 m., 12 h.

Maison-Blanche (La), voy. Maison-du-Gué.

Maison - Blanche - des - Carmagnats (La), c. de St-Claud, 1 m., 3 h.

Maison-Blanche-des-Raynauds (La), c. de St-Claud, 1 m., 3 h.

Maison-Brûlée (La), c. de Boutiers, 1 m., 3 h.

Maison-Canon, c. de Rivières, 1 m., 4 h.

Maison-du-Garde (La), c. de Bors-de-Montmoreau, 1 m., 5 h.

Maison-du-Garde (La), c. de Vervant, 1 m., 3 h.

Maison-du-Gué (La), ou La Maison-Blanche, c. des Pins, 1 m., 3 h.

Maison-Forestière-de-la-Route-de-Montbron (La), c. de Mornac, 1 m., 3 h.

Maison-Mothe (La), c. de Mons, 3 m., 8 h.

Maisonnette (La), c. de Berneuil, 2 m., 8 h.

Maisonnette (La), c. de Courgeac, 2 m., 6 h.

Maisonnette (La), c. de St-Martial, 1 m., 5 h.

Maisonnette (La), c. de Voulgézac, 1 m. non h.

Maisonnette (La), c. de Aambes, 1 m., 3 h.

Maisonnette-du-Chemin-de-Fer (La), c. de Taizé-Aizie, 4 m., 17 h.

Maisonnette nº 269 (La), c. de Juillé, 1 m., 3 h.

Maisonnette nº 270 (La), c. de Juillé, 1 m., 4 h.

Maisonnettes (Les), c. de Brie-sous-la-Rochefoucauld, 10 m., 35 h.

Maisonnettes (Les), c. de St-Christophe-de-Chalais, 2 m., 3 h.

Maison-Neuve, c. de St-Bonnet, 1 m, 6 h.

Maison-Neuve (La), c. d'Abzac, 1 m., 8 h.

Maison-Neuve (La), c. d'Aignes-et-Puy-péroux, 1 m., 6 h.

Maison-Neuve (La), c. de Bardenac, 1 m., 5 h.

Maison-Neuve (La), c. de Barret, 1 m., 5 h.

Maison-Neuve (La), c. de Bellon, 2 m., 10 h.

Maison-Neuve (La), c. de Birac, 2 m., 5 h.

Maison-Neuve (La), c. de Boisbreteau, voy. St-Georges.

Maison-Neuve (La), c. de Brigueuil, 1 m., 6 h.

Maison-Neuve (La), c. de Brillac, 1 m., 5 h.

Maison-Neuve (La), c. de Champmillon, 2 m., 9 h.

Maison-Neuve (La), c. de Chantrezac, 1 m., 8 h.

Maison-Neuve (La), c. de Châtignac, 1 m., 4 h.

Maison-Neuve (La), c. de Cherves-Châtelars, 2 m., 2 h.

Maison-Neuve (La), c. de Chillac, 1 m., 2 h.

Maison-Neuve (La), c. de Condéon, 1 m., 5 h.

Maison-Neuve (La), c. de Curac, 2 m., 7 h.

Maison-Neuve (La), c. de Dignac, 2 m., 6 h.

Maison-Neuve (La), c. d'Éraville, 1 m., 7 h.

Maison-Neuve (La), c. d'Exideuil, 4 m., 13 h.

Maison-Neuve (La), c. de Fontenille, 1 m., 8 h.

Maison-Neuve (La), c. de Garat, 3 m., 11 h.

Maison-Neuve (La), c. de Gensac, 2 m., 9 h.

Maison-Neuve (La), c. de Guimps, 2 m., 11 h.

Maison-Neuve (La), c. de Guimps, 1 m., 2 h.

Maison-Neuve (La), c. de Jauldes, 2 m., 7 h.

Maison-Neuve (La), c. de Juillac-le-Coq, 1 m., 6 h.

Maison-Neuve (La), c. de Jurignac, 4 m., 16 h.

Maison-Neuve (La), c. de La Chaise, 1 m., 5 h.

Maison-Neuve (La), c. de La Magdeleine-de-Segonzac, 4 m., 20 h.

Maison-Neuve (La), c. de Lignères, 2 m., 4 h.

Maison-Neuve (La), c. de Magnac-la-Vallette, 2 m., 7 h.

Maison-Neuve (La), c. de Mazerolles, 1 m., 13 h.

Maison-Neuve (La), c. de Messeux, 1 m., 4 h.

Maison-Neuve (La), c. de Mosnac, 2 m., 9 h.

Maison-Neuve (La), c. de Nabinaud, 1 m., 6 h.

Maison-Neuve (La), c. de Nanteuil, 1 m., 2 h.

Maison-Neuve (La), c. de Nieuil, 1 m., 7 h.

Maison-Neuve (La), c. de Nonac, 3 m., 14 h.

Maison-Neuve (La), voy. Chez-Baudut.

Maison-Neuve (La), c. d'Oriolles, 4 m., 8 h.

Maison-Neuve (La), c. de Passirac, 1 m., 2 h.

Maison-Neuve (La), c. de Petit-Lessac, 1 m. non h.

Maison-Neuve (La), c. de Petit-Lessac, 2 m., 6 h.

Maison-Neuve (La), c. de Reignac, 1 m., 2 h.

Maison-Neuve (La), c. de Rivières, 1 m., 5 h.

Maison-Neuve (La), c. de Roullet, 1 m., 19 h.

Maison-Neuve (La), c. de Rouzède, 1 m., 4 h.

Maison-Neuve (La), c. de St-Amant-de-Montmoreau, 2 m., 8 h.

Maison-Neuve (La), c. de St-Bonnet, 1 m., 3 h.

Maison-Neuve (La), c. de St-Coutant, 1 m., 6 h.

Maison-Neuve (La), c. de St-Cybard-le-Peyrat, 2 m., 7 h.

Maison-Neuve (La), c. de St-Estèphe, 1 m., 7 h.

Maison-Neuve (La), c. de St-Mary, 1 m., 4 h.

Maison-Neuve (La), c. de St-Maurice, 1 m., 4 h.

Maison-Neuve (La), c. de St-Palais-du-Né, 2 m., 6 h.

Maison-Neuve (La), c. de St-Projet St-Constant, 1 m., 5 h.

Maison-Neuve (La), c. de St-Romain, 3 m., 11 h.

Maison-Neuve (La), c. de Ste-Souline, 1 m., 3 h.

Maison-Neuve (La), c. de St-Sulpice-de-Cognac, 1 m., 7 h.

Maison-Neuve (La), ou Les Portes, c. de St-Surin, 2 m., 8 h.

Maison-Neuve (La), c. de St-Vallier, 2 m., 5 h.

Maison-Neuve (La), c. de Salles-la-Vallette, 1 m., 7 h.

Maison-Neuve (La), c. de Soyaux, 4 m., 12 h.

Maison-Neuve (La), c. de Taponnat-Fleurignac, 1 m., 42 h.

Maison-Neuve (La), c. de Torsac, 1 m. non h.

Maison-Neuve (La), c. de Turgon, 1 m., 6 h.

Maison-Neuve (La), c. de Vieux-Ruffec, 1 m., 5 h.

Maison-Neuve (La), c. de Vignolles, 5 m., 21 h.

Maison-Neuve (La), c. de Vitrac, 12 m., 62 h.

Maison-Neuve (La), ou Trousse-Jaquette, c. de Voulgézac, 1 m., 8 h.

Maison-Neuve (La), c. de Vouzan, 5 m., 18 h.

Maison-Neuve (La), voy. La Tricherie.

Maison-Neuve (La), voy. Terre-Neuve.

Maison-Neuve-de-Gentil (La), c. de St-Vallier, 1 m., 2 h.

Maison-Neuve-de-la-Font-Close (La), c. de Barbezieux, 1 m., 4 h.

Maison-Neuve-de-Planchettes (La), c. de Messeux, 1 m., 2 h.

Maison-Neuve-des-Rosiers (La), c. de Birac, 1 m., 5 h.

Maison-Neuve-du-Maine-aux-Bruns (La), c. de Mazerolles, 1 m., 13 h.

Maison-Rouge (La), c. de Chenon, 3 m., 11 h.

Maison-Rouge (La), c. de Lonnes, 6 m., 32 h.

Maison-Rouge (La), c. de Lamérac, 2 m., 9 h.

Maison-Rouge (La), c. d'Exideuil, 1 m., 7 h.

Maison-Rouge (La), c. de St-Claud, 1 m., 6 h.

Maison-Rouge (La), c. de Vieux-Ruffec, 1 m., 4 h.

Maison-Seule (La), c. de Reignac, 1 m., 3 h.

Maison-Seule (La), c. de Touvérac, 1 m., 6 h.

Maison-sous-les-Rocs (La), c. de Laprade, 1 m., 8 h.

Maisons-Bassés (Les), c. des Gours, 3 m., 14 h.

Maisons-Blanches (Les), c. de Dirac, 10 m., 26 h.

Maisons-Neuves (Les), c. de Marcuil, 7 m., 30 h.

Maisons-Neuves (Les), c. de La Péruze, 10 m., 36 h.

Maître-en-Bois (Chez-), c. de St-Bonnet, 2 m., 6 h.

Maixant (St-), c. d'Aigre, 46 m., 139 h.

Majesté, c. de Juignac, 1 m., 8 h.

Majeunie (La), c. de Roussines, 10 m., 42 h.

Maladrerie (La), c. de l'Isle-d'Espagnac, 18 m., 82 h.

Maladrie (La), c. de Baignes-Ste-Radégonde, 2 m., 10 h.

Maladrie (La), c. de Nersac, 1 m., 5 h.

Maladrie (La), c. de Rivières, 1 m., 5 h.

Maladrie (La), c. de St-Romain, 3 m., 13 h.

Maladrie (La), c. d'Yviers, 1 m., 5 h.

Malandry (Le), c. d'Ambernac, 16 m., 66 h.

Malanville, c. de Fouqueure, 24 m., 98 h.

Malaquais, c. d'Orival, 1 m., 2 h.

Malardieu (Le), c. de Bors-de-Montmoreau, 1 m., 3 h.

Malatrait, c. de Péreuil, 10 m., 40 h.

Malaville, c., arr. de Cognac, cant. de Châteauneuf. †, éc., ⊠ Châteauneuf, 168 m., 735 h.

Malaville, bg., ch.-l., c. de Malaville, 25 m., 75 h., 7 k. de Châteauneuf, 29 k. de Cognac, 27 k. d'Angoulême.

Malbâti, c. de Cherves, 3 m., 5 h.

Malberchie (Château-), c. de La Vallette, 4 m., 35 h.

Malbœuf, c. de St-Laurent, 8 m., 26 h.

Malbrac, c. de Jarnac, 1 m., 4 h.

Malestrade (La), c. de St-Estèphe, 1 m., 5 h.

Malibas, c. de Gurat, 13 m., 54 h.

Malicherie (La), c. de Chabrac, 10 m., 45 h.

Malinard (Le), c. d'Ansac, 1 m., 5 h.

Malineau (Chez-), c. de Chantillac, 1 m., 3 h.

Malioche (Chez-), c. de Deviat, 2 m., 12 h.

Malivert (Chez-), c. d'Allous, 7 m., 30 h.

Malivert (Chez-), c. de St-Gervais, 2 m., 10 h.

Mal-Jovent, c. de Charras, 3 m., 8 h.

Mallabrit, c. de St-André, 2 m., 7 h.

Mallandreau (Chez-), c. d'Oriolles, 1 m., 5 h.

Malleyrand, c. d'Yvrac-et-Malleyrand, 28 m., 134 h.

Malleyrand (Moulin-de-), c. d'Yvrac-et-Malleyrand, 1 m., 1 h.

Malongin, c. de Brillac, 5 m., 19 h.

Mallolière (La), c. de Taizé-Aizie, 6 m., 31 h.

Malsaisie (La), c. de Gardes, 3 m., 14 h.

Maltard, c. de Pleuville, 5 m., 27 h.

Malvieille, c. de Moulidars, 25 m., 85 h.

Malvy, c. de Mosnac, 2 m., 11 h.

Malvy, c. de St-Simeux, 3 m., 10 h.

Manaud (Chez-), c. de Vignolles, 3 m., 16 h.

Mancier, c. de St-Claud, 25 m., 105 h.

Mancou (Le), c. de Guimps, 7 m., 19 h.

Mandat, c. de Pressignac, 19 m., 85 h.

Mandé (Chez-), c. de Bric-sous-Barbezieux, 6 m., 19 h.

Mandillat, c. d'Oriolles, 2 m., 11 h.

Mandin (Chez-), c. de Bors-de-Baignes, 7 m., 19 h.

Mandinaux (Les), c. du Grand-Masdieu, 12 m., 39 h.

Manfort (Le), c. de Guimps, 2 m., 4 h.

Manguinerie (La), c. de Benest, 2 m., 12 h.

Manibeau (Chez-), c. de Poursac, 5 m., 16 h.

Maniguette (La), c. d'Abzac, 4 m., 9 h.

Manivat, c. de St-Vallier, 1 m., 4 h.

Mannonière (La), c. de St-Mary, 6 m., 18 h.

Manon (Chez-), c. de Challignac, 14 m., 42 h.

Manot (Chez-), c. d'Eymouliers, 13 m., 45 h.

Manot (Chez-), c. de Juignac, 2 m., 3 h.

Manot (Chez-), c. de Lézignac-Durand, 2 m., 8 h.

Manot, c., arr. de Confolens, cant. de Confolens (Nord), †, éc., ⊠ Confolens, ☞ F., 154 m., 1,345 h.

Manot, bg., ch.-l., c. de Manot, 82 m., 290 h., 9 k. de Confolens, 57 k. d'Angoulême.

Manots (Les), c. de Couture, 3 m., 9 h.

Manstère (Chez-), c. de Nonac, 4 m., 24 h.

Mansle, cant., arr. de Ruffec, 25 c., 16,120 h.

Mansle, c., arr. de Ruffec, cant. de Mansle, ✝, orat. prot., éc., ⊠ Mansle, ☞ F. M., 471 m., 1,800 h.

Mansle, v., ch.-l. de la c. et du cant. de Mansle, j. d. p., 404 m., 1,599 h., 17 k. de Ruffec, 27 k. d'Angoulême, ⚐.

Mansle (Le), c. d'Ansac, 5 m., 20 h.

Mantrou (Chez-), c. de Benest, 1 m., 6 h.

Maquignon (Chez-), c. de Touvérac, 9 m., 33 h.

Marais (Chez-), c. de Charras, 1 m., 6 h.

Marais (Chez-), c. de Vouzan, 3 m., 7 h.

Marais (Le), c. de Baignes-Ste-Radégonde, 1 m., 5 h.

Marais (Le), c. de Cherves, 14 m., 50 h.

Marais (Le), c. de Dirac, 22 m., 87 h.

Marais (Le Grand-), c. d'Ambérac, 51 m., 161 h.

Marais (Les), c. de Gondeville, 1 m., 6 h.

Maramaix (Le), c. de Chirac, 4 m., 13 h.

Marancheville, c. de Gondeville, 15 m., 58 h.

Marancheville, c. de Mainxe, 26 m., 83 h.

Marandat (Château-), c. de Montbron, 5 m., 35 h.

Marange, c. d'Hiersac, 14 m., 65 h.

Marbœuf, c. de Champagne-Mouton, 2 m., 12 h.

Marçaux (Les), c. de Péreuil, 1 m., 4 h.

Marceau (Chez-), c. de Gardes, 3 m., 9 h.

Marceaux (Les), c. de Nonac, 8 m., 21 h.

Marcelaine, c. de Passirac, 3 m., 10 h.

Marchais (Chez-), c. d'Angeduc, 1 m., 5 h.

Marchais (Chez-), c. de Lignères, 1 m., 5 h.

Marchais (Le Grand-), c. de St-Severin, 7 m., 32 h.

Marchais (Les), c. de Vitrac, 10 m., 43 h.

Marchais (Le Petit-), us., c. de St-Severin, 8 m., 37 h.

Marchand (Chez-), c. de St-Même, 7 m., 30 h.

Marche (Le), c. de St-Laurent-de-Belzagot, 4 m., 14 h.

Marchis (Le), c. de Courcôme, 1 m., 20 h.

Marcillac, c. de Brigueuil, 11 m., 54 h.

Marcillac, bg., ch.-l., c. de Marcillac-Lanville, 117 m., 384 h., 12 k. de Rouillac, 28 k. d'Angoulême.

Marcillac (Le Grand-), c. d'Oradour-Fanais, 8 m., 32 h.

Marcillac (Le Petit-), c. d'Abzac, 1 m., 6 h.

Marcillac (Le Petit-), c. d'Oradour-Fanais, 1 m., 8 h.

Marcillac-Lanville, c., arr. d'Angoulême, cant. de Rouillac, †, éc., ⊠ Aigre, ☞ F., 417 m., 1,102 h.

Marcillié, c. de Brettes, 40 m., 156 h.

Marcillié, c. de St-Fraigne, 19 m., 53 h.

Mardelle (La), c. de St-Laurent-de-Céris, 24 m., 92 h.

Mardelle (Moulin-de-la-), c. de St-Laurent-de-Céris, 1 m., 4 h.

Mare (La Grande-), c. de Villegats, 16 m., 49 h.

Maréchaud (Chez-), c. de Guimps, 1 m., 6 h.

Maréchaux (Les), c. de Bourg-Charente, 7 m., 25 h.

Mares (Les), c. de St-Laurent-de-Céris, 1 m., 7 h.

Mareuil, c. de Brossac, 4 m., 20 h.

Mareuil, c., arr. d'Angoulême, cant. de Rouillac, †, éc., ⊠ Rouillac, 201 m., 781 h.

Mareuil, bg., ch.-l., c. de Mareuil, 201 m., 781 h., 7 k. de Rouillac, 32 k. d'Angoulême.

Mareuil, c. de Mazières, 10 m., 28 h.

Mareuil, c. de Montjean, 4 m., 13 h.

Margnac, c. de Jauldes, 6 m., 25 h.

Margnat, c. de Vitrac, 15 m., 62 h.

Margnier, c. d'Abzac, 20 m., 78 h.

Margonnet, c. de Bourg-Charente, 11 m., 38 h.

Margoteau (Chez-), c. de Benest, 2 m., 40 h.

Marguerie (La), c. de Jurignac, 16 m., 63 h.

Marguerite (Ste-), c. de Salles-la-Vallette, 2 m., 6 h.

Marguy (Chez-), c. de Garat, 10 m., 40 h.

Marlaud, c. de Massignac, 6 m., 34 h.

Marlaud, c. de Pressignac, 11 m., 45 h.

Maridou (Chez-), c. de Montbron, 1 m., 41 h.

Marie (Chez-), c. de Lagarde-sur-le-Né, 9 m., 40 h.

Marie (Chez-), c. de St-Aulais-de-la-Chapelle-Conzac, 2 m., 8 h.

Marie (Moulin-), c. de St-Fraigne, 3 m., 12 h.

Marie (Ste-), c. de Lesterps, 1 m., 8 h.

Marie (Ste-), c., arr. de Barbezieux, cant. de Chalais, ⊠ Chalais, 99 m., 492 h.

Marie (Ste-), bg., ch.-l., c. de Ste-Marie, 6 m., 28 h., 2 k. de Chalais, 30 k. de Barbezieux, 47 k. d'Angoulême.

Marillac, c. de Chasseneuil, 2 m., 12 h.

Marillac, c., arr. d'Angoulême, cant. de La Rochefoucauld, †, éc., ⊠ La Rochefoucauld, 177 m., 788 h.

Marillac, bg., ch.-l., c. de Marillac, 35 m., 131 h., 4 k. de La Rochefoucauld, 28 k. d'Angoulême.

Marion (Chez-la-), c. de Nonaville, 7 m., 32 h.

Marionnettes (Les), c. de St-Cybard, 1 m., 6 h.

Marissolle, c. de Barret, 1 m., 9 h.

Marissolle, c. de Guimps, 2 m., 11 h.

Marlive, c. de Barret, 4 m., 18 h.

Marloup (Chez-), c. de Chavenac, 8 m., 27 h.

Marloup (Chez-), c. de Juillaguet, 3 m., 17 h.

Marloup (Chez-), c. de Ronsenac, 4 m., 11 h.

Marly, c. de Rouillac, 1 m., 5 h.

Marmons (Les), c. de Chassiecq, 16 m., 63 h.

Marmouillaud, c. de Vouzan, 2 m., 8 h.

Marmounier, c. de Bréville, 25 m., 89 h.

Marmounier, c. de Ste-Sévère, 11 m., 42 h.

Maron (Chez-), c. de Montchaude, 7 m., 27 h.

Maronnerie (La), c. de La Chaise, 4 m., 12 h.

Maronnière (La), c. de Dignac, 1 m., 6 h.

Marot (Chez-), c. de Plassac-Rouffiac, 1 m., 6 h.

Marot (Chez-), c. de St-Hilaire, 8 m., 19 h.

Marottes (Les), c. de Dignac, 6 m., 23 h.

Marottes (Les), c. de Magnac-la-Vallette, 1 m., 6 h.

Marou (Chez-), c. de Juignac, 1 m., 6 h.

Marousse, c. de St-Christophe, 28 m., 104 h.

Marquet, c. de Montboyer, 3 m., 14 h.

Marquet (Chez-), c. de Bonneuil, 4 m., 48 h.

Marquet (Chez-), c. de Gardes, 2 m., 8 h.

Marquis (Chez-), c. de Berneuil, 9 m., 29 h.

Marquis (Chez-), c. de Champniers, 5 m., 27 h.

Marquisat (Le), c. de Bessac, 1 m., 11 h.

Marquisat (Le), c. de Châteauneuf, 2 m., 8 h.

Marquisat (Le), c. de Douzat, 8 m., 36 h.

Marquisat (Le), c. de Montmoreau, 2 m., 11 h.

Marquisat (Le Grand-), c. de Gardes, 2 m., 8 h.

Marquisat (Le Petit-), c. de Gardes, 5 m., 17 h.

Marquizeau (Chez-), c. de Cherves, 1 m., 1 h.

Marquizie (La), c. de Chirac, 1 m., 10 h.

Marrodier (Le), c. de St-Laurent-de-Céris, 49 m., 168 h.

Marron (Chez-), c. de St-Bonnet, 2 m., 10 h.

Marrot (Chez-), c. de Verdille, 9 m., 36 h.

Marroux (Chez-), c. de Bonneuil, 12 m., 35 h.

Mars (Chez-), c. de La Chaise, 8 m., 26 h.

Mars (Le), c. de Baignes-Ste-Radégonde, 8 m., 30 h.

Marsac, c. d'Eymouliers, 21 m., 97 h.

Marsac, c. de Fouquebrune, 10 m., 42 h.

Marsac, c., arr. d'Angoulême, cant. de St-Amant de-Boixe, †, éc., ⊠ Angoulême, 208 m., 803 h.

Marsac, bg., ch.-l., c. de Marsac, 45 m., 458 h., 9 k. de St-Amant-de-Boixe, 14 k. d'Angoulême.

Marsac, c. de Pranzac, 29 m., 93 h.

Marsaud (Chez-), c. de Benest, 2 m., 9 h.

Marsaud (Chez-), c. de La Forêt-de-Tessé, 8 m., 29 h.

Marsaulds (Les), c. de Montignac-le-Coq, 6 m., 28 h.

Marsault (Chez-), c. de Claix, 8 m., 24 h.

Marseñt, c. d'Esse, 1 m. non h.

Marsit (Chez-), c. d'Oriolles, 3 m., 18 h.

Marteau, c. de St-Saturnin, 16 m., 52 h.

Martelots (Les), c. de Touzac, 8 m., 28 h.

Marthes (Les), c. de Pillac, 14 m., 69 h.

Marthon, c., arr. d'Angoulême, cant. de Montbron, †, éc., ⊠ Marthon, ☞ F., 133 m., 654 h.

Marthon, bg., ch.-l., c. de Marthon, 71 m., 297 h., 8 k. de Montbron, 25 k. d'Angoulême.

Martial (St-), c. de Manot, 1 m., 4 h.

Martial (St-), c. de Rouffiac-de-St-Martial-la-Menècle, 17 m., 80 h.

Martial (St-), c., arr. de Barbezieux, cant. de Montmoreau, †, éc., ⊠ Montmoreau, 145 m., 504 h.

Martial (St-), bg., ch.-l., c. de St-Martial, 30 m., 98 h., 7 k. de Montmoreau, 23 k. de Barbezieux, 35 k. d'Angoulême.

Martial-Dapis (Chez-), c. de St-Maurice, 5 m., 12 h.

Martignac, c. de Passirac, 1 m., 4 h.

Martimont, c. de Ste-Marie, 1 m., 6 h.

Martin (Chez-), c. de Bors-de-Montmoreau, 2 m., 12 h.

Martin (Chez-), c. de Fouquebrune, 2 m., 8 h.

Martin (Chez-), c. de Pressignac, 17 m., 64 h.

Martin (Chez-), c. de Vieux-Cérier, 2 m., 16 h.

Martin (St-), c. d'Ambernac, 25 m., 85 h.

Martin (St-), c. de Barbezieux, 1 m., 8 h.

Martin (St-), c. de Cellefrouin, 1 m., 6 h.

Martin (St-), bg., ch.-l., c. de St-Martin-Château-Bernard, 137 m., 311 h., 2 k. de Cognac, 44 k. d'Angoulême.

Martin (St-), c. de Sigogne, 1 m., 4 h.

Martin (St-), c. de St-Sulpice-de-Cognac, 15 m., 39 h.

Martin-Château-Bernard (St-), c., arr. et cant. de Cognac, †, éc., ⊠ Cognac, 406 m., 1,573 h.

Martin-du-Clocher (St-), c., arr. de Ruffec, cant. de Villefagnan, éc., ⊠ Ruffec, 140 m., 372 h.

Martin-du-Clocher (St-), bg., ch.-l., c. de St-Martin-du-Clocher, 55 m., 98 h., 8 k. de Villefagnan, 6 k. de Ruffec, 47 k. d'Angoulême.

Martine (La), c. de Fléac, 3 m., 17 h.

Martineau, c. d'Yviers, 3 m., 11 h.

Martineau (Le), c. de Pillac, 14 m., 46 h.

Martineauds (Les), c. de Gensac, 17 m., 47 h.

Martinerie (La), c. de Vieux-Ruffec, 2 m., 13 h.

Martinet (Chez-), c. de St-Gervais, 2 m., 7 h.

Martinet (Le), c. de Montboyer, 3 m., 9 h.

Martinet (Le), c. de St-Michel, 2 m., 10 h.

Martinie (La), c. de Confolens, 14 m., 40 h.

Martinie (La), c. de Pressignac, 4 m., 23 h.

Martinie (La), c. de Rougnac, 9 m., 38 h.

Martinie (La Petite-), c. de Villars, 4 m., 6 h.

Martinière (Chez-), c. de Chantillac, 2 m., 13 h.

Martinière (La), c. de Péreuil, 2 m., 6 h.

Martinière (La), c. de Voulgézac, 1 m., 4 h.

Martinières (Les), c. de Montigné, 23 m., 66 h.

Martinies (Les), c. de Chantrezac, 2 m., 6 h.

Martins (Les), c. de Fleurac, 16 m., 53 h.

Martins (Les), c. de Juillac-le-Coq, 3 m., 8 h.

Martins (Les), c. de Mouthiers, 2 m., 6 h.

Martonneaux (Les), c. d'Agris, 14 m., 51 h.

Martres (Les), c. de Courcôme, 12 m., 66 h.

Martachauds (Les), c. de Villefagnan, 2 m., 9 h.

Marty (Chez-), c. de Dirac, 6 m., 17 h.

Marty (Chez-), c. de St-Amant-de-Montmoreau, 2 m., 4 h.

Marvaillière (La), c. de Taponnat-Fleurignac, 26 m., 109 h.

Marvaud (Chez-), c. de Montbron, 17 m., 85 h.

Marveau, c. de Montchaude, 4 m., 17 h.

Marveaux (Les), c. de St-Coutant, 3 m., 16 h.

Marville, c. de Gensac, 31 m., 111 h.

Mary (St-), c., arr. de Confolens, cant. de St-Claud, †, éc., ✉ Chasseneuil, 242 m., 882 h.

Mary (St-), bg., ch.-l., c. de St-Mary, 22 m., 80 h., 10 k. de St-Claud, 32 k. de Confolens, 31 k. d'Angoulême.

Marye (La), c. de St-Sornin, 2 m., 11 h.

Marzat (Le), c. de Pillac, 5 m., 20 h.

Marzat (Le), c. de St-Romain, 2 m., 8 h.

Marzelle (La), c. de Montchaude, 3 m., 7 h.

Mas (Le), c. de Champagne, 4 m., 13 h.

Mas (Le), c. de Champagne-Mouton, 4 m., 5 h.

Mas (Le), c. de Chavenac, 2 m., 3 h.

Mas (Le), c. de Chirac, 2 m., 20 h.

Mas (Le), c. de Condéon, 9 m., 34 h.

Mas (Le), c. de Confolens, 3 m., 19 h.

Mas (Le), c. de Dignac, 4 m., 14 h.

Mas (Le), c. de Fouquebrune, 2 m., 10 h.

Mas (Le), c. de Juillac-le-Coq, 6 m., 21 h.

Mas (Le), c. de La Couronne, 37 m., 133 h.

Mas (Le), c. de la Magdeleine, 27 m., 98 h.

Mas (Le), c. de Lesterps, 4 m., 25 h.

Mas (Le), c. de Mornac, 2 m., 10 h.

Mas (Le), c. d'Orival, 8 m., 38 h.

Mas (Le), c. de St-Amant-de-Montmoreau, 4 m., 12 h.

Mas (Le), c. de St-Cybard-le-Peyrat, 20 m., 56 h.

Mas (Le), c. de St-Sornin, 15 m., 48 h.

Mas (Le), c. de St-Yrieix, 22 m., 83 h.

Mas (Le), c. de Verrières, 16 m., 94 h.

Mas (Le), c. de Vouzan, 10 m., 29 h.

Mas (Le Petit-), c. de Confolens, 1 m., 4 h.

Mas (Le Petit-), c. de Fouquebrune, 1 m., 5 h.

Mas (Le Petit-), ou Champ-de-Lamas, c. de St-Estèphe, 1 m., 2 h.

Mas (Le Petit-), c. de Vouthon, 1 m., 4 h.

Mas (Les), c. de St-Adjutory, 25 m., 187 h.

Mas-Bien-Assis (Le), c. de Saulgond, 11 m., 35 h.

Mas-Broussard, c. de St-Laurent-de-Céris, 19 m., 94 h.

Mas-Chaban (Moulin-), c. de Lézignac-Durand, 1 m., 11 h.

Mas-Chenet (Le), c. de Cellefrouin, 9 m., 46 h.

Mas-Chenet (Le), c. de Suris, 6 m., 19 h.

Mas-Chevreaux, c. de Montembœuf, 1 m., 4 h.

Mas-David (Le), c. de Nieuil, 6 m., 25 h.

Mas-de-Bost (Le), c. de Chirac, 3 m., 30 h.

Mas-de-Bost (Le), c. d'Esse, 1 m., 11 h.

Mas-de-Bost (Le), c. de Pressignac, 7 m., 34 h.

Mas-de-Bost (Le), c. de St-Germain, 16 m., 84 h.

Mas-de-l'Age, c. de St-Maurice, 5 m., 17 h.

Mas-de-Verrat (Le), c. de St-Maurice, 1 m., 9 h.

Masdieu (Le), c. d'Épenède, 1 m., 11 h.

Masdieu (Le), c. de Pleuville, 8 m., 38 h.

Masdieu (Le Grand-), c., arr. de Confolens, cant. de St-Claud, éc., ✉ St-Claud, 106 m., 450 h.

Masdieu (Le Grand-), bg., ch.-l., c. du Grand-Masdieu, 54 m., 224 h., 6 k. de St-Claud, 22 k. de Confolens, 47 k. d'Angoulême.

Masdieu (Le Petit-), c. de Loubert, 16 m., 59 h.

Masdintaud (Le), c. de Cellefrouin, 31 m., 113 h.

Masdreau, c. de Juignac, 6 m., 35 h.

Mas-du-Breuil (Le), c. de Confolens, 3 m., 14 h.

Mas-du-Coux (Le), c. de Brillac, 2 m., 16 h.

Mas-du-Lac (Le), c. d'Aussac, 1 m., 3 h.

Mas-Dupuis (Le), c. de St-Claud, 9 m., 40 h.

Mas-Dupuis (Le), c. d'Hiesse, 4 m., 25 h.

Mas-Faubas (Le), c. de Suaux, 19 m., 78 h.

Mas-Ferraud (Le), c. de Chassenon, 3 m., 28 h.

Mas-Gaudies (Les), c. de Manot, 2 m., 19 h.

Mas-Gautier (Le), c. d'Hiesse, 8 m., 24 h.

Mas-Giral (Le), c. de Saulgond, 21 m., 78 h.

Mas-Joubert (Le), c. de Saulgond, 3 m., 20 h.

Mas-Joubert (Moulin-de-), c. de Saul-gond, 1 m., 5 h.

Mas-Marteau (Le), c. de Confolens, 1 m., 9 h.

Mas-Mayoux (Le), c. d'Alloue, 16 m., 53 h.

Mas-Millaguet (Le), c. de Rougnac, 8 m., 35 h.

Mas-Moreau (Le), c. de Manot, 3 m., 20 h.

Mas-Mousson (Le), c. d'Exideuil, 35 m., 125 h.

Mas-Neuf (Le), c. de Chavenac, 2 m., 11 h.

Mas-Périer (Le), c. de Bardenac, 3 m., 14 h.

Mas-Quantin (Le), c. de Genouillac, 13 m., 56 h.

Masquets (Les), c. de St-Médard-de-Rouillac, 9 m., 27 h.

Masquinand, c. de Bernac, 6 m., 17 h.

Mas-Rouin (Le), c. d'Esse, 6 m., 20 h.

Masroussem (Le), c. de Saulgond, 10 m., 48 h.

Massaud, c. d'Ambernac, 2 m., 17 h.

Massés (Les), c. de Sireuil, 10 m., 34 h.

Masset (Chez-), c. de Brie-sous-la-Roche-foucauld, 18 m., 57 h.

Masset (Chez-), c. de St-Quentin-de-Cha-lais, 5 m., 15 h.

Masseville, c. de Cherves, 19 m., 69 h.

Masseville, c. de Mesnac, 5 m., 12 h.

Massicot, c. de Bors-de-Montmoreau, 3 m., 14 h.

Massicot (Le Petit-), c. de Juignac, 1 m., 10 h.

Massignac, c. d'Alloue, 4 m., 24 h.

Massignac, c., arr. de Confolens, cant. de Montembœuf, ✝, éc., ⊠ Montembœuf, ☞ F., 255 m., 1,286 h.

Massignac, bg., ch.-l., c. de Massignac, 71 m., 203 h., 11 k. de Montembœuf, 29 k. de Confolens, 46 k. d'Angoulême.

Massignat, c. de Beaulieu, 2 m., 19 h.

Massilloux (Chez-), c. de Dignac, 3 m., 11 h.

Masson (Chez-), c. de Lamérac, 2 m., 6 h.

Masson (Chez-), c. de Reignac, 9 m., 41 h.

Masson (Le), c. de Bellon, 5 m., 22 h.

Massonne (La), c. de Bouteville, 1 m., 5 h.

Massonnet (Chez-), c. des Adjots, 1 m., 9 h.

Massonnie, c. de Cherves-Châtelars, 2 m., 12 h.

Massons (Les), c. de Nonaville, 1 m., 5 h.

Massou (Chez-), c. de Verrières, 1 m., 2 h.

Massounet, c. de Montjean, 3 m., 12 h.

Massout (Chez-), c. de Magnac-la-Val-lette, 2 m., 8 h.

Massoux, c. de Bonnes, 3 m., 17 h.

Mastavit, c. de St-Severin, 2 m., 7 h.

Mastizon, c. de Chassenon, 3 m., 24 h.

Mastoureau, c. de Brillac, 1 m., 6 h.

Mât (Le), c. d'Ansac, 14 m., 46 h.

Mât (Le), c. de Bioussac, 1 m., 6 h.

Mât (Le), c. de Mazerolles, 39 m., 153 h.

Matasse (Moulin-de-la-), c. de Cellefrouin, 1 m., 5 h.

Mataudière (La), c. de La Couronne, 1 m., 8 h.

Matelot (Chez-), c. de Berneuil, 3 m., 9 h.

Mathé (Chez-), c. de Barbezieux, 1 m., 5 h.

Mathé (Chez-), c. de Montchaude, 1 m., 4 h.

Mathé (Moulin-de-Chez-), c. de Barbe-zieux, 1 m., 3 h.

Mathélinaud (Chez-), c. de Condéon, 1 m., 6 h.

Mathelon, c. de Baignes-Ste-Radé-gonde, 3 m., 11 h.

Mathelon (Moulin-de-), c. de Baignes-Ste-Radégonde, 2 m., 9 h.

Mathias (Chez-), c. d'Écuras, 13 m., 55 h.

Mathias (Chez-), c. de La Chaise, 11 m., 46 h.

Mathieu (Chez-), c. d'Épenède, 5 m., 15 h.

Mathieu (Chez-), c. de Pleuville, 3 m., 17 h.

Mathieux (Les), c. de Champmillon, 1 m., 6 h.

Matignon, c. de Bazac, 14 m., 52 h.

Matignon (Chez-), c. de Champmillon, 2 m., 7 h.

Matignon (Chez-), c. de Vouzan, 8 m., 33 h.

Matignons (Les), c. de Juillac-le-Coq, 1 m., 5 h.

Matrat (Chez-), c. de Bessac, 4 m., 12 h.

Matrat (Chez-), c. de St-Aulais-de-la-Chapelle-Conzac, 3 m., 11 h.

Mâts-de-Bretagne, c. de La Roche-foucauld, 1 m., 5 h.

Mâts-d'Ile, c. de Petit-Lessac, 2 m., 20 h.

Mattard (Moulin-), c. de Marcillac-Lan-ville, 1 m. non h.

Mattes (Chez-), c. de Segonzac, 1 m., 7 h.

Maubatain, c. de Feuillade, 2 m., 22 h.

Maubayou, c. de St-Quentin, cant. de Chabanais, 15 m., 53 h.

11

Maubran (Chez-), c. d'Édon, 4 m., 18 h.
Maubras (Les), c. d'Agris, 2 m., 12 h.
Maudet, c. de Guizengeard, 6 m., 12 h.
Maudet (Chez-), c. de Barbezieux, 7 m., 18 h.
Maudet (Chez-), c. de Lagarde-sur-le-Né, 1 m., 4 h.
Maudet (Chez-), c. de Salles-de-Barbezieux, 10 m., 34 h.
Maudoux (Chez-), c. d'Esse, 1 m., 7 h.
Maugarny (Chez-), c. de Ventouse, 16 m., 67 h.
Maullet, c. de Cherves-Châtelars, 6 m., 25 h.
Maulineau (Chez-), c. de St-Félix, 1 m., 3 h.
Maumont, c. de Juignac, 3 m., 5 h.
Maumont, us., c. de Magnac-sur-Touvre, 16 m., 62 h.
Maunac, c. de Brossac, 4 m., 14 h.
Maurandie (La), c. du Lindois, 44 m., 70 h.
Mauras (Chez-), c. de La Tâche, 7 m., 35 h.
Maure (Le), c. de Péreuil, 1 m., 8 h.
Mauret (Chez-), c. de Gimeux, 1 m., 6 h.
Mauriac, c. de Salles-de-Segonzac, 13 m., 41 h.
Maurice, ou Morice, c. de St-Romain, 1 m., 6 h.
Maurice (Chez-), c. de Bécheresse, 2 m., 14 h.
Maurice (Chez-), c. de Combiers, 1 m., 6 h.
Maurice (St-), c., arr. de Confolens, cant. de Confolens (Sud), †, éc., ⊠ Confolens, 406 m., 1,896 h.
Maurice (St-), bg., ch.-l., c. de St-Maurice, 67 m., 217 h., 6 k. de Confolens, 69 k. d'Angoulême.
Maurices (Les), c. de Fontenille, 7 m., 31 h.
Mauric (La), c. de St-Brice, 33 m., 94 h.
Maurin (Chez-), c. de Condéon, 2 m., 7 h.
Maurin (Chez-), c. de Moulidars, 15 m., 64 h.
Maurin (Chez-), c. de St-Amant-de-Graves, 6 m., 26 h.
Maurin (Chez-), c. de Vignolles, 4 m., 18 h.
Maurines (Les), c. de Sérignac, 1 m., 1 h.
Maurinet (Chez-), c. de Chirac, 2 m., 16 h.
Maurinie (La), c. d'Exideuil, 9 m., 37 h.
Maurinie (La), c. de St-Quentin, cant. de Chabanais, 5 m., 22 h.
Maury (Chez-), c. de Juignac, 4 m., 5 h.

Maury (Chez-), c. de Montbron, 4 m., 21 h.
Maury (Chez-), c. de St-Cybard, 5 m., 10 h.
Maussaut, c. de Roussines, 1 m., 5 h.
Mautret (Chez-), c. d'Hiesse, 26 m., 81 h.
Mauvais-Pas (Le), c. de Berneuil, 1 m., 5 h.
Mauxions (Les), c. de Bourg-Charente, 10 m., 39 h.
Mauzé (Chez-), c. de Verrières, 2 m., 12 h.
Mauzet (Chez-), c. de Voulgézac, 9 m., 35 h.
Mayeras, c. de Chabanais, 1 m., 7 h.
Mayolles, c. de St-Adjutory, 2 m., 14 h.
Mazelan (Le), c. de Brigueuil, 2 m., 10 h.
Mazelan (Le), c. de Saulgond, 1 m., 11 h.
Mazerolle, c. de Bouex, 24 m., 76 h.
Mazerolle (Chez-), c. de Chantillac, 8 m., 30 h.
Mazerolle (La), c. de Chirac, 3 m., 16 h.
Mazerolles, c., arr. de Confolens, cant. de Montembœuf, †, éc., ⊠ Montembœuf, 219 m., 945 h.
Mazerolles, bg., ch.-l., c. de Mazerolles, 20 m., 78 h., 5 k. de Montembœuf, 36 k. de Confolens, 36 k. d'Angoulême.
Mazières, c., arr. de Confolens, cant. de St-Claud, éc., ⊠ St-Claud, 81 m., 293 h.
Mazières, bg., ch.-l., c. de Mazières, 28 m., 72 h., 12 k. de St-Claud, 24 k. de Confolens, 44 k. d'Angoulême.
Mazivernant, c. de Brillac, 7 m., 29 h.
Mazoin, c. de St-Maurice, 12 m., 57 h.
Mazotte, c. de Segonzac, 18 m., 75 h.
Mazoultières (Les), c. de Cherves-Châtelars, 27 m., 121 h.
Meaudeuil, c. d'Eymoutiers, 19 m., 60 h.
Médard (St-), c. de Boisbreteau, 1 m., 3 h.
Médard (St-), c., arr. et cant. de Barbezieux, †, éc., ⊠ Barbezieux, 120 m., 452 h.
Médard (St-), bg., ch.-l., c. de St-Médard-de-Barbezieux, 20 m., 70 h., 6 k. de Barbezieux, 30 k. d'Angoulême.
Médard (St-), c., arr. d'Angoulême, cant. de Rouillac, éc., ⊠ Rouillac, 140 m., 490 h.
Médard (St-), bg., ch.-l., c. de St-Médard, 53 m., 177 h., 10 k. de Rouillac, 35 k. d'Angoulême.
Médecin (Chez-), c. de Guimps, 1 m., 3 h.
Médillac, c., arr. de Barbezieux, cant. de Chalais, éc., ⊠ Chalais, 97 m., 346 h.

Médillac, bg., ch.-l., c. de Médillac, 10 m., 37 h., 5 k. de Chalais, 34 k. de Barbezieux, 53 k. d'Angoulême.

Médoin (Chez-), c. de Condéon, 2 m., 6 h.

Médy (Chez-), c. de St-Amant-de-Montmoreau, 1 m., 4 h.

Mégevache, c. d'Alloue, 6 m., 25 h.

Méjane (La), c. de Rancogne, 1 m . 4 h.

Mélanie (La), c. de Poullignac, 1 m., 6 h.

Mellac, c. d'Yviers, 1 m., 7 h.

Mellac (Le Grand-), c. de Sauvignac, 3 m., 24 h.

Mellac (Le Petit-), c. de Sauvignac, 10 m., 40 h.

Melles, c. de Taizé-Aizie, 3 m., 12 h.

Memain, c. de Nanteuil, 10 m., 41 h.

Même (St-), c., arr. de Cognac, cant. de Segonzac, †, éc., ⊠ Jarnac, ☞ F., 294 m., 1,224 h.

Même (St-), bg., ch.-l., c. de St-Même, 62 m., 241 h., 8 k. de Segonzac, 16 k. de Cognac, 27 k. d'Angoulême.

Mémin (Chez-), c. d'Aubeville, 5 m., 17 h.

Ménadeau, c. de Chebrac, 15 m., 54 h.

Ménadeau (Le), c. de Mouthiers, 14 m., 32 h.

Ménadeau (Le Petit-), c. de La Couronne, 3 m., 9 h.

Ménager (Le), c. de Claix, 7 m., 21 h.

Menanteaux (Les), c. de Châtignac, 4 m., 20 h.

Menanteaux (Les), c. de St-Estèphe, 7 m., 29 h.

Ménard (Chez-), c. de La Forêt-de-Tessé, 5 m., 17 h.

Ménarde (La Grande-), c. de La Chaise, 4 m., 14 h.

Ménarde (La Petite-), c. de La Chaise, 3 m., 14 h.

Ménarderie (La), c. de Châteauneuf, 5 m., 19 h.

Ménarderie (La), c. de Nonaville, 1 m., 5 h.

Ménarderie (La), c. de St-Estèphe, 1 m., 5 h.

Ménardie (La), c. d'Yvrac-et-Malleyrand, 13 m., 59 h.

Ménardière, c. de Rivières, 3 m., 17 h.

Ménardière (La), c. de Verrières, 4 m., 10 h.

Menateau (Le), c. d'Yvrac-et-Malleyrand, 23 m., 69 h.

Menaud (Chez-), c. de St-Quentin-de-Chalais, 3 m., 13 h.

Ménéclaud (Le), c. de Rouffiac-de-St-Martial-la-Menècle, 11 m., 39 h.

Menècle (La), c. de Rouffiac-de-St-Martial-la-Menècle, 2 m., 10 h.

Menéclier, c. de St-Séverin, 10 m., 35 h.

Menet, château, c. de Montbron, 1 m., 17 h.

Menet (Moulin-de-), c. de Montbron, 1 m., 8 h.

Ménichoux, c. de Feuillade, 5 m., 16 h.

Ménier (Chez-), c. de Juillaguet, 2 m., 8 h.

Ménière (La), c. de Marillac, 4 m., 26 h.

Ménieux (Le), c. de Montbron, 1 m., 5 h.

Ménieux (Le), c. de St-Adjutory, 1 m., 14 h.

Ménieux (Le Petit-), c. de St-Adjutory, 1 m., 10 h.

Ménieux (Moulin-du-), c. de St-Adjutory, 1 m., 5 h.

Meniquet (Chez-), c. de Lignères, 3 m., 11 h.

Ménis, c. de Petit-Lessac, 8 m., 23 h.

Ménis (Le), c. de Gensac, 18 m., 63 h.

Ménis (Le), c. de St-Fort, 30 m., 110 h.

Menisson, c. de Charras, 1 m., 8 h.

Ménomet (Le), c. de St-Adjutory, 3 m., 10 h.

Menot (Chez-), c. d'Angeduc, 4 m., 22 h.

Menot (Chez-), c. de Péreuil, 5 m., 19 h.

Menuet (Chez-), c. de Juillac-le-Coq, 1 m., 8 h.

Menuisier (Chez-), c. de St-Palais-du-Né, 7 m., 28 h.

Mercerie (La), c. de Jauldes, 8 m., 24 h.

Mercerie (La), c. de Magnac-la-Vallette, 1 m., 9 h.

Merceron (Chez-), c. de Plassac-Rouffiac, 2 m., 10 h.

Merceron (Chez-), c. de St-Bonnet, 7 m., 26 h.

Merceron (Chez-), c. de St-Genis, 2 m., 6 h.

Mercerons (Les), c. de Péreuil, 2 m., 10 h.

Mercerons (Les), c. de Roullet, 6 m., 19 h.

Mercien, c. de St-Félix, 5 m., 17 h.

Mercier, c. de Laprade, 3 m., 10 h.

Mercier (Chez-), c. de La Chaise, 6 m., 22 h.

Merciers (Les), c. de Châteauneuf, 1 m., 5 h.

Meret, c. de Bouex, 7 m., 29 h.

Merienne, c. de Gondeville, 18 m., 57 h.

Merigeaud (Chez-), c. de Champagne-Mouton, 3 m., 26 h.

Mérignac, c., arr. de Cognac, cant. de Jarnac, †, éc., ⊠ Jarnac, ☞ F., 309 m., 1,309 h.

Mérignac, bg., ch.-l., c. de Mérignac, 134 m., 524 h., 9 k. de Jarnac, 23 k. de Cognac, 23 k. d'Angoulême.

Mérignac, c. de Saulgond, 11 m., 48 h.

Mérigot, c. de Ste-Marie, 1 m., 2 h.

Mérigots (Les), c. de l'Isle-d'Espagnac, 11 m., 43 h.

Mérigou (Chez-), c. d'Alloue, 2 m., 8 h.

Mériguet (Chez-), c. d'Abzac, 1 m., 10 h.

Mérineaux (Les), c. de Sireuil, 3 m., 8 h.

Mériot (Chez-), c. de Ste-Radégonde, 10 m., 34 h.

Mériot (Chez-), c. de Torsac , 2 m., 18 h.

Merit (Chez-), c. de Châtignac, 3 m., 18 h.

Merit (Chez-), c. de Montchaude, 2 m., 8 h.

Merlajaud, c. de St-Fraigne, 16 m., 56 h.

Merlat (Chez-), c. de Poursac, 4 m., 15 h.

Merlaud, c. d'Yviers, 5 m., 49 h.

Merlaud (Chez-), c. de Brillac, 1 m., 8 h.

Merlaux (Chez-), c. de La Chaise, 1 m., 5 h.

Merle (Chez-), c. de Baignes-Ste-Radégonde, 20 m., 56 h.

Merle (Chez-), c. de Confolens, 1 m., 3 h.

Merle (Chez-), c. de Grassac, 2 m., 9 h.

Merlerie, c. d'Aignes - et - Puypéroux, 1 m. non h.

Merles (Les), c. de Nonac, 9 m., 49 h.

Merles (Les Grands-), c. de Reignac, 4 m., 18 h.

Merles (Les Petits-), c. de Reignac, 1 m., 7 h.

Merlet (Chez-), c. de Châteauneuf, 21 m., 81 h.

Merlet (Chez-), c. de Rivières, 6 m., 28 h.

Merlet (Chez-), c. de St-Severin, 43 m., 46 h.

Merlet (Chez-), c. de Verrières, 8 m., 37 h.

Merlette (La), c. de Birac, 1 m., 4 h.

Merlie (La), c. de Confolens, 10 m., 56 h.

Merlière (La), c. de Cellefrouin, 11 m., 43 h.

Merlin (Chez-), c. de Courlac, 5 m., 11 h.

Merpins, c., arr. et cant. de Cognac, †, éc., ☒ Cognac, 198 m., 789 h.

Merpins, bg., ch.-l., c. de Merpins, 86 m., 123 h., 6 k. de Cognac, 48 k. d'Angoulême.

Merveilleau (Le), c. de Bellon, 5 m., 17 h.

Méry (Chez-), c. de Garat, 7 m., 20 h.

Méry (Chez-), c. de Pillac, 3 m., 11 h.

Méry (Chez-), c. de Vitrac, 2 m., 6 h.

Mesllier (Chez-), c. de Deviat, 8 m., 20 h.

Meslin (Le), c. de Vars, 3 m., 20 h.

Mesly (Chez-), c. de Bors-de-Montmoreau, 1 m., 3 h.

Mesnac, c., arr. et cant. de Cognac, éc., ☒ Cognac, 114 m., 502 h.

Mesnac, bg., ch.-l., c. de Mesnac, 56 m., 176 h., 11 k. de Cognac, 53 k. d'Angoulême.

Mesnard (Chez-), c. d'Angeduc, 7 m., 22 h.

Mesnard (Chez-), c. de Ladiville, 18 m., 65 h.

Mesnard (Chez-), c. de Lignères, 1 m., 6 h.

Mesnard (Chez-), c. de St-Médard-de-Barbezieux, 3 m., 14 h.

Mesnard (Le), c. de Saulgond, 2 m., 14 h.

Mesnarde (La), c. de Pérignac, 1 m., 7 h.

Mesnardie (La), c. de Rouzède, 1 m., 9 h.

Mesnardières (Les), c. de Magnac-la-Vallette, 1 m., 5 h.

Mesnards (Les), c. de L'Houmeau-Pontouvre, 17 m., 49 h.

Mesnards (Les), c. de Péreuil, 4 m., 18 h.

Mesnie (Chez-), c. de Manot, 6 m., 22 h.

Mesnie (Le), c. de Gondeville, 1 m. non h.

Mesnier, c. de Chassiecq, 2 m., 17 h.

Mesnier, c. de St-Claud, 4 m., 35 h.

Mesnier (Chez-), c. de Charmant, 3 m., 8 h.

Mesnier (Chez-), c. de Plassac-Rouffiac, 2 m., 12 h.

Mesniers (Les), c. de Mornac, 19 m., 60 h.

Mesniers (Les), c. de St-Yrieix, 22 m., 108 h.

Mesniers (Les Petits-), voy. Chambroie.

Mesnieux (Le), c. d'Édon, 7 m., 36 h.

Mesnieux (Le), c. de Genouillac, 16 m., 75 h.

Messac (Chez-), c. de Baignes-Ste-Radégonde, 4 m., 16 h.

Messandière (La), c. de Suaux, 18 m., 44 h.

Messeux, c., arr. de Ruffec, cant. de Ruffec, éc., ☒ Nanteuil, 128 m., 511 h.

Messeux, bg., ch.-l., c. de Messeux, 18 m., 61 h., 12 k. de Ruffec, 49 k. d'Angoulême.

Mestreau (Chez-), c. de St-Laurent-de-Belzagot, 5 m., 20 h.

Mestreau (Le Bas-), c. de Nonac, 3 m., 10 h.

Mestreau (Le Haut-), c. de Nonac, 7 m., 22 h.

Mesurat (Le Grand-), c. de St-Christophe, 7 m., 34 h.

Mesurat (Le Petit-), c. de St-Christophe, 9 m., 37 h.

Mesures (Les Basses-), c. de Brillac, 16 m., 56 h.

Mesures (Les Hautes-), c. de Brillac, 17 m., 67 h.

Métairie (La), c. d'Alloue, 5 m., 23 h.

Métairie (La), c. d Angeac-Charente, 1 m., 6 h.

Métairie (La), c. de Brigueuil, 3 m., 18 h.

Métairie (La), voy. Chez-Birou.

Métairie (La), c. de Crouin, 1 m., 6 h.

Métairie (La), c. de Genté, 2 m., 4 h.

Métairie (La), c. de Guimps, 5 m., 18 h.

Métairie (La), c. de Juillé, 1 m., 6 h.

Métairie (La), c. de Lignères, 3 m., 14 h.

Métairie (La), c. de Longré, 4 m., 13 h.

Métairie (La), c. de Mainxe, 1 m., 3 h.

Métairie (La), c. de Marsac, 2 m., 10 h.

Métairie (La), c. de Monichaude, 1 m., 4 h.

Métairie (La), c. de Montigné, 2 m., 7 h.

Métairie (La), c. de St-Christophe-de-Chalais, 1 m., 4 h.

Métairie (La), c. de St-Preuil, 3 m., 10 h.

Métairie (La), c. de Villejésus, 1 m., 7 h.

Métairie (La), c. de Villiers-le-Roux, 3 m., 15 h.

Métairie (La Grande-), c. de Bioussac, 1 m., 9 h.

Métairie (La Grande-), c. de Bonnes, 1 m., 13 h.

Métairie (La Grande-), c. de Londigny, 1 m., 10 h.

Métairie (La Grande-), c. de Mainzac, 1 m., 6 h.

Métairie (La Grande-), c. de Poullignac, 1 m., 7 h.

Métairie (La Grande-), c. de St-Laurent-de-Belzagot, 1 m., 9 h.

Métairie (La Grande-), c. de St-Projet-St-Constant, 1 m., 7 h.

Métairie (La Grande-), c. de St-Trojean, 1 m., 12 h.

Métairie (La Grande-), c. de Valence, 1 m., 8 h.

Métairie (La Petite-), c. de Verdille, 1 m., 6 h.

Métairie (La Petite-), c. de Baignes-Ste-Radégonde, 1 m., 7 h.

Métairie (La Petite-), c. de Londigny, 1 m., 6 h.

Métairie (La Petite-), c. de Passirac, 1 m., 6 h.

Métairie-de-Jarnac (La), c. de Ste-Sévère, 10 m., 45 h.

Métairie-des-Boisdons (La), c. de Linars, 3 m., 14 h.

Métairie-Neuve (La), c. de Baignes-Ste-Radégonde, 2 m., 12 h.

Métairie-Neuve (La), c. de Mesnac, 1 m., 7 h.

Métairie-Neuve (La), c. de Nieuil, 1 m., 4 h.

Métairie-Noire (La), c. de Cherves, 1 m., 10 h.

Métairie-Vieille (La), c. de Cherves, 2 m., 7 h.

Métairies (Les), c. de Cherves-Châtelars, 2 m., 11 h.

Métairies (Les), c. de Marthon, 6 m., 32 h.

Métairies (Les), c., arr. de Cognac, cant. de Jarnac, éc., ⊠ Jarnac, 140 m., 505 h.

Métairies (Les), bg., voy. Brassac.

Métais (Chez-), c. de Poullignac, 3 m., 11 h.

Métayer, c. de Juignac, 3 m., 25 h.

Métayer (Chez-), c. de Combiers, 4 m., 13 h.

Métayer (Le), c. de Pillac, 2 m., 11 h.

Métayers (Les), c. de Taponnat-Fleurignac, 9 m., 29 h.

Métry, c. de Chasseneuil, 17 m., 70 h.

Meule (La), c. de Mouthiers, 6 m., 21 h.

Meulière (La), c. de Chadurie, 7 m., 24 h.

Meunier (Chez-), c. de Jurignac, 2 m., 11 h.

Meunier (Chez-le-), c. de Marillac, 12 m., 71 h.

Meunier (Le Gros-), c. de Bourg-Charente, 6 m., 20 h.

Meunière (La), c. de La Magdeleine-de-Villefagnan, 19 m., 73 h.

Meunière (Moulin-de-la), c. de La Magdeleine-de-Villefagnan, 2 m., 8 h.

Meure (La), c. de Nersac, 23 m., 90 h.

Meurouge (Le), c. de Roullet, 3 m., 13 h.

Meynard (Chez-), c. du Bouchage, 3 m., 8 h.

Mezan, c. de Ste-Sévère, 6 m., 22 h.

Mézière (Moulin-), c. de St-Christophe-de-Confolens, 2 m., 8 h.

Mias (Les), c. de Nieuil, 20 m., 86 h.

Mianlent, c. d'Yvrac-et-Malleyrand, 30 m., 88 h.

Micail (Chez-), c. du Bouchage, 9 m., 31 h.

Michaud (Chez-), c. de St-Mary, 1 m., 5 h.

Michaud (Chez-), c. de Suaux, 2 m., 13 h.

Michauds (Les), c. de Condéon, 2 m., 11 h.

Michauroi, c. de St-Severin, 8 m., 26 h.

Michaux (Les), c. de La Pallue, 2 m., 5 h.

Michel (St-), c. de Marcillac-Lanville, 89 m., 152 h.

Michel (St-), c., arr. d'Angoulême, cant. d'Angoulême (1re partie), †, éc., ⊠ Angoulême, 139 m., 553 h.

Michel (St-), bg. ch.-l., c. de St-Michel, 32 m., 120 h., 5 k. d'Angoulême.

Michel (St-), us., c. de St-Michel, 2 m., 10 h.

Michel (St-), ou Beauregard, c. de Chabanais, 2 m., 9 h.

Michel (St-), voy. Champ-de-Charles.

Michelauds, c. de St-Sornin, 26 m., 102 h.

Michelet, c. de Montembœuf, 4 m., 9 h.

Michelet (Chez-), c. de Criteuil, 2 m., 8 h.

Michelet (Chez-), c. de Lamérac, 6 m., 27 h.

Michelet (Chez-), c. de Mainxe, 7 m., 33 h.

Michelle (La), c. du Lindois, 4 m., 36 h.

Michelle (La), c. de Montembœuf, 2 m., 8 h.

Michelle (La), c. de Ronsenac, 10 m., 29 h.

Michelon (Chez-), c. de Montboyer, 5 m., 17 h.

Micheneau (Chez-), c. de Bors-de-Baignes, 4 m., 4 h.

Michot (Chez-), c. de St-Sulpice-de-Cognac, 4 m., 14 h.

Miet (Chez-), c. de Chantillac, 2 m., 8 h.

Migou (Chez-), c. de Ste-Souline 4 m., 18 h.

Migraine (La), c. de Chantillac, 2 m., 5 h.

Migronnaud, c. de St-Sulpice-de-Cognac, 9 m., 22 h.

Milieu (Le Moulin-du-), c. des Gours, 4 m., 5 h.

Millaguet (Le), c. de Pranzac, 1 m., 4 h.

Millegorget (Moulin-de-), c. de Champagne-Mouton, 4 m., 3 h.

Millet (Chez-), c. de St-Coutant, 2 m., 22 h.

Millet (Chez-), c. do St-Sulpice-de-Cognac, 13 m., 46 h.

Milord (Chez-), c. de St-Laurent-de-Belzagot, 2 m., 8 h.

Milord (Chez-), c. de St-Quentin-de-Chalais, 9 m., 34 h.

Milsang, c. de Condéon, 4 m., 21 h.

Mimaude (La), c. d'Aignes-et-Puypéroux, 4 m., 5 h.

Mimort, c. de Montrollet, 4 m., 10 h.

Minarets (Les), c. de Garat, 4 m., 6 h.

Minaud (Chez-), e. de Brie-sous-la-Rochefoucauld, 3 m., 13 h.

Minet (Moulin-de-), c. de Guimps, 2 m., 6 h.

Mineur (Chez-le-), c. de Pressignac, 5 m., 11 h.

Minotte, c. de St-Sulpice-de-Cognac, 3 m., 3 h.

Miot (Chez-), c. de St-Palais-du-Né, 5 m., 16 h.

Miots (Les), c. de St-Simeux, 9 m., 32 h.

Miquelot (Chez-), c. de St-Martial, 3 m., 10 h.

Mirambaud (Chez-), c. d'Ars, 6 m., 18 h.

Mirambeau, c. du Lindois, 23 m., 94 h.

Mirande, c. de Rougnac, 4 m., 15 h.

Mirande, c. de Vouzan, 31 m., 110 h.

Mirande (La), c. de Chabanais, 4 m., 4 h.

Mirande (La), c. de Marillac, 2 m., 7 h.

Mirande (La), c. de Rancogne, 4 m., 7 h.

Mirande (Le Moulin-de-la-), c. d'Exideuil, 4 m., 5 h.

Mirgalet (Chez-), c. de Champagne-Mouton, 4 m., 9 h.

Misflorant, c. de Ste-Souline, 4 m., 4 h.

Mistou, c. de St-Claud, 4 m., 9 h.

Miteau (Chez-), c. de Cellefrouin, 8 m., 26 h.

Miton (Chez-), c. de Berneuil, 4 m., 3 h.

Miton (Chez-), c. de Chadurie, 2 m., 6 h.

Mitonie (La), c. de Champagne-Mouton, 13 m., 42 h.

Mitonneau, c. de Vaux-la-Vallette, 3 m., 8 h.

Mocquechien, c. de Challignac, 5 m., 17 h.

Mocquedouzil, c. de Châteauneuf, 3 m., 10 h.

Mocquerat, c. de Claix, 3 m., 16 h.

Mocquetable, c. de Bernac, 4 m., 7 h.

Moindron (Chez-), c. de Bouteville, 4 m., 4 h.

Moindron (Chez-), c. de St-Bonnet, 6 m., 24 h.

Moine (Chez-le-), c. de Chantrezac, 4 m., 6 h.

Moine (Le), c. d'Angeac-Charente, 4 m., 3 h.

Moine-Carat (Le), c. de Réparsac, 4 m., 7 h.

Moinet (Chez-), c. de St-Aulais-de-la-Chapelle-Conzac, 5 m., 16 h.

Moisan, c. de Passirac, 4 m., 8 h.

Moivières (Chez-), c. d'Ambleville, 2 m., 7 h.

Moizan (Chez-), c. de Mainfonds, 7 m., 35 h.

Moizan (Chez-), c. de St-Estèphe, 2 m., 10 h.

Moizans (Les), c. de Sireuil, 10 m., 36 h.

Molan (Le Grand-), c. d'Alloue, 1 m., 5 h.

Molan (Le Petit-), c. d'Alloue, 1 m., 6 h.

Molard, c. de Sauvignac, 1 m., 4 h.

Molin (La), c. de St-Vallier, 4 m., 18 h.

Molle, c. de Blanzac, 1 m., 3 h.

Molles (Les), c. de St-Martin-du-Clocher, 9 m., 25 h.

Momons (Les-), c. de St-Sulpice, 3 m., 13 h.

Monard (Le Grand-), c. d'Oradour-Fanais, 1 m., 8 h.

Monard (Le Petit-), c. d'Oradour-Fanais, 1 m., 9 h.

Monat (Le), c. d'Agris, 4 m., 29 h.

Monauds (Les), c. de St-Maurice, 1 m., 9 h.

Monbœuf (Chez-), c. de Dignac, 5 m., 18 h.

Moncartier, c. de Malaville, 14 m., 33 h.

Monchamp, c. de Crouin, 2 m., 13 h.

Monconseil, c. de Richemont, 1 m., 3 h.

Mondevis, c. de Louzac, 1 m., 3 h.

Mondin (Chez-), c. de Lignères, 1 m., 6 h.

Mondine (Chez-), c. de Ste-Marie, 1 m., 5 h.

Mondot (Chez-), c. de Fouquebrune, 1 m., 5 h.

Mondot (Chez-), c. de Magnac-la-Vallette, 2 m., 4 h.

Mondot (Chez-), c. de Touzac, 1 m., 5 h.

Mondot (Chez-), c. de Valence, 2 m., 12 h.

Mondoterie (La), c. d'Alzecq, 1 m., 3 h.

Mondoux (Chez-), c. de Charmant, 1 m., 6 h.

Mondoux (Le), c. de St-Romain, 8 m., 35 h.

Monette, c. d'Abzac, 2 m., 9 h.

Monfoucaud, c. de St-Clers, 2 m., 10 h.

Mongaud, c. de Cherves, 1 m., 7 h.

Mongaudier, c. de Montbron, 5 m., 16 h.

Mongaudier (Moulin-de-), c. de Montbron, 1 m., 4 h.

Mongellas, c. de Charras, 4 m., 19 h.

Mongeries (Les), c. de St-Estèphe, 5 m., 32 h.

Mongourdier (Le), c. de Ste-Marie, 1 m., 6 h.

Monjat (Le), c. de Bonnes, 11 m., 38 h.

Monjeaudon, c. de St-Martin-du-Clocher, 3 m., 15 h.

Monjourdain, c. de Chassors, 3 m., 20 h.

Monlambert, c. de Louzac, 2 m., 4 h.

Monnac, c. de Guizengeard, 2 m., 7 h.

Monnereau (Chez-), c. de Guimps, 10 m., 37 h.

Monneries (Les), c. de Combiers, 5 m., 20 h.

Monnettes (Les), c. de Gensac, 2 m., 8 h.

Monnin (Chez-), c. de Chantillac, 7 m., 17 h.

Monot (Chez-), c. de Pranzac, 11 m., 34 h.

Monpaple, c. de Fontclaireau, 46 m., 172 h.

Monpéron, c. de Genté, 3 m., 7 h.

Monplaisir, c. de Barbezieux, 1 m., 7 h.

Monplaisir, c. de Bors-de-Baignes, 1 m. non h.

Monplaisir, c. de Crouin, 3 m., 11 h.

Monplaisir, c. de La Rochefoucauld, 4 m., 8 h.

Monplaisir, c. de Montboyer, 1 m., 2 h.

Monplaisir, c. de Sigogne, 1 m., 4 h.

Monplaisir, c. de Taponnat-Fleurignac, 1 m., 2 h.

Monplaisir, voy. Plaisance.

Monraze, c. d'Asnières, 3 m., 16 h.

Monroux (Chez-), c. de Reignac, 4 m., 16 h.

Mons, c. d'Étagnat, 22 m., 104 h.

Mons, c., arr. d'Angoulême, cant. de Rouillac, †, éc., ⊠ Aigre, 180 m., 621 h.

Mons, bg., ch.-l., c. de Mons, 22 m., 80 h., 13 k. de Rouillac, 32 k. d'Angoulême.

Monscolas, c. de Bessac, 4 m., 19 h.

Monsenis, c. de Condéon, 1 m., 3 h.

Monsoraud, c. de Condéon, 2 m., 9 h.

Monsoreau, c. de Chantillac, 5 m., 25 h.

Monsunire, c. de Ste-Marie, 1 m., 5 h.

Montagant, c. de Mainxe, 3 m., 9 h.

Montagne (Chez-), c. de Lignères, 2 m., 6 h.

Montagne (Chez-la-), c. de Montembœuf, 1 m., 6 h.

Montagne (La), c. de Challignac, 2 m., 15 h.

Montagne (Moulin-de-la-), c. de Challignac, 2 m., 10 h.

Montagnes (Les), c. de Champniers, 1 m., 21 h.

Montagnes (Les), c. de Marsac, 2 m., 12 h.

Montalembert (Chez-), c. de La Chaise, 1 m., 5 h.

Montât, c. de Petit-Lessac, 1 m., 11 h.

Montauban, c. de Sigogne, 2 m., 9 h.

Montauban (Le Grand-), c. de Laprade, 1 m., 4 h.

Montauban (Le Petit-), c. de Laprade, 1 m., 5 h.

Montaunard, c. de Petit-Lessac, 5 m., 18 h.

Montaurand, c. de Rougnac, 3 m., 15 h.

Montauret, c. de Cherves-Châtelars, 5 m., 5 h.

Montauzier (Le Château-de-), c. de Baignes-Ste-Radégonde, 7 m., 31 h.

Montazaud, c. de Suris, 28 m., 107 h.

Montazeau (Le), c. de Bors-de-Montmoreau, 16 m., 62 h.

Montbazet, c. de Montrollet, 15 m., 42 h.

Montbeau, c. de Grassac, 1 m., 7 h.

Monboulard, c. de Soyaux, 2 m., 6 h.

Montboyer, c., arr. de Barbezieux, cant. de Chalais, †, éc., ⊠ Chalais, ☞ F., 360 m., 1,521 h.

Montboyer, bg., ch.-l., c. de Montboyer, 67 m., 246 h., 7 k. de Chalais, 28 k. de Barbezieux, 41 k. d'Angoulême.

Montbron, cant., arr. d'Angoulême, 14 c., 12,693 h.

Montbron, c., arr. d'Angoulême, cant. de Montbron, †, éc., ⊠ Montbron, ☞ F. M., 749 m., 3,152 h.

Montbron, v., ch.-l. de la c. et du cant. de Montbron, j. d. p., 312 m., 1,228 h., 29 k. d'Angoulême.

Montbron, us., c. de La Couronne, 1 m., 9 h.

Montbron (Le Petit-), c. d'Angoulême, 7 m., 33 h.

Montchaude, c., arr. et cant. de Barbezieux, †, éc., ⊠ Barbezieux, ☞ F., 229 m., 850 h.

Montchaude, bg., ch.-l., c. de Montchaude, 8 m., 29 h., 6 k. de Barbezieux, 39 k. d'Angoulême.

Montchoix, c. de Rougnac, 2 m., 9 h.

Montdou, c. de Mérignac, 5 m., 14 h.

Monté (Le), c. de Juignac, 2 m., 20 h.

Monteau, c. d'Édon, 11 m., 42 h.

Montebride, c. de St-Mary, 3 m., 14 h.

Monte-Caille, c. d'Écuras, 2 m., 14 h.

Montée (La), c. de Richemont, 1 m., 3 h.

Montée (La), c. de Taponnat-Fleurignac, 2 m., 12 h.

Montée (La), c. de Touzac, 1 m., 4 h.

Montée (La), c. de Tusson, 21 m., 72 h.

Montée-de-Péruzet (La), c. de Rivières, 1 m., 5 h.

Montées (Les), bg., ch.-l. de la c. de Bernac, 15 m., 45 h., 8 k. de Villefagnan, 4 k. de Ruffec, 46 k. d'Angoulême.

Montégron, c. de Gourville, 38 m., 149 h.

Monteil (Moulin-du-), c. de Brigueuil, 1 m., 4 h.

Montelot, c. de Parzac, 6 m., 28 h.

Montembœuf, cant., arr. de Confolens, 13 c., 12,587 h.

Montembœuf, c., arr. de Confolens, cant. de Montembœuf, †. éc., ⊠ La Rochefoucauld, ☞ F. M., 282 m., 1,258 h.

Montembœuf, v., ch.-l. de la c. et du cant. de Montembœuf, 46 m., 348 h., j. d. p., 32 k. de Confolens, 37 k. d'Angoulême.

Montemil, c. de Baignes-Ste-Radégonde, 10 m., 42 h.

Montenat, c. d'Abzac, 5 m., 23 h.

Monteudres (Les), c. de Bouteville, 6 m., 22 h.

Montermenoux, c. d'Ambernac, 27 m., 106 h.

Montermue, c. de Bunzac, 2 m., 13 h.

Montet (Chez-), c. de St-Severin, 4 m., 17 h.

Montet (Le), c. de Chasseneuil, 4 m., 17 h.

Montet (Le), c. de Messeux, 10 m., 46 h.

Montet (Le), c. de St-Christophe, 1 m., 8 h.

Montet (Le), c. de St-Simeux, 8 m., 34 h.

Montet (Le Grand-), c. de Bonneuil, 8 m., 30 h.

Montet (Le Petit-), c. de Bonneuil, 6 m., 20 h.

Monterrilles (Les), c. de Genté, 3 m., 13 h.

Montgoumard, c. de Bunzac, 13 m., 67 h.

Monthézard, c. de Rivières, 11 m., 52 h.

Montiffant, c. de Bernac, 2 m., 10 h.

Montiffant, c. de Valence, 2 m., 10 h.

Montiffaut, c. de Salles-de-Segonzac, 1 m., 8 h.

Montignac, c. de Merpins, 57 m., 210 h.

Montignac-Charente, c., arr. d'Angoulême, cant. de St-Amant-de-Boixe, †, éc., ⊠ St-Amant-de-Boixe, 160 m., 690 h.

Montignac-Charente, bg., ch.-l., c. de Montignac-Charente, 125 m., 529 h., 2 k. de St-Amant-de-Boixe, 17 k. d'Angoulême.

Montignac-le-Coq, c., arr. de Barbezieux, cant. d'Aubeterre, †, éc., ⊠ St-Severin, ☞ F. M., 138 m., 561 h.

Montignac-le-Coq, bg., ch.-l., c. de Montignac-le-Coq, 19 m., 78 h., 9 k. d'Aubeterre, 38 k. de Barbezieux, 38 k. d'Angoulême.

Montigné, c. de Barro, 1 m., 9 h.

Montigné, c., arr. d'Angoulême, cant. de Rouillac, éc., ⊠ Rouillac, 106 m., 868 h.

Montigné, bg., ch.-l., c. de Montigné, 31 m., 102 h., 7 k. de Rouillac, 31 k. d'Angoulême.

Montigné (Le Logis-de-), c. de Montigné, 2 m., 7 h.

Montizon, c. de Roussines, 16 m., 89 h.

Montizon (Les Forges-de-), c. de Roussines, 2 m., 29 h.

Montjean, c. de Ruffec, cant. de Villefagnan, †, éc., ⊠ Ruffec, 180 m., 686 h.

Montjean, bg., ch.-l., c. de Montjean, 83 m., 208 h., 10 k. de Villefagnan, 40 k. de Ruffec, 83 k. d'Angoulême.

Montlogis, c. d'Angoulême, 21 m., 79 h.

Montmatout, c. de Nabinaud, 2 m., 8 h.

Montmoreau, cant., arr. de Barbezieux, 15 c., 10,010 h.

Montmoreau, c., arr. de Barbezieux, cant. de Montmoreau, †, éc., ⊠ Montmoreau, ℱ F. M., 135 m., 675 h.

Montmoreau, bg., ch.-l., c. de Montmoreau, ℥. d. p., 126 m., 632 h., 28 k. de Barbezieux, 31 k. d'Angoulême.

Montmusson, c. de Châteauneuf, 1 m., 7 h.

Montormerie, c. du Bouchage, 2 m., 11 h.

Montour, c. de Nercillac, 4 m., 18 h.

Montour (Le Petit-), c. de Nercillac, 12 m., 89 h.

Montoux, c. de Brillac, 4 m., 29 h.

Montoux (Le Grand-), c. de Pleuville, 3 m., 9 h.

Montoux (Le Petit-), c. de Pleuville, 1 m., 4 h.

Montpioux, c. de Suaux, 23 m., 75 h.

Montplaisir, c. de Malaville, 1 m., 5 h.

Montravail, c. d'Yviers, 2 m., 7 h.

Montroi (La), c. de Chassenon, 5 m., 26 h.

Montrollet, c., arr. de Confolens, cant. de Confolens (Sud), †, éc., ⊠ Confolens, 170 m., 738 h.

Montrollet, bg., ch.-l., c. de Montrollet, 12 m., 48 h., 20 k. de Confolens, 77 k. d'Angoulême.

Monts (Les), c. de Manot, 28 m., 107 h.

Monts (Les Grands-), c. de Touzac, 8 m., 31 h.

Montséger, c. de Péreuil, 11 m., 37 h.

Mont-Vallier, c. d'Ansac, 7 m., 33 h.

Montville, c. de St-Médard-de-Barbezieux, 5 m., 25 h.

Monty (Le), c. de Montbron, 1 m., 11 h.

Monvallien (Le Grand-), c. de Richemont, 1 m., 8 h.

Monvallien (Le Petit-), c. de Richemont, 1 m., non h.

Moquerat, c. de Condéon, 2 m., 10 h.

Moquet (Chez-), c. de Rioux-Martin, 7 m., 28 h.

Moradies (Les), c. de Marthon, 2 m., 16 h.

Morand (Chez-), c. de Jauldes, 8 m., 22 h.

Morandie (La), c. de Chazelles, 11 m., 46 h.

Morauds (Les), c. de Courgeac, 2 m., 14 h.

Moraux (Chez-), c. de Nieuil, 7 m., 21 h.

Moraux (Les), c. de Vindelle, 12 m., 56 h.

Moreau, c. de St-Sulpice-de-Cognac, 18 m., 83 h.

Moreau, c. de Sauvignac, 2 m., 10 h.

Moreau, c. de Touzac, 6 m., 18 h.

Moreau (Chez-), c. d'Ambernac, 4 m., 49 h.

Moreau (Chez-), c. de Berneuil, 13 m., 52 h.

Moreau (Chez-), c. de Boisbreteau, 4 m., 9 h.

Moreau (Chez-), c. de Claix, 3 m., 13 h.

Moreau (Chez-), c. de Malaville, 7 m., 29 h.

Moreau (Chez-), c. de Roullet, 1 m., 17 h.

Moreau (Chez-), c. de Salles-de-Barbezieux, 9 m., 27 h.

Moreaux (Chez-), c. de Mainxe, 7 m., 23 h.

Moreaux (Chez-les-), c. de Barbezieux, 26 m., 73 h.

Moreaux (Les), c. d'Angles, 12 m., 44 h.

Moreaux (Les), voy. Les Plantes.

Moreaux (Les Petits-), ou La Petite-Foucauderie, c. de Barbezieux, 1 m., 3 h.

Morgatère (La), c. de Jauldes, 21 m., 67 h.

Moricaud (Chez-), c. de Baignes-Ste-Radégonde, 8 m., 21 h.

Moricaud (Chez-), c. de St-Amant-de-Montmoreau, 1 m., 2 h.

Morice, voy. Maurice.

Morillaud (Chez-), c. de St-André, 3 m., 6 h.

Morillon (Chez-), c. de Bors-de-Baignes, 3 m., 17 h.

Morimaud (Chez-), c. de St-Léger, 2 m., 7 h.

Morimauds (Les), c. de Mouthiers, 13 m., 47 h.

Morinet (Chez-), c. de Vieux-Ruffec, 8 m., 24 h.

Morisseau (Chez-), c. de Challignac, 4 m., 18 h.

Morlières (Les), c. de Deviat, 21 m., 64 h.

Mornac, c., arr. d'Angoulême, cant. d'Angoulême (2ᵉ partie), †, éc., ⊠ Angoulême, 250 m., 974 h.

Mornac, bg., ch.-l., c. de Mornac, 19 m., 68 h., 11 k. d'Angoulême.

Mornats (Les), c. de Fléac, 16 m., 68 h.
Mornerie (La), c. de Chavenac, 1 m., 3 h.
Morpin (Chez-), c. de Challignac, 1 m., 3 h.
Mortague (La), c. de Porcheresse, 1 m., 4 h.
Mortaigre, c. du Bouchage, 16 m., 50 h.
Mortaigre (Chez-), c. d'Abzac, 1 m., 5 h.
Mortefont, c. de St-Front, 1 m., 7 h.
Mortefont, c. de Segonzac, 9 m., 42 h.
Mortève, c. de St-Severin, 5 m., 20 h.
Morthomé, c. d'Orival, 4 m., 22 h.
Mortier, c. d'Anville, 4 m., 14 h.
Mortier, c. de Sonneville, 16 m., 54 h.
Morveau, c. de Segonzac, 2 m., 8 h.
Moscou, c. de Brie-sous-Chalais, 1 m., 2 h.
Mosnac, c., arr. de Cognac, cant. de Châteauneuf, éc., ⚹ Châteauneuf, 113 m., 445 h.
Mosnac, bg., ch.-l., c. de Mosnac, 27 m., 103 h., 5 k. de Châteauneuf, 30 k. de Cognac, 16 k. d'Angoulême.
Motard, c. de Touvérac, 8 m., 25 h.
Motard (Chez-), c. de Montboyer, 9 m., 46 h.
Mothe (La), c. de Berneuil, 1 m., 5 h.
Mothe (La), c. de Chabrac, 1 m., 6 h.
Mothe (La), c. de Condéon, 1 m., 6 h.
Mothe (La), c. de Feuillade, 25 m., 103 h.
Mothe (La), c. de Lesterps, 2 m., 10 h.
Mothe (La), c. de Nersac, 2 m., 7 h.
Mothe (La), c. de St-Surin, 3 m., 14 h.
Mothe (La), c. de St-Genis-d'Hiersac, 6 m., 23 h.
Mothe (La), c. de Soyaux, 1 m., 1 h.
Mothe (La), c. de Vindelle, 3 m., 13 h.
Mothe (La Petite-), c. de Feuillade, 1 m., 11 h.
Mothe (Le Moulin-de-la-), c. de Berneuil, 1 m., 6 h.
Mothe-Charente (La), c. de Trois-Palis, 1 m., 31 h.
Mothes (La Grange-des-), c. d'Ambernac, 8 m., 39 h.
Motte (La), c. d'Ambleville, 18 m., 72 h.
Motte (La), c. de Bessac, 1 m., 8 h.
Motte (La), c. de Brossac, 1 m., 5 h.
Motte (La), c. de Criteuil, 1 m., 14 h.
Motte (La), c. de Guizengeard, 1 m., 6 h.
Motte (La), c. de Jauldes, 16 m., 56 h.
Motte (La), c. de Juignac, 10 m., 44 h.
Motte (La), c. de Magnac-la-Vallette, 1 m., 5 h.
Motte (La), c. de Maine-de-Boixe, 3 m., 8 h.
Motte (La), c. de Pérignac, 6 m., 15 h.
Motte (La), c. de St-Amant-de-Montmoreau, 1 m., 9 h.

Motte (La), c. de St-Cybard, 1 m., 1 h.
Motte (La), c. de St-Sulpice-de-Cognac, 8 m., 16 h.
Motte (La), c. de Villejésus, 22 m., 65 h.
Motte (La), c. de Vitrac, 1 m., 8 h.
Motte (La), c. d'Yviers, 4 m., 18 h.
Motte (La), moulin, c. de St-Claud, 1 m., 9 h.
Motte (La Petite-), c. de Pleuville, 1 m., 7 h.
Motte-à-Couairon (La), c. de Bardenac, 1 m., 3 h.
Motte-à-Pinier (La), c. de Rioux-Martin, 3 m., 10 h.
Motteries (Les), c. de Bardenac, 2 m., 9 h.
Mottes (Les), c. de Brigueuil, 2 m., 16 h.
Mottes (Les), c. de Mouzon, 5 m., 31 h.
Mottes (Les), c. de Roussines, 1 m., 6 h.
Motut, c. d'Yviers, 6 m., 22 h.
Mouac, c. de Passirac, 1 m., 4 h.
Mouche (Chez-), c. d'Épenède, 1 m., 8 h.
Mouche (Chez-la-), c. de Lesterps, 3 m., 8 h.
Mouchedeune, c. de Bernac, 10 m., 44 h.
Mouchedune, c. de Parzac, 20 m., 90 h.
Moucher (Chez-), c. de Brossac, 2 m., 9 h.
Mouchet, c. de St-Sulpice-de-Cognac, 3 m., 6 h.
Mouchet (Chez-), c. des Pins, 44 m., 168 h.
Moufia (La), c. de Mérignac, 4 m., 15 h.
Mougeraud (Chez-), c. de Montbron, 1 m., 6 h.
Mougnac, c. de La Couronne, 13 m., 59 h.
Mougnaud, c. de Brie-sous-la-Rochefoucauld, 3 m., 8 h.
Mougnaud (Chez-), c. de Vignolles, 5 m., 13 h.
Mouillac, c. de St-Saturnin, 5 m., 30 h.
Mouillères (Les), c. de Grassac, 2 m., 4 h.
Moulède, c. de Fléac, 5 m., 17 h.
Moulède, c. de St-Saturnin, 7 m., 44 h.
Moulidars, c. de Bors-de-Baignes, 4 m., 16 h.
Moulidars, c., arr. d'Angoulême, cant. d'Hiersac, †, éc., ✉ Hiersac, 249 m., 994 h.
Moulidars, bg., ch.-l., c. de Moulidars, 20 m., 83 h., 4 k. d'Hiersac, 18 k. d'Angoulême.
Moulidars (Métairie-de-), c. de Bors-de-Baignes, 1 m., 5 h.
Moulin (Chez-), c. de Rioux-Martin, 1 m., 5 h.
Moulin (Le), c. d'Angeac-Charente, 14 m., 42 h.

Moulin (Le), c. d'Aunac, 1 m., 15 h.
Moulin (Le), c. de Bonnes, 1 m., 10 h.
Moulin (Le), c. de Bunzac, 1 m., 3 h.
Moulin (Le), c. de Crouin, 1 m., 5 h.
Moulin (Le), c. d'Orgedeuil, 1 m., 3 h.
Moulin (Le), c. de Rancogne, 1 m., 4 h.
Moulin (Le), c. de Ranville-Breuillaud, 1 m., 4 h.
Moulin (Le), c. de St-Brice, 3 m., 12 h.
Moulin (Le), c. de St-Laurent, 7 m., 35 h.
Moulin (Le), c. de Vouzan, 1 m., 5 h.
Moulin (Le Grand-), c. d'Ambernac, 2 m., 11 h.
Moulin (Le Grand-), c. de Bécheresse, 4 m., 12 h.
Moulin (Le Grand-), c. de Benest, 1 m., 6 h.
Moulin (Le Grand-), c. de Bouex, 9 m., 43 h.
Moulin (Le Grand-), c. de Criteuil, 5 m., 24 h.
Moulin (Le Petit-), c. de Bécheresse, 3 m., 15 h.
Moulin (Le Petit-), c. de Bioussac, 1 m., 4 h.
Moulin (Le Petit-), c. de Cherves-Châte-lars, 3 m., 13 h.
Moulin (Le Petit-), c. de Claix, 2 m., 8 h.
Moulin (Le Petit-), c. de Criteuil, 4 m., 13 h.
Moulin (Le Petit-), c. de Deviat, 1 m., 5 h.
Moulin (Le Petit-), c. de Garat, 1 m., 6 h.
Moulin (Le Petit-), c. de Mainfonds, 3 m., 10 h.
Moulin (Le Petit-), c. de Roufflac-de-St-Martial-la-Menècle, 1 m., 7 h.
Moulin (Le Petit-), c. de Rougnac, 1 m., 5 h.
Moulin (Le Petit-), c. de Roullet, 1 m., 6 h.
Moulin (Le Petit-), c. de Rouzède, 5 m., 17 h.
Moulin (Le Petit-), c. de St-Saturnin, 1 m., 9 h.
Moulin (Le Petit-), c. de St-Sulpice-de-Cognac, 1 m., 9 h.
Moulin (Le Petit-), voy. Tournevent.
Moulinasse (La), c. de Bardenac, 3 m., 16 h.
Moulinasse (La), c. de Reignac, 1 m., 7 h.
Moulinasse (La), c. de St-Vallier, 4 m., 19 h.
Moulin-à-Vent (Le), c. d'Ars, 1 m., 8 h.
Moulin-à-Vent (Le), c. de Bunzac, 1 m., 3 h.
Moulin-à-Vent (Le), c. de Charras, 1 m., 4 h.

Moulin-à-Vent (Le), c. de Genté, 1 m., 2 h.
Moulin-à-Vent (Le), c. de Maine-de-Boixe, 13 m., 43 h.
Moulin-à-Vent (Le), c. de Raix, 2 m., 11 h.
Moulin-à-Vent (Le), c. de Verdille, 1 m., 3 h.
Moulin-Blanc (Le), c. de Chasseneuil, 1 m., 4 h.
Moulin-Blanc (Le), c. de Courgeac, 1 m., 7 h.
Moulin-Curé (Le), c. de Courgeac, 1 m., 5 h.
Moulin-de-Fouché, c. de Condéon, 1 m., 2 h.
Moulin-de-la-Chiche (Le), c. de Salles-de-Barbezieux, 3 m., 10 h.
Moulin-de-la-Vergne (Le), c. de Celle-frouin, 1 m., 4 h.
Moulin-de-la-Ville, c. de Chantrezac, 1 m., 5 h.
Moulin-des-Côtes (Le), c. de Pillac, 2 m., 7 h.
Moulin-du-Bourg (Le), c. de St-Chris-tophe-de-Chalais, 10 m., 33 h.
Moulin-du-Château (Le), c. de Claix, 1 m., 7 h.
Moulin-du-Clair, c. de Gourville, 1 m., 2 h.
Moulin-du-Clos (Le), c. de Ladiville, 3 m., 12 h.
Moulin-du-Cuvas (Le), c. de Curac, 1 m., 5 h.
Moulin-du-Duc (Le), c. de Mouthiers, 3 m., 12 h.
Moulin-du-Pas, c. de Blanzaguet, 1 m., 8 h.
Mouline (La), c. de Combiers, 2 m., 14 h.
Moulin-Foucaud (Le), c. de Brie-sous-Chalais, 1 m., 5 h.
Moulin-Galais (Le), c. de Courgeac, 2 m., 7 h.
Moulin-Guinot (Le), c. de Juignac, 1 m., 5 h.
Moulin-Massé (Le), c. de Champniers, 3 m., 12 h.
Moulin-Merle (Le), c. de Nonac, 2 m., 9 h.
Moulin-Mort (Le), c. de Brossac, 5 m., 47 h.
Moulin-Nadaud (Le), c. de Dignac, 1 m., 6 h.
Moulin-Neuf (Le), c. de Bourg-Cha-rente, 13 m., 42 h.
Moulin-Neuf (Le), c. de Cellefrouin, 1 m., 3 h.
Moulin-Neuf (Le), c. de Combiers, 13 m., 86 h.

Moulin-Neuf (Le), c. d'Exideuil, 2 m., 12 h.

Moulin-Neuf (Le), c. de La Chapelle, 1 m., 8 h.

Moulin-Neuf (Le), c. de La Couronne, 2 m., 9 h.

Moulin-Neuf (Le), c. de Laprade, 2 m., 14 h.

Moulin-Neuf (Le), c. de L'Houmeau-Pontouvre, 5 m., 8 h.

Moulin-Neuf (Le), c de Montbron, 1 m., 5 h.

Moulin-Neuf (Le), c. de Pérignac, 1 m., 6 h.

Moulin-Neuf (Le), c. de Pougné, 1 m., 7 h.

Moulin-Neuf (Le), c. de Roullet, 1 m., 5 h.

Moulin-Neuf (Le), c. de St-Christophe, 1 m., 6 h.

Moulin-Neuf (Le), c. de St-Fraigne, 1 m., 12 h.

Moulin-Neuf (Le), c. de St-Palais-du-Né, 7 m., 27 h.

Moulin-Neuf (Le), c. de Salles-la-Vallette, 1 m., 2 h.

Moulin-Noir (Le), c. de Brossac, 3 m., 20 h.

Moulinote (La), c. de Taizé-Aizie, 1 m., 3 h.

Moulin-Pérines, c. de Blanzaguet, 1 m., 2 h.

Moulin-Rompu, c. de Charmant, 1 m., 5 h.

Moulin-Rouge (Le), c. d'Empuré, 1 m., 4 h.

Moulins (Les), c. de Bourg-Charente, 6 m., 24 h.

Moulins (Les), c. de Châteauneuf, 1 m, 4 h.

Moulins (Les), c. de Genac, 8 m., 34 h.

Moulins (Les), c de St-Surin, 2 m., 4 h.

Moulins (Les), c. de Theil-Rabier, 4 m., 11 h.

Moulin-Tard-il-Fume (Le), c. de Villefagnan, 1 m., 4 h.

Moulin-Vieux, c. d'Ars, 12 m., 18 h.

Moulin-Vieux (Le), c. de St-Médard, 1 m., 3 h.

Mounards (Les), c. de St-Maurice, 2 m., 7 h.

Mounet (Chez-), c. de Sérignac, 1 m., 4 h.

Mourgout (Chez-), c. de Mouzon, 16 m., 75 h.

Moussac, c. de Charmé, 15 m., 55 h.

Moussac (La Station-de-), c. de Salles-de-Villefagnan, 🚂, 5 m., 9 h.

Mousseaux (Les), c. de La Faye, 3 m., 13 h.

Mousselle (La), c. de Couture, 2 m, 8 h.

Mousset (Chez-), c. de Montboyer, 6 m, 32 h.

Moussier (Le), c. de St-Cybard, 1 m, 4 h.

Moussy (Le), c. de Vars, 4 m., 17 h.

Moutardon, ch.-l. de la c. de Moutardon (l'église seule), 10 k. de Ruffec, 49 k. d'Angoulême.

Moutardon, c, arr. de Ruffec, cant. de Ruffec, †, éc., ⊠ Ruffec, 179 m., 677 h.

Mouthiers, c., arr d'Angoulême, cant. de Blanzac, †, éc., ⊠ Angoulême, ⚓ F., 431 m., 1,608 h.

Mouthiers, bg., ch.-l., c. de Mouthiers, 54 m., 167 h., 13 k. de Blanzac, 13 k. d'Angoulême.

Moutières (Les), c. de Petit-Lessac, 8 m., 23 h.

Mouton, c., arr. de Ruffec, cant. de Mansle, †, éc., ⊠ Mansle, 188 m., 648 h.

Mouton, bg., ch.-l., c. de Mouton, 78 m., 255 h., 6 k. de Mansle, 18 k. de Ruffec, 33 k. d'Angoulême.

Moutonneau, c., arr. de Ruffec, cant. de Mansle, éc., ⊠ Mansle, 50 m., 225 h.

Moutonneau, bg., ch.-l., c. de Moutonneau, 59 m., 225 h., 7 k. de Mansle, 18 k. de Ruffec, 33 k. d'Angoulême.

Mouyat, c. de Touzac, 2 m., 5 h.

Mouyaud (Le), c. de St-Amant-de-Montmoreau, 3 m., 14 h.

Mouzon, c., arr. de Confolens, cant. de Montembœuf, †, éc., ⊠ Montembœuf, 149 m., 630 h.

Mouzon, bg., ch.-l., c. de Mouzon, 21 m., 80 h., 6 k. de Montembœuf, 27 k. de Confolens, 43 k. d'Angoulême.

Moyencourt, c. de Salles-la-Vallette, 3 m., 12 h.

Mozely (Le), c. de Messeux, 2 m., 12 h.

Mulon, c. de Montboyer, 5 m., 16 h.

Mulons (Les), c. de St-Brice, 47 m., 169 h.

Mur (Le Petit-), c. de Mainxe, 5 m., 17 h.

Mur (Le Petit-), c. de St-Estèphe, 2 m., 10 h.

Muraille (La), c. de Londigny, 1 m., 2 h.

Murailles (Les), c. de Hassac-Rouffiac, 5 m., 17 h.

Mureau, c du Tâtre, 6 m., 18 h.

Mureau, c. de Touvérac, 3 m., 12 h.

Musenangle, c. de St-Amant-de-Bonnieure, 27 m., 95 h.

Mussaud, c. de Chantillac, 1 m., 5 h.

Musset (Chez-), c. de Boisbreteau, 1 m., 2 h.

Musset (Chez-), c. de Guimps, 4 m., 19 h.

N

Nabinaud, c. arr. de Barbezieux, cant. d'Aubeterre, éc., ✉ Aubeterre, 77 m., 329 h.

Nabinaud, bg., ch.-l., c. de Nabinaud. 77 m., 329 h., 4 k. d'Aubeterre, 41 k. de Barbezieux, 44 k. d'Angoulême.

Nadaud (Chez-), c. de Cherves-Châtelars, 1 m., 1 h.

Nadaud (Chez-), c. de Condéon, 2 m., 6 h.

Nadaud (Chez-), c. de Confolens, 2 m., 19 h.

Nadaud (Chez-), c. de Dignac, 2 m., 12 h.

Nadaud (Chez-), c. de Malaville, 2 m., 13 h.

Nadaud (Le Grand-), c. de Charras, 1 m., 8 h.

Nadaud (Le Grand-), c. de Condéon, 5 m., 12 h.

Nadeau (Chez-), c. de Challignac, 5 m., 22 h.

Nadeau (Chez-), c. de Vilhonneur, 5 m., 19 h.

Nanclairs, c. de Salles-de-Villefagnan, 5 m., 24 h.

Nanclars, c., arr. d'Angoulême, cant. de St-Amant-de-Boixe, éc., ✉ Mansle, 162 m., 555 h.

Nanclars, bg., ch.-l., c. de Nanclars, 159 m., 642 h., 10 k. de St-Amant-de-Boixe, 21 k. d'Angoulême.

Nanclas, c. de Jarnac, 9 m., 56 h.

Nanot (Chez-), c. de Pranzac, 1 m., 10 h.

Nanteuil, c., arr. de Ruffec, cant. de Ruffec, éc., ✉ Nanteuil, ⚓ F., 356 m., 1,328 h.

Nanteuil, bg., ch.-l., c. de Nanteuil, 188 m., 555 h., 11 k. de Ruffec, 45 k. d'Angoulême.

Nanteuil, c. de Sers, 2 m., 11 h.

Nanteuil, château, c. de Sers, 1 m., 6 h.

Nanteuil (Le Grand-), c. de Brigueuil, 5 m., 12 h.

Nanteuil (Le Petit-), c. de Brigueuil, 3 m., 11 h.

Nanteuillet, c. de Voulgézac, 18 m., 75 h.

Nèpre, c. de Lignères, 2 m., 8 h.

Nard (Chez-), c. de Chavenac, 1 m., 8 h.

Nardou (Chez-), c. de St-Quentin-de-Chalais, 13 m., 36 h.

Nardy (Chez-), c. de St-Amant-de-Montmoreau, 2 m., 8 h.

Natrie (La), c. de Graves, 15 m., 84 h.

Naturaux (Les), c. de Juillé, 4 m., 16 h.

Naud (Chez-), c. d'Angeduc, 4 m., 11 h.

Naud (Chez-), c. de Baignes-Ste-Radégonde, 6 m., 21 h.

Naud (Chez-), c. de Vignolles, 2 m., 8 h.

Nauderie (La), c. d'Aignes-et-Puypéroux, 1 m., 4 h.

Naudet (Chez-), c. de Charras, 2 m., 7 h.

Naudin (Chez-), c. de Champniers, 13 m., 48 h.

Naudin (Chez-), c. d'Étriac, 5 m., 25 h.

Naudins (Les), c. de Guimps, 2 m., 4 h.

Naudins (Les), c. de Montchaude, 11 m., 42 h.

Naudiquet, c. de Bouteville, 8 m., 25 h.

Naudit, c. de Juignac, 1 m., 3 h.

Naudon (Chez-), c. de Bardenac, 3 m., 43 h.

Naudon (Chez-), c. de Bessac, 5 m., 21 h.

Naudonnet (Chez-), c. de Cellefrouin, 1 m., 8 h.

Naudonnets (Les), c. de Courgeac, 1 m., 3 h.

Naudou, c. de St-Amant-de-Bonnieure, 3 m., 17 h.

Naudy (Chez-), c. de St-Amant-de-Montmoreau, 1 m., 4 h.

Naufrache (La), c. de Louzac, 11 m., 29 h.

Naulais (Les), c. de Fleurac, 8 m., 37 h.

Naulches (Les), c. de Suris, 3 m., 24 h.

Naulet (Chez-), c. de Bessac, 9 m., 26 h.

Naulet (Chez-), c. de Péreuil, 7 m., 28 h.

Naulet (Chez-), c. de Torsac, 8 m., 27 h.

Naulet (Le Moulin-de-), c. de St-Georges, 2 m., 12 h.

Naulets (Les), c. de Mouthiers, 11 m., 64 h.

Nauve (Chez-), c. de Champniers, 13 m., 50 h.

Nauvette (La), c. du Tâtre, 8 m., 21 h.

Navouet (Chez-), c. de St-Aulais-la-Chapelle-Conzac, 1 m., 5 h.

Navouet (Chez-), c. de Brie-sous-Barbezieux, 3 m., 17 h.

Nebout (Chez-), c. de Combiers, 3 m., 19 h.

Négrat, c. de St-Germain-sur-Vienne, 2 m., 16 h.

Négranderie (La), c. de St-Front, 13 m., 48 h.

Nègre (Chez-), c. de Ranville-Breuillaud, 5 m., 18 h.

Négremus, c. de Palluaud, 1 m., 4 h.

Négrerie (La), c. de Pressignac, 10 m., 50 h.

Négrerie (La), c. de St-Quentin, cant. de Chabanais, 2 m., 12 h.

Nègres (Les), c. de Salles-de-Villefagnan, 30 m., 110 h.

Nègres (Les), c. de Verteuil, 23 m., 81 h., 🏠.

Negret, c. de St-Claud, 11 m., 50 h.

Négret (Le Petit-), c. de Chantrezac, 13 m., 58 h.

chez *in d.* *Rousil.* **Negrevergne**, c. d'Abzac, 10 m., 27 h.

Nérac (Chez-), c. de Puymoyen, 3 m., 9 h.

Néraud (Chez-), c. de St-Félix, 7 m., 33 h.

Nercillac, c., arr. de Cognac, cant. de Jarnac, †, éc., ✉ Jarnac, 246 m., 888 h.

Nercillac, bg., ch.-l., c. de Nercillac, 45 m., 167 h., 7 k. de Jarnac, 8 k. de Cognac, 35 k. d'Angoulême.

Nerfy, c. de Mareuil, 7 m., 23 h.

Nersac, c., arr. d'Angoulême, cant. d'Angoulême (1re partie), †, éc., ✉ Angoulême, ☞ F., 305 m., 1,247 h.

Nersac, bg., ch.-l., c. de Nersac, 94 m., 431 h., 10 k. d'Angoulême.

Nerolle (La), c. de Segonzac, 57 m., 198 h.

Net (Le), c. de Ronsenac, 5 m., 16 h.

Neufond, c. de St-Claud, 1 m., 6 h.

Neuf-Fonds (Les), c. de Barbezieux, 4 m., 10 h.

Neuf-Fontaines (Les), c. d'Ansac, 1 m., 9 h.

Neuillac, c. d'Asnières, temp. prot., 67 m., 241 h.,

Neuillac, c. de Garat, 2 m., 13 h.

Neuville, c. de Montbron, 12 m., 50 h.

Neuville, c. de Pérignac, 2 m., 8 h.

Neuville (Le Grand-), c. d'Esse, 23 m., 72 h.

Neuville (Le Petit-), c. d'Esse, 3 m., 13 h.

Neuzon, c. de Reignac, 1 m., 2 h.

Nicaud (Chez-), c. du Grand-Masdieu, 2 m., 11 h.

Nicolas (Chez-), c. de Montboyer, 1 m., 4 h.

Nicolas (Chez-), c. de Touvre, 2 m., 13 h.

Nicolas (St-), c. de Bouteville, 4 m., 18 h.

Nieuil, c., arr. de Confolens, cant. de Saint-Claud, †, éc., ✉ St-Claud, 362 m., 1,492 h.

Nieuil, bg., ch.-l., c. de Nieuil, 61 m., 261 h., 4 k. de St-Claud, 26 k. de Confolens, 42 k. d'Angoulême.

Nieuil (Château-de-), c. de Nieuil, 1 m., 29 h.

Nieuil (Le Moulin-de-), c. de Nieuil, 1 m., 7 h.

Nigronde, c. de St-Amant-de-Nouère, 26 m., 87 h.

Nilloux (Les), c. de Rancogne, 8 m., 31 h.

Nitrat, c. de St-Amant-de-Boixe, 22 m., 82 h.

Nivard (Chez-), c. de Brillac, 1 m., 10 h.

Nivelet (Chez-), c. de Plassac-Roufflac, 2 m., 7 h.

Noailles, c. de Pleuville, 14 m., 47 h.

Noble (Chez-), c. de Rivières, 2 m., 6 h.

Noblet (Chez-), c. de Vieux-Ruffec, 2 m., 15 h.

Noillns, c. de Chassenon, 16 m., 38 h.

Noisetière, c. de Roussines, 1 m., 15 h.

Noir (Chez-le-), c. d'Abzac, 4 m., 11 h.

Nomblière, c. d'Anais, 16 m., 51 h.

Nombrail, c. de Brigueuil, 2 m., 17 h.

Nonac, c. de Genté, 23 m., 88 h.

Nonac, c., arr. de Barbezieux, cant. de Montmoreau, †, éc., ✉ Montmoreau, 231 m., 973 h.

Nonac, bg., ch.-l., c. de Nonac, 20 m., 95 h., 7 k. de Montmoreau, 21 k. de Barbezieux, 29 k. d'Angoulême.

Nonaville, c., arr. de Cognac, cant. de Châteauneuf, éc., ✉ Châteauneuf, 85 m., 377 h.

Nonaville, bg., ch.-l., c. de Nonaville, 4 m., 18 h., 8 k. de Châteauneuf, 31 k. de Cognac, 24 k. d'Angoulême.

Nonet (Chez-), c. de Pillac, 2 m., 16 h.

Noque (La), c. de Moutardon, 2 m., 16 h.

Normand, c. de Nercillac, 6 m., 19 h.

Normand (Chez-), c. de Chillac, 1 m., 6 h.

Normand (Chez-), c. de Jurignac, 5 m., 19 h.

Normand (Chez-), c. de Magnac-la-Vallette, 2 m., 7 h.

Normand (Chez-), c. de St-Laurent-de-Belzagot, 2 m., 3 h.

Normandie (La), c. de Villars, 12 m., 44 h.

Normandin (Chez-), c. de Bécheresse, 6 m., 18 h.

Normandin (Chez-), c. de Champagne, 4 m., 15 h.

Normands (Les), c. de Champniers, 8 m., 35 h.

Normands (Les), c. de Châteauneuf, 3 m., 13 h.

Normands (Les), c. de Malaville, 1 m., 6 h.

Notre-Dame, c. d'Yviers, 2 m., 9 h.

Notre-Dame-des-Vignes, c. de Ruffec, 1 m., 7 h.

Nouailles, c. de Jauldes, 15 m., 69 h.

Noue (La), c. de Baignes-Ste-Radégonde, 4 m., 2 h.

Nouère, c. d'Asnières, 25 m., 93 h.

Nougeat, c. de Condéon, 2 m., 6 h.

Nougerède, c. de Salles-la-Vallette, 5 m., 30 h.

Nougeroux (Les), c. de Chazelles, 6 m., 38 h.

Nouhet (Chez-), c. de Baignes-Ste-Radégonde, 1 m., 6 h.

Noujat (Le), ou Jérusalem, c. de Plassac-Rouffiac, 1 m., 4 h.

Nouleau (Chez-), c. de Bors-de-Baignes, 1 m., 4 h.

Noulleau (Chez-), c. de Condéon, 7 m., 20 h.

Noulleau (Chez-), c. de Salles-de-Barbezieux, 7 m., 17 h.

Nouveau (Le), c. de Montbron, 6 m., 27 h.

Nouzières (Les), c. de Ruffec, 19 m., 65 h.

Nouzillat (Le Grand-), c. de Montchaude, 13 m., 54 h.

Nouzillat (Le Petit-), c. de Montchaude, 2 m., 9 h.

Noyer, c. de Guimps, 3 m., 20 h.

Noyers, c. de Lamérac, 5 m., 19 h.

Noyers (Les), c. de Massignac, 12 m., 58 h.

Nubins (Les), c. de Linars, 2 m., 9 h.

O

Obevie, c. de Fouquebrune, 6 m., 22 h.

Obre (L'), c. de Champagne, 1 m., 5 h.

Obsève, c. de Malaville, 4 m., 19 h.

Obsève, c. de Nonaville, 7 m., 21 h.

Ocquelet, c. de Guimps, 4 m., 17 h.

Oiseau (Chez-l'), c. de Salles-de-Barbezieux, 3 m., 12 h.

Oiseau (L'), c. de Verrières, 1 m., 7 h.

Oiseau (Moulin-de-l'), c. de St-Ciers, 1 m., 9 h.

Oisellerie (L'), château, c. de La Couronne, 2 m., 18 h.

Olérat, c. de La Rochefoucauld, 27 m., 109 h.

Oliverie (L'), c. de Montrollet, 3 m., 13 h.

Olivet, c. de Réparsac, 1 m., 6 h.

Olivier (Chez-), c. de St-Preuil, 3 m., 17 h.

Oliviers (Les), c. de Nonac, 4 m., 22 h.

Oliviers (Les), c. de Reignac, 19 m., 72 h.

Ombrais (Les), c. de St-Projet-St-Constant, 3 m., 18 h.

Ombre (L'), c. de Magnac-la-Vallette, 15 m., 49 h.

Ombrières (Les), c. de St-Léger, 5 m., 48 h.

Optière (L'), c. du Bouchage, 1 m., 7 h.

Oradour, c., arr. de Ruffec, cant. d'Aigre, †, éc.; ⊠ Aigre, 242 m., 784 h.

Oradour, bg., ch.-l., c. d'Oradour (l'église seule), 4 k. d'Aigre, 27 k. de Ruffec, 38 k. d'Angoulême.

Oradour-Fanais, c., arr. de Confolens, cant. de Confolens (Sud), †, éc., ⊠ Confolens, 224 m., 894 h.

Oradour-Fanais, bg., ch.-l., c. d'Oradour-Fanais, 31 m., 97 h., 17 k. de Confolens, 80 k. d'Angoulême.

Ordaget (L'), c. de Ruffec, 1 m., 5 h.

Ordière, c. de Benest, 5 m., 25 h.

Orfeuille, c. de Ranville-Breuillaud, 28 m., 110 h.

Orgedeuil, c., arr. d'Angoulême, cant. de Montbron, †, éc., ⊠ Montbron, 137 m., 520 h.

Orgedeuil, bg., ch.-l., c. d'Orgedeuil, 25 m., 92 h., 3 k. de Montbron, 29 k. d'Angoulême.

Orge-Premier (L'), c. de Bassac, 1 m., 5 h.

Orinière (L'), c. de Juillé, 3 m., 6 h.

Oriolles, c., arr. de Barbezieux, cant. de Brossac, †, ⊠ Brossac, 107 m., 512 h.

Oriolles, bg., ch.-l., c. d'Oriolles, 3 m., 21 h., 9 k. de Brossac, 14 k. de Barbezieux, 43 k. d'Angoulême.

Orival, c., arr. de Barbezieux, cant. de Chalais, †, éc., ⊠ Chalais, 87 m., 374 h.

Orival, bg., ch.-l., c. d'Orival, 15 m., 60 h., 3 k. de Chalais, 32 k. de Barbezieux, 47 k. d'Angoulême.

Orlut, c. de Cherves, 38 m., 137 h.

Orlut, c. de Mérignac, 44 m., 220 h.

Ormeau (L'), c. d'Asnières, 1 m., 5 h.

Ormeau (L'), c. de Crouin, 31 m., 131 h.

Ormeau (L'), c. de St-Martin-Château-Bernard, 3 m., 15 h.

Ormeau (Le Gros-), c. d'Ambleville, 1 m., 3 h.

Ormeau-Brûlé (L'), c. de Challignac, 1 m., 5 h.

Ormeaux (Les), c. de Champniers, 1 m., 8 h.

Ormeaux (Les), c. de Ruffec, 1 m., 7 h.

Ormes (Les), c. de Crouin, 2 m., 9 h.

Ortre, c. d'Angeac-Charente, 14 m., 60 h.

Oubignat (L'), c. de St-Laurent-de-Céris, 4 m., 24 h.

Ouche (L'), c. de Baignes-Ste-Radégonde, 1 m., 4 h.

Ouchers (Les), c. de Charmé, 1 m., 2 h.

Ouillères Les Grandes-), c. de Baignes-Ste-Radégonde, 5 m., 23 h.

Ouillères (Les Petites-), c. de Baignes-Ste-Radégonde, 2 m., 7 h.

Oulmes (Les), château, c. de St-Laurent-de-Céris, 4 m., 31 h.

Ouillette (L'), voy. Les Allouettes.

Oume (L'), c. de Benest, 12 m., 160 h.

Outre (L'), c. de Nieuil, 2 m., 6 h.

Ouvrards (Les), c. d'Aubeville, 9 m, 48 h.

Oyer, c. de Bioussac, 11 m., 66 h.

Oyer (Le Logis-d'), c. de Bioussac, 1 m., 9 h.

Ozlac (La Grange-d'), c. de St-Quentin-de-Chalais, 2 m., 11 h.

Ozillon (L'), c. de Barbezieux, 3 m., 11 h.

P

Pacaud (Chez-), c. d'Angeac-Champagne, 8 m., 26 h.

Pacauds (Les), c. de Rancogne, 8 m., 29 h.

Paillard (Chez-), c. de Rioux-Martin, 3 m., 11 h.

Paillaudières (Les), c. de Bernac, 3 m., 14 h.

Paillé (Chez-), c. du Tâtre, 2 m., 10 h.

Pailler (Le Grand-), c. de Benest, 21 m., 69 h.

Pailler (Le Petit-), c. de Benest, 8 m., 63 h.

Paillerie (La), c. de Saulgond, 1 m., 7 h.

Paillerie (La), c. de Vouzan, 9 m., 31 h.

Pailleron, c. de Richemont, 1 m., 2 h.

Pailleroux, c. de Villefagnan, 53 m., 176 h.

Paillers (Les), c. de St-Surin, 9 m., 26 h.

Pailles (Les), c. de La Vallette, 6 m., 30 h.

Paillis, c. d'Anais, 1 m., 3 h.

Paillon (Chez-), c. de Juillac-le-Coq, 2 m., 8 h

Pailloux (Chez-), c. de Roullet, 8 m., 23 h.

Pailloux (Chez-), c. de St-Amant-de-Montmoreau, 2 m., 10 h.

Pailloux (Chez-), c. de St-Estèphe, 12 m., 46 h.

Pain-Perdu, c. de Mesnac, 14 m., 66 h.

Pain-Perdu, c. de St-Yrieix, 8 m., 24 h.

Pairains-Michauds (Les), c. de Fleurac, 7 m., 28 h.

Paire (Chez-), c. d'Alloue, 12 m., 37 h.

Paire (Chez-), c. de Charmant, 3 m., 7 h.

Paire (La), c. de Genté, 1 m., 11 h.

Paire (La), c. de Massignac, 2 m., 17 h.

Pairie (La), c. de Manot, 3 m., 14 h.

Pairou (Chez-), c. de St-Amant-de-Bonnieure, 3 m., 14 h.

Pairs (Les), c. de St-Christophe, 4 m., 86 h.

Paisière (La), c. de Bernac, 29 m., 108 h.

Paisse-du-Bost (Le), c. de Saulgond, 1 m., 5 h.

Paix (La), c. de La Rochefoucauld, 4 m., 15 h.

Paix (La), c. de St-Sornin, 1 m., 5 h.

Pajot (Chez-), c. de Champmillon, 3 m., 11 h.

Palain (Le), c. de Cherves, 11 m., 45 h.

Palais (Le), c. de Verteuil, 1 m., 5 h.

Palais (St-), c. de Lignères, 1 m., 9 h.

Palais-du-Né (St-), c., arr. et cant. de Barbezieux, †, éc., ☒ Archiac, 176 m., 722 h.

Palais-du-Né (St-), bg., ch.-l. c. de St-Palais-du-Né, 2 m., 64 h., 13 k. de Barbezieux, 39 k. d'Angoulême.

Palaphret, c. de St-Laurent-de-Céris, 1 m., 8 h.

Palard (Chez-), c. de Boisbreteau, 7 m., 25 h.

Paleine, c. d'Orival, 2 m., 9 h.

Paleine (La), c. de Nieuil, 2 m., 8 h.

Paleine (La), c. de Roumazières, 1 m., 3 h.

Palière (La), c. de Palluaud, 3 m, 14 h.

Palisson (Le), c. d'Ambérac, 1 m., 3 h.

Palizie (La), c. de Montigné, 1 m., 6 h.

Pallard (Chez-), c. de Condéon, 7 m., 26 h.

Pallaud (Chez-), c. de Villars, 1 m., 2 h.

Pallons (Les), c. d'Angeac-Champagne, 10 m., 48 h.

Palluaud, c., arr. de Barbezieux, cant. de Montmoreau, †, éc., ☒ Montmoreau, 199 m., 703 h.

Palluaud, bg., ch.-l., c. de Palluaud, 48 m., 145 h., 13 k. de Montmoreau, 40 k. de Barbezieux, 37 k. d'Angoulême.

Pallud (La), c. de Cressac, 1 m., 5 h.

Pallue (La), c. de Nersac, 7 m., 34 h.

Pallue (La), c., arr. de Cognac, cant. de Segonzac, éc., ☒ Segonzac, 99 m., 390 h.

Pallue (La), bg., ch.-l., c. de La Pallue, 46 m., 171 h., 7 k. de Segonzac, 7 k. de Cognac, 38 d'Angoulême.

Palmont (Le), c. de Grassac, 1 m., 11 h.
Palnard, c. de Berneuil, 2 m., 11 h.
Panavin, c. des Adjots, 1 m., 7 h.
Panissaud, c. du Grand-Masdieu, 10 m., 54 h.
Panissaud (Le), c. de Villhonneur, 5 m., 28 h.
Panissaud (Moulin-du-), c. du Grand-Masdieu, 1 m., 5 h.
Panisson (Le), c. de Monthron, 33 m., 126 h.
Panivol, c. de Palluaud, 6 m., 21 h.
Panneloup, c. de Ste-Sévère, 6 m., 35 h.
Panneterie (La), c. de Cherves, 8 m., 38 h.
Pannetiers (Les), c. de Moulidars, 19 m., 66 h.
Papalière (La), c. de Cherves-Châtelars, 1 m., 7 h.
Papart (Moulin-), c. de Nersac, 2 m., 9 h.
Papaud (Chez-), c. de Nanteuil, 11 m., 30 h.
Papaux (Les), c. de Confolens, 2 m., 6 h.
Papey (Chez-), c. de Grassac, 8 m., 30 h.
Papillaud (Chez-), c. de Deviat, 10 m., 36 h.
Papin (Chez-), c. de Claix, 7 m., 19 h.
Papinaud (Chez-), c. de St-Laurent-des-Combes, 2 m., 9 h.
Papion (Chez-), c. de Cherves, 3 m., 15 h.
Papoutie (La), c. de Saulgond, 5 m., 23 h.
Pâquet (Chez-), c. d'Ambernac, 6 m., 27 h.
Paquet (Chez-), c. de Torsac, 4 m., 20 h.
Paradis, c. de Beaulieu, 10 m., 36 h.
Paradis, c. de Ventouse, 15 m., 55 h.
Paradis (Le), c. de Barret, 1 m., 6 h.
Paradis (Le), c. de La Magdeleine-de-Segonzac, 3 m., 14 h.
Paradis (Le Petit-), c. de Cherves, 2 m., 9 h.
Paradis (Le), c. de Voulgézac, 1 m. non h.
Parc (Le), c. d'Ansac, 1 m., 8 h.
Parc (Le), c. de Barbezieux, 1 m., 6 h.
Parc (Le), c. de Cherves, 9 m., 38 h.
Parc (Le), c. de Crouin, 5 m., 20 h.
Parc (Le), c. d'Édon, 2 m., 8 h.
Parc (Le Bas-), c. de Cherves, 4 m., 21 h.
Parc (Moulin-du-), c. de Ruffec, 7 m., 24 h.
Parcaud (Le), c. de St-Quentin-de-Chalais, 14 m., 54 h.
Parc-Bas (Le), c. de Sers, 3 m., 8 h.

Parc-Haut (Le), c. de Sers, 6 m., 15 h.
Parcoul (Moulin-), c. de Bazac, 1 m., 3 h.
Pardoussie (La), c. de Petit-Lessac, 2 m., 6 h.
Parlas (Chez-), c. de Cressac, 2 m., 12 h.
Paris (Chez-), c. de Nanteuil, 1 m., 6 h.
Paris (Le Petit-), c. de Gardes, 2 m., 10 h.
Parisière (La), c. de Ste-Sévère, 39 m., 133 h.
Paris-sous-le-Coussot, c. de Beaulieu, 4 m., 9 h.
Parlant, c. d'Yviers, 19 m., 78 h.
Parlant (Chez-), c. de St-Genis-de-Blanzac, 2 m., 5 h.
Parlôme (Le), c. de Pillac, 1 m., 5 h.
Parois (Chez-), c. de Ladiville, 2 m., 11 h.
Parpaillerie (La), c. de Charmant, 1 m., 3 h.
Parsac, c. de St-Projet-St-Constant, 2 m., 9 h.
Parsais, c. de Berneuil, 7 m., 21 h.
Parsais (Chez-), c. de Juillac-le-Coq, 3 m., 13 h.
Parsais (Le Moulin-de-), c. de Berneuil, 1 m., 7 h.
Partache (Chez-), c. de Grassac, 2 m., 9 h.
Parterre (Le), c. de Laprade, 1 m., 3 h.
Partie (La), c. d'Ansac, 36 m., 102 h.
Partoussie (La), c. de St-Germain-sur-Vienne, 2 m., 12 h.
Parucout (Chez-), c. de Combiers, 1 m., 7 h.
Parveau (Le), c. de St-Martin-Château-Bernard, 3 m., 15 h.
Parzac, c., arr. de Confolens, cant. de St-Claud, †, éc., ☒ St-Claud, 144 m., 674 h.
Parzac, bg., ch.-l., c. de Parzac, cant. de St-Claud, 20 m., 90 h., 6 k. de St-Claud, 25 k. de Confolens, 44 k. d'Angoulême.
Pas (Le), c. de Nersac, 5 m., 21 h.
Pas (Le), c. de St-Fort, 15 m., 54 h.
Pas (Le Grand-), voy. La Ferrière, c. de l'Isle-d'Espagnac.
Pascaud (Chez-), c. de Confolens, 1 m., 8 h.
Pascaud (Chez-), c. de Gurat, 1 m., 4 h.
Pascaud (Chez-), c. de St-Amant-de-Montmoreau, 5 m., 22 h.
Pascaud (Chez-), c. de St-Front, 22 m., 88 h.
Pascaud (Chez-), c. de Voulgézac, 4 m., 25 h.
Pascaudes (Les), c. de Chasseneuil, 2 m., 8 h.

16

Pascaudie (La), c. d'Alloue, 2 m., 13 h.

Pascauds (Les), c. de Vouzan, 10 m., 33 h.

Pas-Chère (La), c. de St-Aulais-de-la-Chapelle-Conzac, 5 m., 26 h.

Pas-de-Bissac (Le), c. de Gurat, 3 m., 11 h.

Pas-de-Celle (Le), c. de Salles-de-Segonzac, 5 m., 21 h.

Pas-de-Chat, c. de Pérignac, 2 m., 9 h.

Pas-de-la-Magdeleine (Le), ou Moulin-de-la-Porte, c. de Barbezieux, 2 m., 9 h.

Pas-du-Prince, c. de Nonaville, 1 m., 5 h.

Pas-des-Tombes (Le), c. de Barret, 4 m., 20 h.

Pasgnaud (Chez-), c. d'Angeac-Charente, 2 m., 6 h.

Pasquereau (Chez-), c. de La Garde-sur-le-Né, 5 m., 29 h.

Pasquet (Chez-), c. d'Alloue, 13 m., 12 h.

Pasquet (Chez-), c. de Cellefrouin, 1 m., 5 h.

Pasquet (Chez-), c. de St-Bonnet, 3 m., 9 h.

Pasquet (Chez-), c. de St-Germain, 5 m., 20 h.

Pasquet (Chez-), c. de Salles-la-Vallette, 6 m., 10 h.

Pasquet (Chez-), c. de Vieux-Cérier, 3 m., 18 h.

Pasquet (Le), c. de Bellon, 20 m., 73 h.

Pasquet (Le), c. de Pillac, 7 m., 31 h.

Pasquier (Chez-), c. de Lignères, 1 m., 4 h.

Pasquier (Chez-), c. de St-Bonnet, 2 m., 8 h.

Passirac, c., arr. de Barbezieux, cant. de Brossac, †, éc., ✉ Brossac, ☛ F., 459 m., 660 h.

Passirac, bg., ch.-l., c. de Passirac, 11 m., 53 h., 3 k. de Brossac, 18 k. de Barbezieux, 41 k. d'Angoulême.

Passon (Chez-), c. de Chillac, 4 m., 18 h.

Pastour (Le), c. de Bessac, 2 m., 6 h.

Pataris (Le), c. de St-Amant-de-Bonnieure, 1 m., 1 h.

Pataris (Le), moulin, c. de St-Ciers, 1 m., 14 h.

Patesse (La), c. de Rancogne, 3 m., 13 h.

Pati (Le), c. de Champagne, 2 m., 10 h.

Patin (Le), c. de Charmant, 2 m., 11 h.

Patinet (Chez-), c. de St-Severin, 3 m., 11 h.

Patreville, c. de Bonneville, 52 m., 496 h.

Patrie (Chez-), c. de Manot, 13 m., 40 h.

Patrie La Ferme-de-Chez-), c. de Manot, 1 m., 5 h.

Patronie (La), c. de Dignac, 8 m., 30 h.

Paturaux (Les), c. de Sireuil, 22 m., 91 h.

Paul (St-), c. de Chazelles, 20 m., 85 h.

Paul (St-), c. de Vignolles, 7 m., 8 h.

Paulais (Chez-), c. de Montchaude, 8 m., 23 h.

Paulay (Chez-), c. de Bors-de-Baignes, 4 m., 11 h.

Paulet (Chez-), c. de Charras, 1 m., 3 h.

Paulet (Chez-), c. de Nieuil, 1 m., 4 h.

Paulet (Chez-), c. de Roumazières, 1 m., 9 h.

Paullat, c. de St-Quentin, cant. de Chabanais, 1 m., 10 h.

Paulit (Chez-), c. de Pranzac, 6 m., 22 h.

Pauly (Chez-), c. de Charmant, 10 m., 30 h.

Pauly (Chez-), c. d'Esse, 3 m., 11 h.

Pauly (Chez-), c. de Ligné, 16 m., 52 h.

Paume (La), c. de Rougnac, 4 m., 3 h.

Paunat, c. d'Yviers, 1 m., 11 h.

Paute (Le Moulin-), c. de Pressignac, 1 m., 9 h.

Pautisse (La), c. de Chantrezac, 4 m., 17 h.

Pavillon (Le), c. des Adjots, 8 m., 23 h.

Pavillon (Le), c. d'Alloue, 2 m., 6 h.

Pavillon (Le), c. de Médillac, 3 m., 12 h.

Pavillon-de-l'Écluse (Le), c. de Combiers, 1 m., 4 h.

Paysanne (La Jolie-), c. de Reignac, 1 m., 3 h.

Payzay-Naudouin, c., arr. de Ruffec, cant. de Villefagnan, †, éc., ✉ Villefagnan, ☛ F., 257 m., 901 h.

Payzay-Naudouin, bg., ch.-l., c. de Payzay-Naudouin, 100 m., 364 h., 9 k. de Villefagnan, 18 k. de Ruffec, 51 k. d'Angoulême.

Péage (Le), c. de Taponnat-Fleurignac, 2 m., 6 h.

Pécalèbre, c. de Chillac, 1 m., 2 h.

Péchaud (Chez-), c. de Berneuil, 4 m., 40 h.

Péchaud (Chez-), c. de Chillac, 4 m., 12 h.

Péchaud (Chez-), c. de Passirac, 8 m., 26 h.

Péchez (Chez-), c. de St-Léger, 3 m., 11 h.

Pécoulte (La), c. de Chirac, 21 m., 79 h.

Pégerie (La), c. de Touzac, 7 m., 25 h.

Pégnon (Chez-), c. d'Angeac-Champagne, 3 m., 8 h.

Peige (La , c. de Rougnac, 20 m., 70 h.
Peigne-Vesse, c. de Verteuil, 1 m., 5 h.
Peillauderie (La), c. de Sérignac, 1 m., 1 h.
Peines (Les), c. de Chassenueil, 4 m., 14 h.
Peines (Les), c. de Vitrac, 3 m., 12 h.
Peintre (Chez-le- , c. d'Édon, 6 m., 23 h.
Peizet, c. de St-Amant-de-Boixe, 3 m., 10 h.
Pelade (Chez-), c. des Pins, 2 m., 11 h.
Péladie (La), c. de Rouzède, 5 m., 21 h.
Pelain (Le), c. de Baignes-Ste-Radégonde, 2 m., 3 h.
Pelé (Chez-), c. de Cherves, 6 m., 20 h.
Pelisson, c. de St-Sulpice-de-Cognac, 4 m., 13 h.
Pelladie (La), c. de Chassenon, 1 m., 29 h.
Pellebuze, c. de Rivières, 2 m., 5 h.
Pellegeais (Chez-), c. de St-Surin, 13 m., 36 h.
Pellegrain (Le), c. de Fouquebrune, 5 m., 29 h.
Pellerin (Chez- , c. de St-Bonnet, 3 m., 10 h.
Pellet (Chez-), c. de Montbron, 2 m., 9 h.
Pelleterie (La), c. de Châteauneuf, 6 m., 18 h.
Pelleterie (La , c. de Confolens, 1 m., 2 h.
Pelletière (La), c. d'Abzac, 8 m., 39 h.
Peltier (Chez-), c. de St-Estèphe, 7 m., 25 h.
Peluchon, c. de Guizengeard, 3 m., 10 h.
Peluchon (Chez-), c. de Brie-sous-Chalais, 3 m., 17 h.
Pelussonie (La), c. de Sauvagnac, 9 m., 47 h.
Penard (Chez-), c. de Brossac, 2 m., 5 h.
Penauds (Les), c. de La Couronne, 9 m., 52 h.
Pendants (Les , c. de Vouzan, 6 m., 33 h.
Penet (Chez-), c. de Berneuil, 1 m., 5 h.
Peneuillon (le , c. de Condéon, 4 m., 15 h.
Penot (Chez-), c. d'Ambernac, 2 m., 17 h.
Penot (Chez-), c. de Champniers, 4 m., 16 h.
Penot (Chez-), c. de Charras, 2 m., 14 h.
Penot (Chez-), c. de Péreuil, 2 m., 12 h.
Penot (Chez-), c. de Touvérac, 2 m., 5 h.

Penots (Les), c. de Chenommet, 17 m., 89 h.
Peny (Chez- , c. de Salles-la-Vallette, 13 m., 37 h.
Pepin (Chez-), c. de Curac, 6 m., 22 h.
Pepine (La , c. de Ronsenac, 1 m., 7 h.
Pepon (Chez-), c. de Bessac, 1 m., 11 h.
Pepon (Chez- , c. de St-Aulais-de-la-Chapelle-Couzac, 2 m., 6 h.
Pepons (Les), c. d'Yviers, 3 m., 15 h.
Pequin (Chez-), c. de Segonzac, 1 m., 4 h.
Péranche (La), c. de Pleuville, 20 m., 98 h.
Pérat (Chez-), c. du Grand-Masdieu, 3 m., 12 h.
Pérat (Le , c. de Gimeux, 1 m., 3 h.
Pérat (Le), c. de Marsac, 6 m., 24 h.
Pérat (Le), c. de St-Vallier, 14 m., 58 h.
Péraud (Chez-), c. de Bors-de-Baignes, 2 m., 1 h.
Péraud (Chez- , c. de St-Palais-du-Né, 5 m., 30 h.
Péraud (Métairie-de- , c. de St-Palais-du-Né, 2 m., 4 h.
Péraudière (La), c. de Montjean, 15 m., 57 h.
Perche (La), c. d'Abzac, 4 m., 28 h.
Perché (Le), c. de Dirac, 2 m., 4 h.
Percher (Le), c. de L'Houmeau-Pontouvre, 5 m., 10 h.
Percoutières (Les), c. de Mazerolles, 10 m., 37 h.
Perdasse (La), c. de Baignes-Ste-Radégonde, 15 m., 47 h.
Perdrigeau (Chez-, c. de St-Vallier, 4 m., 7 h.
Perdrigeau (Le), c. de Bors-de-Montmoreau, 8 m., 30 h.
Perdrix (La), c. d'Exideuil, 4 m., 9 h.
Perdrix-Rouge (La), c. de Châteauneuf, 4 m., 5 h.
Perdussie, c. de Genouillac, 8 m., 38 h.
Pérelle (La), c. de Chasseneuil, 11 m., 50 h.
Pérelle (La), c. de Nieuil, 1 m., 2 h.
Père-Thomas (Chez-), c. de Benest, 23 m., 81 h.
Pérétrie (La), c. de Châtignac, 1 m., 5 h.
Péreuil, c., arr. d'Angoulême, cant de Blanzac, 7 éc. ☒ Blanzac, ☞ F 186 m., 762 h.
Péreuil, bg., ch.-l., c. de Péreuil, 3 m., 18 h., 5 k. de Blanzac, 27 k. d'Angoulême. -
Pérense (La), c. de Mouthiers, 7 m., 27 h.
Perfont, c. de Boisbreteau, 3 m., 11 h.

Périau (Chez-), c. de St-Vallier, 4 m., 16 h.

Péricauds (Les), c. de Courgeac, 1 m., 9 h.

Périchat, c. de Bors-de-Montmoreau, 3 m., 13 h.

Périchon, c. de Bazac, 8 m., 27 h.

Périchou, c. de Ronsenac, 4 m., 18 h.

Périchon (Chez-), c. de Cellefrouin, 3 m., 8 h.

Pérideau, c. de Ruffec, 13 m., 68 h.

Périfault, c. de St-Gourson, 19 m., 37 h.

Pérignac, c., arr. d'Angoulême, cant. de Blanzac, †, éc., ⊠ Blanzac, 269 m., 961 h.

Pérignac, bg., ch.-l., c. de Pérignac, 19 m., 65 h., 4 k. de Blanzac, 25 k. d'Angoulême.

Pérines, c. de Blanzaguet, 4 m., 43 h.

Périnet (Chez-), c. d'Oradour-Fanais, 2 m., 10 h.

Perinier, c. de St-André, 1 m., 4 h.

Périssat, c. d'Esse, 13 m., 42 h.

Perisson, c. de Bonneuil, 2 m., 3 h.

Perit (Le Grand-), c. de St-Eutrope, 1 m., 5 h.

Perit (Le Petit-), c. de St-Eutrope, 1 m., 7 h.

Perluche (La), c. de Mouthiers, 3 m., 49 h.

Pérobe, c. d'Ansac, 1 m., 6 h.

Pérole (La), c. de Rouffiac-de-St-Martial-la-Menécle, 4 m., 2 h.

Peron-de-Jarnac (Chez-), c. de Segonzac, 42 m., 41 h.

Péronne (La), c. de Maine-de-Boixe, 4 m., 4 h.

Péronne (La), c. de St-Martin-du-Clocher, 5 m., 13 h.

Péronnette, c. de Bréville, 1 m., 3 h.

Peroquerie (La), c. de Tourriers, 3 m., 5 h.

Perot (Chez-), c. de Nonaville, 5 m., 19 h.

Perote (La), c. de St-Hilaire, 2 m., 6 h.

Perou (Le), c. de Péreuil, 2 m., 8 h.

Pérou, voy. Peurée, c. de Petit-Lessac.

Péroulaud (Le), c. de Loubert, 1 m., 41 h.

Perpelat, c. de Mazerolles, 2 m., 9 h.

Perraud (Le), c. de Genté, 4 m., 19 h.

Perraud (Chez-), c. de St-Fort, 6 m., 19 h.

Perret, c. d'Oradour, 4 m., 18 h.

Perrier (Moulin-), c. de St-Amant-de-Montmoreau, 1 m., 6 h.

Perrière (La), c. d'Ars, 3 m., 12 h.

Perrière (La), c. de Brillac, 1 m., 4 h.

Perriers (Les), c. de Bécheresse, 3 m., 10 h.

Perrin (Chez-), c. de Lamérac, 4 m., 18 h.

Perrinaux (Les), c. de Challignac, 2 m., 7 h.

Perrinet (Chez-), c. de La Garde-sur-le-Né, 12 m., 41 h.

Perrois (Chez-), c. d'Agris, 2 m., 8 h.

Perrot, c. de Laprade, 3 m., 15 h.

Perrot (Chez-), c. de Vieux-Cérier, 6 m., 22 h.

Perrucaude (Moulin-de-la-), c. de Péreuil, 1 m., 4 h.

Perrucauds (Les), c. de Péreuil, 2 m., 9 h.

Perruchon (Chez-), c. de Blanzac, 6 m., 21 h.

Perry, c. d'Écuras, 15 m., 86 h.

Perry (Chez-le-), c. de St-Mary, 13 m., 49 h.

Pers, c. de Pressignac, 13 m., 76 h.

Persaveau, c. de Montbron, 11 m., 45 h.

Pertus (Chez-), c. de Suris, 2 m., 7 h.

Péruset (Chez-), c. d'Ambernac, 1 m., 7 h.

Pérusseau, c. de Bourg-Charente, 3 m., 7 h.

Péruze (La), c., arr. de Confolens, cant. de Chabanais, †, éc., ⊠ Chabanais, ⊕ F., 158 m., 660 h.

Péruze (La), bg., ch.-l., c. de La Péruze, 91 m., 345 h., 8 k. de Chabanais, 17 k. de Confolens, 49 k. d'Angoulême.

Péruzet, c. de Rivières, 7 m., 24 h.

Péruzet (Le Petit-), c. de La Rochefoucauld, 4 m., 3 h.

Pervilles (Les), c. de St-Sornin, 10 m., 35 h.

Pervilles (Les), c. de Vouthon, 3 m., 40 h.

Pery (Le), c. de Blanzaguet, 4 m., 45 h.

Pery (Le), c. de St-Cybard-le-Peyrat, 1 m., 3 h.

Pesseville, c. de Bonneuil, 7 m., 24 h.

Pestour (Le), c. de Chavenac, 2 m., 7 h.

Pétarnerie (La), c. de Benest, 2 m., 14 h.

Petignac, c. de Jurignac, 21 m., 94 h., ⚌.

Petignoux, c. de Charras, 4 m., 19 h.

Petillerie (La), c. de Roullet, 2 m., 14 h.

Petillon (Chez-), c. de St-Surin, 5 m., 13 h.

Pétingaud (Le), c. d'Aignes-et-Puypéroux, 6 m., 19 h.

Petit (Le), voy. Le Pit.

Petiteau, c. de St-Romain, 8 m., 28 h.

Petitie (La), c. de Bouex, 16 m., 169 h.

Petouret (Le), c. de Vars, 12 m., 49 h.

Petourlie (La , c. de Lesterps, 1 m., 9 h.
Péturaud, c. de Soyaux. 24 m , 58 h.
Peu-Berté , c. de Verrières, 1 m. 3 h.
Peubezillou , c. de St-Gervais, 10 m. , 36 h.
Peublonb, c. de Vieux-Ruffec, 2 m., 9 h.
Peuchail (Le), c. de Touvérac, 4 m. 8 h.
Peuchaud , c. de Bouteville, 23 m., 75 h.
Peuchaud (Chez-), c. de Saint-Laurent-des-Combes, 5 m., 14 h.
Peuchebrun, c. de Longré, 1 m., 6 h.
Peuchemard, c. de St-Hilaire, 32 m., 124 h.
Peudion (Chez-), c. de Montchaude, 2 m., 5 h.
Peudry, c. de St-Martial, 11 m., 49 h.
Peugls, c. de Dignac, 29 m., 85 h.
Peuillet, c. de St-Sulpice-de-Cognac, 1 m., 4 h.
Peumant, c. de Passirac, 2 m., 12 h.
Peumaure (Chez-), c. de Passirac, 1 m., 4 h.
Peument, c. de St-Gervais, 14 m., 55 h.
Peument, c. de Vieux-Ruffec, 9 m., 29 h.
Peu-pas-Trop, c. de Taizé-Aizie, 25 m., 108 h.
Peuplat, c. de Vieux-Cérier, 1 m., 6 h.
Peuras, c. de Reignac, 1 m. non h.
Peurché, c. de Reignac, 13 m., 48 h.
Peurché (Moulin-de-), c. de Reignac, 1 m., 5 h.
Peurée (Chez-), ou Pérou, c. de Petit-Lessac, 2 m., 13 h.
Peuroux (Chez-), c. de Confolens, 1 m., 19 h.
Peusey, c. de Garat, 13 m., 46 h.
Peusey, c. de Puymoyen, 1 m., 3 h.
Peusire, c. de Lignères, 2 m., 3 h.
Peussee, c. d'Aizecq, 16 m., 50 h.
Peussee, c. de Mouton, 8 m., 22 h.
Peusset, c. de Vars, 11 m., 47 h.
Peut (Le), c. de Combiers, 1 m., 9 h.
Peutier (Chez-), c. de Vaux-Rouillac, 6 m., 19 h.
Peux (Chez-le-), c. d'Aizecq, 1 m., 2 h.
Peux (Le), c. de Benest, 5 m., 19 h.
Peux (Le), c. de Charmé, 8 m., 26 h.
Peux (Le), c. de Juillac-le-Coq, 1 m., 11 h.
Peux (Le), c. de Londigny, 20 m., 91 h.
Peux (Le), c. de Moutardon, 2 m., 9 h.
Peux (Le), c. de Mouton, 2 m., 7 h.
Peux (Le), c. de Nersac, 28 m., 94 h.
Peux (Le), c. de Segonzac, 13 m., 51 h.
Peux (Le), c. de Soyaux, 6 m., 32 h.
Peux (Les), c. de La Faye, 11 m., 40 h.
Peux (Les), c. de Marcillac-Lanville, 12 m., 27 h.

Peux (Les Petits-, c. de Rouillac, 10 m., 35 h.
Peuyon, c. de St-Sulpice-de-Cognac, 2 m., 4 h.
Pey (Chez-), c. de Bors-de-Montmoreau, 2 m., 7 h.
Peychaud (Chez-, c. de Rioux-Martin, 1 m., 5 h.
Peynaud (Chez-), c. de Grassac, 6 m., 26 h.
Peyras, c. de Chirac, 7 m., 43 h.
Peyras, c. de Roumazières, 2 m., 9 h.
Peyrat (Le), c. de Baignes-Ste-Radégonde, 4 m., 6 h.
Peyrat (Le), c. de Houlette, 15 m., 49 h.
Peyrat (Le), c. de La Couronne, 1 m., 6 h.
Peyrat (Le), c. de Lamérac, 1 m., 2 h.
Peyrat (Le), c. de St-Cybard-le-Peyrat, 49 m., 63 h.
Peyrat (Le), c. de St-Severin, 4 m., 17 h.
Peyrat (Le), c. de Vouzan, 1 m., 4 h.
Peyraud, c. de Petit-Lessac, 1 m., 7 h.
Peyre (La), c. d'Ecuras, 12 m., 36 h.
Peyrelle (La), c. de Vitrac, 1 m., 7 h.
Peyriaud, c. de Grassac, 4 m., 23 h.
Peyrole (La), c. de Montmoreau, 1 m., 5 h.
Peyrot (Chez-), c. de Chavenac, 3 m., 4 h.
Peyroux (Le Grand-), c. d'Orgedeuil, 5 m., 21 h.
Peyroux (Le Petit-), c. d'Orgedeuil, 2 m., 7 h.
Pez (Chez-), c. de Berneuil, 2 m., 9 h.
Pez (Chez-), c. de St-Projet-St-Constant, 1 m., 9 h.
Pezeau (Chez-), c. de Roumazières, 16 m., 53 h.
Pezerieux (Le), c. de Chantrezac, 8 m., 38 h.
Pezet (Chez-), c. de Brossac, 6 m., 20 h.
Pezet (Chez-), c. de Bric-sous-Chalais, 2 m., 6 h.
Phelipot (Chez-), c. de Saint-Germain-sur-Vienne, 1 m., 4 h.
Phely (Chez-), c. de Beaulieu, 5 m., 17 h.
Philbeaudet (La), c. de Cellefrouin, 1 m., 9 h.
Philippeau (Chez-), c. de Lamérac, 7 m., 27 h.
Philippeau (Chez-), c. de Vignolles, 4 m., 20 h.
Philippeaux (Les), c. de Touzac, 1 m., 20 h.
Philippons (Les), c. de Bonneville, 7 m., 22 h.
Philippot (Chez-), c. de Confolens, 1 m., 2 h.

Piaud (Chez-), c. de Barbezieux, 7 m., 29 h.

Pible (Le), c. de Bonnes, 8 m., 30 h.

Pible (Le), c. de Montboyer, 2 m., 2 h.

Pible (Le), c. de Montignac-le-Coq, 8 m., 34 h.

Pible (Le), c. de Segonzac, 15 m., 62 h.

Pibolle (Chez-), c. de Vieux-Ruffec, 1 m., 2 h.

Pibon, c. de Montbron, 14 m., 60 h.

Pie, c. de Petit-Lessac, 1 m., 7 h.

Pie (Le), c. de Pillac, 5 m., 18 h.

Pie (Le), c. de Ronsenac, 10 m., 29 h.

Picard (Chez-), c. de Baignes-Ste-Radégonde, 5 m., 18 h.

Picard (Chez-), c. de Bioussac, 1 m., 2 h.

Picard (Le), c. de Garat, 5 m., 29 h.

Picard (Le Grand-), c. de Chazelles, 5 m., 22 h.

Picard (Le Petit-), c. de Chazelles, 1 m., 12 h.

Picardie (La), c. de La Couronne, 2 m., 11 h.

Picardie (La), c. de Touvérac, 1 m., 8 h.

Picardies (Les), c. de Lesterps, 2 m., 15 h.

Picat (Chez-), c. de Juignac, 2 m., 3 h.

Picatelle (La), c. de St-Gourson, 2 m., 5 h.

Picaudrie (La), c. de Barbezieux, 5 m., 21 h.

Picaut (Chez-), c. de Cellefrouin, 2 m., 8 h.

Piché, c. de St-Claud, 1 m., 9 h.

Pichedour (Chez-), c. de Magnac-la-Vallette, 2 m., 9 h.

Picherie (La), c. de Charmant, 2 m., 8 h.

Pichon (Chez-), c. de Porcheresse, 1 m., 8 h.

Pichonnerie (La), c. de Nercillac, 6 m., 19 h.

Pichonnerie (La Petite-), c. de Nercillac, 2 m., 7 h.

Pichot (Chez-), c. de Massignac, 1 m., 11 h.

Pichotte (Chez-), c. de Dignac, 1 m., 6 h.

Pichou (Chez-), c. de Charras, 2 m., 9 h.

Pichou (Chez-), c. de Rivières, 15 m., 39 h.

Pichou (Chez-), c. de St-Mary, 3 m., 40 h.

Pichoulaud (Chez-), c. de Combiers, 1 m., 3 h.

Picot (Le), c. de Champmillon, 3 m., 42 h.

Picoteau (Le), c. de Ste-Colombe, 10 m., 39 h.

Picotin (Chez-), c. de Chantillac, 7 m., 26 h.

Picots (Les), c. d'Ambérac, 18 m., 54 h.

Picout, c. de Juignac, 2 m., 3 h.

Picouteau, c. de Touvérac, 1 m., 5 h.

Pièce (La), c. de Cherves, 2 m., 5 h.

Pièce (La), c. de Richemont, 1 m., 1 h.

Pièce-Longue (La), c. de Benest, 1 m., 13 h.

Pied-Gelé, c. d'Angoulême, 1 m., 9 h.

Pierre (La), c. de Gardes, 1 m., 7 h.

Pierre (Le Gros-), c. de l'Isle-d'Espagnac, 12 m., 45 h.

Pierre (St-), c. de Cherves-Châtelars, 8 m., 42 h.

Pierre (St-), c. de St-Fort, 1 m., 18 h.

Pierre-Brune, c. de Benest, 1 m., 13 h.

Pierre-Brune, c. de Montbron, 3 m., 11 h.

Pierre-Dure, c. de Vœuil-et-Giget, 1 m., 8 h.

Pierre-Fixe, c. d'Esse, 8 m., 18 h.

Pierre-Folle, c. de Rancogne, 1 m., 6 h.

Pierre-Folle, c. de St-Sornin, 1 m., 7 h.

Pierre-Jean (Chez-), c. de St-Palais-du-Né, 7 m., 22 h.

Pierre-Levée, c. de Bunzac, 5 m., 25 h.

Pierre-Levée, c. de Cellefrouin, 2 m., 8 h.

Pierre-Levée, c. d'Étagnat, 1 m., 8 h.

Pierre-Levée, c. de Puymoyen, 23 m., 86 h.

Pierre-Levée, c. de Trois-Palis, 2 m., 12 h.

Pierre-Levée, c. de Villefagnan, 1 m., 7 h.

Pierre-Rouge (La Grande-), c. de Montboyer, 2 m., 13 h.

Pierre-Rouge (La Petite-), c. de Montboyer, 2 m., 8 h.

Pierres-Blanches (Moulin-des-), c. de Villefagnan, 1 m., 3 h.

Pierrière (La), c. de Bréville, 8 m., 30 h.

Pierrière (La), c. de Bonneville, 4 m., 9 h.

Pierrière (La), c. de Magnac-la-Vallette, 4 m., 4 h.

Pierrière (La), c. de Rancogne, 4 m., 11 h.

Pierrière (La), c. de St-Même, 21 m., 88 h.

Pierrière (La), c. de St-Romain, 2 m., 5 h.

Pierrière (La), c. de St-Séverin, 9 m., 32 h.

Pierrière (La), c. de Soyaux, 2 m., 7 h.

Pierrières, c. de Sireuil, 5 m., 21 h.

Pierrières (Les), c. de Charras, 1 m., 8 h.

Pierrières (Les), c. d'Écuras, 2 m., 6 h.

Pierroux (Chez-), c. de Montchaude, 2 m., 1 h.

Pies (Les), c. d'Écuras. 10 m., 15 h.

Piet (Chez-), c. d'Angeac-Charente, 4 m., 21 h.

Piet (Chez-), c. de Lignères, 10 m., 36 h.

Plêtre, c. de Juignac, 5 m., 14 h.

Pleux (Chez-les-), c. de Brigueuil, 1 m., 8 h.

Piffetelle (La), c. de Bors-de-Baignes, 2 m., 7 h.

Pigeasserie (La), c. de Lesterps, 3 m., 16 h.

Pigeonnier (Le), c. de Gondeville, 1 m., 5 h.

Pigeot (Chez-), c. de Vœuil-et-Giget, 2 m., 6 h.

Pigets (Les), c. de Touzac, 10 m., 58 h.

Pignoux (Les), c. d'Hiesse, 3 m., 29 h.

Pijardière (La), c. d'Anais, 1 m., 8 h.

Pileanerie (La), c. de St-Gourson, 8 m., 23 h.

Pilet (Chez-), c. d'Agris, 5 m., 23 h.

Pillac, c., arr. de Barbezieux, cant. d'Aubeterre, b. éc. à St-Severin, 251 m., 962 h.

Pillac, bg., ch.-l. c. de Pillac, 21 m., 68 h., 7 k. d'Aubeterre, 56 k. de Barbezieux, 39 k. d'Angoulême.

Pillas, c. de Chassenon, 2 m., 7 h.

Pillas, c. d'Étagnat, 7 m., 35 h.

Pille (La), c. de Champmillon, 22 m., 92 h.

Pille (La), c. de Guizengeard, 9 m., 39 h.

Pille (La), c. de St-Bonnet, 5 m., 20 h.

Pillebourse, c. de Salles-la-Vallette, 4 m., 4 h.

Pilledoue, c. de Baignes-Ste-Radégonde, 6 m., 22 h.

Pilledoue (La Garenne-de-), c. de Baignes-Ste-Radégonde, 4 m., 5 h.

Pillente (La), c. de Nieuil, 21 m., 65 h.

Pillente (La), c. de St-Claud, 2 m., 7 h.

Pilles (Les), c. de St-Fraigne, 4 m., 5 h.

Pillet (Chez-), c. de La Chaise, 2 m., 9 h.

Pillet (Chez-), c. de Malaville, 3 m., 15 h.

Pillet (Chez-), c. de St-Bonnet, 4 m., 25 h.

Pillot (Chez-), c. de Bécheresse, 4 m., 17 h.

Pillot (Chez-), c. de St-Vallier, 10 m., 44 h.

Pilloux, c. d'Abzac, 4 m., 22 h.

Pilnie (La), c. de Cellefrouin, 1 m., 6 h.

Pin (Le), c. de Chadurie, 14 m., 44 h.

Pinard (Chez-), c. de Lignères, 2 m., 6 h.

Pinard (Chez-), c. de Loubert, 1 m., 3 h.

Pinard (Chez-), c. de St-Laurent-des-Combes, 1 m., 3 h.

Pinardeau, c. de Petit-Lessac, 1 m., 6 h.

Pinaud (Chez-), c. de Cherves, 13 m., 35 h.

Pinaud (Chez-), c. de Montchaude, 1 m., 4 h.

Pinaud (Chez-), c. d'Orival, 13 m., 48 h.

Pinaud (Chez-), c. de St-Amant-de-Montmoreau, 1 m., 5 h.

Pinaud (Chez-), c. de St-Martial, 5 m., 27 h.

Pinaud (Le), c. de Blanzac, 1 m., 5 h.

Pinaud (Le), c. de St-Romain, 1 m., 6 h.

Pinaud (Le Petit-), c. de Moulhiers, 5 m., 17 h.

Pinauderie (La), c. de Bouteville, 1 m., 5 h.

Pinauderie (La), c. de Cherves, 1 m., 6 h.

Pincettes (Les), c. de La Chaise, 4 m., 5 h.

Pincheries (Les), c. de Chabanais, 1 m., 9 h.

Pineau (Chez-), c. de Lamérac, 2 m., 4 h.

Pinet (Chez-), c. de Malaville, 4 m., 24 h.

Pinguet (Chez-), c. de Chavenac, 1 m., 7 h.

Pinier, c. de Juignac, 2 m., 13 h.

Pinier (Le), c. de Boisbreteau, 5 m., 18 h.

Pinier (Le), c. de Bors-de-Montmoreau, 10 m., 31 h.

Pinier (Le), c. de Cherves, 21 m., 75 h.

Pinier (Le), c. de Courgeac, 3 m., 9 h.

Pinier (Le), c. de Crouin, 2 m., 6 h.

Pinier (Le), c. de La Faye, 4 m., 19 h.

Pinier (Le), c. de Pérignac, 3 m., 7 h.

Pinier (Le), c. de Rougnac, 4 m., 12 h.

Pinier (Le), c. de Vilhonneur, 13 m., 54 h.

Pinier-du-Parc (Le), c. de Cherves, 4 m., 4 h.

Pinode (Le), c. d'Ambernac, 2 m., 17 h.

Pinot (Chez-), c. de St-Maurice, 9 m., 40 h.

Pinottières (Les), c. de La Couronne, 9 m., 57 h.

Pins (Les), c., arr. de Confolens, cant. de St Claud, ✝, éc., ⊠ Chasseneuil. ✆ F. 283 m., 1,436 h.

Pins (Les), bg., ch.-l. c. des Pins, 29 m., 108 h., 11 k. de St-Claud, 33 k. de Confolens, 29 k. d'Angoulême.

Pintier (Chez-), c. de Gurat, 2 m., 6 h.

Pintiers (Les), c. de Torsac, 11 m., 28 h.

Pipaudie (La), c. de Chazelles, 18 m., 62 h.

Pipe (La), c. de Bunzac, 3 m., 9 h.

Piquedur, c. de Bors-de-Baignes, 1 m., 4 h.

Piquelots (Les), c. de Chenommet, 10 m., 49 h.

Piraud, c. d'Orival, 2 m., 11 h.

Piron (Chez-), c. de Verrières, 9 m., 50 h.

Pirouac, c. de St-Avit, 5 m., 31 h.

Piroux (Chez-), c. de Roussines. 5 m., 48 h.

Pis (Le), c. de St-Maurice, 4 m., 45 h.

Pis-Bas (Les). c. de Charmant, 3 m., 45 h.

Pis-Hauts (Les', c. de Charmant, 4 m., 16 h.

Pisseloube, c. de Montchaude, 2 m., 5 h.

Pit (Le), ou Le Petit, c. du Grand-Masdieu, 4 m., 20 h.

Pitarderie (La). c. de St-Preuil, 6 m, 18 h.

Pitaud (La', c. de Villefagnan, 3 m., 12 h.

Pîtres (Les), c. de La Rochette, 15 m., 87 h.

Piveteaux (Les), c. de Sireuil, 6 m., 16 h.

Pizanny, c. de L'Houmeau-Pontouvre, 8 m., 24 h.

Place (La), c. de Segonzac, 3 m., 16 h.

Places (Les), c. de Chabrac, 1 m., 8 h.

Places (Les), c. de St-Maurice, 4 m., 16 h.

Placinet (Le), c. du Tâtre. 1 m., 3 h.

Pladuc, c. de La Chaise, 8 m., 25 h.

Pladuc, c. de St-Palais-du-Né. 2 m., 3 h.

Plaine-de-Tessé (La', c. de La Forêt-de-Tessé, 1 m., 4 h.

Plaisance, ou Le Maine-de-Bellevue, c. de Barbezieux, 1 m., 3 h.

Plaisance, c. de Cronin, 2 m., 7 h.

Plaisance, ou Monplaisir, c. de Rivières, 1 m., 8 h.

Plaisance, c. d'Yviers, 1 m., 3 h.

Plaisant (Chez-', c. de Guimps, 1 m., 3 h.

Plaisant (Chez-), c. de La Garde-sur-le-Né, 4 m., 7 h.

Plaisir (Le), c. de Laprade, 1 m., 2 h.

Plaizac, c., arr. d'Angoulême, cant. de Rouillac, éc., ⊠ Rouillac, 80 m., 334 h.

Plaizac, bg., ch.-l., c. de Plaizac, 80 m., 334 h., 5 k. de Rouillac, 30 k. d'Angoulême.

Planchard, c. d'Empuré, 25 m., 74 h.

Planchard, c. de Payzay-Naudouin, 2 m., 7 h.

Planchas (Moulin-de-), c. d'Écuras. 1 m., 4 h.

Planchas, c. de Rouzède, 17 m., 73 h.

Planche (La), c. de La Rochefoucauld, 3 m., 15 h.

Planche (La', c. de Mansle, 11 m., 36 h.

Planche (La), c. de Sers, 1 m, 4 h.

Planchemeinier, c. de Sers, 4 m., 24 h.

Planches (Les), c. des Gours, 1 m, 4 h.

Planches (Les, , c. de St-Médard-de-Barbezieux, 4 m., 15 h.

Planchettes (Les), c. de Messeux, 4 m., 16 h.

Plancherie (La), c. de Baignes-Ste-Radégonde, 3 m., 14 h.

Planet (Le', c. de JuiNaguet, 10 m., 29 h.

Plannes (Les), c. de St-Yrieix, 8 m., 22 h.

Plannes Les', c. de Souffrignac, 6 m., 25 h.

Plans (Les). c. de La Faye. 46 m., 182 h.

Planson, c. de St-Simeux, 6 m., 37 h.

Plante (La), c. de St-Martin-Château-Bernard, 5 m., 16 h.

Plante (La', c. de St-Sulpice-de-Cognac. 3 m., 10 h.

Planteroche, c. de St-Sulpice-de-Cognac, 4 m., 3 h.

Plantes (Chez-), c. de St-Laurent-des-Combes, 1 m., 6 h.

Plantes (Les, ou Chez-les-Moreaux, c. de Barbezieux, 2 m., 6 h.

Plantes (Les), c. de Bassac, 1 m., 5 h.

Plantes (Les), c. d' Chenommet, 3 m., 18 h.

Plantes (Les), c. de Criteuil, 1 m., 4 h.

Plantes (Les), c. de Roullet, 1 m., 15 h.

Plantier (Le), c. de Puymoyen, 1 m., 4 h.

Plantier (Le), c. de Verrières, 2 m., 9 h.

Plantier-Nouveau (Le , c. de Genté, 4 m., 2 h.

Plantis (Le), c. de Jurignac, 1 m., 19 h.

Plantis (Le), c. de Messeux, 15 m., 55 h.

Plantis-de-Chez-Toinot (Le), c. de Cherves, 1 m., 13 h.

Plantis-de-Fontaulière (Les), c. de Cherves, 1 m., 4 h.

Plassac, c. de Condéon, 2 m., 9 h.

Plassac (Logis-de-), c. de Verrières, 1 m., 7 h.

Plassac-Rouffiac, c., arr. d'Angoulême, cant de Blanzac, 4 éc., ⊠ Blanzac, ⊕ F., 454 m., 640 h.

Plassac, bg., ch.-l., c. de Plassac-Rouffiac, 3 m., 40 h., 8 k. de Blanzac, 49 k. d'Angoulême.

Plassolle (La', c. de Taponnat-Fleurignac, 1 m., 8 h.

Plassonne (La), c. de Taponnat-Fleurignac, 1 m., 5 h.

Plassons (Les), château, c. de Bors-de-Montmoreau, 1 m., 17 h.

Platins (Les), c. de Jurignac, 1 m., 3 h.

Platins (Les', c. de Salles-La-Vallette, 1 m., 4 h.

Plats, c. de Mazerolles, 7 m., 2 h.

Plats (Les), c. d'Asnières, 1 m., 15 h.

Plats (Les', c. de Bassac, 1 m., 3 h.

Plégerie, c. de Montrollet, 10 m., 51 h.
Plenet (Chez-), c. de Ladiville, 6 m., 22 h.
Plessac, c. de Balzac, 4 m., 8 h.
Plessac (Le), c. d'Angoulême, 7 m., 26 h.
Plessac (Le), c. de St-Léger, 4 m., 8 h.
Plessac (Le), c. de Touzac, 2 m., 44 h.
Plessac (Le), c. de Voulgézac, 5 m., 25 h.
Plessis (Le), c. de Boisbreteau, 3 m., 45 h.
Plessis (Le), c. de Mareuil, 27 m., 406 h.
Plessis (Le), c. de St-Sulpice-de-Cognac, 4 m., 6 h.
Plessy (Le), c. de Turgon, 5 m., 14 h.
Pleuville, c., arr. de Confolens, cant. de Confolens Nord, 4, éc. à Alloue, 214 m., 1,045 h.
Pleuville, bg., ch.-l. c. de Pleuville, 25 m., 102 h., 18 k. de Confolens, 61 k. d'Angoulême.
Plimbeaux, c. de Cherves-Châtelars, 4 m., 46 h.
Ploquins (Les), c. de La Faye, 5 m., 17 h.
Ploux, c. de Marthon, 1 m., 4 h.
Pluvit, c. de Brillac, 2 m., 20 h.
Pluyant, c. de Montrollet, 2 m., 14 h.
Poignards (Les), c. de Fléac, 2 m., 10 h.
Poinaud (Le Grand-), c. de Mouthiers, 6 m., 28 h.
Poineau (Chez-, c. de Malaville, 2 m., 42 h.
Poineau (Le Moulin-), c. de Montboyer, 3 m., 18 h.
Pointaud (Chez-, c. de Juillaguet, 1 m., 4 h.
Point-du-Jour (Le), c. de Blanzac, 1 m. non h.
Point-du-Jour (Le), c. de Crouin, 12 m., 49 h.
Point-du-Jour (Le), c. de Poullignac, 1 m., 5 h.
Point-du-Jour (Le), c. de Roumazières, 1 m., 12 h.
Point-du-Jour (Le), c. de St-Projet-St-Constant, 1 m., 6 h.
Pointe (La), c. de Condéon, 2 m., 8 h.
Pointe (Moulin-de-la-), c. de Condéon, 1 m., 4 h.
Pointeau (Chez-, c. de St-Cybard, 2 m., 10 h.
Pointeau-des-Landes (Chez-, c. de St-Cybard, 2 m., 7 h.
Pointe-des-Collinaux (La), c. de Lignères, 1 m., 3h.
Point-Ferré, c. du Bouchage, 1 m., 7 h.
Poirier, c. de Juignac, 2 m., 23 h.
Poirier (Chez-), c. de Bessac, 1 m., 7 h.
Poirier (Chez-), c. de Chazelles, 11 m., 49 h.

Poirier (Chez-), c. d'Édon, 3 m., 22 h.
Poirier (Chez-), c. d'Esse, 1 m., 3 h.
Poirier (Chez-), c. de Montboyer, 1 m., 9 h.
Poirier (Le), c. d'Abzac, 3 m., 14 h.
Poirier (Le), c. d'Ansac, 4 m., 20 h.
Poirier (Le), château, c. de Verneuil, 3 m., 35 h.
Poissonnerie (La), c. de St-Médard, 3 m., 42 h.
Poissous (Les), c. de St-Yrieix, 6 m., 27 h.
Poitevin (Chez-), c. de Chantillac, 3 m., 40 h.
Poitevins (Les), c. de Champniers, 7 m., 31 h.
Poitevins (Les), c. de Mainfonds, 5 m., 24 h.
Poitevins (Les), c. de Roullet, 2 m., 13 h.
Poitier (Chez-), c. de St-Même, 12 m., 46 h.
Poitiers (Chez-les-), c. de Touvérac, 2 m., 6 h.
Poitou (Chez-), c. de Montboyer, 1 m., 5 h.
Poltrop, c. de Nabinaud, 1 m., 8 h.
Pomaudrie (La), c. de St-Laurent-de-Belzagot, 8 m., 38 h.
Pombreton, c. de Nersac, 54 m., 174 h.
Pommaret, c. d'Exideuil, 5 m., 41 h.
Pomme (Moulin-de-la-), c. de Nanteuil, 1 m., 5 h.
Pommerate (La), c. de Richemont, 1 m., 3 h.
Pommerate (La), c. de St-Laurent, 3 m., 44 h.
Pommeret, c. d'Aubeville, 8 m., 36 h.
Pommier (Chez-), c. de St-Sulpice-de-Cognac, 10 m., 42 h.
Pommier (Le), c. de Saulgond, 13 m., 53 h.
Pommier (Moulin-de-), c. de Saulgond, 1 m., 6 h.
Pommiers (Les), c. de Garat, 4 m., 6 h.
Pompe (La), c. de La Rochefoucauld, 1 m., 4 h.
Pompineau (Le), c. d'Yvrac-et-Malleyrand, 1 m., 4 h.
Pompinier, c. de Brossac, 1 m., 6 h.
Ponchet, c. de St-Hilaire, 11 m., 51 h.
Ponchet (Chez-), c. de Pranzac, 5 m., 17 h.
Pondeville, c. de St-Estèphe, 10 m., 46 h.
Ponlevin, c. de Champmillon, 2 m., 11 h.
Ponnet (Chez-), c. de Turgon, 1 m., 3 h.
Pont (Le), c. d'Agris, 31 m., 95 h.

Pont (Le), c. de Beaulieu, 2 m., 10 h.
Pont (Le), c. de Bioussac, 3 m., 10 h.
Pont (Le), c. de Chasseneuil, 8 m., 34 h.
Pont (Le), c. de Cherves, 10 m., 10 h.
Pont (Le), c. de Lamérac, 1 m., 1 h.
Pont (Le), c. de Moutardon, 1 m., 2 h.
Pont (Le), c. de Petit-Lessac, 1 m., 11 h.
Pont (Le), c. de Ruelle, 35 m., 122 h.
Pont (Le), moulin, c. de St-Claud, 1 m., 9 h.
Pont (Le), us, c. de St-Claud, 2 m., 4 h.
Pont (Le), c. de St-Sulpice-de-Cognac, 25 m., 92 h.
Pont (Le), c. de Verneuil, 3 m., 12 h.
Pont (Le Grand-), c. d'Aubeterre, 1 m., 4 h.
Pont (Le Grand-), c. de Pranzac, 2 m., 6 h.
Pont (Le Petit-), c. de Puyréaux, 1 m., 8 h.
Pont (Moulin-du-), c. de Pérignac, 4 m., 15 h.
Pont (Moulin-du-), c. de St-Amant-de-Bonnieure, 1 m., 9 h.
Pont (Moulin-du-), c. de St-Laurent-de-Belzagot, 3 m., 11 h.
Pont (Moulin-du-), c. de St-Laurent-de-Céris, 1 m., 3 h.
Pont-à-Brac (Le), c. de Nonaville, 1 m., 51 h.
Pont-à-Brac (Le), c. de Vignolles, 1 m., 4 h.
Pontaroux (Le), c. de Gardes, 19 m., 65 h.
Pont-Audiger (Le), c. de Montboyer, 1 m., 5 h.
Pont-aux-Murs (Le), c. de St-Bonnet, 2 m., 13 h.
Pont-Charlot (Le), c. de Cellefrouin, 3 m., 6 h.
Pont-Chevrier, c. de Bessac, 2 m., 11 h.
Pont-Clair, c. de Passirac, 1 m., 3 h.
Pont-de-Boisse (Le), c. de Montboyer, 1 m., 5 h.
Pont-de-Corps (Le), c. de Médillac, 4 m., 15 h.
Pont-de-Grène (Le), c. d'Exideuil, 1 m., 4 h.
Pont-de-la-Cheneau (Le), c. de Chebrac, 1 m., 15 h.
Pont-de-la-Roche (Le), c. d'Ars, 2 m., 3 h.
Pont-de-la-Trache (Le), c. de St-Brice, 1 m., 2 h.
Pont-de-Reims (Le), c. de Brillac, 1 m., 5 h.
Pont-des-Écures (Le), voy. Le Moulin-des-Écures, c. d'Angeduc, 2 m., 10 h.

Pont-des-Tables, c. de La Couronne, 2 m., 19 h.
Pont-de-Toulat, c. de Champagne-Mouton, 1 m., 10 h.
Pont-de-Vinson (Le), c. d'Angoulême, 4 m., 10 h.
Pont-de-Vinson (Le), c. de Soyaux, 1 m., 2 h.
Pont-d'Herpes (Le), c. de Courbillac, 3 m., 12 h.
Pont-du-Gas (Le), c. de Ste-Sévère, 1 m., 4 h.
Pont-du-Né (Le), c. de Viville, 3 m., 16 h.
Pont-du-Noble (Le), c. de Reignac, 2 m., 7 h.
Pont-du-Noble (Le), c. du Tâtre, 1 m., 16 h.
Pont-du-Seuil (Le), c. de Vaux-la-Valette, 2 m., 7 h.
Pontereau, c. de Brie-sous-Chalais, 4 m., 8 h.
Pontet (Le), c. de Ronsenac, 2 m., 5 h.
Pontet-Fauché (Le), c. de Chabrac, 2 m., 27 h.
Pont-Fou, c. de Roumazières, 14 m., 57 h.
Ponthell (Le), c. de St-Maurice, 6 m., 36 h.
Pontil (Le), c. de Charmé, 1 m., 20 h.
Pontil (Le), c. de Ladiville, 1 m., 3 h.
Pontil (Le), c. de Touvre, 4 m., 21 h.
Pontillon (Le), c. de Grassac, 1 m., 22 h.
Pont-Livonnet, c. de St-Laurent-de-Belzagot, 1 m. non h.
Pont-Mailler, c. de Chadurie, 2 m., 6 h.
Pont-Neuf (Le), c. de Salles-de-Segonzac, 1 m., 3 h.
Pont-Ocher (Moulin-du-), c. de Vignolles, 1 m., 6 h.
Pontois, c. de St-Claud, 1 m., 9 h.
Pontour, c. de Genac, 29 m., 129 h.
Pontouvre (Le), c. de Champniers, 14 m., 64 h.
Pontouvre, bg., ch.-l., c. de L'Houmeau-Pontouvre, 468 m., 490 h., 1 k. d'Angoulême.
Pontreau, c. de Jarnac, 1 m., 3 h.
Pont-Rouchaud, c. de Roussines, 2 m., 14 h.
Pont-Roux, c. de Marcillac-Lanville, 39 m., 118 h.
Ponts (Les), c. de St-Claud, 1 m., 7 h.
Pont-Sec, c. de St-Germain, 4 m., 18 h.
Ponts-Secs (Les), c. d'Angoulême, 20 m., 77 h.
Pont-Sigonlant (Le), c. de La Péruze, c. r., 10 m., 36 h.

Pont-Sigoulant (Le), c. de Loubert, 2 m., 4 h.

Pont-Sigoulant (Le), c. de Roumazières, 23 m., 74 h.

Pont-Vieux (Le), c. d'Aubeterre, 1 m., 6 h.

Porcherat (Le Grand-), c. de Laprade, 7 m., 27 h.

Porcherat (Le Petit-), c. de Laprade, 5 m., 48 h.

Porcheresse, c., arr. d'Angoulême, cant. de Blanzac, †, éc., ⊠ Blanzac, 76 m., 310 h.

Porcheresse, bg., ch.-l., c. de Porcheresse, 6 m., 25 h., 3 k. de Blanzac, 29 k. d'Angoulême.

Porcherou, c. de St-Hilaire, 1 m., 7 h.

Porcherons (Les), c. de Villegats, 29 m., 82 h.

Pornivier, c. de Verrières, 4 m., 28 h.

Port (Le), c. de Bourg-Charente, 20 m., 69 h.

Port (Le), c. de Chirac, 1 m., 12 h.

Port (Le), c. de Manot, 4 m., 46 h.

Portadière (La), c. de Bernac, 2 m., 11 h.

Portail (Le), c. de Baignes-Ste-Radégonde, 45 m., 60 h.

Portail (Le), c. de Cherves, 3 m., 9 h.

Portail (Le), c. de Cognac, 1 m., 7 h.

Portail (Le), c. de Malaville, 4 m., 43 h.

Portail (Le), c. de St-Laurent-des-Combes, 1 m., 3 h.

Portail (Le), c. de Vouthon, 5 m., 33 h.

Portail-Bleu (Le), c. d'Yviers, 1 m., 5 h.

Portal (Le), c. de Mouthiers, 6 m., 20 h.

Portal (Le), c. de Vars, 24 m., 113 h.

Portalle (La), c. de St-Gervais, 2 m., 4 h.

Port-de-Jappe, c. d'Ars, 1 m., 15 h.

Porte (La), c. de Brie-sous-Chalais, 2 m., 10 h.

Porte (La), c. de Curac, 17 m., 66 h.

Porte (La), c. de Ste-Colombe, 3 m., 19 h.

Porte (La), c. de St-Romain, 1 m., 7 h.

Porte (Moulin-de-la-), voy. Le Pas-de-la-Magdeleine.

Portebœuf, c. de Massignac, 10 m., 35 h.

Portebœuf (Le Petit-), c. de Verneuil, 2 m., 15 h.

Porte-de-Pressac (La), c. de St-Quentin, cant. de Chabanais, 1 m., 7 h.

Porte-Fache, c. de Reignac, 2 m., 8 h.

Porterie (La), c. des Adjots, 11 m., 49 h.

Portes (Les), c. de St-Fort, 13 m., 31 h.

Portes (Les), voy. Maison-Neuve, c. de St-Surin.

Portes (Les), c. de Sireuil, 1 m., 4 h.

Portichou (Chez-), c. de Vouthon, 1 m., 44 h.

Portrait (Le), c. de St-Severin, 1 m., 2 h.

Poste (La), c. de Montjean, 10 m., 45 h.

Poste (La), c. de Nonaville, 1 m., 5 h.

Poste (La), c. de Reignac, 17 m., 52 h.

Poste (L'Ancienne-), c. de Nonaville, 1 m., 12 h.

Poste (La Vieille-), c. de Reignac, 3 m., 9 h.

Potard (Chez-), c. de Voulgézac, 1 m., 4 h.

Poteau, c. des Gours, 24 m., 75 h.

Poteau (Chez-), c. de Challignac, 8 m., 24 h.

Poteau (Le), c. de Chantillac, 4 m., 2 h.

Poteau (Le), c. de Chassors, 2 m., 2 h.

Poteau (Le, ou La Boucharderie, c. de l'Isle-d'Espagnac, 1 m., 3 h.

Poteau (Le), c. de Richemont, 1 m., 3 h.

Poteau (Le), c. de St-Germain, 5 m., 22 h.

Poterie (La), c. de Champagne-Mouton, 1 m., 7 h.

Poterie (La), c. de Médillac, 2 m., 10 h.

Poterie (La), c. de Pillac, 9 m., 29 h.

Poterie (La), c. de St-Amant-de-Bonnieure, 21 m., 73 h.

Poterie (La), c. de St-Sulpice-de-Cognac, 13 m., 40 h.

Poterie (La), c. de Valence, 5 m., 31 h.

Poteries (Les), c. de Bors-de-Baignes, 1 m., 3 h.

Poteries (Les), c. de Condéon, 5 m., 15 h.

Poteries (Les), c. du Tâtre, 8 m., 26 h.

Pothier (Chez-), c. de St-Vallier, 2 m., 12 h.

Potiers (Les), c. de St-Cybard, 5 m., 18 h.

Potillon (Chez-), c. de Plassac-Rouffiac, 1 m., 3 h.

Potounière (La), c. d'Ébréon, 48 m., 173 h.

Pot-Niquet nº 1, c. d'Ansac, 1 m., 6 h.

Pot-Niquet nº 2, c. d'Ansac, 1 m., 5 h.

Pouade (La), c. de Champniers, 11 m., 47 h.

Pouade (La), c. de Sigogne, 2 m., 4 h.

Poudrerie (La), c. d'Angoulême, 3 m., 42 h.

Pouessant (Chez-), c. de Confolens, 1 m., 2 h.

Pouge (La), c. de St-Quentin, cant. de Chabanais, 3 m., 15 h.

Pouge (La), c. de Saulgond, 1 m., 10 h.

Pouge (La Grande-), c. de Montbron, 1 m., 5 h.

Pouge (La Petite-), c. de Montbron, 1 m., 13 h.

Pougeard (Chez-), c. de St-Maurice, 3 m., 20 h.

Pouges (Les), c. de St-Preuil, 3 m., 9 h.

Pougis, c., arr. de Ruffec, cant. de Ruffec, †, éc., ☒ Nanteuil, 125 m., 472 h.

Pougné, bg., ch.-l., c. de Pougné, 31 m., 114 h., 10 k. de Ruffec, 40 k. d'Angoulême.

Pougnerie (La), c. de Marsac, 1 m., 7 h.

Pouillade (La), c. de Jujllac-le-Coq, 2 m., 14 h.

Pouillat (Chez-), c. de St-Angeau, 15 m., 43 h.

Poujet (Chez-), c. de Messeux, 9 m., 31 h.

Poulailler (Le), c. de St-Romain, 2 m., 5 h.

Poulard, c. d'Aubeterre, 1 m., 6 h.

Poulard (Chez-), c. de Deviat, 3 m., 13 h.

Poulards (Les Grands-), c. de Brie-sous-Chalais, 9 m., 33 h.

Poulards (Les Petits-), c. de Brie-sous-Chalais, 4 m., 14 h.

Poulet, us., c. de La Couronne, 2 m., 11 h.

Poulet, c. de Vœuil-et-Giget, 8 m., 37 h.

Pouliers (Chez-), c. de Vitrac, 2 m., 11 h.

Poulinard, c. de Salles-la-Vallette, 8 m., 33 h.

Poulleterie (La), c. de Ruffec, 2 m., 7 h.

Poullignac, c., arr. de Barbezieux, cant. de Montmoreau, †, éc., ☒ Montmoreau, 65 m., 295 h.

Poullignac, bg., ch.-l., c. de Poullignac, 8 m., 29 h., 15 k. de Montmoreau, 15 k. de Barbezieux, 31 k. d'Angoulême.

Poumailloux (Le), c. d'Oradour Fanais, 22 m., 72 h.

Pouméral, c. de Massignac, 18 m., 91 h.

Poupard (Chez-), c. de Montjean, 3 m., 48 h.

Pourat (Chez-), c. de Combiers, 2 m, 3 h.

Pourchier (Chez-), c. de St-Projet-St-Constant, 4 m., 11 h.

Pouret (Chez-), c. de Rivières, 5 m., 26 h.

Poursac, c. de Chabrac, 4 m., 30 h.

Poursac, c., arr. de Ruffec, cant. de Ruffec, †, éc., ☒ Verteuil, 190 m., 681 h.

Poursac, bg., ch.-l., c. de Poursac, 44 m., 129 h., 10 k. de Ruffec, 33 k. d'Angoulême.

Poursac (Le Grand-Moulin-de-), c. de Poursac, 2 m., 7 h.

Poussabet, c. de Villiers-le-Roux, 18 m., 59 h.

Poutardière (La), c. d'Anais, 7 m., 28 h.

Poutlignat, c. de La Rochefoucauld, 7 m., 35 h.

Pouvaraud (Chez-), c. de Champagne-Mouton, 17 m., 62 h.

Pouvererie (La), c. de Cherves-Châtelars, 12 m., 31 h.

Pouvererie (La), c. du Lindois, 4 m., 26 h.

Pouvrière, c. de Souffrignac, 8 m., 42 h.

Pouvet, c. d'Alloue, 1 m., 4 h.

Poux (Le Moulin-de-), c. de Luxé, 2 m., 5 h.

Pouyade (Chez-), c. de Rivières, 5 m., 23 h.

Pouyade (La), c. de Birac, 1 m., 5 h.

Pouyade (La), c. de Brossac, 1 m., 5 h.

Pouyade (La), c. d'Esse, 4 m., 20 h.

Pouyade (La), c. d'Hiersac, 22 m., 124 h.

Pouyade (La), c. de Montchaude, 5 m., 19 h.

Pouyade (La), c. de Rougnac, 20 m., 77 h.

Pouyade (La), c. de Segonzac, 3 m., 9 h.

Pouyade (La), c. de St-Quentin-de-Chalais, 1 m., 5 h.

Pouyade (La), c. de St-Yrieix, 4 m., 7 h.

Pouyade (La), c. d'Yviers, 1 m., 3 h.

Pouyaud (Le), c. d'Empuré, 15 m., 57 h.

Pouyaud (Le), château, c. de Dignac, 5 m., 24 h.

Pouyaud (Le), c. de Dirac, 8 m., 21 h.

Pouyé, c. de Brossac, 2 m., 8 h.

Pouyerie (La), c. de Genouillac, 8 m., 18 h.

Pouyolollet, c. de Suaux, 2 m., 15 h.

Pouzou, c. de Verrières, 1 m., 3 h.

Pouzou (Chez-), c. de Coulgens, 7 m., 26 h.

Prade (La), c. de Vars, 24 m., 87 h.

Pradeau (Chez-), c. de Feuillade, 1 m., 9 h.

Pradelières (Les), c. de Cellefrouin, 50 m., 184 h.

Pradelières (Le Moulin-des-), c. de Cellefrouin, 4 m., 4 h.

Pradelle (La), c. de Bors-de-Baignes, 1 m., 6 h.

Pradellerie (La), c. de Mouthiers, 1 m., 6 h.

Pradier (Le), c. de Pérignac, 2 m., 8 h.

Praisnaud, c. d'Ambernac, 1 m., 9 h.

Praisnaud (Le Château-de-), c. d'Ambernac, 1 m., 6 h.

Pransac, c. de La Péruze, 3 m., 16 h.

Pranzac, c. arr. d'Angoulême, cant. de La Rochefoucauld, †. éc., ☒ La Rochefoucauld, ☞ F., 130 m., 795 h.

Pranzac, bg., ch.-l., c. de Pranzac, 60 m., 185 h., 9 k. de La Rochefoucauld, 17 k. d'Angoulême.

Pras, c. de Juignac, 12 m., 53 h.

Pras (Les), c. de Chazelles, 6 m., 24 h.

Prassecs (Les), c. de Mansle, 1 m., 8 h.

Prat (Le), c. d'Alloue, 9 m., 34 h.

Prat (Le), c. de Bouteville, 16 m., 61 h.

Prat, c. de St-Romain, 2 m., 11 h.

Prat (Le Moulin du-), c. de Villefagnau, 1 m., 7 h.

Prats (Les), c. d'Ansac, 7 m., 35 h.

Prazelles, c. de Bouex, 1 m., 2 h.

Pré (Le), c. de Tusson, 52 m., 165 h.

Préard (Le), c. d'Angeac-Champagne, 6 m., 49 h.

Pré-Bournard (Le), c. de Barret, 1 m., 2 h.

Pré-du-Fils (Le), c. de Verrières, 1 m., 4 h.

Pré-Dumas (Le), c. de Lesterps, 4 m., 16 h.

Pré-du-Seigneur (Le), c. de Chabanais, 1 m., 6 h.

Prée (La), c. de St-Fraigne, 2 m., 5 h.

Pré-Fauché, c. d'Aubeville, 2 m., 13 h.

Pré-Fauché (Le Petit-), c. d'Aubeville, 1 m., 4 h.

Préferrant, c. de Puyréaux, 2 m., 5 h.

Pré-Ménatier (Le), c. de Cherves, 2 m., 4 h.

Prés (Les Petits-), c. de Soyaux, 1 m., 4 h.

Presbytère (Le), c. de Bernac, 1 m., 2 h.

Présec (Moulin-de-), c. de Cellefrouin, 2 m., 10 h.

Pressac, c. de La Chaise, 1 m., 2 h.

Pressac (Château-), c. de St-Quentin-de-Chabanais, 3 m., 22 h.

Pressaleix-des-Auzières, c. de Brigueuil, 9 m., 32 h.

Pressaleix-du-Bost, c. de Brigueuil, 2 m., 18 h.

Pressignac, c., arr. de Confolens, cant. de Chabanais, †, éc., ☒ Chabanais, 301 m., 1,463 h.

Pressignac, bg., ch.-l., c. de Pressignac, 42 m., 176 h., 7 k. de Chabanais, 25 k. de Confolens, 63 k. d'Angoulême.

Preuclat, c. d'Exideuil, 2 m., 11 h.

Preuil (St-), c., arr. de Cognac, cant. de Châteauneuf, †, éc., ☒ Châteauneuf, 175 m., 670 h.

Preuil (St-), bg, ch.-l., c. de St-Preuil, 22 m., 84 h., 10 k. de Châteauneuf, 21 k. de Cognac, 39 k. d'Angoulême.

Prévalerie (La), c. de Dirac, 4 m., 17 h.

Prévost (Chez-), c. de Brie-sous-Chalais, 8 m., 34 h.

Prévost (Chez-), c. de l'Isle-d'Espagnac, 3 m., 20 h.

Prévost (Chez-), c. de Mainxe, 9 m., 33 h.

Prevosté (La), c. de St-Genis-d'Hiersac, 18 m., 72 h.

Prévôt (Chez-), c. de Berneuil, 1 m., 6 h.

Prévoterie, c. de Brie-sous-la-Rochefoucauld, 14 m., 49 h.

Prévoterie (La), c. de Châteauneuf, 9 m., 23 h.

Prévotie (La), c. de St-Laurent-de-Céris, 14 m., 65 h.

Prévôts (Les), c. de Dirac, 2 m., 7 h.

Prévoûte (La), c. de Verrières, 3 m., 13 h.

Prèze (La), c. de Rouzède, 3 m., 25 h.

Préziers (Les Moulins-), c. de Cherves, 2 m., 6 h.

Prieur (Le), c. de Suris, 1 m., 9 h.

Prieuré (Le), voy. La Cure.

Priézac, c. de St-Christophe, 7 m., 33 h.

Prime (La), c. de St-Vallier, 1 m., 7 h.

Prioleau (Chez-), c. de St-Sulpice-de-Cognac, 4 m., 8 h.

Priot (Chez-), c. de St-Martial, 1 m., 4 h.

Prioux, c. de Taizé-Aizie, 1 m., 8 h.

Prise (La), c. de Gensac, 6 m., 21 h.

Procureurs (Les), c. d'Ansac, 2 m., 7 h.

Projet-St-Constant (St-), c., arr. d'Angoulême, cant. de La Rochefoucauld, †, éc., ☒ La Rochefoucauld, 420 m., 608 h.

Projet (St-), bg., ch.-l., c. de St-Projet-St-Constant, 30 m., 131 h., 3 k. de La Rochefoucauld, 20 k. d'Angoulême.

Prompt (Chez-), c. de Claix, 4 m., 15 h.

Protin, c. de Juignac, 11 m., 15 h.

Proulleau (Chez-), c. de St-Cybardeaux, 9 m., 49 h.

Proux (Chez-), c. des Adjots, 2 m., 16 h.

Prunaud, c. de Salles-de-Segonzac, 23 m., 85 h.

Pruneau (Le), c. de Montignac-le-Coq, 8 m., 18 h.

Pruneau (Le Grand-), c. de Touvérac, 24 m., 81 h.

Pruneau (Le Petit-), c. de Touvérac, 4 m., 8 h.

Prunie (La), c. de Brigueuil, 1 m., 8 h.

Pruniers (Les), c. de Bouex, 1 m., 6 h.

Puant, c. de Vindelle, 7 m., 30 h.

Puberty, c. de St-Maurice, 1 m., 7 h.

Puibaronnaud, c. de Beaulieu, 4 m., 23 h.

Puibossard, c. de Genac, 11 m., 55 h.

Puichâtin, c. de Chantillac, 5 m., 7 h.

Puichevlolle, c. de Juignac, 6 m., 13 h.

Puichimard, c. de Reignac, 4 m. non h.

Paidou, c. de Monthron, 4 m., 10 h.

Puiguiller, c. de Segonzac, 10 m., 52 h.

Puimasset, c. de Rouflac-de-St-Martial-la-Menècle, 7 m., 34 h.

Puireau, c. de Salles-la-Vallette, 8 m., 30 h.

Puiroby, c. de Juignac, 10 m., 30 h.

Paissaguet (Le), c. d'Agris, 13 m., 40 h.

Puits (Chez-Gros-), c. de Gardes, 4 m., 6 h.

Puits (Le), c. d'Angeac - Champagne, 5 m., 20 h.

Puits (Le), c. d'Écuras, 24 m., 101 h.

Puits (Le), c. du Grand-Masdieu, 1 m., 6 h.

Puits (Le), c. de Mouthiers, 4 m., 5 h.

Puits (Le), c. d'Oradour-Fanais, 11 m., 72 h.

Puits (Le), c. des Pins, 28 m., 84 h.

Puits (Le), c. de St-Quentin-de-Chalais, 3 m., 12 h.

Puits (Le Grand-), c. de Villiers-le-Roux, 23 m., 69 h.

Puits-Bernard, c. de Chassors, 12 m., 39 h.

Puits-Caillon (Le), c. de Jurignac, 2 m., 10 h.

Puits-Chétif (Moulin-de-), c. de Celle-frouin, 1 m., 4 h.

Puits-de-Chat, c. d'Écuras, 6 m., 34 h.

Puits-de-la-Ville (Le), c. de Souvigné, 20 m., 71 h.

Puits-des-Mares (Le), c. de St-Laurent, 4 m., 15 h.

Puits-du-Four (Le), c. de Vilhonneur, 9 m., 30 h.

Puits-Marot (Le), c. de Vindelle, 3 m., 12 h.

Papris, c. de St-Laurent-de-Céris, 5 m., 23 h.

Purdon, c. d'Angoulême, 3 m., 10 h.

Purigner (Moulin-de-), c. de Confolens, 1 m., 4 h.

Patier, c. de Nieuil, 23 m., 77 h.

Pay (Le), c. de Brigueuil, 17 m., 64 h.

Pay (Le), c. de Bunzac, 8 m., 36 h.

Pay (Le), c. de Charmant, 8 m., 18 h.

Pay (Le), c. de Courlac, 2 m., 8 h.

Pay (Le), c. d'Étagnat, 6 m., 29 h.

Pay (Le), c. d'Exideuil, 19 m., 71 h.

Pay (Le), c. de Gurat, 10 m., 44 h.

Pay (Le), c. de Magnac-la-Vallette, 4 m., 46 h.

Pay (Le), c. de l'arzac, 14 m., 50 h.

Pay (Le), c. de Petit-Lessac, 4 m., 14 h.

Pay (Le), c. de St-Félix, 1 m., 14 h.

Pay (Le), c. de St-Romain, 6 m., 21 h.

Puy-André, c. de Malaville, 1 m., 3 h.

Puy-Balers, voy. Balery.

Puy-Baraud, c. de Suris, 2 m., 12 h.

Puybaron, c. de St-Constant, 3 m., 14 h.

Puybarreau, c. de Genouillac, 24 m., 84 h.

Puybaudet, c. de Saulgond, 3 m., 23 h.

Puybeautiers (Château-de-), c. de St-Coutant, 1 m., 9 h.

Puy-Bernard, c. de Genouillac, 14 m., 49 h.

Puyberneuil, c. de Bors-de-Baignes, 2 m., 12 h.

Puybert, c. de St-Preuil, 29 m., 111 h.

Puy-Bertaud, c. d'Épenède, 5 m., 27 h.

Pay-Berthier, c. de Trois-Palis, 13 m., 49 h.

Puyblard, c. de Ronsenac, 3 m., 13 h.

Puybollier, c. d'Échallat, 5 m., 23 h.

Puybon, c. de Condéon, 7 m., 23 h.

Puybon, c. des Essards, 3 m., 10 h.

Puybonnet, c. de Charmé, 4 m., 19 h.

Puybossard, c. de Gourville, 21 m., 72 h.

Puyboux, c. de St-Mary, 12 m., 42 h.

Puybrandet, c. de La Couronne, 55 m., 277 h.

Puybrunet, c. de Rouillac, 18 m., 46 h.

Puybrunet (Le Moulin-de-), c. de Marcillac, 1 m., 3 h.

Puychabot, c. de Voulgézac, 9 m., 27 h.

Puychareau (Le), c. de Ste-Colombe, 3 m., 22 h.

Puycharenton, c. de Petit-Lessac, 1 m., 7 h.

Puychaud, c. des Essards, 11 m., 44 h.

Puy-Chaud (Le), c. de Juillaguet, 1 m., 3 h.

Puychauvet, c. de Payzay-Naudouin, 4 m., 10 h.

Puycheni, c. de St-Romain, 2 m., 46 h.

Puychenin, c. de Lichères, 30 m., 103 h.

Puychevrier, c. de Chabanais, 6 m., 30 h.

Puy-Claveau, c. de St-Amant-de-Bonnieure, 18 m., 61 h.

Puycocu, c. de Bunzac, 14 m., 65 h.

Puy-Cocu, c. de Vaux-la-Vallette, 2 m., 8 h.

Puy-Colas, c. de St-Maurice, 4 m., 8 h.

Puycoudat, c. de Chabanais, 4 m., 10 h.

Puy-David, c. de Salles-la-Vallette, 8 m., 23 h.

Puy-de-Baud (Le), c. de Nieuil, 5 m., 20 h.

Puy-de-Beaumont, c. de Mazerolles, 1 m., 7 h.

Puy-de-Courolle (Le), c. de Torsac, 3 m., 4 h.

Puy-de-Giot, c. de Montembœuf, 3 m., 21 h.

Puy-de-la-Roche, c. de Champniers, 1 m., 4 h.

Puy-des-Lavauds (Le), c. de Rivières, 3 m., 20 h.

Puy-de-Nanteuil (Le), c. de Mornac, 28 m., 102 h.

Puy-de-Neuville, c. de Touzac, 2 m., 9 h.

Puy-de-Palisse, ou Font-Pisse-Près, c. de Blanzaguet, 1 m., 2 h.

Puy-du-Maine (Le), c. de Vindelle, 9 m., 47 h.

Puyfitoux, c. de St-Laurent-de-Belzagot, 1 m., 6 h.

Puyforeau, c. de Chadurie, 2 m., 8 h

Puyfoucaud, c. de St-Amant-de-Montmoreau, 3 m., 14 h.

Puyfragnoux, c. de Brigueuil, 2 m., 14 h.

Puy-Français, c. d'Anais, 1 m., 13 h.

Puy-Garlandat, c. de Cherves, 1 m., 4 h.

Puy-Garnaud, c. de Chassiecq, 3 m., 10 h.

Puygarreau, c. de Baignes-Ste-Radégonde, 29 m., 89 h.

Puygats, c. de Chadurie, 9 m., 38 h.

Puygats (Le Logis-de-), c. de Chadurie, 3 m., 49 h.

Puygelier, c. de Blanzac, 4 m., 20 h.

Puygelier, c. de Mouton, 9 m., 44 h.

Puygelier, c. de Puyréaux, 8 m., 30 h.

Puygelier, c. de St-Ciers, 5 m., 20 h.

Puygelier (Le Logis-de-), c. de St-Ciers, 1 m., 7 h.

Puy-Gibaud, c. de Chasseneuil, 23 m., 79 h.

Puygironde, c. de Nabinaud, 9 m., 28 h.

Puygironde, c. de Pillac, 1 m., 2 h.

Puygobert, c. de Benest, 2 m., 6 h.

Puygoraud, c. de Montembœuf, 6 m., 36 h.

Puygouffier, c. d'Orival, 2 m., 6 h.

Puygreller, c. de St-Michel, 2 m., 15 h.

Puygrenier, c. de Rouillac-de-St-Martial-la-Menècle, 2 m., 11 h.

Puy-Grenier, c. de St-Maurice, 2 m., 17 h.

Puygrimeau, c. de Chadurie, 2 m., 7 h.

Puygrolles, c. de Courgeac, 4 m., 11 h.

Puy-Jean, c. de Massignac, 5 m., 49 h.

Puylnbourier, c. de Brigueuil, 40 m., 34 h.

Puylâne, c. de Mainfonds, 2 m., 13 h.

Puylanveau, c. d'Étagnat, 40 m., 40 h.

Puy-Léonard, c. de Champagne-Mouton, 1 m., 6 h.

Puy-Loup, c. d'Aubeville, 5 m., 28 h.

Puyloyer, c. de Mouton, 1 m., 17 h.

Puymagaud, c. de Chabrac, 3 m., 20 h.

Puymailloux, c. de Péreuil, 7 m., 23 h.

Puymard (Le), c. de Fouquebrune, 6 m., 24 h.

Puymarteau, c. de Charmé, 10 m., 24 h.

Puymartin, c. de Douzat, 5 m., 20 h.

Puy-Martin (Le Grand-), c. d'Orgedeuil, 4 m., 15 h.

Puy-Martin (Le Petit-), c. d'Orgedeuil, 1 m., 5 h.

Puymasson, c. de Mainzac, 6 m., 20 h.

Puymasson, c. de St-Amant-de-Montmoreau, 3 m., 12 h.

Puymeau, c. de St-Adjutory, 7 m., 33 h.

Puyménard, c. de Nanteuil, 1 m., 40 h.

Puyménier, c. d'Anais, 3 m., 16 h.

Puymérigoux, c. de Montrollet, 2 m., 13 h.

Puymerle, c. d'Aussac, 3 m., 8 h.

Puymerle (Le), c. de St-Preuil, 20 m., 78 h.

Puymerle (Le), c. de Torsac, 6 m., 26 h.

Puymerles (Les), c. du Lindois, 1 m., 4 h.

Puymic, c. de Pressignac, 20 m., 99 h.

Puymiraud, c. d'Orgedeuil, 5 m., 26 h.

Puymoreau (Le Moulin-de-), c. de Salles-de-Barbezieux, 2 m., 16 h.

Poymoyen, c., arr. d'Angoulême, cant. d'Angoulême (1re partie). †, éc., ⊠ Angoulême, 123 m., 514 h.

Puymoyen, bg., ch.-l., c. de Puymoyen, 41 m., 157 h., 6 k. d'Angoulême.

Puy-Nalbert (Le), c. de Linars, 2 m., 40 h.

Puyorléans, c. de Bécheresse, 9 m., 26 h.

Puyorléans, c. de Pérignac, 1 m., non h.

Puypalot, c. de Ventouse, 1 m., 3 h.

Puypelat, c. de St-Christophe, 3 m., 14 h.

Puypéroux, c. d'Aignes-et-Puypéroux, 9 m., 38 h.

Puypéroux, c. du Bouchage, 6 m., 33 h.

Puypéroux, c. de Villejoubert, 45 m., 34 h.

Puypigou, c. de Juignac, 45 m., 41 h.

Puyponchet, c. de Mazerolles, 22 m., 94 h.

Puypoussant, c. de St-Gervais, 24 m., 79 h.

Puyprenier, c. d'Ébréon, 1 m., 8 h.

Puyrajoux, c. de Cellefrouin, 6 m., 30 h.

Puyrajoux, c. de Dirac, 10 m., 30 h.

Puyrâteau (Le), c. de Gurat, 3 m., 12 h.

Puyravand, c. de Marsac, 6 m., 34 h.

Puyraveau, c. de Montembœuf, 3 m., 46 h.

Puyraveau, c. de Vitrac, 5 m., 20 h.

Puyréaud, c. de Gourville, 6 m., 26 h.

Puyréaux, c., arr. de Ruffec, cant. de Mansle, †, éc., ⊠ Mansle, 134 m., 510 h.

Puyréaux, bg., ch.-l., c. de Puyréaux, 61 m., 610 h., 3 k. de Mansle, 20 k. de Ruffec, 30 k. d'Angoulème.

Puy-Rémond (Le Grand-), c. de Riche-mont, 1 m., 3 h.

Puy-Rémond (Le Petit-), c. de Riche-mont, 2 m., 5 h.

Puyrenaud, c. d'Asnières, 40 m., 142 h.

Puyrenaud, c. de Champniers, 1 m., 7 h.

Puyrichard, c. de Chirac, 4 m., 22 h.

Puyrigaud, c. de La Chaise, 1 m., 5 h.

Puyrignier, c. de St-Germain-sur-Vienne, 3 m., 25 h.

Puy-Robert, c. de Salles-la-Vallette, 1 m., 4 h.

Puyroi, c. de Bonnes, 2 m., 8 h.

Puyromain, c. de St-Cybardeaux, 2 m., 44 h.

Puyronnets (Les), c. de Châteauneuf, 9 m., 32 h.

Puyroyet, c. de St-Preuil, 1 m., 5 h.

Puy-St-Jean, c. d'Échallat, 18 m., 60 h.

Puy-Sanceau, c. de La Vallette, 1 m., 3 h.

Puyservaud, c. d'Eymouliers, 11 m., 124 h.

Puytillon, c. de Pérignac, 4 m., 46 h.

Puytramail, c. de Salles-la-Vallette, 3 m., 10 h.

Puyvergne, c. d'Éraville, 4 m., 18 h.

Puyvidal, c. de St-Projet-St-Constant, 2 m., 25 h.

Puy-Vinars, c. de Lesterps, 2 m., 17 h.

Pygnier (Le), c. de Gardes, 7 m., 31 h.

Pygnier (Le Moulin-du-), c. de Gardes, 2 m., 41 h.

Q

Quais (La), c. de Mornac, 2 m., 13 h.

Quantys (Les), c. de Marsac, 1 m., 7 h.

Quarante (Chez-), c. d'Agris, 4 m., 11 h.

Quartier (Chez-), c. de Segonzac, 5 m., 44 h.

Quartiers (Les), c. de St-Sulpice-de-Co-gnac, 2 m., 8 h.

Quarts (Les), c. de St-Maurice, 2 m., 4 h.

Quatre (Chez-le-), c. d'Ambernac, 1 m., 2 h.

Quatre-Chemins (Les), c. de Brillac, 5 m., 18 h.

Quatre-Jambes (Les), ou Chez-Rivet, c. de St-Ciers, 2 m., 8 h.

Quatre-Puits (Les), c. de Ste-Souline, 9 m., 36 h.

Quatre-Veaux (Les), c. des Pins, 20 m., 75 h.

Quatre-Vents (Les), c. de Bourg-Cha-rente, 8 m., 26 h.

Quatre-Vents (Les), c. d'Embourie, 4 m., 12 h.

Quatre-Vents (Les), c. de Loubert, 10 m., 47 h.

Quatre-Vents (Les), c. de Roumazières, 3 m., 13 h.

Quay (La), c. de Lézignac-Durand, 3 m., 10 h.

Quenouillère (La), c. de Verteuil, 1 m., 5 h.

Quentin, c. de Lesterps, 12 m., 41 h.

Quentin (Chez-), c. de La Garde-sur-le-Né, 2 m., 6 h.

Quentin (St-), c., arr. de Barbezieux, cant. de Chalais, †, éc., ⊠ Chalais, 298 m., 725 h.

Quentin (St-), bg., ch.-l., c. de St-Quen-tin-de-Chalais, 16 m., 52 h., 3 k. de Chalais, 32 k. de Barbezieux, 19 k. d'An-goulème.

Quentin (St-), c., arr. de Confolens, cant. de Chabanais, †, ⊠ éc., Chabanais, 441 m., 601 h.

Quentin (St-), bg., ch.-l., c. de St-Quen-tin, cant. de Chabanais, 14 m., 63 h., 6 k. de Chabanais, 21 k. de Confolens, 36 k. d'Angoulème.

Queue (La Grande-), c. de Villefagnan, 1 m., 3 h.

Queue-de-Gienne (La), c. de Brossac, 1 m., 4 h.

Quérard, c. d'Aizecq, 1 m., 11 h.

Quérillière (La), c. de Suaux, 33 m., 100 h.

Quéroy (Le), c. d'Abzac, 10 m., 60 h.

Quéroy (Le), c. de Cellefrouin, 2 m., 5 h.

Quéroy (Le), c. de Chabrac, 10 m., 50 h.

Quéroy (Le), c. de Chasseneuil, 31 m., 123 h.

Quéroy (Le), c. de Lézignac-Durand, 1 m., 7 h.

Quéroy (Le), c. de Mornac, 10 m., 159 h.

Quéroy (Le), c. de St-Christophe, 12 m., 46 h.

Quérut (Le), c. de Brie-sous-la-Roche-foucauld, 12 m., 33 h.

Quichaud (Chez-), c. de Verneuil, 1 m., 6 h.

Quillet (Chez-), c. de Bréville, 1 m., 5 h.

Quillet (Chez-), c. de Londigny, 8 m., 36 h.

Quillet (Chez-), c. de Moulidars, 9 m., 48 h.

Quillets (Les), c. de Champagne, 2 m., 16 h.

Quinat (La), c. de Gardes, 2 m., 13 h.

Quincornet, c. de Charmé, 12 m., 39 h.

Quintanes (Les), c. de Suaux, 8 m., 35 h.

Quintinie (La), c. de Chabanais, 5 m., 47 h.

Quintinie (La), c. de Rougnac, 12 m., 45 h.

Quittarderie, c. de St-Sulpice-de-Cognac, 2 m., 4 h.

R

Rabales (Chez-), c. des Essards, 2 m., 13 h.

Rabannier (Chez-), c. de Bécheresse, 4 m., 19 h.

Rabaud, c. de Bunzac, voy. La Brande.

Rabaud (Chez-), c. de Chabrac, 1 m., 7 h.

Rabaud (Chez-) c. de St-Projet-St-Constant, 9 m., 31 h.

Rabier (Chez-), c. de Châtignac, 1 m., 7 h.

Rabier (Chez-), c. de Montboyer, 15 m., 54 h.

Rabier (Le Moulin-), c. de Montboyer, 1 m., 8 h.

Rabion, c. d'Angoulême, 6 m., 21 h.

Rabion, c. de Montchaude, 2 m., 7 h.

Rabit (Chez-), c. de St-Bonnet, 8 m., 29 h.

Rabit (Le), c. de Bouteville, 3 m., 15 h.

Raboin (Chez-), c. d'Angeduc, 9 m., 51 h.

Raboin (Chez-), c. de Boisbreteau, 8 m., 31 h.

Rabot (Chez-), c. de Bazac, 2 m., 10 h.

Rabotier (Chez-), c. de St-Sulpice-de-Cognac, 9 m., 26 h.

Rabouin, c. de St-Vallier, 1 m., 4 h.

Rabrie (La), c. de Roullet, 19 m., 73 h.

Rabrie (La), c. de St-Gourson, 1 m., 3 h.

Raby (Chez-), c. de Feuillade, 18 m., 64h.

Radégonde (Ste-), c. de Baignes-Ste-Radégonde, †, F., 14 m., 54 h.

Radégonde (Ste-), c. de Petit-Lessac, 68 m., 221 h.

Raffauds (Les), c. de Loubert, 3 m., 19 h.

Raffenaud (Chez-), c. de Barbezieux, 9 m., 38 h.

Raffichères (Les), c. de Nieuil, 15 m., 63 h.

Raffier (Chez-), c. d'Esse, 2 m., 10 h.

Raffnie (La), c. de La Vallette, 1 m., 4 h.

Raffoux (Les), c. de Couture, 1 m., 4 h.

Raffoux (Les), c. de St-Sulpice-de-Ruffec, 10 m., 23 h.

Raffoux (Les Petits-), c. de St-Sulpice-de-Ruffec, 2 m., 7 h.

Ragonnaud (Chez-), c. de Reignac, 5 m., 17 h.

Ragonnaud (Chez-), c. du Tâtre, 5 m., 14 h.

Ragot, c. de Laprade, 19 m., 92 h.

Ragot (Chez-), c. de Barbezieux, 5 m., 28 h.

Raillard (Chez-), c. de Lézignac-Durand, 2 m., 17 h.

Raillat (Le), c. de Vilhonneur, 1 m., 10h.

Raimonteries (Les), c. de Payzay-Naudouin, 3 m., 10 h.

Rainaud (Le), c. de Champmillon, 2 m., 11 h.

Raiuerie (La), c. de Dirac, 2 m., 8 h.

Raix, c., arr. de Ruffec, cant. de Villefagnan, éc., ✉ Villefagnan, F., 125 m., 433 h.

Raix, bg., ch.-l., c. de Raix, 100 m., 347 h., 3 k. de Villefagnan, 8 k. de Ruffec, 43 k. d'Angoulême.

Râle (Le), c. de Claix, 11 m., 33 h.

Rallard (Le), c. des Essards, 12 m., 55 h.

Rambaud, c. de Guizengeard, 8 m., 28 h.

Rambaud, c. de Mérignac, 2 m., 13 h.

Rambaud (Chez-), c. d'Eraville, 3 m., 19 h.

Rambauderie (La), c. de Malaville, 2 m., 10 h.

Rambauderie (La), c. de Touzac, 1 m. non h.

Rambaudie (La), c. d'Exideuil, 28 m., 78 h.

Rambaudie (La), c. de Vitrac, 2 m., 13 h.

Rambeau (Le), c. de Reignac, 14 m., 52 h.

Ramberties (Les), c. de Massignac, 2 m., 11 h.

Ramé (Chez-), c. de St-Léger, 1 m., 10 h.

Ramier (Chez-), c. d'Oriolles, 1 m., 6 h.

Ramisse (La), c. de Rivières, 3 m., 12 h.

Ramonets (Les), c. de Chadurie, 5 m., 22 h.

Rampault, c. de St-Yrieix, 2 m., 12 h.

Rampferraud, c. de Vitrac, 3 m., 16 h.

Rancogne, c., arr. d'Angoulême, cant. de La Rochefoucauld, †, éc., ☒ La Rochefoucauld, 98 m., 437 h.

Rancogne, bg., ch.-l., c. de Rancogne, 7 m., 19 h., 6 k. de La Rochefoucauld, 23 k. d'Angoulême.

Rancogne, château, c. de Mons, 1 m., 12 h.

Rancouleine, c. de Lézignac-Durand, 10 m., 29 h.

Rangeon (Chez-), c. de Confolens, 2 m., 17 h.

Ransanne, c. de Foussignac, 22 m., 82 h.

Ransanne, c. de Jarnac, 1 m., 5 h.

Ranseuil (Le), c. de Vars, 7 m., 21 h.

Ranville-Breuillaud, c., arr. de Ruffec, cant. d'Aigre, †, éc., ☒ Aigre, 204 m., 654 h.

Ranville, bg., ch.-l., c. de Ranville-Breuillaud, 75 m., 219 h., 11 k. d'Aigre, 34 k. de Ruffec, 42 k. d'Angoulême.

Raoul (Chez-), c. de St-Bonnet, 2 m., 16 h.

Rapaud (Chez-), c. de St-Projet-St-Constant, 4 m. non h.

Rapet (Chez-), c. de Condéon, 4 m., 12 h.

Rapidie (La), c. de Chabrac, 5 m., 37 h.

Rapine, c. de Barret, 1 m., 6 h.

Rapine, c. de Reignac, 1 m., 1 h.

Rapt (Le), c. de Pillac, 15 m., 53 h.

Rascaud (Chez-), c. de Juignac, 1 m., 16 h.

Raspes (Les), c. de Juignac, 10 m., 40 h.

Rassat, c. d'Yviers, 3 m., 12 h.

Rassat (Chez-), c. de Suris, 18 m., 59 h.

Rassats (Les), c. de Brie-sous-la-Rochefoucauld, 24 m., 406 h.

Rassats (Maison-des-), c. de Mornac, 1 m., 4 h.

Rasse (La), c. de Guimps, 6 m., 20 h.

Rat (Chez-), c. de Bouteville, 4 m., 14 h.

Ratauderie (La), voy. Villars.

Rateau (Chez-), c. de St-Bonnet, 3 m., 3 h.

Rateau (Chez-), c. de St-Sulpice-de-Cognac, 2 m., 4 h.

Ratellerie (La), c. de Nonac, 1 m., 10 h.

Raud (Chez-), c. de Montboyer, 1 m., 8 h.

Rauderie (La), c. de Richemont, 1 m., 9 h.

Raulle (La), c. de Lézignac-Durand, 16 m., 69 h.

Raux (Chez-), c. de Pérignac, 2 m., 6 h.

Ravaille (Chez-), c. de Marthon, 1 m., 6 h.

Ravard, c. de Vieux-Cérier, 23 m., 82 h.

Ravarde (La), c. de Condéon, 2 m., 9 h.

Ravaud (Chez-), c. de Ronsenac, 1 m., 7 h.

Raveau, c. d'Aussac, 55 m., 219 h.

Raveau (Moulin-de-), c. d'Aussac, 1 m., 5 h.

Rayaux (Chez-), c. de Montembœuf, 1 m., 6 h.

Raynaud (Le), c. de Juillaguet, 3 m., 9 h.

Raynaud (Le Vieux-), c. de Juillaguet, 1 m., 5 h.

Raynauds (Les), c. de St-Claud, 12 m., 49 h.

Réau, c. de Laprade, 8 m., 35 h.

Béaud (Chez-), c. de Condéon, 2 m., 10 h.

Réauté (La), c. de St-Bonnet, 1 m., 7 h.

Rebet, c. de Bazac, 1 m., 10 h.

Rechains (Les), c. d'Anville, 8 m., 22 h.

Rechaudie (La), c. de St-Coutant, 26 m., 92 h.

Recherville, c. de Segonzac, 20 m., 71 h.

Rechez (Chez-), c. d'Étriac, 6 m., 21 h.

Reclaud (Le), c. de Sers, 1 m., 6 h.

Recoux, c. de Soyaux, 8 m., 21 h.

Recoux (Le Grand-), c. de l'Isle-d'Espagnac, 3 m., 14 h.

Redeuil (Le Moulin-), c. de Gardes, 1 m., 5 h.

Redon (Chez-), c. d'Abzac, 15 m., 65 h.

Redon (Chez-), c. de Juignac, 1 m., 4 h.

Redons (Les), c. d'Alloue, 1 m., 4 h.

Redour, c. de Villejésus, 31 m., 91 h.

Refoussou (Moulin-), c. de Condac, 3 m., 22 h.

Regannes (Les), c. de Berneuil, 1 m., 8 h.

Regardaix, c. de Gardes, 15 m., 40 h.

Régnier (Chez-), c. de Bécheresse, 3 m., 6 h.

Régniers (Chez-), c. de Mouton, 16 m., 47 h.

Régniers (Les), c. d'Angeac-Champagne, 15 m., 49 h.

Régniers (Les), c. de Balzac, 12 m., 44 h.

Régniers (Les), c. de Genté, 7 m., 31 h.

Régniers (Les), c. de Mouthiers, 13 m., 44 h.

Régniers (Les), c. de St-Fort, 8 m., 27 h.

Regottes (Les), c. de Suris, 2 m., 9 h.

Reignac, c., arr. de Barbezieux, cant. de Baignes, †, éc., ☒ Baignes, 334 m., 1,221 h.

Reignac, bg., ch.-l., c. de Reignac, 24 m., 824 h., 7 k. de Baignes, 7 k. de Barbezieux, 41 k. d'Angoulême.

Reillat, c. de Chabanais, 3 m., 22 h.

Reinjardie (La), c. de Mainfonds, 2 m., 7 h.

Rejalant, c. de Condac, 4 m., 19 h.

Relette, c. de Magnac-sur-Touvre, 47 m., 156 h.

Rélie (La), c. de Genouillac, 1 m., 9 h.

Remigère (La), c. de Pleuville, 2 m., 13 h.

Rémondias, c. de Mainzac, 3 m., 46 h.
Remondie, c. de Petit-Lessac, 4 m., 9 h.
Rémondrie (La), c. de Pérignac, 2 m., 9 h.
Rémy (St-), c. de Richemont, 4 m., 6 h.
Renard (Chez-), c. de Condéon, 4 m., 19 h.
Renard (Chez-), c. de Jauldes, 41 m., 151 h.
Renard (Chez-), c. de Rioux-Martin, 4 m., 7 h.
Renard (Chez-), c. de Touvérac, 42 m., 36 h.
Renarde (La), c. de Condac, 4 m., 6 h.
Renardie-Basse (La), c. de Ronsenac, 9 m., 22 h.
Renardie-Haute (La), c. de Ronsenac, 9 m., 14 h.
Renardière (La), c. de Brillac, 7 m., 22 h.
Renardières (Les), c. de Boutiers, 3 m., 46 h.
Renardières (Les), c. de Mainxe, 4 m., 2 h.
Renardières (Les), c. de Roullet, 2 m., 13 h.
Renaud (Chez-), c. de Baignes-Ste-Radégonde, 40 m., 30 h.
Renaud (Chez-), c. de La Chévrerie, 8 m., 23 h.
Renaud (Chez-), c. de Payzay-Naudouin, 2 m., 45 h.
Renaude (La), c. de Barret, 4 m., 9 h.
Renaude (La), c. de Chavenac, 4 m., 2 h.
Renaude (La), c. de Verrières, 4 m., 3 h.
Renauderie (La), c. de Boisbreteau, 3 m., 45 h.
Renaudes (Les), c. de Touzac, 4 m., 5 h.
Renaudie (La), c. d'Alloue, 6 m., 27 h.
Renaudie (La), c. de Lesterps, 7 m., 29 h.
Renaudière (La), c. de La Chévrerie, 37 m., 424 h.
Renaudière (La), c. de Ste-Marie, 2 m., 9 h.
Renaudières (Les), c. de St-Martial, 4 m., 5 h.
Renaudies (Les), c. de Lesterps, 4 m., 43 h.
Renaudrie (La), c. de Barbezieux, 4 m., 2 h.
Renaudrie (La), c. de St-Médard-de-Barbezieux, 3 m., 40 h.
Renauds (Les), c. de Gensac, 17 m., 56 h.
Renclos (Le), c. d'Aigre, 4 m., 4 h.
Renclos (Le), c. de Sigogne, 4 m., 6 h.
Renclos (Le), c. de Sonneville, 4 m., 2 h.

Rencogne, c. de Genouillac, 44 m., 45 h.
Rencureau (Moulin-), c. d'Oradour, 4 m., 7 h.
Reneteau (Chez-), c. de Pouilignac, 4 m., 20 h.
Reniame (Chez-), c. du Tâtre, 4 m., 4 h.
Renieu, c. de Sérignac, 2 m., 2 h.
Renondeau (Chez-), c. de Montboyer, 2 m., 8 h.
Renonfles (Les Basses-), c. de Dignac, 7 m., 43 h.
Renonfles (Les Hautes-), c. de Dignac, 3 m., 8 h.
Renorville (La), c. de St-Fort, 4 m., 2 h.
Renou (Chez-), c. de Champagne, 5 m., 24 h.
Renouard (Chez-), c. de Graves, 9 m., 32 h.
Rente (La), c. de Triac, 4 m., 48 h.
Rentes (Les), c. de Birac, 4 m., 2 h.
Réolle, c. de Reignac, 4 m., 8 h.
Repaire (Le), c. d'Esse, 2 m., 48 h.
Repaire (Le), c. de Lesterps, 2 m., 46 h.
Repaire (Le), c. de Rougnac, 4 m., 42 h.
Repaires (Les), c. d'Alloue, 24 m., 77 h.
Réparsac, c., arr. de Cognac, cant. de Jarnac, éc., ✉ Jarnac, 139 m., 550 h.
Réparsac, bg., ch.-l., c. de Réparsac, 112 m., 429 h., 8 k. de Jarnac, 44 k. de Cognac, 36 k. d'Angoulême.
Rérie (La), c. de Pillac, 3 m., 24 h.
Réries (Les), c. de Juignac, 3 m., 42 h.
Réry (Le), c. d'Écuras, 22 m., 96 h.
Reservats (Les), c. de Grassac, 2 m., 42 h.
Réservé (Le), c. de Pérignac, 6 m., 49 h.
Retoré (Chez-), c. de Chillac, 5 m., 22 h.
Retoré (Chez-), c. de St-Bonnet, 42 m., 45 h.
Retorés (Chez-), c. de Bourg-Charente, 7 m., 44 h.
Retory (Chez-), c. de Pérignac, 3 m., 42 h.
Retouble, c. d'Yviers, 4 m., 3 h.
Reudie (La), c. de Champagne-Mouton, 46 m., 54 h.
Revanchère (La), c. de Taponnat-Fleurignac, 3 m., 47 h.
Reveau (Chez-), c. de Moutardon, 3 m., 8 h.
Reveillout (Chez-), c. de Magnac-la-Vallette, 2 m., 4 h.
Revers (Les), c. de Nonac, 3 m., 45 h.
Reyrat, c. de Brillac, 4 m., 9 h.
Rhaud (Chez-), c. de Bécheresse, 9 m., 33 h.
Rhit (Le), c. de Vindelle, 8 m., 33 h.

Rhodas, c. de Juillaguet, 1 m., 4 h.
Rhodas, c. de Magnac-la-Vallette, 9 m., 34 h.
Rhodrie, c. de Magnac-la-Vallette, 1 m., 2 h.
Ribadie (La), c. de Chassencuil, 2 m., 19 h.
Ribadie (La), c. de Cherves-Châtelars, 2 m., 2 h.
Ribe (La), c. d'Orgedeuil, 19 m., 76 h.
Ribéllot, c. de St-André, 3 m., 14 h.
Riberache (La), c. d'Ars, 6 m., 24 h.
Ribéret (Chez-), c. de Salles-de-Barbezieux, 3 m., 7 h.
Ribérolle (Château-de-), c. de Rivières, 2 m., 17 h.
Ribert (Chez-), c. de Brie-sous-Barbezieux, 1 m., 6 h.
Ribière (Chez-), c. d'Écuras, 1 m., 6 h.
Ribière (La), c. d'Alloue, 1 m., 8 h.
Ribière (La), c. d'Étagnat, 14 m., 63 h.
Ribière (La), c. de St-Germain-sur-Vienne, 2 m., 12 h.
Ribières (Les), c. de Montrollet, 3 m., 13 h.
Ribondaines (Les), c. de Dirac, 7 m., 24 h.
Ribot (Chez-), c. de Plassac-Rouffiac, 22 m., 79 h.
Ribot (Chez-), c. de Roullet, 7 m., 32 h.
Ribourg (Chez-), c. de Laprade, 2 m., 7 h.
Ribourgeon, c. d'Alloue, 1 m., 6 h.
Ribourgeon, c. de Chassiecq, 1 m., 9 h.
Ribourgeon (Le), c. de Brillac, 3 m., 21 h.
Ribourjoux (Chez-), c. de Benest, 9 m., 29 h.
Ricasse, ou Le Chêne-Vert, c. de Vœuil-et-Giget, 2 m., 11 h.
Richard, c. de St-Fraigne, 35 m., 91 h.
Richard (Le), c. de St-Genis, 7 m., 27 h.
Richardière (La), c. de Moutardon, 18 m., 64 h.
Riché (Chez-), c. de Passirac, 5 m., 18 h.
Riche (La), c. de Bioussac, 4 m., 40 h.
Richemont, c., arr. et cant. de Cognac, éc., ⊠ Cognac, petit séminaire, 81 m., 438 h.
Richemont, bg., ch.-l., c. de Richemont, 4 m., 13 h., 5 k. de Cognac, 47 k. d'Angoulème.
Richerie, c. de Manot, 2 m., 8 h.
Richon (Chez-), c. de Segonzac, 9 m., 43 h.
Richou (Chez-), c. de Chantillac, 1 m. non h.
Rides (Les), c. de Montignac-le-Coq, 3 m., 19 h.
Ridortière (La), c. de Lézignac-Durand, 2 m., 20 h.

Rie-de-la-Joue (Le), c. de Chavenac, 1 m., 1 h.
Rieu-Martin, c. d'Ansac, 5 m., 27 h.
Riez (Chez-le-), c. d'Hiesse, 1 m., 2 h.
Riffaud (Le), c. de Nonac, 7 m., 29 h.
Riffauds (Les), c. de Ruelle, 59 m., 182 h.
Rigadoux (Le), c. de Lesterps, 8 m., 33 h.
Rigaillauds (Les), c. de Lignères, 2 m., 6 h.
Rigaillauds (Les), c. de Touzac, 6 m., 26 h.
Rigalaud (Le), c. de Montignac-le-Coq, 6 m., 37 h.
Rigallaud (Chez-), c. de Chantillac, 1 m., 2 h.
Rigallaud (Chez-), c. de Reignac, 1 m., 2 h.
Rigallaud (Chez-), c. du Tâtre, 6 m., 18 h.
Rigallauds (Les), c. de Nonac, 5 m., 17 h.
Rigaloux (Les), c. de Brie-sous-la-Rochefoucauld, 23 m., 94 h.
Riganaud (Chez-), c. de St-Severin, 1 m., 4 h.
Riganaud (Le Petit-), c. de St-Severin, 1 m., 5 h.
Rigaud, c. de Vaux-Rouillac, 1 m., 5 h.
Rigaud (Chez-), c. de Nonaville, 1 m., 8 h.
Rigaud (Le), c. de St-Amant-de-Montmoreau, 4 m., 19 h.
Rigaud (Le), c. de Salles-la-Vallette, 9 m., 25 h.
Rigaudeau (Le), c. de Richemont, 2 m., 6 h.
Rigaudrie (La), c. de Reignac, 7 m., 29 h.
Rigaux (Les), c. d'Échallat, 9 m., 54 h.
Rigoletterie, c. de St-André, 3 m., 11 h.
Rigou (Chez-), c. d'Épenède, 1 m., 8 h.
Rillac (Chez-), c. de Montboyer, 1 m., 5 h.
Rimbert, c. de Bioussac, 6 m., 36 h.
Rimon (Le), c. de Chadurie, 4 m., 45 h.
Ringuet (Chez-), c. de Palluaud, 5 m., 14 h.
Rinjardoux, c. de Bonnes, 5 m., 18 h.
Riomort, c. d'Alloue, 2 m., 19 h.
Riorte (Chez-), c. de Rivières, 1 m., 2 h.
Riotte (Chez-), c. de Beaulieu, 3 m., 11 h.
Riou (Le), c. de Bellon, 4 m., 11 h.
Rioux (Chez-), c. de Condéon, 5 m., 13 h.
Rioux (Chez-), c. de Parzac, 5 m., 19 h.
Rioux (Le), c. des Essards, 5 m., 17 h.
Rioux-Martin, c., arr. de Barbezieux, cant. de Chalais, †, éc., ⊠ Chalais, 179 m., 719 h.

Rioux-Martin, bg., ch.-l., c. de Rioux-Martin, 42 m., 155 h., 4 k. de Chalais, 31 k. de Barbezieux, 52 k. d'Angoulême.

Rioux-Martin, c. de St-Aulais-de-la-Chapelle-Conzac, 4 m., 6 h.

Ripaudière (La), c. de Bonneville, 16 m., 52 h.

Ripoche, c. de St-Sulpice-de-Cognac, 12 m., 47 h.

Riquet (Chez-), c. de Rouffiac-de-St-Martial-la-Menècle, 4 m., 4 h.

Ris (Les), c. de St-Hilaire, 4 m., 20 h.

Risbelot, c. de St-Sulpice-de-Cognac, 2 m., 4 h.

Ris-de-Mailly, c. de Salles-de-Segonzac, 5 m., 25 h.

Rivaille (La), e. de Chasseneuil, 6 m., 28 h.

Rivailles (Les), c. d'Orgedeuil, 18 m., 55 h.

Rival (Chez-), c. de Salles-la-Vallette, 4 m., 2 h.

Rivalent, c. de Bazac, 4 m., 4 h.

Rivarderie (La), c. de Sériguac, 4 m., 4 h.

Rivaud (Chez-), c. d'Alloue, 5 m., 9 h.

Rivaud (Chez-), c. de Passirac, 3 m., 16 h.

Rivaud (Le), c. de St-Félix, 7 m., 31 h.

Rivauds (Les), c. d'Anais, 4 m., 5 h.

Rivauds (Les), c. de Jauldes, 4 m., 4 h.

Riveaux (Les), c. d'Hiesse, 4 m., 40 h.

Rivet (Le), c. de St-Quentin-de-Chalais, 4 m., 4 h.

Rivet (Chez-), voy. Les Quatre-Jambes.

Rivière, c. d'Angeac-Charente, 40 m., 39 h.

Rivière, c. de Juillaguet, 4 m., 13 h.

Rivière, c. de St-Amant-de-Graves, 4 m., 7 h.

Rivière (Chez-), c. de Chantillac, 3 m., 44 h.

Rivière (Chez-), c. de Montboyer, 9 m., 34 h.

Rivière (Chez-), c. de Reignac, 3 m., 9 h.

Rivière (Chez-), c. de St-Preuil, 4 m., 22 h.

Rivière (La), c. de Brie-sous-Chalais, 4 m., 5 h.

Rivière (La), c. de Champniers, 8 m., 28 h.

Rivière (La), c. de Condéon, 5 m., 47 h.

Rivière (La), c. de Lignères, 2 m., 5 h.

Rivière (La), c. de Malaville, 3 m., 46 h.

Rivière (La), c. de Mouthiers, 2 m., 9 h.

Rivière (La), c. de Rancogne, 8 m., 27 h.

Rivière (La), c. de St-Amant-de-Montmoreau, 4 m., 4 h.

Rivière (La), c. de Vars, 5 m., 55 h.

Rivière (La Petite-), c. de Souvigné, 3 m., 40 h.

Rivières (Les), c. de Bonneville, 4 m. non h.

Rivières (Les), c. de Mouton, 22 m., 74 h.

Rivières, c., arr. d'Angoulême, cant. de La Rochefoucauld, †, éc., ☒ La Rochefoucauld, 326 m., 1,212 h.

Rivières, bg., ch.-l., c. de Rivières, 9 m., 34 h., 3 k. de La Rochefoucauld, 21 k. d'Angoulême.

Rizotte (Moulin-de-la-), c. de Marillac, 4 m., 7 h.

Robadeau (Le), c. de Montrollet, 8 m., 33 h.

Robanier (Chez-), c. de Brossac, 40 m., 42 h.

Robardeau (Chez-), c. de Nersac, 49 m., 64 h.

Robegerbe, c. de Salles-de-Villefagnan, 9 m., 35 h.

Robert (Chez-), c. de Boisbreteau, 4 m., 47 h.

Robert (Chez-), c. de Montchaude, 6 m., 49 h.

Robert (Chez-), c. de St-Même, 2 m., 40 h.

Robertie (La), c. de St-Laurent-de-Belzagot, 4 m., 3 h.

Robertrie, c. de Chassiecq, 4 m., 49 h.

Roblère (Moulin-de-la), c. de Cellefrouin, 4 m., 7 h.

Robillon (Chez-), c. de Péreuil, 4 m., 5 h.

Robin (Chez-), c. des Adjots, 42 m., 45 h.

Robin (Chez-), c. de Baignes-Ste-Radégonde, 6 m., 26 h.

Robin (Chez-), c. de Nersac, 6 m., 23 h.

Robin (Moulin-de-), c. de Champagne-Mouton, 4 m., 5 h.

Robinaud (Moulin-de-), c. de Pérignac, 4 m., 4 h.

Robinerie (La), c. de Montchaude, 4 m., 4 h.

Robinet, c. de St-Claud, 26 m., 94 h.

Robinet (Chez-), c. de Pérignac, 2 m., 43 h.

Robinets (Les), c. de Fontclaireau, 3 m., 43 h.

Robinière (La), c. de Courgeac, 5 m., 22 h.

Robinière (La), c. de Vilhonneur, 2 m., 46 h.

Robins (Les), c. de Touzac, 8 m., 24 h.

Roby (Chez-), c. de Bunzac, 2 m., 44 h.

Roby (Chez-), c. de St-Amant-de-Montmoreau, 2 m., 40 h.

Roc (Le), c. de Fouquebrune, 3 m., 15 h.

Roc (Le), c. de Genouillac, 2 m., 6 h.

Roc (Le), c. de Gurat, 8 m., 43 h.

Roc (Le), c. de La Rochette, 14 m., 55 h.

Roc (Le), c. de Lignères, 2 m., 5 h.

Roc (Le), c. de Mouthiers, 7 m., 30 h.·

Roc (Le), c. de Richemont, 7 m., 25 h.

Roc (Le), c. de St-Christophe-de-Chalais, 4 m., 15 h.

Roc (Le), c. de St-Médard, 0 m., 33 h.

Roc (Le), c. de St-Romain, 1 m., 6 h.

Roc (Le Grand-), c. de St-Félix, 4 m., 17 h.

Roc (Moulin-du-), c. de La Péruze, 1 m., 6 h.

Roc (Le Petit-), c. de St-Avit, 1 m., 4 h.

Roc (Le Petit-), c. de St-Félix, 5 m., 18 h.

Roch (St-), c. d'Angoulême, 25 m., 108 h.

Rochandry (La), ou La Roche-Chandry, c. de Mouthiers, 8 m., 31 h.

Rochandry (Le Château-de-la-), ou La Roche-Chandry, c. de Mouthiers, 2 m., 8 h.

Rochandry (Village-de-la-), ou La Roche-Chandry, c. de Mouthiers, 31 m., 111 h.

Rochard (Chez-), c. de La Garde-sur-le-Né, 17 m., 60 h.

Roche, c. de Chenon, 4 m., 16 h.

Roche, c. de Genouillac, 3 m., 10 h

Roche, c. de Sers, 15 m., 49 h.

Roche, c. de Verteuil, 8 m., 42 h.

Roche (Basse-), c. de Brossac, 1 m., 6 h.

Roche (Chez-), c. de Brie-sous-Chalais, 1 m., 4 h.

Roche (Chez-), c. de Chasseneuil, 2 m., 14 h.

Roche (Haute-), c. de Brossac, 1 m., 5 h.

Roche (La), c. d'Alloue, 3 m., 12 h.

Roche (La), c. de Barro, 1 m., 6 h.

Roche (La), c. de Boisbreteau, 1 m., 5 h.

Roche (La), c. de Brillac, 2 m., 11 h.

Roche (La), c. du Bouchage, 13 m., 45 h.

Roche (La), c. de Chabanais, 4 m., 30 h.

Roche (La), c. de Condac, 1 m., 9 h.

Roche (La), c. de Guimps, 16 m., 55 h.

Roche (La), c. de Lesterps, 5 m., 21 h.

Roche (La), c. de Montboyer, 6 m., 26 h.

Roche (La), c. de St-Brice, 19 m., 66 h.

Roche (La), moulin, c. de St-Claud, 1 m., 6 h.

Roche (La), c. de St-Fraigne, 4 m., 7 h.

Roche (La), c. de St-Gervais, 2 m., 7 h.

Roche (La), c. de St-Médard-de-Barbezieux, 21 m., 57 h.

Roche (La), c. de Vieux-Cérier, 5 m., 32 h.

Roche (La Haute-), c. de Châteauneuf, 8 m., 32 h.

Roche (Moulin-de-la-), c. d'Ambernac, 1 m., 6 h.

Roche (Moulin-de-la-), ou La Rochette, c. de Chabanais, 1 m., 5 h.

Roche (Moulin-de-la-), c. de Confolens, 1 m., 4 h.

Roche (Moulin-de-), c. de Rioux-Martin, 1 m., 6 h.

Roche-au-Loup (La), c. de St-Estèphe, 1 m., 4 h.

Rochebeaucourt (Le Château-de-la-), c. de Combiers, 3 m., 12 h.

Rochebertier, c. de Vilhonneur, 6 m., 34 h.

Rochebertier, c. de St-Sornin, 7 m., 23 h.

Rochebertière (La), c. de Mazerolles, 1 m., 8 h.

Rochebourlion (La), c. de Champagne-Mouton, 1 m., 6 h.

Rochebrune, c. d'Étagnat, 4 m., 19 h.

Roche-Chandry (La), voy. La Rochandry.

Roche-Corail, c. de Trois-Palis, 1 m., 5 h.

Roche-Côte, c. de Brossac, 1 m., 4 h.

Roche-Croizat (La), c. de Réparsac, 2 m., 5 h.

Rochefatou (La), c. de Payzay-Naudouin, 1 m., 4 h.

Rochefort (Chez-), c. de Cressac, 4 m., 15 h.

Rochefort, c. de Puymoyen, 3 m., 12 h.

Rochefort, c. de St-Laurent-de-Belzagot, 3 m., 12 h.

Rochefort, c. de Soyaux, 4 m., 6 h.

Rochefort (Le Petit-), c. de Puymoyen, 4 m., 19 h.

Rochefoucauld (La), cant., arr. d'Angoulême, 15 c., 15,455 h.

Rochefoucauld (La), c. de La Rochefoucauld, arr. d'Angoulême, cant. de La Rochefoucauld, ♦, collège, éc., ⊠ La Rochefoucauld, 627 m., 2,468 h.

Rochefoucauld (La), v., ch.-l. de la c. et du cant. de La Rochefoucauld, j. d. p., ♂ F. M., 554 m., 2,115 h., 22 k. d'Angoulême.

Roche-Garnaud, c. de Châteauneuf, 1 m., 2 h.

Rochelot (Moulin-de-), c. de St-Amant-de-Bonnieure, 1 m., 9 h.

Rochepine, c. de Chazelles, 9 m., 40 h.

Rochepine, c. de St-Germain, 9 m., 36 h.

Roche-Piquet (La), c. d'Oriolles, 3 m., 17 h.

Rochepoule, c. de St-Projet-St-Constant, 4 m., 20 h.

Roche-Quantin (La), c. d'Angoulême, 2 m., 5 h.

Rocher (Chez-), c. de St-Bonnet, 11 m., 31 h.

Rocher (Le), c. de Mainzac, 4 m., 21 h.

Rocher (Le), c. de Nieuil, 12 m., 60 h.

Rocher (Le), c. de St-Laurent, 2 m., 5 h.

Rocherauds (Les), c. de St-Cybardeaux, 30 m., 108 h.

Rocheraux (Les), c. de Louzac, 2 m., 13 h.

Rochereau, c. de Roullet, 4 m., 19 h.

Rocheron (Chez-), c. d'Aubeville, 2 m., 11 h.

Rochetanet, c. de Manot, 1 m., 10 h.

Rochette (La), c., arr. d'Angoulême, cant. de La Rochefoucauld, †, éc., ⊠ La Rochefoucauld, 219 m., 765 h.

Rochette (La), bg., ch.-l., c. de La Rochette, 16 m., 44 h., 9 k. de La Rochefoucauld, 24 k. d'Angoulême.

Rochette (La), c. de St-Germain-sur-Vienne, 1 m., 12 h.

Rochette (La), voy. Moulin-de-la-Roche.

Rochette (La), c. de Vouzan, 15 m., 55 h.

Rochiers (Les), c. de Balzac, 14 m., 56 h.

Rochillard, c. de Rivières, 1 m., 9 h.

Rochine, c. de L'Houmeau-Pontouvre, 20 m., 62 h.

Rochonnerie (La), c. de Cherves, 3 m., 11 h.

Roc-la-Cassine (Le), c. d'Édon, 1 m., 4 h.

Rocquet (Chez-), c. d'Angeac-Charente, 1 m., 15 h.

Rocs (Les), c. de Sers, 4 m., 11 h.

Rode (La), c. de Chillac, 1 m., 5 h.

Roderie (La), c. de St-Amant-de-Montmoreau, 1 m., 5 h.

Rodier (Chez-), c. d'Oradour-Fanais, 5 m., 15 h.

Roffie (La), c. de St-Cybard-le-Peyrat, 4 m., 17 h.

Roffies (Les), c. de Souffrignac, 1 m., 7 h.

Roffit, c. de L'Houmeau-Pontouvre, 20 m., 85 h.

Roger (Le), c. de Nonac, 1 m., 4 h.

Roger (Le Vieux-), c. de Nonac, 1 m., 4 h.

Rognat (Chez-), c. de Saulgond, 1 m., 7 h.

Roi (Moulin-du-), c. de Touvre, 1 m., 7 h.

Rois (Chez-les-), c. de Bessac, 2 m., 6 h.

Rois (Chez-les-), c. de Berneuil, 5 m., 27 h.

Rois (Chez-les-), c. de St-Fort, 3 m., 14 h.

Rois (Les), c. de La Couronne, 10 m., 69 h.

Rois (Les), c. de Lignères, 4 m., 19 h.

Rois (Les), c. de Louzac, 25 m., 85 h.

Rois (Les), c. de Mouthiers, 18 m., 66 h.

Rois (Les), c. de Sireuil, 8 m., 39 h.

Rois (Moulin-des-), c. de Berneuil, 1 m., 4 h.

Roissac, c. de Gensac, 106 m., 426 h.

Roissac, c. de St-Genis-d'Hiersac, 20 m., 81 h.

Rolaire, c. de Payzay-Naudouin, 3 m., 11 h.

Rolland (Chez-), c. de Bourg-Charente, 7 m., 18 h.

Rolland (Chez-), c. du Tâtre, 6 m., 22 h.

Rolland (Chez-), c. de Touvérac, 2 m., 6 h.

Rollet (Chez-), c. de Cellefrouin, 1 m., 10 h.

Romain (St-), c. d'Eymoutiers, 1 m., 7 h.

Romain (St-), c. de Montigné, 2 m., 7 h.

Romain (St-), c., arr. de Barbezieux, cant. d'Aubeterre, †, éc., ⊠ St-Severin, 281 m., 1,050 h.

Romain (St-), bg., ch.-l., c. de St-Romain, 49 m., 153 h., 2 k. d'Aubeterre, 37 k. de Barbezieux, 46 k. d'Angoulême.

Romain (St-), c. de Saulgond, 16 m., 53 h.

Romainville, c. de Roullet, 1 m., 5 h.

Rome, c. de Rioux-Martin, 1 m., 3 h.

Romefort, c. d'Anais, 3 m., 14 h.

Romefort, c. de St-Front, 42 m., 149 h.

Romefort, c. de St-Romain, 2 m., 6 h.

Romefort, c. de Valence, 8 m., 24 h.

Romegère (La), c. de Brigueuil, 1 m., 8 h.

Romfort, c. de Bessac, 3 m., 17 h.

Romple (Le), c. d'Angeac-Charente, 1 m., 3 h.

Roncerie (La), c. de St-Maurice, 8 m., 30 h.

Rondail (Le), c. de Sonneville, 4 m., 15 h.

Ronde (La), c. d'Alloue, 1 m., 8 h.

Ronde (La), c. de St-Amant-de-Nouère, 9 m., 24 h.

Ronde (La), c. de St-Martial, 5 m., 17 h.

Rondeau, c. de Payzay-Naudouin, 1 m., 11 h.

Ronde-de-Clavachon (La), c. de Champagne-Mouton, 2 m., 6 h.

Rondelet (Chez-), c. de Rivières, 1 m., 2 h.

Rondelet (Chez-), c. de St-Projet-St-Constant, 1 m., 7 h.

Rondelet (Le), c. de Pillac, 7 m., 21 h.

Rondière (Chez-), c. de Moutardon, 7 m., 25 h.

Ronfeville, c. de Malaville, 6 m., 30 h.

Rond-Point (Le), c. d'Agris, 1 m., 5 h.

Rond-Point-de-Glange (Le), c. de Jauldes, 1 m., 3 h.

Ronland (Chez-), c. de Vouthon, 6 m., 36 h.

Rousenac, c., arr. d'Angoulême, cant. de La Vallette, †, éc., ⊠ La Vallette, 330 m., 1,165 h.

Rousenac, bg., ch.-l., c. de Rousenac, 60 m., 206 h., 3 k. de La Vallette, 24 k. d'Angoulême.

Ronzac, c. de Mornac, 20 m., 74 h.

Roprie, c. de Dirac, 25 m., 75 h.

Rose (Chez-la-), c. de Vieux-Cérier, 3 m., 20 h.

Roseau (Le), c. de Cherves, 6 m., 22 h.

Roset (Chez-), c. de St-Mary, 9 m., 44 h.

Rosette (La), c. de Cherves, 1 m. non h.

Rosier (Le), c. de Birac, 3 m., 11 h.

Rosier (Le), c. de Mouthiers, 7 m., 22 h.

Rosiers (Les), c. de St-Estèphe, 2 m., 12 h.

Rossignols (Les), c. d'Ansac, 3 m., 13 h.

Rossignols (Les), c. de Champniers, 16 m., 66 h.

Rouasson (Moulin-de-), c. de St-Gervais, 3 m., 9 h.

Rouchard (Le), c. de Bazac, 10 m., 35 h.

Roucherie (La), c. de Pleuville, 3 m., 24 h.

Roudareix (Le), c. de Brigueuil, 2 m., 19 h.

Roudelières (Les), c. du Lindois, 20 m., 86 h.

Roudier, c. de Nabinaud, 2 m., 12 h.

Roudiers (Les), c. de Combiers, 2 m., 24 h.

Roudillerie (La), c. de Cherves-Châtelars, 2 m., 12 h.

Roue (La), c. de La Chaise, 1 m., 5 h.

Rouère (La), c. de St-Amant-de-Montmoreau, 2 m., 5 h.

Rouet, c. de La Péruze, 1 m., 10 h.

Rouffaud (Chez-), c. de St-Gervais, 5 m., 10 h.

Roufferies (Les), c. de Petit-Lessac, 2 m., 12 h.

Rouffiac, c. de Plassac-Rouffiac, 6 m., 34 h.

Rouffiac-de-St-Martial-la-Menècle, c., arr. de Barbezieux, cant. d'Aubeterre, †, éc., ⊠ Aubeterre, 108 m., 471 h.

Rouffiac, bg., ch.-l., c. de Rouffiac-de-St-Martial-la-Menècle, 15 m., 57 h., 8 k. d'Aubeterre, 33 k. de Barbezieux, 47 k. d'Angoulême.

Rouffignac, c. de Moulidars, 14 m., 54 h.

Rouffignac, c. de Saulgond, 8 m., 35 h.

Rouffnerie (La), c. de St-Severin, 3 m., 17 h.

Rougeon (Chez-), c. d'Ambleville, 5 m., 25 h.

Rougerie (La), c. de St-Quentin-de-Chalais, 1 m., 2 h.

Rougerie (La Grande-), c. de St-Quentin-de-Chalais, 1 m., 13 h.

Rougerie (La Petite-), c. de St-Quentin-de-Chalais, 1 m., 2 h.

Rouget (Chez), c. de La Rochette, 21 m., 67 h.

Rougiers (Chez-), c. de Mouton, 28 m., 77 h.

Rougnac, c., arr. d'Angoulême, cant. de La Vallette, †, éc., ⊠ La Vallette, 274 m., 1,042 h.

Rougnac, bg., ch.-l., c. de Rougnac, 28 m., 101 h., 10 k. de La Vallette, 24 k. d'Angoulême.

Rouhaud (Chez-), c. de Magnac-la-Vallette, 1 m., 4 h.

Rouhaud (Chez-), c. de Ronsenac, 2 m., 8 h.

Rouhaud (Le Moulin-), c. de Montboyer, 6 m., 30 h.

Rouhénne, c. de Vars, 24 m., 102 h.

Rouil, c. de St-Palais-du-Né, 1 m., 9 h.

Rouillac, c. d'Étagnat, 9 m., 58 h.

Rouillac, cant., arr. d'Angoulême, 17 c., 14,832 h.

Rouillac, c., arr. d'Angoulême, cant. de Rouillac, ✠, éc., ⊠ Rouillac, ✆ F. M., 503 m., 2,057 h.

Rouillac, bg., ch.-l. de la c. et du cant. de Rouillac, j. d. p., 171 m., 749 h., 25 k. d'Angoulême, 🚂.

Rouillant, c. de Champmillon, 1 m., 4 h.

Rouilloux (Les), c. de Youthon, 12 m., 57 h.

Rouïs (Chez-), c. de Montbron, 2 m., 14 h.

Roule (Le), c. de Couture, 2 m., 1 h.

Roule (Le), c. du Lindois, 25 m., 106 h.

Roule (Le), c. de Rancogne, 2 m., 16 h.

Roule (Le), c. de St-Severin, 14 m., 38 h.

Roule (Le Petit-), c. de St-Severin, 1 m., 3 h.

Roule (Le), c. de St-Sulpice, 12 m., 49 h.

Roulin (Chez-), c. de St-Laurent, 21 m., 71 h.

Roulin (Chez-), c. de St-Sulpice-de-Cognac, 10 m., 27 h.

Roulis (Les), c. de Brie-sous-la-Rochefoucauld, 8 m., 26 h.

Roullet (Chez-), c. de Péreuil, 1 m., 7 h.

Roullet, c., arr. d'Angoulême, cant. d'Angoulême (1re partie), †, éc., ⊠ Angoulême, ✆ F. M., 315 m., 1,888 h.

Roullet, bg., ch.-l., c. de Roullet, 68 m., 296 h., 12 k. d'Angoulême, 🚂.

Roullets (Les), c. d'Angoulême, 21 m., 80 h.

Roullets (Les), c. de Châteauneuf, 1 m., 4 h.

Rouly (Chez-), c. de Gardes, 1 m., 4 h.

Roumade (La), c. d'Ambleville, 3 m., 15 h.

Roumade (La), c. de Barbezieux, 1 m., 18 h.

Roumade (Terrain-de-la-), c. d'Ambleville, 1 m., 6 h.

Roumagne, c. de St-Projet-St-Constant, 3 m., 19 h.

Roumagoux (Le), c. de St-Laurent-de-Céris, 1 m., 4 h.

Roumaillac, c. de Fouquebrune, 1 m., 4 h.

Roumalin, c. de Gardes, 3 m., 11 h.

Roumazières, c., arr. de Confolens, cant. de Chabanais, éc., ⊠ Chabanais, ☞ F., 122 m., 519 h.

Roumazières, bg., ch.-l., c. de Roumazières, 27 m., 79 h., 12 k. de Chabanais, 21 k. de Confolens, 47 k. d'Angoulême.

Roumillac, c. de Javrezac, 1 m., 3 h.

Rousseau (Chez-), c. d'Auge, 2 m., 4 h.

Rousseau (Chez-), c. de Bécheresse, 1 m. non h.

Rousseau (Chez-), c. de Jurignac, 2 m., 6 h.

Rousseau (Chez-), c. de Montbron, 6 m., 25 h.

Rousseau (Chez-), c. de St-Bonnet, 1 m., 6 h.

Rousseau (Chez-), c. de Vars, 19 m., 65 h.

Rousselle (La), c. de Ronsenac, 6 m., 20 h.

Roussellières (Les), c. de Mouthiers, 6 m., 27 h.

Rousserie (La), c. de Rouzède, 2 m., 18 h.

Roussie (La), c. d'Hiesse, 2 m., 14 h.

Roussignoux, c. de Boisbreteau, 3 m., 16 h.

Roussillère (La), c. d'Ambleville, 1 m., 7 h.

Roussillières (Les), c. de Baignes-Ste-Radégonde, 9 m., 33 h.

Roussillon, c. de Charmé, 39 m., 139 h.

Roussillonnes (Les), c. de Confolens, 1 m. non h.

Roussines, c., arr. de Confolens, cant. de Montembœuf, †, éc., ⊠ Montembœuf, ☞ M., 247 m., 1,233 h.

Roussines, bg., ch.-l., c. de Roussines, 46 m., 203 h., 9 k. de Montembœuf, 40 k. de Confolens, 44 k. d'Angoulême.

Route (La), c. de Curac, 2 m., 4 h.

Routes (Moulin-des-), c. de Villefagnan, 1 m., 10 h.

Rouvillac, c. de Malaville, 8 m., 31 h.

Roux (Chez-), c. de Bioussac, 3 m., 14 h.

Roux (Chez-), c. de Moutardon, 6 m., 26 h.

Roux (Chez-), c. de St-Médard-de-Barbezieux, 6 m., 15 h.

Roux (Chez-le-), c. de Reignac, 2 m., 4 h.

Roux (Les), c. de Montchaude, 4 m., 15 h.

Rouyer, c. de Nanteuil, 1 m., 9 h.

Rouyer (Chez-), c. de Reignac, 7 m., 26 h.

Rouyère (La), c. d'Oradour-Fanais, 7 m., 31 h.

Rouyère (La), c. de Rancogne, 2 m., 8 h.

Rouyères (Chez-), c. de Grassac, 3 m., 18 h.

Rouyères (Les), c. de Chasseneuil, 1 m., 6 h.

Rouyers (Les), c. d'Aizecq, 27 m., 101 h.

Rouys (Chez-), c. de Lézignac-Durand, 3 m., 9 h.

Rouzède, c., arr. d'Angoulême, cant. de Montbron, †, éc., ⊠ Montbron, 177 m., 775 h.

Rouzède, bg., ch.-l., c. de Rouzède, 24 m., 103 h., 7 k. de Montbron, 36 k. d'Angoulême.

Roy (Chez-le-), c. de Beaulieu, 2 m., 10 h.

Roy (Chez-le-), c. de Loubert, 1 m., 44 h.

Roy (Chez-le-), c. de Sérignac, 4 m., 4 h.

Royal (Chez-le-), c. de Cellefrouin, 5 m., 21 h.

Rozet, c. de Combiers, 22 m., 70 h.

Ruban (Chez-), c. de Verneuil, 3 m., 8 h.

Rubannerie (La), c. de Ste-Marie, 1 m., 7 h.

Ruchie (La), c. de Souffrignac, 1 m., 9 h.

Rudard, c. de Juillac-le-Coq, 1 m., 4 h.

Rudeloup, c. de Montignac-le-Coq, 5 m., 19 h.

Rudeloup, c. de Rouffiac-de-St-Martial-la-Menècle, 1 m., 4 h.

Rue (La), c. de Bunzac, 1 m., 9 h.

Rue (La), c. de Montjean, 6 m., 25 h.

Rue (La), c. de St-Maurice, 17 m., 68 h.

Rue (La Basse-), c. d'Aunac, 28 m., 101 h.

Rue (La Basse-), c. de Bayers, 45 m., 163 h.

Rue (La Grande-), c. de Gimeux, 13 m., 53 h.

Rue (La Grande-), c. de Villegats, 46 m., 136 h.

Ruelle, c., arr. d'Angoulême, cant. d'Angoulême (2e partie), †, éc., ⊠ Angoulême, ☞ F., 417 m., 1,429 h.

Ruelle, bg., ch.-l., c. de Ruelle, 65 m., 269 h., 7 k. d'Angoulême.

Ruelle (La), c. de St-Félix, 1 m., 5 h.

Rues (Les), c. de Vaux-la-Vallette, 4 m., 20 h.

Rues (Les Basses-), c. de Cherves, 17 m., 58 h.

Bues (Les Basses-), c. de Richemont, 5 m., 13 h.

Ruffec, arr., 4 cant., 82 c., 57,114 h.

Ruffec, cant., arr. de Ruffec, 20 c., 15,194 h.

Ruffec, c., arr. de Ruffec, cant. de Ruffec, ✝, éc., ✉ Ruffec, sous-préfecture, tribunal, ⚓ F. M., 664 m., 3,109 h.

Ruffec, v., ch.-l. de la c., du cant. et de l'arr. de Ruffec, 581 m., 2,854 h., 43 k. d'Angoulême, ⚓.

Ruinaud (Le), c. de Chavenac, 4 m., 11 h.

Ruinet, c. d'Aubeville, 8 m., 29 h.

Ruinet (Le Petit-), c. d'Aubeville, 4 m., 2 h.

Ruisseau, c. d'Angeac-Champagne, 5 m., 30 h.

Rulle, c. de Sigogne, 62 m., 218 h.

Rullier (Chez-), c. de Champagne, 5 m., 22 h.

Rullier (Chez-), c. de Condéon, 3 m., 43 h.

Rullier (Chez-), c. de Curac, 42 m., 52 h.

Rullier (Chez-), c. de Montboyer, 4 m., 7 h.

Rulliers (Les), c. de Juillac-le-Coq, 5 m., 49 h.

Russas, c. de St-Adjutory, 2 m., 43 h.

Ruteliers (Les), c. de St-Martin-Château-Bernard, 4 m., 14 h.

S

Sabanac, c. de Lézignac-Durand, 12 m., 49 h.

Sabelle (Chez-), c. de Nanteuil, 3 m., 9 h.

Sable (Le), c. de Pérignac, 8 m., 35 h.

Sables (Les), c. de Marsac, 4 m., 5 h.

Sables (Les), c. de Vieux-Cérier, 4 m., 6 h.

Sablière (La), c. de Pillac, 4 m., 6 h.

Sablière (La), c. de Roullet, 4 m., 3 h.

Sablière (La), c. de St-Léger, 3 m., 43 h.

Sablières (Les), c. de Loubert, 2 m., 15 h.

Sablon (Le Grand-), c. de Nonac, 3 m., 16 h.

Sablon (Le Petit-), c. de Nonac, 2 m., 13 h.

Sablons (Les), c. de Loubert, 2 m., 8 h.

Sablons (Les), c. de Puyréaux, 12 m., 44 h.

Sablons (Les), c. de Rivières, 3 m., 6 h.

Sabouraud (Chez-), c. de Ste-Sévère, 7 m., 25 h.

Sabouraudes (Les), c. de Cherves, 4 m., 5 h.

Sac, c. de St-Romain, 10 m., 44 h.

Sac (St-), c. de Bonnes, 3 m., 6 h.

Sac (St-), c. d'Yvrac-et-Malleyrand, 22 m., 60 h.

Sadrans (Chez-), c. du Bouchage, 5 m., 44 h.

Sadou (Chez-), c. de Passirac, 4 m., 3 h.

Saillandrie (La), c. de Péreuil, 2 m., 3 h.

Saillant, c. de St-Cybard-le-Peyrat, 2 m., 8 h.

Saillant, c. de St-Quentin-de-Chalais, 4 m., 15 h.

Saillant (Chez-), c. de Reignac, 6 m., 22 h.

Saillia (La), c. de Suaux, 21 m., 75 h.

Saintonge, c. de St-Même, 20 m., 99 h.

Salaisse (Chez-), c. de Vœuil-et-Giget, 2 m. non h.

Salas, c. de Saulgond, 13 m., 45 h.

Salle (Chez-la-), c. de Salles-de-Barbezieux, 2 m., 6 h.

Salle (La), c. du Bouchage, 18 m., 25 h.

Salle (La), c. de Brillac, 4 m., 6 h.

Salle (La), c. de Lichères, 9 m., 47 h.

Salle (La), c. de Villiers-le-Roux, 42 m., 40 h.

Salle (Logis-de-la-), c. de Mosnac, 4 m., 4 h.

Sallebrache, c. de Sigogne, 4 m., 44 h.

Sallée (Chez-), c. de St-Aulais-de-la-Chapelle-Conzac, 7 m., 26 h.

Sallegourde, c. de Courlac, 2 m., 11 h.

Sallerit (Le Grand-), c. de Lupsault, 19 m., 64 h.

Sallerit (Le Petit-), c. de Lupsault, 4 m., 3 h.

Salles, c., arr. et cant. de Barbezieux, ✝, éc., ✉ Barbezieux, 154 m., 535 h.

Salles, bg., ch.-l., c. de Salles-de-Barbezieux, 43 m., 33 h., 4 k. de Barbezieux, 34 k. d'Angoulême.

Salles, c., arr. de Cognac, cant. de Segonzac, ✝, éc., ✉ Cognac, 286 m., 1,081 h.

Salles, bg., ch.-l., c. de Salles-de-Segonzac, 27 m., 121 h., 10 k. de Segonzac, 9 k. de Cognac, 44 k. d'Angoulême.

Salles, c., arr. de Ruffec, cant. de Villefagnan, ✝, éc., ✉ Tusson, 244 m., 834 h.

Salles, bg., ch.-l., c. de Salles-de-Villefagnan, 424 m., 386 h., 10 k. de Villefagnan, 9 k. de Ruffec, 37 k. d'Angoulême.

Salles (Château-de-), c. de Chassenon, 4 m., 6 h.

Salles (Le Moulin-de-), c. de Salles-de-Villefagnan, 8 m., 29 h.

Salles (Les), c. d'Yvrac-et-Malleyrand.
4 m., 21 h.

Salles (Métairie-de-), c. de Chassenon,
3 m., 27 h.

Salles (Moulin-de-), c. de Salles-la-Vallette, 2 m., 11 h.

Salles-la-Vallette, c., arr. de Barbezieux, cant. de Montmoreau, †, éc.,
☒ Montmoreau, ⚵ F., 345 m., 1,169 h.

Salles-la-Vallette, bg., ch.-l., c. de
Salles-la-Vallette, 35 m., 151 h., 10 k. de
Montmoreau, 37 k. de Barbezieux,
33 k. d'Angoulême.

Sallet (Chez-), c. de Criteuil, 1 m., 5 h.

Sallot (Chez-), c. de Rivières, 17 m.,
55 h.

Salmadie, c. d'Alloue, 1 m., 6 h.

Salmaze, c. de Rancogne, 8 m., 31 h.

Salmond (Le), c. de Curac, 6 m., 13 h.

Salmonie (La), c. de Chirac, 7 m., 41 h.

Salmonie (La), c. de Torsac, 1 m., 4 h.

Salmons (Les), c. de Touzac, 2 m.,
8 h.

Salsine, c. de Barret, 2 m., 7 h.

Saludie (La), c. de Verneuil, 4 m., 19 h.

Salvert, c. de Bonneuil, 4 m., 23 h.

Salvert, c. de Brillac, 1 m., 6 h.

Salzine, c. d'Asnières, 13 m., 45 h.

Samaroux, c. de Roussines, 1 m., 15 h.

Sameaud, c. de Vitrac, 3 m., 23 h.

Sandons (Les), c. de Mosnac, 17 m., 71 h.

Sandornerie (La), c. d'Aignes-et-Puypéroux, 1 m., 2 h.

Sandrins (Les), c. de Torsac, 5 m.,
18 h.

Sangle (La), c. de La Chapelle, 1 m.,
10 h.

Sangle-Basse (La), c. de Fontclaireau,
13 m., 43 h.

Sangle-Haute (La), c. de Fontclaireau,
14 m., 41 h.

Sansac, c. de Beaulieu, 3 m., 21 h.

Sansac, c. de St-Quentin, cant. de Chabanais, 19 m., 66 h.

Sansac (Moulin-de-), c. de Beaulieu, 1 m.
non h.

Sanson (Chez-), c. de Mesnac, 2 m., 17 h.

Sansonuerie, c. de Mesnac, 3 m., 15 h.

Saquet (Chez-), c. de St-Bonnet, 4 m.,
20 h.

Sarcellerie (La), c. de Nieuil, 19 m.,
73 h.

Sardet (Chez-), c. de Lignères, 5 m.,
23 h.

Sardin (Chez-), c. de Poursac, 4 m., 8 h.

Sargnac, c. de Mouzon, 26 m., 96 h.

Sargnas (Les), c. de St-Amant-de-Bonnieure, 10 m., 44 h.

Sarniquet, c. de Juignac, 2 m., 25 h.

Sarrazin (Chez-), c. de Passirac, 3 m.,
21 h.

Sarrazin (Chez-), c. de Brossac, 1 m., 6 h.

Sarrazin (Chez-), c. de St-Félix, 9 m.,
32 h.

Sartier (Moulin-), c. de Salles-la-Vallette, 2 m., 10 h.

Sartrie (La), c. de Salles-la-Vallette,
6 m., 19 h.

Sartrie (Le Grand-), c. de Gardes, 5 m.,
19 h.

Sartrie (Le Petit-), c. de Gardes, 4 m.,
17 h.

Saturnin (St-), c., arr. d'Angoulême,
cant. d'Hiersac, †, éc., ☒ Angoulême,
224 m., 882 h.

Saturnin (St-), bg., ch.-l., c. de St-Saturnin, 76 m., 273 h., 4 k. d'Hiersac,
10 k. d'Angoulême.

Saud (Le), c. de St-Amant-de-Montmoreau, 7 m., 22 h.

Saugerie (Chez-), c. de St-Maurice, 1 m.,
9 h.

Saugot (Le Moulin-), c. de Nonac, 1 m.,
5 h.

Saugueuil, c. de Chasseneuil, 7 m., 18 h.

Saujet (Le), c. de St-Michel, 4 m., 9 h.

Saule (Le), c. de Champagne-Mouton,
1 m., 7 h.

Saulgond, c., arr. de Confolens, cant. de
Chabanais, †, éc., ☒ Chabanais, 294 m.,
1,234 h.

Saulgond, bg., ch.-l., c. de Saulgond,
51 m., 177 h., 11 k. de Chabanais, 12 k.
de Confolens, 68 k. d'Angoulême.

Saulnier, c. de St-André, 9 m., 29 h.

Saunière, c. de St-Projet-St-Constant,
4 m., 18 h.

Saurin (Chez-), c. de St-Même, 3 m., 12 h.

Sauterauds (Les), c. de Vœuil-et-Giget,
5 m., 11 h.

Sauvage, c. de Chassiecq, 1 m., 10 h.

Sauvages (Le Moulin-des-), c. de St-
Amant-de-Montmoreau, 4 m., 7 h.

Sauvages (Les), us., c. de Ronsenac, 1 m.,
7 h.

Sauvages (Les), c. de St-Amant-de-
Montmoreau, 2 m., 12 h.

Sauvagnac, c., arr. de Confolens, cant.
de Montembœuf, éc., ☒ Montembœuf,
39 m., 202 h.

Sauvagnac, bg., ch.-l., c. de Sauvagnac, 11 m., 53 h., 9 k. de Montembœuf, 33 k. de Confolens, 45 k. d'Angoulême.

Sauvat (Le), c. de Fouquebrune, 1 m.,
2 h.

Sauveau (Chez-), c. de Vignolles, 3 m., 11 h.

Sauveur (St-), c. de Marthon, 4 m., 31 h.

Sauvignac, c. de Dirac, 4 m., 18 h.

Sauvignac, c., arr. de Barbézieux, cant. de Brossac, éc., ✉ Brossac, 48 m., 246 h.

Sauvignac, bg., ch.-l., c. de Sauvignac, 3 m., 25 h., 11 k. de Brossac, 28 k. de Barbezieux, 55 k. d'Angoulême.

Sauzade (La), c. de Gimeux, 1 m., 11 h.

Sauzade (La), c. de St-Romain, 1 m., 5 h.

Sauzade (La Petite-), c. de Laprade, 3 m., 11 h.

Savarit (Chez-), c. de Londigny, 20 m., 55 h.

Savarit (Chez-), c. de Salles-de-Barbezieux, 5 m., 12 h.

Savary (Chez-), c. de Bécheresse, 6 m., 22 h.

Saveille, c. de Payzay-Naudouin, 57 m., 210 h.

Saveille (Le Château-de-), c. de Payzay-Naudouin, 1 m., 10 h.

Savignat, c. de Chabanais, 2 m., 19 h.

Savignat, us., c. de St-Quentin, cant. de Chabanais, 1 m., 5 h.

Savinaud, c. d'Épenède, 7 m., 25 h.

Sazarits (Les), c. de Fléac, 1 m., 3 h.

Scée, c. de Vars, 1 m., 6 h.

Scée (Moulin-de-), c. de Vars, 1 m., 9 h.

Scheboue, c. de Fouqueure, 2 m., 11 h.

Sébarie (La), c. de Rouzède, 12 m., 39 h.

Sébarie (La Métairie-), c. de Rouzède, 1 m., 11 h.

Sebille (Chez-), c. de St-Bonnet, 4 m., 10 h.

Sebille (Chez-), c. de Viville, 4 m., 13 h.

Séchebec, c. de St-Martin-Château-Bernard, 9 m., 36 h.

Séchère (La), c. de Chirac, 22 m., 83 h.

Séchère (La), c. de Lézignac-Durand, 21 m., 94 h.

Séchère (La), c. de Roussines, 5 m., 27 h.

Ségalard, c. de Ste-Colombe, 6 m., 14 h.

Ségelard, c. de Petit-Lessac, 3 m., 16 h.

Ségerie (La), c. des Essards, 3 m., 7 h.

Ségeville, c. de St-Preuil, 10 m., 63 h.

Segonzac, cant., arr. de Cognac, 18 c., 14,924 h.

Segonzac, c., arr. de Cognac, cant. de Segonzac, ✚, éc., ✉ Segonzac, ☞ F., 754 m., 2,784 h.

Segonzac, v., ch.-l., c. et cant. de Segonzac, temp. prot., j. d. p., 163 m., 593 h., 13 k. de Cognac, 35 k. d'Angoulême.

Séguignas, c. de Charras, 2 m., 9 h.

Séguin (Chez-), c. de Verrières, 2 m., 11 h.

Séguine (La), c. de Nonac, 1 m., 8 h.

Séguinerie (La), c. de St-Amant-de-Montmoreau, 3 m., 8 h.

Séguinie (La), c. de Rouzède, 19 m., 87 h.

Séguinie-Basse (La), ou La Siguenie-Basse, c. de Juillaguet, 1 m., 5 h.

Séguinie-Haute (La), ou La Siguenie-Haute, c. de Juillaguet, 3 m., 11 h.

Séguinie (Le Moulin-de-), c. de Rouzède, 1 m., 9 h.

Séguins (Les), c. de Ruelle, 13 m., 142 h.

Segurment (Chez-), c. d'Oradour-Fanais, 8 m., 20 h.

Séhu, c. de Luxé, 44 m., 141 h.

Sellas, c. de St-Maurice, 5 m., 30 h.

Selle (La), c. de Bréville, 5 m., 22 h.

Selle (La), c. de Ste-Sévère, 27 m., 91 h.

Séminaire (Le), ou Le Château, c. de Richemont, 1 m., 161 h.

Senaud (Chez-), c. d'Étagnat, 2 m., 8 h.

Senelle (Chez-), c. de Montembœuf, 2 m., 14 h.

Semenie (La), c. de Verneuil, 2 m., 20 h.

Sennerie (La), c. de Montboyer, 4 m., 15 h.

Sentinelle (La), c. de Malaville, 1 m., 6 h.

Sept-Fonds, c. de Magnac-la-Vallette, 2 m., 12 h.

Sept-Fonds, c. de St-Sulpice-de-Cognac, 8 m., 37 h.

Sept-Portes (Les), c. de La Faye, 1 m., 11 h.

Sept-Uns (Les), c. de Boutiers, 1 m., 2 h.

Sérail, c. d'Abzac, 26 m., 78 h.

Serbuisson, c. de Chirac, 1 m., 7 h.

Série (La), c. d'Aignes-et-Puypéroux, 6 m., 22 h.

Sérignac, c. de St-Genis-d'Hiersac, 3 m., 12 h.

Sérignac, c., arr. de Barbézieux, cant. de Chalais, éc., ✉ Chalais, 65 m., 304 h.

Sérignac, bg., ch.-l., c. de Sérignac, 3 m., 13 h., 1 k. de Chalais, 30 k. de Barbezieux, 49 k. d'Angoulême.

Séroume, c. de Bécheresse, 3 m., 17 h.

Serpaudrie, c. de Villefagnan, 8 m., 34 h.

Serpe (Chez-), c. de La Péruze, 2 m., 10 h.

Serpouillère, c. de Beaulieu, 9 m., 26 h.

Serolle, c. de Bouteville, 1 m., 4 h.

Sers, c., arr. d'Angoulême, cant. de La Vallette, éc., ✉ Angoulême, ☞ F., 163 m., 632 h.

Sers, bg., ch.-l., c. de Sers, 28 m., 99 h., 15 k. de La Vallette, 15 k. d'Angoulême.

Servante (La), c. de Condéon, 14 m., 61 h.

Serve (La), c. de Cherves-Châtelars, 1 m., 8 h.

Servolle, c. de Massignac, 6 m., 37 h.
Servolle, c. de Montignac-le-Coq. 10 m., 42 h.
Servolle, c. de Vars, 9 m., 39 h.
Sétin (Le, ou La Champagne, c. de Gensac, 3 m., 12 h.
Seunie (La), c. d'Hiesse, 18 m., 53 h.
Seure (La), c. de Vitrac, 2 m., 14 h.
Seurin (St-), c. de Barbezieux, 3 m., 12 h.
Seux (Le), c. de Couture, 4 m., 10 h.
Sévère (Ste-), c., arr. de Cognac, cant. de Jarnac, †, éc., ⊠ Jarnac, 33 m., 84 h.
Sévère (Ste-), bg., ch.-l., c. de Ste-Sévère, 41 m., 132 h., 10 k. de Jarnac, 11 k. de Cognac, 38 k. d'Angoulême.
Severin (St-), c., arr. de Barbezieux, cant. d'Aubeterre, †, éc., ⊠ Aubeterre, ✶ F. M., 365 m., 1,396 h.
Severin (St-), bg., ch.-l., c. de St-Severin, 66 m., 270 h., 9 k. d'Aubeterre, 42 k. de Barbezieux, 42 k. d'Angoulême.
Severins (Les), c. de La Couronne, 7 m., 23 h.
Siarne, c. de St-Fraigne, 17 m., 52 h.
Siarne (Le Moulin-de-), c. d'Ébréon, 1 m., 10 h.
Sicaud (Chez-), c. de Bors-de-Montmoreau, 5 m., 23 h.
Sicaud (Chez-), c. de Montjean, 7 m., 13 h.
Sicaud (Chez-), c. de St-Cybard, 1 m., 5 h.
Sicauderie (La), c. de Bazac, 2 m., 10 h.
Sicauds (Les), c. de St-Michel, 23 m., 89 h.
Sicoteau (Le), c. de Chadurie, 3 m., 8 h.
Sicots (Les), c. de Mouthiers, 5 m., 19 h.
Sidour (Chez-), c. de La Vallette, 9 m., 28 h.
Sierdet, c. du Lindois, 40 m., 43 h.
Signac, c. de St-Claud, 1 m., 5 h.
Signac (Moulin-de-), c. de St-Claud, 4 m., 4 h.
Signardie (La), c. de Magnac-la-Vallette, 4 m., 6 h.
Signère (La), c. d'Asnières, 4 m., 40 h.
Sigognaud (Le), c. de Mouthiers, 7 m., 28 h.
Sigogne, c. de Coulgens, 31 m., 122 h.
Sigogne, c., arr. de Cognac, cant. de Jarnac, †, éc., ⊠ Jarnac, 391 m., 1,169 h.
Sigogne, bg., ch.-l., c. de Sigogne, 112 m., 398 h., 7 k. de Jarnac, 40 k. de Cognac, 30 k. d'Angoulême.
Sigogne (Chez-), c. de St-Amant-de-Graves, 6 m., 23 h.
Sigogne (La), c. de Soyaux, 3 m., 17 h.

Siguenie-Basse (La), voy., La Seguinie-Basse.
Siguenie-Haute (La), voy. La Seguinie-Haute.
Sillac, c. d'Angoulême, 12 m., 59 h.
Simard (Le), c. de St-Yrieix, 1 m., 5 h.
Simarde (La), c. de Champniers, 30 m., 121 h.
Simeux (St-), c., arr. de Cognac, cant. de Châteauneuf, †, éc., ⊠ Châteauneuf, 149 m., 649 h.
Simeux (St-), bg., ch.-l., c. de St-Simeux, 24 m., 104 h., 5 k. de Châteauneuf, 30 k. de Cognac, 19 k. d'Angoulême.
Simon (St-), c., arr. de Cognac, cant. de Châteauneuf, †, éc., ⊠ Châteauneuf, 212 m., 681 h.
Simon (St-), bg., ch.-l., c. de St-Simon, 6 m., 25 h., 8 k. de Châteauneuf, 25 k. de Cognac, 22 k. d'Angoulême.
Simonet (Chez-), c. de Montboyer, 1 m., 7 h.
Simonie (La), c. de Vieux-Ruffec, 2 m., 40 h.
Simonnet (Chez-), c. de Bardenac, 1 m., 5 h.
Sirets (Les), c. de Linars, 17 m., 64 h.
Sireuil, c., arr. d'Angoulême, cant. d'Hiersac, †, éc., ⊠ Roullet, 218 m., 933 h.
Sireuil, bg., ch.-l., c. de Sireuil, 26 m., 175 h., 6 k. d'Hiersac, 16 k. d'Angoulême.
Sirop (Chez-), c. de Julienne, 6 m., 18 h.
Siroterie (La), c. de Richemont, 1 m., 5 h.
Sivadier, c. de St-Claud, 1 m., 8 h.
Sizac, c. d'Oradour-Fanais, 1 m., 9 h.
Sœur-Catine, c. de St-Bonnet, 4 m., 42 h.
Solanson, c. de Boutiers, 5 m., 18 h.
Solivet (Chez-), c. d'Abzac, 1 m., 5 h.
Sommedevin, c. de Juignac, 9 m., 40 h.
Sonnerie (La), c. de Jurignac, 1 m., 2 h.
Sonnes, c. de St-Front, 2 m., 6 h.
Sonneville, c. de Lignères, 2 m., 6 h.
Sonneville, c., arr. d'Angoulême, cant. de Rouillac, †, éc., ⊠ Rouillac, 147 m., 509 h.
Sonneville, bg., ch.-l., c. de Sonneville, 74 m., 282 h., 7 k. de Rouillac, 31 k. d'Angoulême.
Sonneville, c. de Villefagnan, 10 m., 35 h.
Sorellerie, c. de St-Sulpice-de-Cognac, 1 m., 5 h.
Sorin (Chez-), c. de St-Estèphe, 6 m., 20 h.

Soria (Le Petit-), c. de St-Estèphe, 1 m., 5 h.

Sorinat (Chez-), c. de St-Estèphe, 3 m., 13 h.

Sornin (St-), c., arr. d'Angoulême, cant. de Montbron, †, éc., ⊠ Montbron, 196 m., 759 h.

Sornin (St-), bg., ch.-l., c. de St-Sornin, 36 m., 165 h., 7 k. de Mansle, 25 k. d'Angoulême.

Notterie (La), c. de Lesterps, 1 m., 7 h.

Noubatu, c. d'Oradour-Fanais, 1 m., 7 h.

Noubérac, c. de Brossac, 1 m., 5 h.

Noubérac, c. de Gensac, 9 m., 43 h.

Noubert (Le Moulin-de-), c. de Valence, 4 m., 14 h.

Noubise, c. de Bonnes, 2 m., 7 h.

Souchard, c. de Guizengeard, 1 m., 6 h.

Souche (La), c. de La Vallette, 2 m., 7 h.

Souche (La), c. de Villefagnan, 1 m. non h.

Souches (Les), c. de Dignac, 5 m., 13 h.

Souches (Les), c. de Vouzan, 45 m., 57 h.

Souchet (Chez-), c. de Barret, 43 m., 41 h.

Souchet (Chez-), c. de Salles-de-Barbezieux, 3 m., 43 h.

Souchets (Les) c. de Balzac, 12 m., 34 h.

Souchets (Les), c. de Touzac, 7 m., 30 h.

Soucis (Les), c. de Lamérac, 3 m., 10 h.

Soucy (Le), c. de Marthon, 2 m., 13 h.

Soudet (Le), c. des Pins, 8 m., 44 h.

Soudière (La), c. de St-Mary, 4 m., 17 h.

Soudin (Le), c. de Barbezieux, 9 m., 28 h.

Soudin (Moulin-du-), c. de Barbezieux, 2 m., 5 h.

Souffrignac, c., arr. d'Angoulême, cant. de Montbron, éc., ⊠ Marthon, 76 m., 379 h.

Souffrignac, bg., ch.-l., c. de Souffrignac, 2 m., 19 h., 10 k. de Montbron, 31 k. d'Angoulême.

Souhant, c. d'Épenède, 4 m., 27 h.

Souillac (Chez-), c. d'Ars, 10 m., 31 h.

Souillac, c. de Jarnac, 5 m., 20 h.

Soulard (Le Grand-), c. de Bellon, 5 m., 19 h.

Soulard (Le Petit-), c. de Bellon, 3 m., 9 h.

Soulards (Les), c. de Nonac, 1 m., 5 h.

Soulet (Chez-), c. de Dignac, 4 m., 10 h.

Soulice (Chez-), c. de La Chaise, 14 m., 46 h.

Soulier (Moulin-du-), c. d'Exideuil, 1 m., 6 h.

Souline (Ste-), c., arr. de Barbezieux, cant. de Brossac, †, éc., ⊠ Brossac, 55 m., 360 h.

Souline (Ste-), bg., ch.-l., c. de Ste-Souline, 7 m., 23 h., 7 k. de Brossac, 17 k. de Barbezieux, 37 k. d'Angoulême.

Soullard (Chez-), c. de Sauvignac, 3 m., 18 h.

Soumagne (Chez-), ou Les Jarriges, c. de Montbron, 1 m., 5 h.

Souquet (Chez-), c. de Ste-Colombe, 6 m., 27 h.

Sourdie, c. de Ste-Souline, 2 m., 16 h.

Sous-la-Vergne (Le Moulin-de-), c. de Moutardon, 1 m., 5 h.

Sous-Vacheresse, c. de Touzac, 1 m., 2 h.

Souterrain (Le), c. de Courbillac, 24 m., 94 h.

Soutière (La), c. de Chabanais, 2 m., 16 h.

Soutière (Le Moulin-de-la-), c. de Chassenon, 1 m., 10 h.

Soutras (Le), c. de St-Quentin-de-Chalais, 3 m., 19 h.

Souvigné, c., arr. de Ruffec, cant. de Villefagnan, †, éc., ⊠ Villefagnan, 189 m., 630 h.

Souvigné, bg., ch.-l., c. de Souvigné, 49 m., 165 h., 6 k. de Villefagnan, 14 k. de Ruffec, 42 k. d'Angoulême.

Soyaux, c., arr. d'Angoulême, cant. d'Angoulême (2e partie), †, éc., ⊠ Angoulême, 201 m., 615 h.

Soyaux, bg., ch.-l., c. de Soyaux, 45 m., 126 h., 4 k. d'Angoulême.

Station (La), c. de Charmant, ⛟, 1 m., 7 h.

Station (La), c. de La Couronne, ⛟, 1 m., 5 h.

Station (La), c. de St-Amant-de-Montmoreau, ⛟, 5 m., 10 h.

Station (La), c. de Vars, ⛟, 1 m., 4 h.

Suant (Chez-), c. de Moutardon, 2 m., 12 h.

Suaux, c. de St-Adjutory, 1 m., 8 h.

Suaux, c., arr. de Confolens, cant. de St-Claud, †, éc., ⊠ St-Claud, 246 m., 870 h.

Suaux, bg., ch.-l., c. de Suaux, 43 m., 166 h., 7 k. de St-Claud, 27 k. de Confolens, 38 k. d'Angoulême.

Suaux (Moulin-de-), c. de Nieuil, 1 m., 7 h.

Sublets (Les), c. de Fleurac, 2 m., 6 h.

Sublière (La), c. de St-Vallier, 6 m., 24 h.

Sudras (Les), c. de Vouzan, 4 m., 48 h.

Sudrie (La), c. du Lindois, 25 m., 95 h.

Sulpice (St-), c., arr. et cant. de Cognac, †, éc., ⊠ Burie, 587 m., 1,937 h.

Sulpice (St-), bg., ch.-l., c. de St-Sulpice-de-Cognac, 23 m., 75 h., 9 k. de Cognac, 51 k. d'Angoulême.

Sulpice (St-), c., arr. de Ruffec, cant. de Ruffec, éc., ✉ Verteuil, 60 m., 210 h.

Sulpice (St-), bg., ch.-l., c. de St-Sulpice, 42 m., 49 h., 15 k. de Ruffec, 38 k. d'Angoulême.

Surat (Chez-), c. de Mesnac, 4 m., 16 h.

Suraud (Chez-), c. de Champniers, 20 m., 101 h.

Suraud (Chez-), c. de St-Martial, 13 m., 52 h.

Suraud (Chez-), c. de St-Félix, 2 m., 12 h.

Suraud (Le Moulin-de-), c. de St-Martial, 2 m., 9 h.

Sureau, c. de Bonneuil, 2 m., 6 h.

Sureau (Chez-), c. de Bécheresse, 4 m., 20 h.

Sureau (Le Moulin-de-), c. de Courlac, 1 m., 18 h.

Surin (St-), c., arr. de Cognac, cant. de Châteauneuf, éc., ✉ Châteauneuf, 69 m., 224 h.

Surin (St-), bg., ch.-l., c. de St-Surin, 6 m., 15 h., 2 k. de Châteauneuf, 27 k. de Cognac, 22 k. d'Angoulême.

Suris, c., arr. de Confolens, cant. de Chabanais, †, éc., ✉ Chabanais, ⚙ F., 174 m., 745 h.

Suris, bg., ch.-l., c. de Suris, 43 m., 173 h., 8 k. de Chabanais, 21 k. de Confolens, 53 k. d'Angoulême.

Sur-le-Four, c. de St-Bonnet, 1 m., 6 h.

T

Tabard (Chez-), c. de St-Mary, 8 m., 34 h.

Tabateau, c. d'Oradour-Fanais, 5 m., 45 h.

Tableaux (Les), c. de Challignac, 10 m., 32 h.

Tabois (Chez-), c. de Richemont, 6 m., 23 h.

Tabois (Chez-), c. de St-Sulpice-de-Cognac, 1 m., 6 h.

Tabord, c. de Champagne-Mouton, 5 m., 47 h.

Tabourin (Chez-), c. de Ste-Marie, 6 m., 28 h.

Tabournière, c. du Lindois, 1 m., 7 h.

Tabuteau (Chez-), c. de Berneuil, 2 m., 9 h.

Tacharderie (La), c. de Cherves, 5 m., 10 h.

Tâche (La), c., arr. de Ruffec, cant. de Mansle, éc., ✉ Mansle, 91 m., 349 h.

Tâche (La), bg., ch.-l., c. de La Tâche, 49 m., 192 h., 14 k. de Mansle, 25 k. de Ruffec, 35 k. d'Angoulême.

Tâche (La), c. de St-Genis, 4 m., 14 h.

Tâche (Moulin-de-la-), c. de Nanteuil, 1 m., 8 h.

Tachet (Chez-), c. de Porcheresse, 3 m., 44 h.

Tachet (Chez-), c. de St-Sulpice-de-Cognac, 9 m., 30 h.

Tachonnerie (La), c. de La Faye, 44 m., 106 h.

Taffouraud, c. de Chabrac, 4 m., 40 h.

Tagibeau, c. de Lesterps, 3 m., 19 h.

Taillandie, c. de Bonnes, 5 m., 28 h.

Taillandier (Le), c. de Mouthiers, 3 m., 8 h.

Taillandière, c. de Taponnat-Fleurignac, 3 m., 27 h.

Taillant (Le), c. de Poullignac, 4 m., 61 h.

Taille (La), c. de St-Yrieix, 1 m., 4 h.

Taillette (La), c. de Marcillac-Lanville, 1 m., 2 h.

Taillevert, c. de St-Aulais-de-la-Chapelle-Conzac, 1 m., 4 h.

Taizé-Aizie, c., arr. de Ruffec, cant. de Ruffec, †, éc., ✉ Nanteuil, 245 m., 927 h.

Taizé, bg., ch.-l., c. de Taizé-Aizie, 44 m., 156 h., 6 k. de Ruffec, 48 k. d'Angoulême.

Taladou (Chez-), c. de Mazerolles, 4 m., 8 h.

Talanche, c. de Bazac, 4 m., 5 h.

Talivaux, c. de Vaux-la-Vallette, 9 m., 32 h.

Talonnière (La), c. de Barro, 1 m., 8 h.

Talonnière (La), c. de Fouqueure, 23 m., 103 h.

Taluchet, c. de La Magdeleine-de-Segonzac, 4 m., 14 h.

Taluchet, c. de Touzac, 1 m., 2 h.

Talvats (Les), c. de Bourg-Charente, 10 m., 37 h.

Tambourinour (Le), c. de Gondeville, 1 m., 6 h.

Tanchaud (Chez-), c. de Malaville, 2 m., 44 h.

Tandeau (Chez-), c. du Lindois, 20 m., 80 h.

Tannerie (La), c. de Guizengeard, 14 m., 43 h.

Tannerie (La), c. d'Yviers, 1 m. non h.

Tannerie-de-Bergemont (La), c. de Barbezieux, 1 m., 5 h.

Tant-Petit (Chez-), c. de Gardes, 1 m., 5 h.

Tape (La), c. de Baignes-Ste-Radégonde, 2 m., 6 h.

Tape (La), c. de Barbezieux, 3 m., 16 h.

Tape (La), c. du Tâtre, 2 m., 9 h.

Tapis (Le), c. de Montignac-Charente, 23 m., 98 h.

Tapon (Chez-), c. de Nonac, 1 m., 6 h.

Taponnat-Fleurignac, c., arr. de Confolens, cant. de Montembœuf, 7, éc., ✉ Chasseneuil, 207 m., 932 h.

Taponnat, bg., ch.-l., c. de Taponnat-Fleurignac, 19 m., 91 h., 13 k. de Montembœuf, 36 k. de Confolens, 27 k. d'Angoulême.

Tard (Le), c. de St-Severin, 6 m., 22 h.

Tards (Les), c. de Bourg-Charente, 15 m., 53 h.

Tardy (Chez-), c. d'Ambérac, 1 m., 5 h.

Tarlot, c. de St-Claud, 22 m., 82 h.

Tarnaud (Chez-), c. de Taponnat-Fleurignac, 11 m., 34 h.

Tarot (Chez-), c. de Rivières, 3 m., 13 h.

Tarrondeau (Le), c. de Montignac-le-Coq, 7 m., 23 h.

Tarsac, c. de St-Saturnin, temp. prot., 32 m., 127 h.

Tartassonne (La), c. de Brie-sous-la-Rochefoucauld, 11 m., 36 h.

Tartassonne (La Métairie-de-), c. de Brie-sous-la-Rochefoucauld, 5 m., 14 h.

Tartre (Chez-), c. de Baignes-Ste-Radégonde, 1 m., 3 h.

Tastet (Le), c. de Reignac, 3 m., 21 h.

Tâtelard, c. de Lesterps, 1 m., 7 h.

Tâte-Vin (Moulin-), c. de Saulgond, 1 m., 8 h.

Tatin (Chez-), c. de Louzac, 20 m., 61 h.

Tâtre (Le), c., arr. de Barbezieux, cant. de Baignes, 7, éc., ✉ Baignes, 189 m., 668 h.

Tâtre (Le), bg., ch.-l., c. du Tâtre, 22 m., 74 h., 3 k. de Baignes, 11 k. de Barbezieux, 45 k. d'Angoulême.

Taupier (Chez-), c. de Touzac, 3 m., 10 h.

Taupignou (Chez-), c. de Nanteuil, 8 m., 42 h.

Taurny, c. d'Yviers, 9 m., 47 h.

Taury (Chez-), c. d'Alloue, 8 m., 46 h.

Tauzac, c. de Massignac, 4 m., 35 h.

Taveau-des-Bois, c. de Javrezac, 2 m., 3 h.

Tavernie (La), c. de Montboyer, 5 m., 15 h.

Tavillard (Le), c. d'Aignes-et-Puypéroux, 7 m., 28 h.

Teille (La), c. de St-Claud, 1 m., 6 h.

Teillet, c. de Brigueuil, 5 m., 33 h.

Teilloux (Le), c. de Brillac, 5 m., 31 h.

Teinturier (Le), c. de Courgeac, 3 m., 7 h.

Telardière (La), c. d'Oradour-Fanais, 5 m., 24 h.

Tempêtes (Les), c. de Nonac, 2 m., 5 h.

Temple, c. de Cressac, 8 m., 29 h.

Temple (Le), c. de Brie-sous-la-Rochefoucauld, 30 m., 121 h.

Temple (Le), c. de Cellefrouin, 52 m., 178 h.

Temple (Le), c. de Champniers, 9 m., 25 h.

Temple (Le), c. de Combiers, 1 m., 7 h.

Temple (Le), c. des Essards, 2 m., 6 h.

Temple (Le), c. de Garat, 1 m., 5 h.

Temple (Le), c. de La Péruze, 5 m., 22 h.

Temple (Le), c. de Maine-de-Boixe, 17 m., 58 h.

Temple (Le), c. de Rouillac, 58 m., 221 h.

Temple (Le), c. de St-Félix, 1 m., 5 h.

Temple (Le), c. de St-Laurent-de-Céris, 6 m., 22 h.

Temple (Le), c. de Ste-Marie, 3 m., 31 h.

Temple (Le), c. de Sigogne, 83 m., 325 h.

Templerie (La), c. de Cherves, 1 m., 5 h.

Templerie (La), c. de St-André, 13 m., 36 h.

Templeureaud, c. de Sérignac, 1 m., 1 h.

Tendreau, c. de Chillac, 1 m., 6 h.

Tendry (Les), c. de Ruelle, 6 m., 21 h.

Tenillet (Chez-), c. de Bernac, 9 m., 43 h.

Tenot (Chez-), c. de Châtignac, 3 m., 9 h.

Tente (La), c. de Châteauneuf, 7 m., 25 h.

Terme (Le), c. de Fouquebrune, 3 m., 12 h.

Terne (La), c. de Fouqueure, 6 m., 32 h.

Terne (La Basse-), c. de Luxé, 21 m., 48 h.

Terne (La Haute-), c. de Luxé, 28 m., 78 h.

Terousson (Le), c. de Boutiers, 2 m., 5 h.

Terracher, c. de Saulgond, 26 m., 100 h.

Terracoux, c. de Montignac-le-Coq, 10 m., 38 h.

Terracoux (Moulin-de-), c. de Pillac, 1 m., 5 h.

Terrade (Chez-), c. de Ronsenac, 2 m., 14 h.

Terre (Ste-), c. de Benest, 46 m., 180 h.

Terrebourg (Le), c. de St-Angeau, 18 m., 153 h.

Terre-de-Bille, c. de Dignac, 3 m., 13 h.

Terre-Fume, c. de Rouffiac-de-St-Martial-la-Menècle, 3 m., 14 h.

Terre-Neuve, c. de Cherves, 1 m., 3 h.

Terre-Neuve, ou la Maison-Neuve, c. de Confolens, 1 m., 4 h.

Terre-Neuve, c. de Pérignac, 3 m., 8 h.

Terrier (Chez-), c. d'Oradour-Fanais, 10 m., 38 h.

Terrier (Le), c. de Juillac-le-Coq, 2 m., 12 h.

Terrier (Le), ou Trier, c. de L'Houmeau-Pontouvre, 32 m., 98 h.

Terrier (Le), c. de Nonac, 3 m., 15 h.

Terrier-de-Grelet (Le), c. de Ladiville, 2 m., 6 h.

Terrier-Michelot, c. de Malaville, 2 m., 8 h.

Terrier-Pichon, c. de Nercillac, 2 m., 5 h.

Terrier-Rulot, c. de Nercillac, 5 m., 17 h.

Terrière (La), c. de Baignes-Ste-Radégonde, 6 m., 19 h.

Terrière (La), c. de Maine-de-Boixe, 5 m., 13 h.

Terrière (La), c. de Ruelle, 6 m., 14 h.

Terrières (Les), c. de St-Maurice, 1 m., 11 h.

Terrodes (Les), c. de Challignac, 1 m., 5 h.

Terrois (Chez-), c. de Pranzac, 6 m., 22 h.

Terronie (La), c. d'Édon, 5 m., 16 h.

Terses (Les), c. de Vitrac, 2 m., 14 h.

Tertre (Le), c. de Londigny, 1 m., 7 h.

Tertre (Le), c. de Longré, 2 m., 12 h.

Tertre (Le), c. de Vars, 1 m., 5 h.

Tessé, c. de la Forêt-de-Tessé, 50 m., 145 h.

Tessières (Les), c. de Pleuville, 2 m., 12 h.

Tessonnières (Les), c. de Loubert, 11 m., 47 h.

Tessonnières (Les), c. de Petit-Lessac, 1 m., 8 h.

Tessonnières (Les), c. de Marsac, 1 m., 6 h.

Testaud (Chez-), c. de St-Genis, 8 m., 39 h.

Testeau (Chez-), c. de Challignac, 6 m., 21 h.

Testot (Chez-), c. de Passirac, 2 m., 8 h.

Tétard (Chez-), c. de Chillac, 1 m., 3 h.

Têtaud (Chez-), c. de Rioux-Martin, 2 m., 8 h.

Tétaux (Les), c. de Mosnac, 3 m., 12 h.

Tête (Chez-), c. de St-Front, 8 m., 32 h.

Tête-Noire (La), c. de Ronsenac, 2 m., 14 h.

Tévenin, c. de St-Claud, 2 m., 16 h.

Tèves (Chez-), c. de Nieuil, 5 m., 21 h.

Texanderie (La), c. d'Édon, 3 m., 14 h.

Texier (Chez-), c. d'Angeduc, 2 m., 15 h.

Texier (Chez-), c. de Brie-sous-Chalais, 2 m., 7 h.

Texier (Chez-), c. de Cherves, 1 m., 4 h.

Texier (Chez-), c. de Graves, 1 m., 17 h.

Texier (Chez-), c. de Mesnac, 1 m., 5 h.

Texier (Chez-), c. de Nouac, 10 m., 26 h.

Texier (Chez-), c. d'Oradour-Fanais, 6 m., 26 h.

Texier (Chez-), c. de Reignac, 6 m., 21 h.

Texier (Chez-), c. de St-Même, 1 m., 1 h.

Texier (Le), c. de Bors-de-Montmoreau, 2 m., 10 h.

Texier (Moulin-), c. de Deviat, 1 m., 3 h.

Texiers (Les), c. de Balzac, 9 m., 27 h.

Texiers (Les), c. de Rougnac, 10 m., 32 h.

Theil (Le), c. de Chirac, 7 m., 51 h.

Theil-Rabier, c., arr. de Ruffec, cant. de Villefagnan, †, éc., ⊠ Villefagnan, 134 m., 509 h.

Theil-Rabier, bg., ch.-l., c. de Theil-Rabier, 126 m., 478 h., 6 k. de Villefagnan, 15 k. de Ruffec, 52 k. d'Angoulême.

Theils (Les), c. de Mornac, 11 m., 40 h.

Théré (Chez-), c. de Cherves, 18 m., 56 h.

Thevès (Chez-), c. de Bellon, 2 m., 11 h.

Thèves (Chez-), c. de Grassac, 1 m., 5 h.

Theyrot (Chez-), c. de St-Amant-de-Montmoreau, 2 m., 13 h.

Thibaud (Chez-), c. de Marillac, 1 m., 7 h.

Thibaud (Chez-), c. de Roussines, 1 m., 8 h.

Thibaud (Chez-), c. de St-Estèphe, 18 m., 72 h.

Thibaudières (Les), c. de Chadurie, 3 m., 17 h.

Thibeau (Chez-), c. de Guimps, 2 m., 10 h.

Thibeaux, (Les), c. d'Ambérac, 12 m., 39 h.

Thierret (Chez-), c. d'Ars, 4 m., 11 h.

Thiers (Les), c. de Charmant, 7 m., 30 h.

Thiolet (Le), c. de Benest, 2 m., 16 h.

Thiollet, c. de Brillac, 2 m., 12 h.

Thiollet, c. de St-Romain, 12 m., 11 h.

Thomas, c. de Guizengeard, 13 m., 47 h.

Thomas (Chez-), c. d'Abzac, 7 m., 80 h.

Thomas (Chez-), c. des Essards, 5 m., 27 h.

Thomas (Chez-), c. de Pillac , 22 m., 68 h.

Thouarat , (Chez-), c. de Prauzac, 1 m., 3 h.

Thouars (Les), c. de Genté , 12 m., 48 h.

Thouérat , c. de Fléac, 3 m., 19 h.

Tibéret (Chez-), c. de Deviat , 3 m., 8 h.

Tibi (Chez-), voy. Combe-Merle.

Tierce , c. de Parzac, 16 m., 65 h.

Tiers (Les), c. de Confolens , 1 m., 7 h.

Tifferie (La), c. de St-Bonnet, 1 m., 7 h.

Tiffonnet (Chez-), c. de St-Maurice, 2 m., 13 h.

Tignou , c. de Nercillac, 15 m., 50 h.

Tillac , c. de Plaizac-Roufflac, 7 m., 24 h

Tillade (La), c. de La Couronne, 1 m., 6 h.

Tillard , c. de Sireuil, 5 m., 13 h.

Tille (Le), c. de Dirac, 2 m., 11 h.

Tillet (Le) , c. de Rougnac, 16 m., 50 h.

Tillet (Le), c. d'Édon, 1 m., 6 h.

Tilliard , c. d'Yviers, 1 m., 8 h.

Tilloux , c. de Bourg-Charente, 23 m., 67 h.

Tilloux (Logis-de-), c. de Bourg-Charente, 5 m., 16 h.

Tilloux (Métairie-de-), c. de Bourg-Charente, 1 m., 5 h.

Tingaud (Chez-), c. de Champagne-Mouton, 4 m., 15 h.

Tingaud (Moulin-du-), c. de St-Gervais, 2 m., 5 h.

Tisons (Les Vieux-), c. d'Hiesse, 3 m., 27 h.

Tisseraux (Les), c. de Courgeac, 7 m., 38 h.

Tisseuil , c. de Chirac, 6 m., 54 h.

Tive , c. de St-Claud , 1 m., 6 h.

Tivoli , c. de Champagne-Mouton , 1 m., 1 h.

Tivoli (Le), c. de Salles-de-Barbezieux , 2 m., 6 h.

Tobie (Chez-), c. de Baignes-Ste-Radégonde, 1 m., 6 h.

Toinot (Chez-), c. de Cherves, 3 m., 11 h.

Tondusson (Chez-), c. de St-Maurice, 5 m., 20 h.

Tonne , c. de Vindelle, 30 m., 113 h.

Tonnelle (La), c. de St-Fraigne, 1 m., 6 h.

Tonnelles (Les), c. de Baignes-Ste-Radégonde, 2 m., 2 h.

Tonnet (Chez-) c. de Vaux-la-Vallette, 1 m., 10 h.

Tord-Bas (Le), c. de Roufflac-de-St-Martial-la-Menècle, 4 m., 16 h.

Tord-Haut (Le), c. de Roufflac-de-St-Martial-la-Menècle, 1 m., 8 h.

Torigné (Pont-de-), c. de Courcôme, 1 m., 5 h.

Torsac , c., arr. d'Angoulême, cant. de La Vallette, †, éc., ⊠ La Vallette, ✆ F. , 231 m., 846 h.

Torsac , bg., ch.-l., c. de Torsac, 46 m., 152 h., 13 k. de La Vallette, 14 k. d'Angoulême.

Torte (La Basse-), c. de Guimps, 11 m., 43 h.

Torte (La Haute-), c. de Guimps, 9 m., 46 h.

Tortre (Chez-), c. de Juignac , 5 m., 36 h.

Tortre (La), c. de Condéon, 3 m., 17 h.

Tortues (Les), c. de Lamérac, 7 m., 34 h.

Touaille (La), c. d'Abzac, 1 m., 6 h.

Touairat , c. de Suris, 1 m., 10 h.

Toublanc , c. de St-Martin-Château-Bernard, 24 m., 76 h.

Touchabran , c. de La Faye , 2 m., 14 h.

Touchard (Chez-), c. de Champmillon, 7 m., 27 h.

Touchard (Chez-), c. de St-Simeux, 10 m., 37 h.

Touche (Chez-la-), c. de Ligné , 2 m., 8 h.

Touche (La), c. des Adjots , 7 m., 48 h.

Touche (La), c. d'Anais , 1 m., 8 h.

Touche (La), c. de Cellefrouin , 1 m., 7 h.

Touche (La), c. de Courcôme , 14 m., 55 h.

Touche (La), c. de Fléac , 7 m., 29 h.

Touche (La), c. de Genac , 22 m., 99 h.

Touche (La), c. de Jarnac , 50 m., 153 h.

Touche (La), c. de Julienne , 9 m., 37 h.

Touche (La), c. de Linars , 8 m., 18 h.

Touche (La), c. de Marcillac-Lanville, 3 m., 15 h.

Touche (La), c. de Poursac, 2 m., 7 h.

Touche (La), c. de St-Aulais-de-la-Chapelle-Conzac, 2 m., 12 h.

Touche (La), c. de St-Coutant, 17 m., 71 h.

Touche (La), c. de Sonneville , 4 m., 8 h.

Touche (La), c. de Vieux-Cérier , 2 m., 8 h.

Touchebaudrant , c. de Messeux, 2 m., 13 h.

Touchecorde , c. d'Yviers , 4 m., 19 h.

Touches (Les) c. de Barro, 50 m., 187 h.

Touches (Les), c. de Pleuville, 1 m., 11 h.

Touches (Les), c. de Verrières , 2 m., 8 h.

Touches (Les), c. de Vieux-Ruffec, 7 m., 38 h.

Touches (Coteau-des-), c. de Barro, 2 m., 14 h.

Touchet (Chez-), c. de Rivières, 1 m., 11 h.

Touchimbert , c. de Salles-de-Villefagnan, 48 m., 67 h.

Touderie (La), c. de St-Maurice, 2 m., 17 h.

Toufférant , c. de St-Estèphe, 3 m., 13 h.

Toufflac, c. de St-Amant-de-Montmoreau, 1 m., 3 h.

Touillas, c. de Nieuil, 34 m., 112 h.

Touille (La), c. de Brillac, 2 m., 18 h.

Touillets (Les), c. de Châteauneuf, 2 m., 8 h.

Touillets (Les), c. de Mosnac, 7 m., 21 h.

Touilloux (Chez-), c. de Cellefrouin, 1 m., 9 h.

Toulat, c. de Champagne-Mouton, 2 m., 13 h.

Toupe (Chez-), c. d'Aignes-et-Puypéroux, 1 m., 8 h.

Toupinaud, c. de Magnac-la-Vallette, 3 m., 15 h.

Tour (La), c. d'Agris, 1 m., 7 h.

Tour (La), c. de Brie-sous-Barbezieux, 6 m., 22 h.

Tour (La), c. de Chazelles, 1 m., 6 h.

Tour (La), c. de Gimeux, 3 m., 13 h.

Tour (La), c. de La Chévrerie, 3 m., 18 h.

Tour (La), c. de Moutardon, 1 m., 5 h.

Tour (La), c. d'Yviers, 3 m., 17 h.

Touraille (La), c. de Brigueuil, 2 m., 20 h.

Tourais, c. de Guizengeard, 3 m., 10 h.

Tourasse (La), c. d'Angoulême, 3 m., 7 h.

Touret (Chez-', c. de Sérignac, 7 m., 7 h.

Tourette (La Grande-), c. de La Couronne, 2 m., 14 h. (hippodrome).

Tourette (La Petite-), c. de La Couronne, 2 m., 5 h.

Tourette (La), c. de Sireuil, 1 m. non h.

Tourette (La), c. de Villognon, 1 m., 7 h.

Tourgarnier (La), c. d'Angoulême, 18 m., 70 h.

Tourneau (Chez-), c. de Brossac, 4 m., 13 h.

Tourneau (Chez-), c. de Charras, 4 m., 23 h.

Tourneau (Chez-), c. de Curac, 7 m., 25 h.

Tournebourg, c. de Merpins, 2 m., 11 h.

Tournepiche, c. de Montembœuf, 15 m., 53 h.

Tournesou, c. de Magnac-la-Vallette, 8 m., 30 h.

Tournevent (Moulin-de-), ou le Petit-Moulin, c. de Torsac, 1 m., 4 h.

Tourniers (Les), c. de Dignac, 15 m., 43 h.

Tourniers (Les), c. de Vouzan, 4 m., 15 h.

Tourriers, c., arr. d'Angoulême, cant. de St-Amant-de-Boixe, †, éc., ✉ St-Amant-de-Boixe, ✆ M., 225 m., 784 h.

Tourriers, bg., ch.-l., c. de Tourriers, 102 m., 369 h., 6 k. de St-Amant-de-Boixe, 18 k. d'Angoulême.

Tourtazeau, c. de St-Germain, 8 m., 50 h.

Tourterie (La), c. de Montembœuf, 9 m., 41 h.

Tourteron, c. de Payzay-Naudouin, 16 m., 57 h.

Tourteron, c. de St-Simeux, 35 m., 130 h.

Tourtre (Le-Grand-), c. de Ste-Marie, 5 m., 24 h.

Tourtre (Le Petit-), c. de Ste-Marie, 2 m., 18 h.

Tourut (Chez-), c. de La Chaise, 1 m., 3 h.

Toury (Chez-), c. de Bardenac, 1 m., 5 h.

Touspachot, c. de St-Gervais, 12 m., 43 h.

Toussaint (Chez-), c. de Roullet, 2 m., 24 h.

Tousvents, c. de Jurignac, 3 m., 12 h.

Tous-Vents, c. de La Vallette, 2 m., 14 h.

Toutlyfaut, c. de St-Cybard-le-Peyrat, 1 m., 4 h.

Toutourne (La), c. de Bourg-Charente, 1 m., 6 h.

Tout-y-Faut, c. de Brossac, 1 m., 3 h.

Tout-y-Faut, c. de Champagne, 3 m., 13 h.

Tout-y-Faut, voy. Faix, c. de Chatignac.

Tout-y-Faut, c. de Petit-Lessac, 1 m., 2 h.

Tout-y-Faut, c. de Rivières, 1 m., 5 h.

Tout-y-Faut, c. de Ste-Marie, 1 m., 6 h.

Tout-y-Faut, c. de Salles-la-Vallette, 2 m., 11 h.

Tout-y-Faut, c. de Soyaux, 3 m., 10 h.

Tout-y-Faut, c. de Touvérac, 2 m., 11 h.

Tout-y-Faut, c. de Touvre, 1 m., 2 h.

Tout-y-Faut (Moulin-de-), c. de Voulgézac, 2 m., 9 h.

Touvent, c. d'Ars, 4 m., 15 h.

Touvent, c. de Nabinaud, 4 m., 20 h.

Touvent, c. de Reignac, 1 m., 5 h.

Touvent, c. de St-Gervais, 1 m., 5 h.

Touvent (Chez-), c. de Chantillac, 1 m., 4 h.

Touvérac, c., arr. de Barbezieux, cant. de Baignes, †, éc., ✉ Baignes, 208 m., 777 h.

Touvérac, bg., ch.-l., c. de Touvérac, 5 m., 124 h., 2 k. de Baignes, 12 k. de Barbezieux, 46 k. d'Angoulême.

Touveset, c. de Chillac, 4 m., 22 h.

Touvre, c., arr. d'Angoulême, cant. d'Angoulême, 2e partie, éc., ⊡ d'Angoulême, 81 m., 319 h.

Touvre, bg., ch.-l., c. de Touvre, 10 m., 31 h., 10 k. d'Angoulême.

Touzac, c., arr. de Cognac, cant. de Châteauneuf, †, éc., ✉ Barbezieux, 226 m., 905 h.

Touzac, bg., ch.-l., c. de Touzac, 13 m., 61 h., 11 k. de Châteauneuf, 23 k. de Cognac, 31 k. d'Angoulême.

Touzin (Le), c. de Baignes-Ste-Radégonde. 1 m., 4 h.

Touzinat, c. d'Orival, 16 m., 57 h.

Touzinat (Le), c. de Chillac, 1 m., 2 h.

Touzogne, c. de Vouharte, 2 m., 10 h.

Toyon (Chez-), c. de Bécheresse, 4 m., 16 h.

Tracasse (Moulin-), c. de Criteuil, 1 m., 2 h.

Trache (La), c. de Bassac, 12 m., 35 h.

Trache (La), c. de St-Brice, 8 m.; 30 h.

Trache (La), c. de St-Martin-Château-Bernard, 4 m., 14 h.

Trainaud (Chez-) c. de St-Cybard, 2 m., 11 h.

Tralebeau, c. de Lesterps, 1 m., 6 h.

Tramonzac, c. de Bonnes, 11 m., 47 h.

Tranchade (La), château, c. de Garat, 2 m., 11 h.

Tranchard (Chez-), c. de Bécheresse, 4 m., 18 h.

Tranchard (Le Grand-), c. de Fléac, 1 m., 4 h.

Tranchard (Le Petit-), c. d'Angoulême, 1 m., 6 h.

Tranchard (Le Petit-), c. de Fléac, 1 m., 5 h.

Tranchée (La), c. de Taizé-Aizie, 1 m., 5 h.

Trappe (Chez-), c. de Marthon, 10 m., 43 h.

Trappe (La), c. des Pins, 1 m., 6 h.

Trappe (La), c. de Sers, 4 m., 18 h.

Tras-le-Bos, c. de La Péruze, 2 m., 13 h.

Tras-les-Eaux, c. de Villegats, 1 m., 9 h.

Trautran (La), c. de Torsac, 1 m., 8 h.

Traverse (La), c. de Vitrac, 1 m., 7 h.

Traverserie (La), c. des Essards, 6 m., 23 h.

Trebille (Chez-), c. d'Aignes-et-Puypéroux, 3 m., 6 h.

Tréblerie (La), c. d'Oradour-Fanais, 1 m., 6 h.

Trégerie (La), c. des Essards, 6 m., 20 h.

Treillage (Le), c. de St-Aulais-de-la-Chapelle-Conzac, 1 m., 3 h.

Treillard (Chez-), c. de Dirac, 3 m., 14 h.

Treille (La), c. de Chatignac, 6 m., 22 h.

Treille (La), c. des Métairies, 33 m., 103 h.

Treilles (Les), c. de Chazelles, 31 m., 106 h.

Treilles (Les), c. de Juillaguet, 8 m., 28 h.

Treilles (Les), c. de Salles-la-Vallette, 2 m., 9 h.

Treillis, c. de Jauldes, 45 m., 190 h.

Treillis, c. de Salles-de-Segonzac, 18 m., 82 h.

Trellaud (Chez-), c. de Messeux, 2 m., 16 h.

Tremblaye (La), c. de Verteuil, 1 m., 5 h.

Tremblette, (La), c. de St-Aulais-de-la-Chapelle-Conzac, 3 m., 9 h.

Trente (La), c. de Segonzac, 10 m., 35 h.

Trenterie (La), c. de Dignac, 2 m., 11 h.

Trepesee, c. de Cherves, 2 m. non h.

Trésidoux (Les), c. de Champmillon, 1 m., 3 h.

Trésidoux (Les), c. de St-Simeux, 2 m., 6 h.

Trésorière (La), c. d'Angoulême, 12 m., 80 h.

Trésorière (La), c. de Puymoyen, 1 m., 4 h.

Treuil (Le), c. de Chassors, 3 m., 15 h.

Treuil (Le), c. d'Empuré, 1 m., 4 h.

Treuil (Le), c. de Foussignac, 2 m., 12 h.

Treuil (Le), c. de La Faye, 4 m., 8 h.

Treuil (Le), c. de Nanteuil, 10 m., 30 h.

Treuil (Le), c. de Péreuil, 1 m., 3 h.

Treuil (Le), c. de St-Claud, 1 m., 8 h.

Treuil (Le), c. de St-Laurent, 2 m., 8 h.

Triac, c., arr. de Cognac, cant. de Jarnac, éc., ✉ Jarnac, 141 m., 494 h.

Triac, bg., ch.-l., c. de Triac, 30 m., 105 h., 6 k. de Jarnac, 20 k. de Cognac, 25 k. d'Angoulême.

Triangle (Le), c. d'Écuras, 2 m., 14 h.

Triboires (Les), c. de Courgeac, 7 m., 33 h.

Tribotière (La), c. de St-Amant-de-Boixe, 1 m. non h.

Tricaud (Chez-), c. d'Exideuil, 1 m., 4 h.

Tricaudie (La), c. de Chirac, 1 m., 8 h.

Tricherie (La), c. d'Eymouliers, 38 m., 139 h.

Tricherie (La) ou la Maison-Neuve, c. de Fouquebrune, 2 m., 7 h.

Tricot (Chez-), c. de Laprade, 3 m., 11 h.

Tricotière (La), c. de Porcheresse, 5 m., 19 h.

Trie, c. de St-Romain, 5 m., 19 h.

Trier, voy. Le Terrier, c. de Lhoumeau-Pontouvre.

Trier (Le), c. de St-Bonnet, 1 m., 8 h.

Trignac (Chez-), c. de Poursac, 27 m., 80 h.

Trillaud (Chez-), c. du Grand-Madieu, 8 m., 28 h.

Trimouille (La), c. de St-Angeau, 1 m., 8 h.

Tripelon (Chez-), c. de Pérignac, 5 m., 23 h.

Trochon (Chez-), c. de Guimps, 3 m., 15 h.

Trognac (Chez-), c. de Cressac, 3 m., 14 h.

Trois-Chênes (Les), c. de Chantrezac, 4 m., 15 h.

Trois-Maines (Les), c. de Bessac, 6 m., 24 h.

Trois-Maines (Les), c. de Juignac, 7 m., 40 h.

Trois-Moineaux (Les), c. d'Anville, 1 m. non h.

Trois-Palis, c., arr. d'Angoulême, cant. d'Hiersac, éc., ✉ Angoulême, 64 m., 311 h.

Trois-Palis, bg., ch.-l., c. de Trois-Palis, 14 m., 74 h., 7 k. d'Hiersac, 9 k. d'Angoulême.

Trois-Pierres (Les), c. de La Chaise, 1 m., 2 h.

Trois-Piliers (Les), c. de Confolens, 3 m., 14 h.

Trois-Voûtes (Les), c. d'Étriac, 3 m., 18 h.

Trois-Voûtes (Les), c. de Mainfonds, 4 m., 20 h.

Trojan (St-), c., arr. et cant. de Cognac, éc., ✉ Cognac, 55 m., 187 h.

Trojan (St-), bg., ch.-l., c. de St-Trojan, 50 m., 158 h., 5 k. de Cognac, 37 k. d'Angoulême.

Tromat, c. de Petit-Lessac, 1 m., 5 h.

Tronlot, c. de St-Ciers, 1 m., 4 h.

Tropics (Les), c. d'Angoulême, 11 m., 58 h.

Trop-Loin, c. de Porcheresse, 1 m., 7 h.

Trop-Tard (Logis-de-), c. de St-Bonnet, 1 m., 6 h.

Trop-Tard (Moulin-), c. de St-Bonnet, 1 m., 4 h.

Trop-Vendu, c. de Barbezieux, 2 m., 5 h.

Troquerauds (Les), c. d'Asnières, 10 m., 32 h.

Troquet (Chez-), c. de St-Même, 2 m., 10 h.

Trotte-Renard, c. de Bunzac, 1 m., 6 h.

Trotte-Renard, c. de Touvre, 3 m., 16 h.

Tronbat (Chez-), c. de St-Amant-de-Bonnieure, 1 m., 4 h.

Troubat (Chez-), c. de St-Ciers, 1 m., 7 h.

Trouillaud (Chez-), c. de St-Maurice, 1 m., 10 h.

Trousse-Jacquette, voy. la Maison-Neuve, c. de Voulgézac.

Truie-Pendue (La), c. de Baignes-Ste-Radégonde, 1 m., 3 h.

Truquet (Le), c. de Berneuil, 1 m., 5 h.

Trusseaud (Chez-), c. de Curac, 7 m., 29 h.

Tudet (Le), c. de Bécheresse, 5 m., 15 h.

Tuf (Le), c. de Chabanais, 2 m., 5 h.

Tuffat (Le), c. de Rancogne, 1 m., 16 h.

Tuffat (Le Moulin-de-), c. de Rancogne, 1 m., 4 h.

Tuilerie (La), c. d'Ansac, 1 m., 6 h.

Tuilerie (La), c. de Bonneuil, 1 m., 4 h.

Tuilerie (La), c. de Chantillac, 1 m., 3 h.

Tuilerie (La), c. de Courgeac, 4 m., 16 h.

Tuilerie (La), c. d'Écuras, 1 m., 5 h.

Tuilerie (La), c. d'Édon, 1 m., 7 h.

Tuilerie (La), c. de Graves, 8 m., 25 h.

Tuilerie (La), c. de Marillac, 1 m., 4 h.

Tuilerie (La), c. d'Orgedeuil, 1 m., 6 h.

Tuilerie (La), c. de Pérignac, 5 m., 10 h.

Tuilerie (La), c. de Poullignac, 1 m., 7 h.

Tuilerie (La), c. de St-Brice, 1 m., 6 h.

Tuilerie (La), c. de St-Christophe, 3 m., 21 h.

Tuilerie (La), c. de St-Genis, 4 m., 20 h.

Tuilerie (La), c. de St-Romain, 1 m., 6 h.

Tuilerie (La), c. de Verneuil, 3 m., 15 h.

Tuilerie (La), c. de Verteuil, 2 m., 13 h.

Tuilerie (La), c. de Vouzan, 2 m., 8 h.

Tuilerie (La), c. d'Yvrac-et-Malleyrand, 1 m., 4 h.

Tuilerie-de-Chément (La), c. de Garat, 1 m., 5 h.

Tuilerie-de-Chez-Poux (La), c. de Boutiers, 1 m., 4 h.

Tuilerie-de-Denat (La), c. de Garat, 3 m., 16 h.

Tuilerie-de-Fontaulière (La), c. de Cherves, 1 m., 3 h.

Tuilerie-de-Lacroix (La), c. de Garat, 4 m., 12 h.

Tuilerie-de-la-Garnerie (La), c. de Cherves, 1 m., 8 h.

Tuilerie-de-Mathelon (La), c. de Baignes-Ste-Radégonde, 6 m., 20 h.

Tuilerie-de-Montauzier (La), c. de Baignes-Ste-Radégonde, 3 m., 9 h.

Tuilerie-de-la-Poterie (La), c. de St-Sulpice-de-Cognac, 1 m., 5 h.

Tuilerie-de-Roprie (La), c. de Dirac, 1 m. non h.

Tuilerie-des-Fregnaudies (La), c. de St-Laurent-de-Céris, 8 m., 13 h.

Tuilerie-des-Tessonières (La), c. de Loubert, 2 m., 15 h.

Tuilerie-du-Grand-Bois (La), c. de St-Laurent-de-Céris, 2 m., 11 h.

Tuileries (Les), c. de Boutiers, 6 m., 25 h.

Tuileries (Les), c. de Champniers, 8 m., 30 h.

Tuileries (Les), c. de Julienne, 20 m., 67 h.

Tuileries (Les), c. de Roumazières, 5 m., 36 h.

Tuileries (Les), c. de St-Brice, 5 m., 20 h.

Tuileries (Les), c. de St-Saturnin, 2 m., 10 h.

Tuileries (Les Grandes-), c. de Garat, 19 m., 51 h.

Tuillière (La), c. de Chantrezac, 16 m., 58 h.

Tuillière (La), c. de Cherves-Châtellars, 9 m., 36 h.

Tuillière-de-la-Borderie (La), c. d'É-tagnat, 3 m., 13 h.

Tulette (La), c. d'Ansac, 2 m., 8 h.

Tunnel-de-Livernan, c. de Charmant, 6 m., 26 h.

Turcaud, c. de Sireuil, 5 m., 24 h.

Tureau (Chez-), c. d'Yviers, 3 m., 11 h.

Tureau (Chez-), c. de Sauvignac, 3 m., 16 h.

Tureau (Moulin-de-), c. de Nanteuil, 1 m., 9 h.

Turgon, c., arr. de Confolens, cant. de Champagne-Mouton, ⊠ Champagne-Mouton, ✆ F., 86 m., 362 h.

Turgon, bg., ch.-l., c. de Turgon, 14 m., 77 h., 5 k. de Champagne-Mouton, 27 k. de Confolens, 45 k. d'Angoulême.

Turins (Les), c. de Vœuil-et-Giget, 3 m., 21 h.

Turlet (Le Grand-), c. d'Hiesse, 2 m., 10 h.

Turlet (Le Petit-), c. d'Hiesse, 1 m., 6 h.

Turlu, c. de Roufflac-de-St-Martial-la-Menècle, 1 m., 2 h.

Turpaud (Chez-), c. de St-Sulpice-de-Cognac, 1 m., 5 h.

Tusson, c., arr. de Ruffec, cant. d'Aigre, †, éc., ⊠ Aigre, ✆ F., 276 m., 965 h.

Tusson, bg., ch.-l., c. de Tusson, 144 m., 521 h., 7 k. d'Aigre, 16 k. de Ruffec, 40 k. d'Angoulême.

Tutebœuf, us., c. de La Couronne, 6 m., 49 h.

Tutebœuf, c. de La Couronne, 1 m., 6 h.

Tuzie, c., arr. de Ruffec, cant. de Villefagnan, ⊠ Ruffec, 83 m., 293 h.

Tuzie, bg., ch.-l., c. de Tuzie, 83 m., 293 h., 8 k. de Villefagnan, 8 k. de Ruffec, 39 k. d'Angoulême.

Tuzie, c. de Courcôme, 3 m., 7 h.

U

Usseaud, c. de Taizé-Aizie, 22 m., 83 h.

Uzières (Les), c. de Benest, 35 m., 108 h.

V

Vacheresse (La), c. de Petit-Lessac, 2 m., 9 h.

Vacheresse, c. de Touzac, 32 m., 122 h.

Vacherie (La), c. de Chavenac, 5 m., 22 h.

Vacherie (La), c. de St-Adjutory, 2 m., 17 h.

Vacheron (Chez-), c. de Guimps, 2 m., 9 h.

Vadalle, c. d'Aussac, 82 m., 295 h.

Vaillat, c. de Vars, 10 m., 35 h.

Vaine, c. de Pleuville, 23 m., 78 h.

Vaine, c. d'Ansac, 12 m., 58 h.

Valade (La), c. de Bors-de-Baignes, 3 m., 14 h.

Valade (La Basse-), c. de Brigueuil, 7 m., 25 h.

Valade (La Grande-), c. de Fouque-brune, 3 m., 13 h.

Valade (La Haute-), c. de Brigueuil, 1 m., 7 h.

Valade (La Petite-), c. de Fouquebrune, 1 m., 8 h.

Valence, c., arr. de Ruffec, cant. de Mansle, ⊠ Mansle, 118 m., 527 h.

Valence, bg., ch.-l., c. de Valence, 20 m., 96 h., 11 k. de Mansle, 20 k. de Ruffec, 34 k. d'Angoulême.

Valet (Chez-), c. de Valence, 4 m., 15 h.

Valette, c. de Bonnes, 2 m., 7 h.

Valette, c. d'Angoulême, 1 m., 6 h.

Valette, c. de Lézignac-Durand, 9 m., 32 h.

Valette, c. (Chez-), de Montbron, 1 m., 4 h.

Valette (Chez-), c. des Pins, 10 m., 41 h.

Valette, c. de St-Romain, 3 m., 15 h.

Valette (La), c. de Bioussac, 3 m., 15 h.

Vallade (La), c. d'Ambernac, 16 m., 54 h.

Vallade (La), c. de Champniers, 6 m., 25 h.

Vallade (La), c. de Charras, 2 m., 6 h.

Vallade (La), c. de Douzat, 1 m., 5 h.

Vallade (La), c. de Fléac, 16 m., 60 h.

Vallade (La), c. de Genté, 44 m., 160 h.

Vallade (La), c. de Magnac-sur-Touvre, 34 m., 118 h.

Vallade (La), c. de Mainxe, 3 m., 8 h.

Vallade (La), c. de Marillac, 17 m., 63 h.

Vallade (La), c. de Réparsac, 5 m., 23 h.

Vallade (La), c. de Roussines, 40 m., 175 h.

Vallade (La), c. de St-Amant-de-Mont-moreau, 11 m., 35 h.

Vallade (La), c. de St-Fort, 16 m., 74 h.

Vallade (La), c. de Ste-Marie, 3 m., 11 h.

Vallade (La), c. de Sireuil, 7 m., 29 h.

Vallade (La), c. de Suris, 8 m., 32 h.

Vallade (La), c. de Vaux-la-Vallette, 5 m., 14 h.

Vallade (La), c. de Vitrac, 11 m., 51 h.

Vallades (Les), c. de Lesterps, 4 m., 14 h.

Vallades (Les), c. de Roullet, 11 m., 38 h.

Vallades (Les), c. de St-Christophe, 4 m., 15 h.

Vallades (Les), c. de Salles-de-Segon-zac, 44 m., 182 h.

Vallantin (Chez-), c. de Turgon, 23 m., 100 h.

Vallée (La), c. de la Magdeleine, 13 m., 58 h.

Vallée (La), c. de Rouillac, 2 m., 8 h.

Vallée (La), c. de Tusson, 2 m., 7 h.

Vallée (La), c. de Vignolles, 3 m., 11 h.

Vallée (Moulin-de-la-), c. de Voulgézac, 1 m., 2 h.

Vallées (Les), c. de Birac, 2 m., 5 h.

Valleix (Les), c. de St-Amant-de-Mont-moreau, 4 m., 8 h.

Vallendreau, c. de St-Estèphe, 3 m., 14 h.

Valleron, c. de Chabrac, 5 m., 25 h.

Vallet (Chez-), c. de Benest, 13 m., 45 h.

Vallet (Chez-), c. du Grand-Madieu, 5 m., 19 h.

Valleteaux (Les), c. de Douzat, 2 m., 12 h.

Vallette (La), c. de La Péruze, 1 m., 4 h.

Vallette ou Bujara, c. de Pressignac, 27 m., 111 h.

Vallette (La), c. de Pérignac, 1 m., 1 h.

Vallette (La), cant., arr. d'Angoulême, 20 c., 56,166 h.

Vallette (La), c., arr. d'Angoulême, cant. de La Vallette, ✝, éc., ⊠ La Vallette, 235 m., 941 h.

Vallette (La), v., ch.-l. de c. et de cant., j. de p., ☞ F., M., 116 m., 475 h., 25 k. d'Angoulême.

Vallier (St-), c., arr. de Barbezieux, cant. de Brossac, ✝, éc., ⊠ Brossac, ☞ F., 145 m., 574 h.

Vallier (St-), bg., ch.-l., c. de St-Vallier, 21 m., 73 h., 5 k. de Brossac, 24 k. de de Barbezieux, 49 k. d'Angoulême.

Vallière (La Basse-), c. de Montchaude, 3 m., 16 h.

Vallière (La Haute-), c. de Montchaude, 3 m., 16 h.

Vallis (Le), c. de Courgeac, 13 m., 57 h.

Vallois (Chez-), c. de Chasseneuil, 2 m., 7 h.

Vallon (Le), c. d'Écuras, 1 m., 7 h.

Vannière (Chez-), c. de Lamérac, 2 m., 9 h.

Varaise, c. de Nercillac, 2 m., 10 h.

Varanceau, c. de St-Laurent, 6 m., 19 h.

Vareille, c. d'Alloue, 4 m., 21 h.

Vareille, c. de Bonneuil, 1 m., 4 h.

Varenne (La), c. de Louzac, 2 m., 7 h.

Varennes (Les), c. de Petit-Lessac, 1 m., 9 h.

Varennes (Les), c. de Touvre, 5 m., 19 h.

Varoches (Chez-), c. de Sers, 2 m., 10 h.

Vars, c. de Bouex, 1 m., 8 h.

Vars, c., arr. d'Angoulême, cant. de St-Amant-de-Boixe, ✝, éc., ⊠ Angoulême, ☞ F., 478 m., 1,869 h., 🚃.

Vars, bg., ch.-l., c. de Vars, 205 m., 759 h., 4 k. de St-Amant-de-Boixe, 15 k. d'Angoulême.

Vary, c. de Bazac, 1 m., 6 h.

Vaslin (Chez-), c. de St-Laurent-des-Combes, 1 m., 3 h.

Vaslin (Chez-), c. de St-Martial, 6 m., 21 h.

Vasly (Chez-), c. de Marsac, 3 m., 12 h.

Vasseau (Le), c. de Cherves, 1 m., 4 h.

Vaud (Chez-), c. de Claix, 3 m., 14 h.

Vaugargou, c. de Chasseneuil, 6 m., 28 h.

Vaugeline, c. de Ruelle, 26 m., 74 h.

Vaugué, c. de Verteuil, 2 m., 16 h.

Vaure (La), c. d'Aignes-et-Puypéroux, 5 m., 19 h.

Vaure (La), c. de Brossac, 1 m., 6 h.

Vaure (La), c. de Challignac, 2 m., 11 h.

Vaure (La), c. de Chillac, 4 m., 17 h.

Vaure (La), c. de Juignac, 9 m., 21 h.

Vaure (La), c. des Pins, 11 m., 56 h.

Vaure (La), c. de Rougnac, 2 m., 16 h.

Vaure (La), c. de Sauvignac, 5 m., 24 h.

Vaure (La), c. de St-Fort, 3 m., 14 h.

Vaure (La), c. de Villars, 4 m., 15 h.
Vaure (La), c. d'Yviers, 14 m., 64 h.
Vaure (La Petite-), c. de Villars, 1 m., 5 h.
Vaures (Les Vieilles-), c. d'Agris, 10 m., 32 h.
Vauseguin, c. de Ligné, 25 m., 68 h.
Vaux (Chez-), c. d'Asnières, 9 m., 51 h.
Vaux (La), c. de Condac, 1 m., 7 h.
Vaux-la-Vallette, c., arr. d'Angoulême, cant. de La Vallette, éc., ⊠ La Vallette, 77 m., 287 h.
Vaux-la-Vallette, bg., ch.-l. c. de Vaux-la-Vallette, 10 m., 30 h., 10 k. de La Vallette, 31 k. d'Angoulême.
Vaux-Rouillac, c., arr. d'Angoulême, cant. de Rouillac, †, éc., ⊠ Rouillac, 206 m., 774 h.
Vaux-Rouillac, bg., ch.-l., c. de Vaux-Rouillac, 176 m., 658 h., 5 k. de Rouillac, 27 k. d'Angoulême.
Vauzelle (La), c. de Bardenac, 5 m., 15 h.
Vauzelle (La), c. de Brillac, 9 m., 55 h.
Vauzelle (La), c. de Jurignac, 5 m., 21 h.
Veau, c. de Brie-sous-Chalais, 7 m., 30 h.
Veau (Chez-le-), c. de Challignac, 4 m., 15 h.
Veaux, c. de La Couronne, 6 m., 19 h.
Veaux (Chez-), c. de Criteuil, 1 m., 5 h.
Vedeau (Chez-), c. de Juillac-le-Coq, 4 m., 17 h.
Veillard, c. de Bourg-Charente, 20 m., 108 h.
Veillon (Chez-), c. de St-Félix, 8 m., 30 h.
Veillon (Chez-), c. de Verdille, 15 m., 55 h.
Venadour, c. de Lesterps, 5 m., 21 h.
Vendiogre, c. de Saulgond, 14 m., 44 h.
Venelle, c. de Reignac, 21 m., 72 h.
Venérant (Chez-), c. de St-Amant-de-Montmoreau, 2 m., 7 h.
Vénerie (La), c. de Reparsac, 6 m., 20 h.
Venet, c. de Boisbreteau, 2 m., 9 h.
Venoux (Chez-), c. de St-Maurice, 2 m., 7 h.
Ventenat, c. de Nonac, 4 m., 15 h.
Ventouse, c., arr., de Ruffec, cant. de Mansle, †, éc., ⊠ de Cellefrouin, 97 m., 391 h.
Ventouse, bg., ch.-l., c. de Ventouse, 14 m., 42 h., 13 k. de Mansle, 22 k. de Ruffec, 36 k. d'Angoulême.
Ventouse (Moulin-de-), c. de Ventouse, 1 m., 4 h.
Ventuzeau, c. de Roullet, 1 m., 4 h.
Verchant (Chez-), c. de Marillac, 1 m., 4 h.
Verdeau (Chez-), c. de St-Vallier, 6 m., 23 h.
Verdeau (Le), c. de Mainfonds, 6 m., 32 h.

Verdie (Le Moulin-), c. de St-Cybard-le-Peyrat, 1 m., 6 h.
Verdier, c. de Brossac, 2 m., 7 h.
Verdier (Le), c. de Garat, 2 m., 4 h.
Verdille, c., arr. de Ruffec, cant. d'Aigre, †, éc., ⊠ Aigre, 286 m., 925 h.
Verdille, bg., ch.-l., c. de Verdille, 125 m., 365 h., 10 k. d'Aigre, 32 k. de Ruffec, 39 k. d'Angoulême.
Verdoiries (Les), c. de Criteuil, 12 m., 37 h.
Verdon (Chez-), c. de Baignes-Ste-Radégonde, 5 m., 25 h.
Verdonnières (Les), c. de Boutiers, 2 m., 9 h.
Verdus (Chez-), c. de St-Laurent-de-Belzagot, 3 m., 17 h.
Verdus (Chez-), c. de St-Amant-de-Montmoreau, 3 m., 33 h.
Verdut (Chez-), c. de St-Brice, 2 m., 8 h.
Verduzière (Moulin-de-la-), c. de Chasseneuil, 1 m., 8 h.
Verger (Chez-), c. de Chantillac, 1 m., non h.
Verger (Le), c. de Petit-Lessac, 1 m., 7 h.
Verger (Le), c. de Pillac, 8 m., 31 h.
Verger (Le), c. de Porcheresse, 2 m., 12 h.
Verger (Le), c. de Puymoyen, 21 m., 89 h.
Vergeron (Le), c. de Charras, 21 m., 104 h.
Vergnas, c. de Montbron, 23 m., 78 h.
Vergnates (Les), c. de Mazerolles, 1 m., 5 h.
Vergnaud (Chez-), c. de Chadurie, 1 m., 4 h.
Vergnaud (Chez-), c. de Montembœuf, 13 m., 45 h.
Vergnaudouze (La), c. de Brillac, 2 m., 8 h.
Vergne (La), c. d'Abzac, 2 m., 17 h.
Vergne (La), c. d'Alloue, 1 m., 7 h.
Vergne (La), c. d'Ansac, 6 m., 39 h.
Vergne (La), c. de Brossac, 5 m., 49 h.
Vergne (La), c. de Chadurie, 2 m., 15 h.
Vergne (La), c. de Chantillac, 4 m., 13 h.
Vergne (La), c. de Dignac, 5 m., 16 h.
Vergne (La), c. des Essards, 10 m., 41 h.
Vergne (Le), c. d'Esse, 11 m., 25 h.
Vergne (La), c. de Fléac, 3 m., 12 h.
Vergne (La), c. du Grand-Madieu, 1 m., 11 h.
Vergne (La), c. de Juignac, 6 m., 73 h.
Vergne (La), c. de La Couronne, 1 m., 7 h.

Vergne (La), c. de Lamérac, 24 m., 102 h.

Vergne (La), c. de Moutardon, 9 m., 30 h.

Vergne (La), c. de Roullet, 6 m., 27 h.

Vergne (La), c. de Roumazières, 1 m., 11 h.

Vergne (La), c. de St-Maurice, 2 m., 19 h.

Vergne (La), c. de St-Romain, 6 m., 18 h.

Vergne (La), c. d'Yviers, 9 m., 29 h.

Vergne-Balette (La), c. de Brillac, 1 m., 10 h.

Vergne-Bouton (La), c. de Brillac, 3 m., 33 h.

Vergnée (La), c. de Condac, 2 m., 21 h.

Vergne-Noire (La), c. de Chantrezac, 4 m., 18 h.

Vergnes (Les), c. de Beaulieu, 1 m., 4 h.

Vergnes (Les), c. d'Etagnat, 2 m., 24 h.

Vergnes (Les), c. d'Exideuil, 2 m., 14 h.

Vergnes (Les), c. de Loubert, 1 m., 8 h.

Vergnes (Les), c. de Manot, 4 m., 23 h.

Vergnes (Les), c. de Montembœuf, 3 m., 21 h.

Vergnes (Les), c. de Sers, 2 m., 6 h.

Vergnes (Moulin-des-), c. de Montembœuf, 1 m., 3 h.

Vergnette, c. de Fouqueure, 2 m., 12 h.

Vergnolet, c. de Chabrac, 1 m., 12 h.

Vergord, c. de Sérignac, 1 m., 1 h.

Verguin, c de Claix, 2 m., 5 h.

Vérinas, c. de Lesterps, 6 m., 32 h.

Vérinaud (Chez-), c. de Beaulieu, 4 m., 7 h.

Vérinaud (Chez-), c. de Cellefrouin, 7 m., 18 h.

Verine (La), c. d'Alloue, 1 m., 6 h.

Verine (La), c. de Brigueuil, 3 m., 25 h.

Verit (Chez-), c. de Richemont, 2 m., 8 h.

Verliac, c. de Brigueuil, 2 m., 7 h.

Verliac, c. de St-Christophe, 4 m., 27 h.

Verliade (La), c. de Brigueuil, 1 m., 7 h.

Vernelle, c. de Sers, 1 m., 6 h.

Vernet, c. d'Abzac, 7 m., 18 h.

Verneuil, c., arr. de Confolens, cant. de Montembœuf, éc., ✉ Montembœuf, 65 m., 342 h.

Verneuil, bg., ch.-l., c. de Verneuil, 10 m., 39 h., 14 k. de Montembœuf, 34 k. de Confolens, 50 k. d'Angoulême.

Verrerie (La), c. de Lamérac, 1 m., 3 h.

Verrerie (La), c. de St-Coutant, 2 m., 11 h.

Verrerie (La), c. de Ronsenac, 2 m., 5 h.

Verreries (Les), c. de Rougnac, 2 m., 10 h.

Verrière, c. de Brie-sous-la-Rochefoucauld, 15 m., 68 h.

Verrières, c., arr. de Cognac, cant. de Segonzac, †, éc., ✉ Segonzac, 179 m., 881 h.

Verrières, bg., ch.-l., c. de Verrières, 6 m., 22 h., 7 k. de Segonzac, 15 k. de Cognac, 38 k. d'Angoulême.

Verrières (Les), c. de St-Amant-de-Montmoreau, 1 m., 2 h.

Verry, c. de St-André, 1 m., 4 h.

Versennes (Les Grandes-), c. d'Anville, 1 m., 3 h.

Verteuil, c., arr. de Ruffec, cant. de Ruffec, †, éc., ✉ Verteuil, ⚓ F., M., 356 m., 1,277 h.

Verteuil, bg., ch.-l., c. de Verteuil, 287 m., 1,309 h., 6 k. de Ruffec, 40 k. d'Angoulême.

Vervant, c., arr. d'Angoulême, cant. de St-Amant-de-Boixe, éc., ✉ St-Amant-de-Boixe, 114 m., 329 h.

Vervant, bg., ch.-l., c. de Vervant, 112 m., 326 h., 5 k. de St-Amant-de-Boixe, 24 k. d'Angoulême.

Vesignol, c. de Salles-la-Vallette, 11 m., 39 h.

Vesnat, voy. St-Yrieix.

Vesne, c. de Voulgézac, 15 m., 54 h.

Vesne (Le Moulin-de-), c. de Voulgézac, 1 m., 5 h.

Vesrine, c. de Pérignac, 9 m., 30 h.

Vessades (Les), c. de Taponnat-Fleurignac, 3 m., 15 h.

Veuze, us., c. de Magnac-sur-Touvre, 7 m., 26 h.

Veyret (Chez-), c. de Cherves-Châtelars, 21 m., 82 h.

Veyret (Chez-), c. de Parzac, 4 m., 6 h.

Viaud (Chez-), c. de Baignes-Ste-Radégonde, 9 m., 35 h.

Viaud (Chez-), c. de Brossac, 1 m., 7 h.

Viaud (Chez-), c. d'Étriac, 8 m., 34 h.

Viaud (Chez-), c. de La-Madeleine-de-Segonzac, 6 m., 16 h.

Viaud (Chez-), c. de Montjean, 8 m., 38 h.

Viaud (Chez-), c. de Mouthiers, 2 m., 8 h.

Viaud (Chez-), c. de Passirac, 3 m., 13 h.

Viaud (Chez-), c. de Pérignac, 2 m., 10 h.

Viaud (Chez-), c. de Plassac-Roufflac, 5 m., 22 h.

Viauderie (La), c. de La Chaise, 1 m., 8 h.

Viauds (Les), c. de Bellon, 1 m., 13 h.

Vibrac, c., arr. de Cognac, cant. de Châteauneuf, éc., ✉ Châteauneuf, ⚓ F., 421 m., 429 h.

Vibrac, bg., ch.-l., c. de Vibrac, 118 m., 414 h., 6 k. de Châteauneuf, 26 k. de Cognac, 22 k. d'Angoulême.

Vibrac (Le Château-de-), c. de Vibrac, 1 m., 2 h.

Vicaire (Chez-), c. de Mainfonds, 4 m., 14 h.

Vicard (Chez-), c. de La Rochefoucauld, 5 m., 26 h.

Vicard (Chez-), c. de Marillac, 7 m., 30 h.

Vicard (Chez-), c. de Taponnat-Fleurignac, 1 m., 3 h.

Vidauderie (La), c. de Cherves, 1 m., 2 h.

Vidauds (Les), c. de Mouthiers, 6 m., 42 h.

Videau (Chez-) c. de St-Preuil, 18 m., 80 h.

Videau (La), c. de Nonac, 7 m., 30 h.

Vie (La), c. de Criteuil, 24 m., 93 h.

Vie (La), c. de Merpins, 57 m., 192 h.

Vieille-Morte, c. de La Faye, 10 m., 82 h.

Vien (Chez-), c. d'Aubeville, 4 m., 12 h.

Vieux-Cérier, c., arr. de Confolens, cant. de Champagne-Mouton, †, ⊠ Champagne-Mouton, 137 m., 870 h.

Vieux-Cérier, bg., ch.-l., c. de Vieux-Cérier, 17 m., 86 h., 4 k. de Champagne-Mouton, 24 k. de Confolens, 50 k. d'Angoulême.

Vieux-Ruffec, c., arr. de Nanteuil, cant. de Ruffec, éc., ⊠ Ruffec, 97 m., 391 h.

Vieux-Ruffec, bg., ch.-l., c. de Vieux-Ruffec, 3 m., 17 h., 17 k. de Ruffec, 49 k. d'Angoulême.

Vieux-Ruffec (Moulin-du-), c. de Champagne-Mouton, 1 m., 4 h.

Vigerie (La), c. de Magnac-la-Vallette, 1 m., 7 h.

Vigerie (La), c. de Moulidars, 12 m., 46 h.

Vigerie (La), c. d'Orival, 1 m., 8 h.

Vigerie (La), c. de St-Amant-de-Montmoreau, 1 m., 8 h.

Vigerie (La), c. de St-Cybardeaux, 8 m., 23 h.

Vigerie (La), c. de St-Romain, 5 m., 24 h.

Vigerie (La Grande-), ou Les Charbonnières, c. de St-Saturnin, 9 m., 32 h.

Vigerie (La Petite-), c. de St-Saturnin, 7 m., 30 h.

Vigier (Le Grand-), c. de Berneuil, 1 m., 7 h.

Vigier (Le Petit-), c. de Berneuil, 1 m., 1 h.

Vignac (Le), c. de Barbezieux, 1 m., 8 h.

Vignat (Le), c. de Roullet, 2 m., 15 h.

Vignaud (Chez-), c. de Jurignac, 7 m., 29 h.

Vignaud (Le), c. de Brillac, 2 m., 19 h.

Vignaud (Le Grand-), c. de Chavenac, 5 m., 25 h.

Vignaud (Le Petit-), c. de Brillac, 2 m., 8 h.

Vignaud (Le Petit-), c. de Chavenac, 1 m., 5 h.

Vignaud (Le), c. de Montignac-le-Coq, 1 m., 6 h.

Vignaud (Le), c. de St-Sulpice-de-Cognac, 9 m., 30 h.

Vignaud (Le), c. de St-Trojean, 1 m., 3 h.

Vignauds (Les), c. de Chabrac, 1 m., 9 h.

Vignauds (Les), c. d'Etagnat, 3 m., 17 h.

Vignauds (Les), c. de Fontenille, 32 m., 127 h.

Vignauds (Les), c. de Gardes, 12 m., 45 h.

Vignauds (Moulin-des-), c. de Gardes, 1 m., 2 h.

Vigne (La), c. de Berneuil, 1 m., 7 h.

Vigne (La), c. d'Esse, 2 m., 16 h.

Vigne (La), c. de Nonac, 1 m., 15 h.

Vigné (Le), c. d'Ébréon, 13 m., 47 h.

Vignérias, c. de Charras, 9 m., 38 h.

Vignes (Les), c. de Roussines, 1 m., 8 h.

Vignes (Les), c. de St-Claud, 1 m., 4 h.

Vignolle, c. de Mesnac, 39 m., 105 h.

Vignolles, c., arr. et cant. de Barbezieux, †, ⊠ Barbezieux, 121 m., 463 h.

Vignolles, bg., ch.-l., c. de Vignolles, 38 m., 148 h., 8 k. de Barbezieux, 26 k. d'Angoulême.

Vignon (Chez-), c. d'Oriolles, 1 m., 5 h.

Vignons (Les Bas-), c. de Condéon, 8 m., 23 h.

Vignons (Les Hauts-), c. de Condéon, 3 m., 10 h.

Vignons (Moulin-de-), c. de Condéon, 1 m., 7 h.

Vignoux (Chez-), c. de St-Maurice, 1 m., 5 h.

Vilaine, c. de St-Laurent-de-Céris, 15 m., 61 h.

Vilatte (La), c. d'Ansac, 3 m., 23 h.

Villette, c. de St-Maurice, 4 m., 18 h.

Vilhonneur, c., arr. d'Angoulême, cant. de La Rochefoucauld, †, éc., ⊠ La Rochefoucauld, 92 m., 443 h.

Vilhonneur, bg., ch.-l., c. de Vilhonneur, 9 m., 45 h., 9 k. de La Rochefoucauld, 23 k. d'Angoulême.

Village (Le Grand-), c. de Massignac, 15 m., 70 h.

Village (Le Grand-), c. de Montboyer, 7 m., 26 h.

Village (Le Grand-), c. de Souvigné, 57 m., 199 h.

Village (Le Petit-), c. de Courcôme, 9 m., 45 h.

Village (Le Petit-), c. de Massignac, 3 m., 19 h.

Village (Le Petit-), c. de St-Laurent, 8 m., 28 h.

Villageot (Le), c. de Dignac, 2 m.. 8 h.

Villagrin, c. de Sérignac, 1 m., 1 h.

Villairet, c. de Souvigné, 35 m., 110 h.

Villairs (Le), c. de Rouillac. 36 m., 148 h.

Villais, c. de Criteuil, 6 m., 17 h.

Villandière (La), c. de Rivières. 18 m., 73 h.

Villanier, c. de Brigueuil, 3 m., 23 h.

Villard (Le Grand-), c. de Condéon, 8 m., 23 h.

Villard (Le Petit-), c. de Condéon, 7 m., 32 h.

Villars, c. de Brigueuil, 51 m., 187 h.

Villars, c. de Chantrezac, 27 m., 107 h.

Villars, c. de Cherves-Chatellars, 3 m., 15 h.

Villars, c. d'Échallat, 26 m., 114 h.

Villars, c. de Garat, 13 m., 49 h.

Villars, c. de Mérignac, 31 m., 144 h.

Villars, c. de Nanteuil, 41 m., 144 h.

Villars, c. de Poursac, 24 m., 109 h.

Villars, c. de St-Angeau, 2 m., 11 h.

Villars, c. de St-Claud, 1 m., 4 h.

Villars, ou La Ratauderie, c. de St-Saturnin, 8 m., 24 h.

Villars, c. de Trois-Palis, 9 m., 38 h.

Villars, c. de Verteuil, 1 m., 2 h.

Villars, c., arr. d'Angoulême, cant. de La Vallette, éc., ⊠ La Vallette, 54 m., 212 h.

Villars, bg., ch.-l., c. de Villars, 16 m., 66 h., 5 k. de La Vallette. 21 k. d'Angoulême.

Villars, c. de St-Ciers, 20 m., 85 h.

Villars (Le), c. de Nonac, 2 m., 9 h.

Villatte (La), c. de Brillac, 8 m., 43 h.

Ville (Chez-la-), c. de Salles-la-Vallette, 8 m., 29 h.

Ville (La), c. de Blanzaguet, 15 m., 40 h.

Ville (La), c. de Chantrezac, 1 m., 3 h.

Ville (La), c. de Passirac, 2 m., 13 h.

Ville (La), c. de St-Léger, 3 m., 6 h.

Ville (La Petite-), c. de St-Amant-de-Montmoreau, 3 m., 10 h.

Villebabone, c. d'Ambérac, 1 m., 5 h.

Villebette ou Chalbette, c. de St-Ciers, 4 m., 14 h.

Villebœuf, c. de Vitrac, 21 m., 103 h.

Villeborde, c. de St-Martin-du-Clocher, 44 m., 120 h.

Villebreton, c. de La Rochette, 6 m., 22 h.

Villechaise, c. d'Ambernac, 1 m., 3 h.

Villechaise, c. de St-Maurice, 5 m., 32 h.

Villechaise (Le Château-), c. d'Ambernac, 2 m., 6 h.

Villechaise (Le Moulin-de-), c. d'Ambernac, 1 m., 5 h.

Villecherolle, c. de Salles-de-Barbezieux, 6 m., 28 h.

Villecheroux, c. de Brigueuil, 4 m., 38 h.

Villecour (La), c. de Nonac, 1 m., 6 h.

Villedieu, c. de St-Romain, 2 m., 6 h.

Villefagnan, cant., arr. de Ruffec, 21 c., 13,059 h.

Villefagnan, c., arr., de Ruffec, cant. de Villefagnan, ✝, éc., ⊠ Villefagnan, ☞ F., 431 m., 1,544 h.

Villefagnan, v., ch.-l., c. et cant. de Villefagnan, j. de p., 232 m., 793 h., 10 k. de Ruffec, 46 k. d'Angoulême, orat. prot.

Villefagnoux, c. de Réparsac, 5 m., 26 h.

Villefrayer, c. d'Oradour-Fanais, 2 m., 48 h.

Villegats (Moulin-de-), c. de Barro, 4 m., 20 h.

Villegats, c., arr. de Ruffec, cant. de Ruffec, ✝, éc., ⊠ Ruffec, 165 m., 483 h.

Villegats, bg., ch.-l., c. de Villegats, 30 m., 58 h., 5 k. de Ruffec, 41 d'Angoulême.

Villegoureix, c. de Chassenon, 35 m., 138 h.

Villejésus, c., arr. de Ruffec, cant. d'Aigre, ✝, éc., ⊠ Aigre, 379 m., 1,160 h.

Villejésus, bg., ch.-l., c. de Villejésus, 215 m., 664 h., 2 k. d'Aigre, 23 k. de Ruffec, 35 k. d'Angoulême.

Villejoubert, c., arr. d'Angoulême, cant. de St-Amant-de-Boixe, éc., ⊠ St-Amant-de-Boixe, 117 m., 353 h.

Villejoubert, bg., ch.-l., c. de Villejoubert, 101 m., 313 h., 4 k. de St-Amant-de-Boixe, 20 k. d'Angoulême.

Villemaleix, c. de Brigueuil, 8 m., 42 h.

Villemaleix (Moulin-de-), c. de Brigueuil, 1 m., 7 h.

Villemalet, c. de Larochette, 58 m., 186 h.

Villemanaud (Le Bas-), c. de Montembœuf, 5 m., 25 h.

Villemanaud (Le Haut-), c. de Montembœuf, 6 m., 26 h.

Villemandy, c. d'Esse, 11 m., 46 h.

Villement, c. de Ruelle, 14 m., 32 h.

Villemessant, c. de Petit-Lessac, 10 m., 35 h.

Villemiers, c. d'Alloue, 21 m., 58 h.

Villeneuve, c. de Brigueuil, 32 m., 137 h.

Villeneuve, c. de Chassors, 45 m., 183 h.

Villeneuve, c. de Deviat, 1 m., 15 h.

Villeneuve, c. d'Exideuil, 5 m., 21 h.

Villeneuve, c. de Laprade. 2 m., 5 h.

Villeneuve, c. de Mons, 112 m., 353 h.

Villeneuve, c. de Payzay-Naudoin, 1 m., 5 h.

Villeneuve, c. de Poursac, 27 m., 88 h.

Villeneuve (Logis-de-), c. de Poursac, 1 m., 10 h.

Villeneuve (Le Moulin-de-), c. de Champniers, 41 m, 164 h.

Villenier, c. d'Epenéde, 5 m., 25 h.

Villenier, c. de St-Maurice, 4 m., 19 h.

Villepanais, c. de Chabrac, 18 m., 76 h.

Villeraud, c. de Pressignac, 1 m., 12 h.

Villeredonde, c. de Brigueuil, 1 m., 1 h.

Villeret, c. de Brettes, 16 m., 50 h.

Villeret, c. de St-Fraigne, 9 m., 23 h.

Villeséche, c. de St-Yrieix, 1 m., 7 h.

Ville-Sophie (La), c. d'Hiesse, 1 m., 8 h.

Villier (Le), c. d'Aizecq, 3 m., 6 h.

Villesoubis, c. de Juillé, 73 m., 263 h.

Villessanot, c. de St-Christophe, 8 m., 37 h.

Villessot, c. de St-Christophe, 22 m., 86 h.

Villetison, c. de Villefagnan, 8 m., 35 h.

Villette (La), c. de Nonac, 2 m., 6 h.

Villevert, c. de Confolens, 3 m., 17 h.

Villevert, c. d'Esse, 6 m., 4 h.

Villevert, c. de Merpins, 2 m., 14 h.

Villevert, c. de Ste-Souline, 2 m., 6 h.

Villiers-Leroux, c., arr. de Ruffec, cant. de Villefagnan, éc., ⊠ Villefagnan, 119 m., 387 h.

Villiers-Leroux, bg., ch.-l., c. de Villiers-Leroux, 45 m., 139 h., 5 k. de Villefagnan, 40 k. de Ruffec, 50 k. d'Angoulême.

Villognon, c., arr. de Ruffec, cant. de Mansle, †, éc., ⊠ Mansle, 164 m., 592 h.

Villognon, bg., ch.-l., c. de Villognon, 132 m., 476 h., 8 k. de Mansle. 25 k. de Ruffec, 34 k. d'Angoulême.

Villognon, c. de St-Gervais, 2 m., 13 h.

Villognon (Moulin-de-), c. de St-Gervais, 4 m., 12 h.

Villognon (Moulin-de-), c. de Nanteuil, 1 m. non h.

Villois, c. de Mouton, 10 m., 24 h.

Villorioux, c. de St-Groux, 26 m., 104 h.

Villoubelx, c. de Saulgond, 8 m., 25 h.

Vilmaine, c. de Palluaud, 5 m., 28 h.

Vilotte, c. de Lézignac-Durand, 1 m., 13 h.

Vilsion, c. de Nanclars, 3 m., 13 h.

Vinade, c. de St-Même, 5 m., 39 h.

Vinaigre, c. de Brossac, 1 m., non h.

Vinaigre (Chez-), c. de Ronsenac, 2 m., 5 h.

Vinaud (Chez-Petit-), c. de Salles-la-Vallette, 1 m., 1 h.

Vinaud-des-Bois (Chez-), c. de Salles-la-Vallette, 1 m., 6 h.

Vincendeau, c. d'Yviers, 2 m., 4 h.

Vincent, c. d'Epenède, 2 m., 13 h.

Vincent (Chez-), c. de Montbron, 40 m., 168 h.

Vincent (Chez-), c. de Nonac, 3 m., 15 h.

Vincent (St-), c. de Vitrac, 5 m., 31 h.

Vincent (Le Château-de-St-', c. de Vitrac, 2 m., 14 h.

Vinçonnerie (La), c. de Reignac, 1 m., 2 h.

Vindelle, c., arr. d'Angoulême, cant. d'Hiersac, †, éc., ⊠ Angoulême, 216 m., 923 h.

Vindelle, bg., ch.-l., c. de Vindelle, 46 m., 215 h., 12 k. d'Hiersac, 11 k. d'Angoulême.

Vinet (Chez-), c. de St-Amant-de-Montmoreau, 6 m., 14 h.

Vingt-Francs (Chez-), c. de St-Adjutory, 1 m., 5 h.

Vinsac, c. de St-Vallier, 3 m., 15 h.

Violettes (Les), c. de Ste-Sévère, 2 m., 6 h.

Vion (Chez-), c. de Montchaude, 1 m., 5 h.

Vion (Chez-), c. de Reignac, 12 m., 43 h.

Viorose, c. de Manot, 8 m., 39 h.

Virades (Les), c. d'Edon, 1 m., 4 h.

Virée (La), c. du Tâtre, 1 m., 6 h.

Virolet, c. d'Oradour-Fanais, 1 m., 9 h.

Vitet (Chez-), c. de Montigné, 1 m., 8 h.

Vitrac-et-St-Vincent, c., arr. de Confolens, cant. de Montembœuf, †, éc., ⊠ Montembœuf, ☞ F., 288 m., 1,312 h.

Vitrac, bg., ch.-l., c. de Vitrac-et-St-Vincent, 54 m., 195 h., 7 k. de Montembœuf, 35 k. de Confolens, 33 k. d'Angoulême.

Vivairon, c. de Brossac, 1 m., 2 h.

Viveterie (La), c. de St-Aulais-de-la-Chapelle-Conzac, 4 m., 22 h.

Vivien (St-), c. de St-Quentin-de-Chalais, 28 m., 89 h.

Vivier (Chez-), c. de St-Genis-d'Hiersac, 3 m., 13 h.

Vivier (Le), c. de Brie-sous-Chalais, 4 m., 14 h.

Vivier (Le), c. de Chantillac, 3 m., 16 h.

Vivier (Le), c. de La Péruze, 1 m., 6 h.

Vivier (Le), c. de Longré, 85 m., 265 h.

Vivier (Le), c. de Reignac, 7 m., 28 h.

Vivier (Le), c. de St-Cybard-le-Peyrat, 3 m., 16 h.

Vivier (Le), c. de Sérignac, 1 m., 1 h.

Viviers (Les), c. de Chasseneuil, 9 m., 61 h.

Viville, c. de Champniers, 99 m., 368 h.

Viville, c., arr. de Cognac, cant. de Châteauneuf, éc., ⊠ Barbezieux, 53 m., 203 h.

Viville, bg., ch.-l., c. de Viville, 23 m., 83 h., 12 k. de Châteauneuf, 28 k. de Cognac, 28 k. d'Angoulême.

Vivonne, c. de Fouquebrune, 2 m., 9 h.

Vivy (Chez-), c. de Sers, 1 m., 5 h.

Vœuil-et-Giget, c., arr. d'Angoulême, cant. d'Angoulême (1re partie), †, éc., ⊠ Angoulême, ☞ F., 142 m., 540 h.

Vœuil, bg., ch.-l., c. de Vœuil-et-Giget, 32 m., 116 h., 8 k. d'Angoulême.

Vœuil (L'Usine-de-), c. de Vœuil-et-Giget, 11 m., 35 h.

Voies (Les), c. d'Anville, 4 m., 22 h.

Voineau, c. de Bourg-Charente, 5 m., 14 h.

Voisins (Les), c. de Brie-sous-la-Rochefoucauld, 10 m., 31 h.

Voisins (Les Petits-), c. de Brie-sous-la-Rochefoucauld, 8 m., 30 h.

Voix (Chez-), c. de Segonzac, 11 m., 42 h.

Volaux (Les), c. de St-Brice, 10 m., 36 h.

Voleau (Le), c. de Bouteville, 1 m., 6 h.

Vossainte, c. de Salles-la-Vallette, 1 m., 5 h.

Vouéras, c. de Pressignac, 10 m., 16 h.

Vouharte, c., arr. d'Angoulême, cant. de St-Amant-de-Boixe, †, éc., ⊠ St-Amant-de-Boixe, 190 m., 652 h.

Vouharte, bg., ch.-l., c. de Vouharte, 145 m., 473 h., 6 k. de St-Amant-de-Boixe, 23 k. d'Angoulême.

Vouillac, c. de Champniers, 8 m., 50 h.

Vouillac (Le Petit-), c. de L'Houmeau-Pontouvre, 3 m., 16 h.

Voularnerie (La), c. du Bouchage, 5 m., 18 h.

Voulgézac, c., arr. d'Angoulême, cant. de Blanzac, †, éc., ⊠ Blanzac, 125 m., 543 h.

Voulgézac, bg., ch.-l., c. de Voulgézac, 16 m., 67 h., 9 k. de Blanzac, 18 k. d'Angoulême.

Voûte (La), c. d'Amblerville, 11 m., 52 h.

Voûte (La), c. de Bréville, 26 m., 85 h.

Voûte (La), c. de La Vallette, 1 m., 4 h.

Voûte (La), c. de Mainxe, 4 m., 10 h.

Voûte (La), c. de Mainzac, 3 m., 15 h.

Voûte (La), c. de Mosnac, 26 m., 114 h.

Voûte (La), c. de Montignac-le-Coq, 5 m., 18 h.

Voûte (La), c. de Pérignac, 2 m., 7 h.

Voûte (La), c. de Ronsenac, 3 m., 14 h.

Voûte (La), c. de St-Cybard-le-Peyrat, 1 m., 6 h.

Voûte (La), c. de Touzac, 1 m., 6 h.

Voûtes (Les), c. de Bessac, 12 m., 50 h.

Vouthon, c., arr. d'Angoulême, cant. de Montbron, éc., ⊠ Montbron, 116 m., 509 h.

Vouthon, bg., ch.-l., c. de Vouthon, 32 m., 112 h., 4 k. de Montbron, 26 k. d'Angoulême.

Vouture (La), c. de Cressac, 2 m., 5 h.

Vouvé, c. d'Exideuil, 20 m., 65 h.

Vouzan, c., arr. d'Angoulême, cant. de La Vallette, †, éc., ⊠ La Vallette, 239 m., 858 h.

Vouzan, bg., ch.-l., c. de Vouzan, 9 m., 33 h., 17 k. de La Vallette, 17 k. d'Angoulême.

Voyon (Chez-), c. de Porcheresse, 4 m., 15 h.

Voyons (Chez-), c. de Torsac, 6 m., 23 h.

Vrignaud (Le), c. de Médillac, 3 m., 14 h.

Vrignaud (Chez-), c. de Bardenac, 3 m., 15 h.

Vrignaud (Chez-), c. de Sauvignac, 2 m., 7 h.

Vrignaud (Le Petit-), c. de Médillac, 5 m., 16 h.

Vrillaude (La), c. de St-Vallier, 1 m., 8 h.

Vue (Métairie-de-la-), c. de Montbron, 1 m., 12 h.

Vue (La), château, c. de Montbron, 1 m., 6 h.

X

Xambes, c., arr. d'Angoulême, cant. de St-Amant-de-Boixe, †, éc., ⊠ St-Amant-de-Boixe, 155 m., 879 h.

Xambes, bg., ch.-l., c. de Xambes, 154 m., 376 h., 5 k. de St-Amant-de-Boixe, 24 k. d'Angoulême.

Xandeville, c. de Barbezieux, 10 m., 28 h.

Y

Yeux (Les Gros-), c. de Massignac, 1 m., 12 h.

Yorterie (La), c. d'Aignes-et-Puypéroux, 1 m. nou h.

Yrieix (St-), c., arr. d'Angoulème, cant. d'Angoulème (2e partie), †, éc., ⊠ Angoulème, 202 m., 878 h.

Yrieix (St-) ou Vesnat, bg., ch.-l., c. de St-Yrieix, 68 m., 291 h., 6 k. d'Angoulème.

Yviers, c., arr. de Barbezieux, cant. de Chalais, † éc., ⊠ Chalais, 279 m., 1,138 h.

Yviers, bg., ch.-l., c. d'Yviers, 44 m., 181 h., 4 k. de Chalais, 28 k. de Barbezieux, 51 k. d'Angoulème.

Yvonnets (Les), c. de Rouffiac-de-St-Martial-la-Menècie, 1 m., 2 h.

Yvrac-et-Malleyrand, c., arr. d'Angoulème, cant. de La Rochefoucauld, †, éc., ⊠ La Rochefoucauld, 246 m., 991 h.

Yvrac, bg., ch.-l., c. d'Yvrac-et-Malleyrand, 18 m., 76 h., 5 k. de La Rochefoucauld, 27 k. d'Angoulème.

FIN.